은혜로운 종합 대표기도문

은혜로운 종합 대표기도문

1판 1쇄 발행 2021년 5월 10일
1판 4쇄 인쇄 2024년 8월 5일

지은이	김영택
펴낸이	정신일
편집	홍소희
교정	김윤수
펴낸곳	크리스천리더
일부총판	생명의 말씀사 (02) 3159-7979
등록	제 2-2727호(1999. 9.30)
주소	부천시 중동로 100 팰리스카운티 아이파크 상가 301호
전화	032) 342-1979
팩스	032) 343-3567
출간상담	E-mail:chmbit@hanmail.net
홈페이지	www.cjesus.co.kr
유튜브	크리스천리더TV

ISBN : 978-89-6594-322-8　03230
정가 : 19,800원

- 이 출판물은 저작권법에 의해 보호받는 창작물이므로,
  무단 복제와 무단전재를 할 수 없습니다.

- 잘못된 책은 구입하신 곳에서 바꿔드립니다.

공예배 대표기도 인도자를 위한 모범 대표기도문 총 299편 수록

은혜로운 종합 대표기도문

김영택 목사

[공예배 대표기도문, 절기 대표기도문, 교회력 대표기도문, 주제별 대표기도문]

크리스천리더

저자 서문

저는 2002년도에 위암 말기를 진단 받고 간으로까지 전이되어 서울성모병원으로부터 시한부 선고를 받았었습니다. 그런데 하나님의 은혜로 암이 치료되고 새로운 생명을 얻었습니다. 다시 사는 기쁨을 맛보게 해 주신 주님께 감사와 영광과 찬송을 올려 드립니다.

우리는 하나님의 말씀을 영혼의 양식이라고 하고, 기도는 영혼의 호흡이라고 말합니다. 이 말은 우리의 육체가 살아가는 데 절대 필요한 요소가 말씀과 기도라는 것을 가르쳐 줍니다. 그렇습니다. 우리의 영혼이 건강하게 살아가려면 우리는 말씀을 읽고 들어야 하고, 또 기도하면서 영혼에 새로운 힘을 불어넣어야 할 것입니다.

성도의 시민권은 분명히 하늘나라에 있습니다. 기도는 천국시민만이 누리는 호흡입니다. 영혼의 호흡이 끊어질 때 영적 생명은 부지할 수 없고, 성장할 수도 없을 것입니다. 기도는 천국의 보고를 여는 열쇠와 같습니다. 한량없는 하나님의 사랑, 하나님의 뜻, 하나님의 은혜, 그리고 하늘의 평화가 숨겨져 있는 천국의 문은 성도들이 드리는 기도 신호에 의하여 열릴 것입니다. 그러므로 기도는 천국시민이 갖추어야 할 기본 요건인 동시에, 풍요로운 영적 생명을 누리기를 원하는 자가 선행해야 할 필수 요건입니다.

이 대표기도서는 일평생 저의 목회에 믿음의 증언이기도 하고 하나님께 매달리며 몸부림친 치열한 결과물이기도 합니다. 기도를 통해 많은 성도들의 영혼이 살찌고, 하늘의 보화를 풍족히 받아 누리는 데 조금이나마 보탬이 된다면 그저 만족하겠습니다.
또한 대표기도 준비자가 대표기도를 성실하게 준비하면서도 마음의 부담은 덜었으면 하는 바람입니다.

기도에 대한 이 두터운 책이 나오기까지 감사드려야 할 분들이 있습니다. 먼저 팔십 평생 중 30여년을 예배당 마룻바닥에서 지내시면서 못난 자식을 위해 눈물을 아끼지 않으시고 끝까지 기도의 모범을 보여주시고 천국으로 가신 어머님께 진심으로 감사를 드립니다. 또한 거친 원고지만 책이 나올 수 있도록 배려해 주신 크리스천리더 사장님과 꼼꼼하게 원고를 다듬어 주신 편집부에게도 깊은 감사를 드립니다. 늘 기도의 후원을 아끼지 않으시는 주위의 모든 분들께 머리 숙여 감사를 드립니다.

구석 골방에서 김영택 목사

[차례]

저자 서문 · 4

1. 월별(52주) 종합 대표기도문

[1월] 예배 대표기도문

첫째주 예배 대표기도문 · 20
    주일 낮예배 대표기도문 3편
    주일 오후(저녁)예배 대표기도문 1편
    주중(삼일·금요)예배 대표기도문 1편

둘째주 예배 대표기도문 · 30
    주일 낮예배 대표기도문 3편
    주일 오후(저녁)예배 대표기도문 1편
    주중(삼일·금요)예배 대표기도문 1편

셋째주 예배 대표기도문 · 40
    주일 낮예배 대표기도문 3편
    주일 오후(저녁)예배 대표기도문 1편
    주중(삼일·금요)예배 대표기도문 1편

넷째주　예배 대표기도문 · *50*
　　　　주일 낮예배 대표기도문 3편
　　　　주일 오후(저녁)예배 대표기도문 1편
　　　　주중(삼일 · 금요)예배 대표기도문 1편

[2월] 예배 대표기도문

첫째주　예배 대표기도문 · *60*
　　　　주일 낮예배 대표기도문 3편
　　　　주일 오후(저녁)예배 대표기도문 1편
　　　　주중(삼일 · 금요)예배 대표기도문 1편

둘째주　예배 대표기도문 · *70*
　　　　주일 낮예배 대표기도문 3편
　　　　주일 오후(저녁)예배 대표기도문 1편
　　　　주중(삼일 · 금요)예배 대표기도문 1편

셋째주　예배 대표기도문 · *80*
　　　　주일 낮예배 대표기도문 3편
　　　　주일 오후(저녁)예배 대표기도문 1편
　　　　주중(삼일 · 금요)예배 대표기도문 1편

넷째주　예배 대표기도문 · *90*
　　　　주일 낮예배 대표기도문 3편
　　　　주일 오후(저녁)예배 대표기도문 1편
　　　　주중(삼일 · 금요)예배 대표기도문 1편

[3월] 예배 대표기도문

첫째주 예배 대표기도문 · 100
  주일 낮예배 대표기도문 3편
  주일 오후(저녁)예배 대표기도문 1편
  주중(삼일 · 금요)예배 대표기도문 1편

둘째주 예배 대표기도문 · 110
  주일 낮예배 대표기도문 3편
  주일 오후(저녁)예배 대표기도문 1편
  주중(삼일 · 금요)예배 대표기도문 1편

셋째주 예배 대표기도문 · 120
  주일 낮예배 대표기도문 3편
  주일 오후(저녁)예배 대표기도문 1편
  주중(삼일 · 금요)예배 대표기도문 1편

넷째주 예배 대표기도문 · 130
  주일 낮예배 대표기도문 3편
  주일 오후(저녁)예배 대표기도문 1편
  주중(삼일 · 금요)예배 대표기도문 1편

[4월] 예배 대표기도문

첫째주 예배 대표기도문 · *140*
주일 낮예배 대표기도문 3편
주일 오후(저녁)예배 대표기도문 1편
주중(삼일·금요)예배 대표기도문 1편

둘째주 예배 대표기도문 · *150*
주일 낮예배 대표기도문 3편
주일 오후(저녁)예배 대표기도문 1편
주중(삼일·금요)예배 대표기도문 1편

셋째주 예배 대표기도문 · *160*
주일 낮예배 대표기도문 3편
주일 오후(저녁)예배 대표기도문 1편
주중(삼일·금요)예배 대표기도문 1편

넷째주 예배 대표기도문 · *170*
주일 낮예배 대표기도문 3편
주일 오후(저녁)예배 대표기도문 1편
주중(삼일·금요)예배 대표기도문 1편

[5월] 예배 대표기도문

첫째주 예배 대표기도문 · *180*
  주일 낮예배 대표기도문 3편
  주일 오후(저녁)예배 대표기도문 1편
  주중(삼일·금요)예배 대표기도문 1편

둘째주 예배 대표기도문 · *190*
  주일 낮예배 대표기도문 3편
  주일 오후(저녁)예배 대표기도문 1편
  주중(삼일·금요)예배 대표기도문 1편

셋째주 예배 대표기도문 · *200*
  주일 낮예배 대표기도문 3편
  주일 오후(저녁)예배 대표기도문 1편
  주중(삼일·금요)예배 대표기도문 1편

넷째주 예배 대표기도문 · *210*
  주일 낮예배 대표기도문 3편
  주일 오후(저녁)예배 대표기도문 1편
  주중(삼일·금요)예배 대표기도문 1편

[6월] 예배 대표기도문

첫째주 예배 대표기도문 · *220*
주일 낮예배 대표기도문 3편
주일 오후(저녁)예배 대표기도문 1편
주중(삼일 · 금요)예배 대표기도문 1편

둘째주 예배 대표기도문 · *230*
주일 낮예배 대표기도문 3편
주일 오후(저녁)예배 대표기도문 1편
주중(삼일 · 금요)예배 대표기도문 1편

셋째주 예배 대표기도문 · *240*
주일 낮예배 대표기도문 3편
주일 오후(저녁)예배 대표기도문 1편
주중(삼일 · 금요)예배 대표기도문 1편

넷째주 예배 대표기도문 · *250*
주일 낮예배 대표기도문 3편
주일 오후(저녁)예배 대표기도문 1편
주중(삼일 · 금요)예배 대표기도문 1편

[7월] 예배 대표기도문

첫째주 예배 대표기도문 · *260*
  주일 낮예배 대표기도문 3편
  주일 오후(저녁)예배 대표기도문 1편
  주중(삼일·금요)예배 대표기도문 1편

둘째주 예배 대표기도문 · *270*
  주일 낮예배 대표기도문 3편
  주일 오후(저녁)예배 대표기도문 1편
  주중(삼일·금요)예배 대표기도문 1편

셋째주 예배 대표기도문 · *280*
  주일 낮예배 대표기도문 3편
  주일 오후(저녁)예배 대표기도문 1편
  주중(삼일·금요)예배 대표기도문 1편

넷째주 예배 대표기도문 · *290*
  주일 낮예배 대표기도문 3편
  주일 오후(저녁)예배 대표기도문 1편
  주중(삼일·금요)예배 대표기도문 1편

[8월] 예배 대표기도문

첫째주　예배 대표기도문 · *300*
　　　　주일 낮예배 대표기도문 3편
　　　　주일 오후(저녁)예배 대표기도문 1편
　　　　주중(삼일·금요)예배 대표기도문 1편

둘째주　예배 대표기도문 · *310*
　　　　주일 낮예배 대표기도문 3편
　　　　주일 오후(저녁)예배 대표기도문 1편
　　　　주중(삼일·금요)예배 대표기도문 1편

셋째주　예배 대표기도문 · *320*
　　　　주일 낮예배 대표기도문 3편
　　　　주일 오후(저녁)예배 대표기도문 1편
　　　　주중(삼일·금요)예배 대표기도문 1편

넷째주　예배 대표기도문 · *330*
　　　　주일 낮예배 대표기도문 3편
　　　　주일 오후(저녁)예배 대표기도문 1편
　　　　주중(삼일·금요)예배 대표기도문 1편

[9월] 예배 대표기도문

첫째주 예배 대표기도문 · *340*
주일 낮예배 대표기도문 3편
주일 오후(저녁)예배 대표기도문 1편
주중(삼일·금요)예배 대표기도문 1편

둘째주 예배 대표기도문 · *350*
주일 낮예배 대표기도문 3편
주일 오후(저녁)예배 대표기도문 1편
주중(삼일·금요)예배 대표기도문 1편

셋째주 예배 대표기도문 · *360*
주일 낮예배 대표기도문 3편
주일 오후(저녁)예배 대표기도문 1편
주중(삼일·금요)예배 대표기도문 1편

넷째주 예배 대표기도문 · *370*
주일 낮예배 대표기도문 3편
주일 오후(저녁)예배 대표기도문 1편
주중(삼일·금요)예배 대표기도문 1편

[10월] 예배 대표기도문

첫째주 **예배 대표기도문** · *380*
주일 낮예배 대표기도문 3편
주일 오후(저녁)예배 대표기도문 1편
주중(삼일·금요)예배 대표기도문 1편

둘째주 **예배 대표기도문** · *390*
주일 낮예배 대표기도문 3편
주일 오후(저녁)예배 대표기도문 1편
주중(삼일·금요)예배 대표기도문 1편

셋째주 **예배 대표기도문** · *400*
주일 낮예배 대표기도문 3편
주일 오후(저녁)예배 대표기도문 1편
주중(삼일·금요)예배 대표기도문 1편

넷째주 **예배 대표기도문** · *410*
주일 낮예배 대표기도문 3편
주일 오후(저녁)예배 대표기도문 1편
주중(삼일·금요)예배 대표기도문 1편

[11월] 예배 대표기도문

첫째주 예배 대표기도문 · *420*
주일 낮예배 대표기도문 3편
주일 오후(저녁)예배 대표기도문 1편
주중(삼일·금요)예배 대표기도문 1편

둘째주 예배 대표기도문 · *430*
주일 낮예배 대표기도문 3편
주일 오후(저녁)예배 대표기도문 1편
주중(삼일·금요)예배 대표기도문 1편

셋째주 예배 대표기도문 · *440*
주일 낮예배 대표기도문 3편
주일 오후(저녁)예배 대표기도문 1편
주중(삼일·금요)예배 대표기도문 1편

넷째주 예배 대표기도문 · *450*
주일 낮예배 대표기도문 3편
주일 오후(저녁)예배 대표기도문 1편
주중(삼일·금요)예배 대표기도문 1편

[12월] 예배 대표기도문

첫째주 **예배 대표기도문** · *460*
　　　　주일 낮예배 대표기도문 3편
　　　　주일 오후(저녁)예배 대표기도문 1편
　　　　주중(삼일·금요)예배 대표기도문 1편

둘째주 **예배 대표기도문** · *470*
　　　　주일 낮예배 대표기도문 3편
　　　　주일 오후(저녁)예배 대표기도문 1편
　　　　주중(삼일·금요)예배 대표기도문 1편

셋째주 **예배 대표기도문** · *480*
　　　　주일 낮예배 대표기도문 3편
　　　　주일 오후(저녁)예배 대표기도문 1편
　　　　주중(삼일·금요)예배 대표기도문 1편

넷째주 **예배 대표기도문** · *490*
　　　　주일 낮예배 대표기도문 3편
　　　　주일 오후(저녁)예배 대표기도문 1편
　　　　주중(삼일·금요)예배 대표기도문 1편

2. [교회력]에 맞춘 종합 대표기도문

주현절 대표기도문 2편 · 502
사순절 대표기도문 3편 · 506
종려주일 대표기도문 3편 · 512
고난주간 대표기도문 3편 · 518
부활절 대표기도문 3편 · 524
성령강림절 대표기도문 3편 · 530
대강절 대표기도문 3편 · 536
성탄절 대표기도문 3편 · 542

3. [절기와 기념일]에 맞춘 종합 대표기도문

신년감사예배 대표기도문 3편 · 550
삼일절기념주일 대표기도문 3편 · 556
어린이주일 대표기도문 3편 · 562
어버이주일 대표기도문 3편 · 568
현충일기념주일 대표기도문 3편 · 574
맥추감사절 대표기도문 3편 · 580
광복절 대표기도문 3편 · 586
추석주간 대표기도문 3편 · 592
종교개혁주일 대표기도문 3편 · 598
추수감사주일 대표기도문 3편 · 604
성서주일 대표기도문 3편 · 610
송구영신예배 대표기도문 3편 · 616

은혜로운 기도

1. **월별**(52주)
종합 대표기도문

1월 _첫째주

주일 낮예배 대표기도문 1

사랑이 많으신 하나님,
새로운 한 해를 허락하신 하나님께 감사와 찬송과 영광을 돌립니다. 예배와 찬양과 기도로 한 해를 시작하오니 새롭게 하시고, 형통케 하시며 승리하는 한 해가 되도록 축복하여 주옵소서. 허물 많은 저희들을 구원하시고, 오늘 주님 앞에 나와 찬양하게 하시며, 주님과 함께 시작하게 하시니 감사합니다.

올 한 해는 예배에 승리하게 하시고 말씀에 순종하게 하시며, 기도에 응답받는 복된 은혜를 주옵소서. 이웃을 용서하게 하시며, 우리의 심령으로 새롭게 되어 주와 같이 동행하는 승리를 주옵소서. 허물로 인한 회개 기도보다는 승리에 대한 감사의 기도가 넘치는 복된 한 해가 되게 하옵소서.

은혜를 사모하게 하시고 사명에 충성하게 하시며, 어리석은 우리를 지혜롭게 하시어 우리 구주 되시는 예수님의 삶을 더욱더 깊이 깨닫는 한 해가 되게 하시며, 그의 사랑이 우리의 심령에 불같이 흐르게 하여 주옵소서.

올해에는 어떤 여건과 환경을 만나더라도 믿음으로 살아가려는 우리의 결단이 변치 않도록 하시고, 다시는 죄의 길로 들어서지 않는 복된 한 해가 되게 하여 주옵소서.
세상에 속해 살아가는 것이 아니라, 세상을 변화시키는 작은 예수가 되게 하옵소서. 한국 교회를 기억하시고, 민족과 세계를 품고 기도할 때 다시금 이 나라에 복음의 불길이 타오르게 하옵소서.

저희 교회가 살아남으로 이웃이 살게 하시고, 죽어가는 수많은 영혼들을 주 앞으로 인도하는 구원의 방주가 되게 하시고, 저희 교회에 부흥의 불길을 주옵소서.

저희 교회 성도들을 축복하셔서 직장을 잃은 자들에게는 직장을 주시고, 가난한 성도들에게는 물질을 주시고, 질병이 있어 고통받는 성도들이 있사오니 건강을 주옵소서. 소원이 있어 지금껏 부르짖어 기도한 성도들에게 응답받는 한 해가 되게 하옵소서. 이 예배를 통하여 우리의 심령들이 밝아지게 하시고 세상 속에서 빛의 역할을 감당하는 주님의 자녀가 되게 하옵소서.

이 시간 세우신 목사님을 주님의 능력으로 붙들어 주셔서 말씀이 선포될 때 우리 모두 순종의 길을 걸어감으로 승리의 삶을 살도록 인도하여 주옵소서. 십자가에서 자기 몸을 제물로 드리신 우리 구주 예수 그리스도의 이름으로 간절히 기도하옵나이다. 아멘.

1월 _첫째주

주일 낮예배 대표기도문 2

우주 만물을 말씀으로 창조하시고 주장하시는 하나님!
저희들에게 생명을 연장시켜 주셔서 다사다난했던 한 해를 보내고 희망찬 새해를 다시금 맞이하게 하시니 진심으로 감사합니다. 이 시간 주님 앞에 겸손한 마음으로 엎드려 온갖 정성을 다하여 예배드리오니 이 예배가 우리 주님께서 기쁘게 열납하시는 예배가 되게 하시고, 주님의 영광이 가득 임하는 예배가 되게 하시옵소서.

자비로우신 하나님! 이제껏 주님의 자녀답게 살지 못하고, 세상의 온갖 더러운 것들로 더럽혀진 저희들 모습 그대로 나아옵니다. 이 시간 정결하지 못했던 죄에 대한 회개가 있게 하시고, 치유하시는 주님의 긍휼을 덧입을 수 있는 시간이 되게 하여 주옵소서. 속된 저희들을 거룩하게 하시고, 온전한 주님의 자녀로 이끌어 주시옵소서.

은혜로우신 사랑이 넘치는 하나님! 올해는 그 어떤 환경과 여건을 만난다 할지라도 믿음으로 살아가려 힘쓰는 모습이 있게 하시고 빛 되신 주님을 좇아갈 수 있는 발걸음이 되게 하여 주시옵소서. 어두움 속에서 서성이는 일이 없게 하시고, 성령의 인도함을 받는 복 있는 삶이 되게 하여 주시옵소서.

삶의 위기를 만났을 때 언제나 주님의 뜻 안에서 바른 결단이 있게 하시고 주님의 나라와 그 의를 구하는 한 해가 되게 하여 주시옵소서. 이 나라 이 민족을 축복하셔서 복지국가가 되게 하시며, 정의사회가 구현되게 하시되, 하나님을 경외하며 민족적으로 회개하고 돌아오는 복음의 역사가 있게 하옵소서.

우리 가운데 질병으로 고생하는 성도들, 실직으로 인하여 아파하는 성도들, 물질적인 문제로 근심 중에 있는 성도들, 진학문제로, 때로는 자녀의 문제, 그리고 신앙의 문제로 고민하는 성도들이 있습니다. 그들에게 주의 광명의 빛을 비추시사 모든 문제가 해결되게 하시고, 삶의 새로운 희망이 샘솟도록 인도하여 주옵소서.

새해를 맞이하여 주의 몸 된 교회를 위하여 새로이 사명을 감당할 임원들이 뽑혔사오니 임명된 모든 일꾼들이 맡은 직임에 충성을 다하게 하여 주옵소서. 주님의 은혜로 일꾼 되었사오니 교만함과 나태함으로 주님의 영광을 가리는 일이 없도록 언행을 주장하시며 열심이 변치 않도록 지켜 주옵소서. 서로서로 뜨겁게 사랑하여 부흥하는 원년이 되게 하여 주옵소서.

이 시간 주님의 말씀을 선포하시는 목사님을 도우셔서 놀라운 은혜의 역사, 변화의 역사, 심령이 뜨거워지는 역사가 일어나게 하여 주옵소서. 우리의 삶을 영원토록 인도하실 존귀하신 예수님의 이름으로 간절히 기도하옵나이다. 아멘.

1월 _첫째주

주일 낮예배 대표기도문 3

저희의 소망이 되시고 빛이 되시는 하나님!
저희들에게 새로운 해를 주시고 기쁨 가운데 새해의 첫 주일을 맞이하게 하시니 참으로 감사합니다. 지나온 날을 생각할 때 부끄러운 것뿐이라서 주님 앞에 나온 저희들은 고개 들 용기조차 없지만, 참회하는 마음으로 예배드리고자 하는 심령에 위로가 있기를 원합니다. 새해에는 저희 모두 성령의 열매를 거두어 영적인 풍요가 넘치는 삶을 살게 하시고, 증거하며 부요케 하는 자들이 되게 하시옵소서.

사랑의 하나님! 저희를 하나님의 선하신 계획 안에 거하게 하시며 그 선하신 계획의 도구가 되게 하여 주옵소서. 저희로 어두움의 권세를 이기는 빛이 되게 하여 주시고 저희의 삶이 썩어지지 않는 소금의 역할을 감당할 수 있도록 함께하여 주옵소서. 저희의 삶이 하나님께 거룩한 제사로 드려지기를 원하오니 주님, 저희의 기도를 들어 응답해 주옵소서. 저희가 서로 성도의 교제를 나누게 하시며 저희의 교제를 통하여 하나님의 영광이 더욱 빛나게 되기를 원합니다. 성령의 열매가 맺히게 하시고, 예수님의 성품을 닮아갈 수 있는 복을 허락하여 주옵소서.
하나님의 거룩한 백성다운 향기가 저희의 삶에서 풍겨 나오기를 원하오니 하나님 저희의 삶을 주관하여 주옵소서.

사랑 많으신 하나님! 이 시간 주님의 말씀을 통하여 빛과 생명의 길로 인도하여 주시고, 죄악의 찌꺼기를 완전히 불살라 깨끗하게 하셔서 맑은 생수가 솟아나게 하여 주옵소서.
예수 그리스도의 복음을 통하여 하나님이 계신 곳으로 향할 수 있는 새로운 길을 열어주시고, 한 심령도 빠짐없이 불같은 성령을 체험하여 새롭고 정결하게 변화시켜 주옵소서. 저희 앞에 수없이 요구되는 많은 선택과 결단 속에서 주님의 미소를 만나게 하시고 하나님의 영광을 위하여 저희가 낮아질 수 있도록 함께하여 주옵소서. 저희의 믿음이 강건해지기를 원하오며, 주님의 사랑을 실천하여 세상을 정하게 하는 소금의 역할을 감당하게 하여 주옵소서.

저희 삶이 예배가 되게 하시고, 저희의 삶이 풍성한 열매를 맺게 하옵소서. 새롭게 시작되는 이 한 해 동안에도 주님의 뜻을 듣고 행하게 하옵소서. 주님의 피로 값 주고 사신 성도들을 성령으로 인도하셔서 은혜로 충만하게 하옵소서. 올해에 세운 계획들과 지난해에 이루지 못한 일들이 주님의 은혜 안에 이루어지게 하옵시고 기도와 찬양과 말씀 안에서 머무는 삶을 실천하게 하옵소서.
이 시간 말씀을 선포하시는 목사님을 붙드시고, 말씀을 통하여 새로운 눈을 떠서 새 하늘과 새 땅을 바라보는 신령한 은혜가 넘치게 하옵소서. 길과 진리와 생명 되신 우리 구주 예수 그리스도의 이름으로 간절히 기도하옵나이다. 아멘.

1월 _첫째주

주일 오후(저녁)예배 대표기도문

거룩하신 하나님!
주일 저녁 첫 예배를 주님 앞에 드리게 됨을 감사합니다. 우리가 마음과 정성을 가다듬어 주님께 경배드리고 찬양하오니, 우리들을 깨끗하게 하시고 정결하게 하옵소서. 우리의 입술을 정하게 하시고, 깨끗한 심성과 거룩한 입술로 거룩하신 아버지의 영광과 존귀와 능력을 찬양케 하옵소서. 이 시간 드리는 찬양에 하나님의 은혜가 있게 하시고, 찬양 중에 주의 능력이 임하게 하여 주옵소서. 이 시간 우리의 심령을 성령으로 채우시고, 마음으로 하나님을 사랑하고 주시는 말씀에 겸손히 순종하는 시간이 되게 하옵소서.

은혜로우신 주님! 이 시간도 주님 앞에 겸손히 머리 숙여 기도하오니, 우리를 긍휼히 여기시고 육신에 필요한 모든 것들뿐 아니라 경건 생활에 있어야 할 것도 충만하게 채워주시기를 원합니다.
저희는 주님이 기르시는 양이오니 주 안에서 평강을 얻기를 원합니다. 주님의 평강으로 안위하시고 굳은 마음으로 세워주옵소서.
우리의 믿음 없음으로 인하여 우리를 꾸짖지 마시고 우리를 주님의 선한 도우심으로 온전케 하여 주옵소서. 우리가 주님의 역사하심에 더욱 순종하게 하셔서 하나님의 공의가 온 땅에 널리 펼쳐지게 하옵소서. 죄 없으셔도 우리를 위하여 십자가의 중한 형벌을 받으신 주님을 기억하며 우리에게 더욱 성숙한 믿음을 갖게 하심으로 주님의 사랑을 실천할 수 있도록 은혜를 더하여 주옵소서.

사랑의 하나님! 주의 백성들 가운데 특별히 청지기로 불러서 세우신 주의 일꾼들에게 더욱더 힘과 능력을 더하여 주시고, 언제든지 주어진 사명을 잘 감당하게 하시고 그 가운데서 만족과 평안과 은혜가 있게 하여 주옵소서. 저들로 하여금 하나님 제일주의로 살게 하시고, 그렇게 살 때 그들의 삶이 더욱 풍요로워질 수 있도록 하여 주시옵소서. 언제든지 피곤치 않는 삶이 되게 하여 주시고, 달음박질하여도 향방 없는 자와 같지 않고, 오직 우리의 방향이 되시는 그리스도만을 향하여 나가게 하여 주옵소서.

새해에는 성도의 가정가정마다 함께 하시기를 원합니다. 심히 어렵고 힘들 때 연약하여서 넘어지고 흔들리기 쉬운 때이오니 주님의 능력의 오른손으로 강하게 붙들어 주셔서 강하고 든든하게 서 가는 축복의 가정들이 되게 하시고 감사하며 날마다 성장하는 성도와 가정들이 되게 하여 주옵소서.
이 시간 말씀을 전하시는 목사님을 성령님의 능력으로 붙드셔서 말씀 속에서 우리로 주님의 뜻을 깨닫도록 은혜를 베풀어 주옵소서. 우리에게 늘 소망을 주시는 우리 구주 예수 그리스도의 이름으로 간절히 기도하옵나이다. 아멘.

1월 _첫째주

주중(삼일·금요)예배 대표기도문

고마우신 하나님!
사막 같고 광야 같은 이 세상에서 주일 후 삼일 동안 지켜주시고 이 시간 우리를 불러 주셔서 아버지 전에 나오게 하심을 감사드립니다. 주님, 우리의 허물을 사해 주옵소서. 더럽혀진 심령을 주님의 보혈로 깨끗하게 씻어 주시고 하늘로부터 내리는 생수로 채워 주옵소서. "누구든지 목마르거든 내게 와서 마시라. 내가 주는 물은 그 배에서 강같이 흘러나리라"고 말씀하셨사오니, 오늘 저녁에도 하나님께서 세우신 목사님의 입을 통하여 우리 심령 깊은 곳에 폭포수같이 풍성한 생명수를 부어 주옵소서. 이 시간 자리한 모두의 심령 위에, 가물어 메마른 땅에 단비를 내리듯이 은혜의 단비를 흠뻑 내려 주시고 새 힘을 허락하여 주옵소서.

은혜로우신 하나님! 어제나 오늘이나 변함없는 은혜로 저희와 늘 동행하시는 하나님, 이 한 해도 주께서 우리의 삶 가운데 동행하셔서 주께서 원하시고 기뻐하시는 복된 한 해가 되도록 인도하여 주옵소서. 역대기에 기록된 야베스의 기도처럼 올 한 해 교회에 속한 모든 사랑하는 성도들에게 복에 복을 더하사 그들의 지경이 넓어지게 하시고, 주의 손이 도우심을 경험하게 하시어 모든 환란을 벗어나 근심이 없으며 기쁨이 넘치는 한 해가 되게 하여 주옵소서.

사랑의 하나님! 저희가 오직 자랑해야 할 것은 우리 구주의 놀라우신 사랑과 십자가에서 흘리신 보혈의 은혜인 줄 압니다. 독생자 아들 예수 그리스도를 내어주시기까지 우리를 사랑하신 그 사랑으로 형제와 자매를 사랑하길 원합니다. 그리스도만이 인류의 구주시며, 참 진리이심을 고백하도록 그리고 전파하도록 인도하여 주옵소서.

우리 교회와 각 선교기관, 교육기관을 강하게 하셔서 주어진 사명을 다하게 하시며, 당회와 제직회의 효과적인 정책 결정과 시행을 통하여 온 교회가 크게 성장하게 하옵소서.
새해에는 소망하는 일들이 이루어지게 하시고, 결단한 마음이 변치 않게 하시고, 계획한 일들이 성취되게 하옵소서. 날마다 주님의 크신 팔을 펼치사 함께하여 주옵소서. 우리에게 마음의 평강, 가정의 화목, 교회의 부흥, 그리고 나라의 평화를 주옵소서.

이 시간 드리는 저희들의 예배가 주님께서 기뻐 받으시는 산 제사가 되게 하시고 말씀 증거하실 목사님께 함께 하셔서 살아있는 말씀으로 저희들을 감화 감동케 하시며 승리의 삶을 살 수 있게 하옵소서. 우리의 잘못을 용서하시고 사랑으로 감싸주신 우리 구주 예수 그리스도의 이름으로 간절히 기도하옵나이다. 아멘.

1월 _둘째주

주일 낮예배 대표기도문 1

우리의 구원이신 하나님!
감사와 찬양과 영광을 돌립니다. 오늘도 주의 은혜를 찬송하며, 구속의 은혜를 감사하며, 영원히 송축하는 주의 자녀들이 되게 하여 주옵소서. 정결케 하시는 하나님, 추악한 죄의 형상을 가지고 주님 앞에 엎드립니다. 우리의 힘과 능으로 되지 못하는 죄의 사유하심이 오직 주님께 있음을 고백합니다. 헤아릴 수 없는 은혜 가운데 살면서 원망과 불평으로 살아온 모든 죄를 용서하여 주옵소서.

주님, 크신 능력으로 우리의 마음을 강하고 뜨겁게 하사 결심을 새롭게 하시고 말씀을 따라 살게 하여 주옵소서. 모순과 부조리한 세대 속에서도 하나님의 뜻에 순종하게 하시고 믿음으로 승리하게 하옵소서. 새해에는 새 사람으로 살도록 은혜를 더하여 주옵소서.

사랑의 하나님, 우리의 아픔도 감당할 수 있는 은혜를 주시며, 이제부터는 정말 참되고 아름답게 살아갈 수 있도록 지켜주옵소서. 무엇을 하든지 순결과 진실과 공평과 선한 편에 서게 하시고, 예수 그리스도의 은혜와 지식 속에서 나날이 새로워지게 하옵소서.
주님, 바라기는 저희 모두가 주님의 사랑을 본받아 실천할 수 있는 사랑의 종들이 되게 하여 주옵소서. 말씀과 진리로 날마다 바르게 성장하게 하시며, 주님이 분부하신 전도와 선교도 힘을 다하여 실천할 수 있는 저희들이 되게 하여 주옵소서. 또한 믿음의 일이라면 주저하지 않고 할 수 있게 성령의 능력을 입혀주시고, 사랑의 수고와 봉사도 실행하며, 인내로써 소망을 이루어가는 거룩한 자녀가 되게 하옵소서.

사랑의 주님, 우리의 있는 모습 그대로 나아갑니다. 주님의 자비를 믿고, 주님께서 우리를 반겨 천국잔치에 참여하게 하실 줄로 믿고 나아가오니 우리를 긍휼히 여겨 주옵소서. 한 해가 다 가도록 빛 되신 주님의 길에서 결코 떠나지 않는 생활을 할 수 있게 도와주옵소서. 특별히 저희 교회에 속한 모든 기관과 기관장들을 붙드셔서, 그들의 심령에 늘 새로운 소망과 새로운 능력을 허락하시고 청지기의 사명을 잘 감당할 수 있도록 도와주옵소서.

이 시간 말씀을 전하시는 목사님 말씀 속에 능력을 더하여 주셔서 말씀 속에서 생명수가 넘쳐흐르게 하시고 삶이 회복되며 생기가 넘쳐흐르는 예배시간이 되게 하여 주옵소서. 예배를 돕기 위해 세우신 성가대에 은혜를 베풀어 주셔서 능력 찬양, 주님이 기뻐하시는 찬양, 성도들의 마음을 여는 찬양이 되게 하여 주옵소서.
우리 구주 되시는 예수 그리스도의 이름으로 간절히 기도하옵나이다. 아멘.

1월 _둘째주

주일 낮예배 대표기도문 2

우리의 산성이 되시는 하나님!
오늘 거룩한 주일을 우리들에게 허락하셔서 하나님 전에 나와 예배 드릴 수 있도록 인도해 주신 것을 감사합니다.
지난 일주일 동안도 하나님 앞에 범한 죄, 주님 십자가 보혈로 깨끗이 씻어 정하게 하시고 정결한 심령으로 하나님 앞에 경배드릴 수 있도록 도와주시옵소서.
고난과 역경이 끊이지 않는 세상을 살아야 하는 저희들에게 힘과 용기를 주시옵소서. 오직 여호와를 앙망하는 자는 독수리의 날개 치며 올라감 같을 것이라고 했사오니 저희에게 새 힘을 주시며, 주님을 앙망하며 경외하는 믿음을 허락하여 주시옵소서. 우리의 삶이 여호와의 영광을 위하여 드려질 수 있도록 축복하여 주시옵소서.

사랑의 하나님! 하나님의 은혜를 사모합니다. 영혼이 잘됨같이 범사에 잘되고 강건케 될 줄 믿사오니 늘 성령의 충만함을 허락하여 주옵소서. 상처 입은 영혼을 주님의 손길로 치유하여 주옵시고 연약한 심령은 강하게 하심으로 세상의 세파에 휩쓸리지 않도록 담대함을 주옵소서. 주 앞에 엎드린 우리의 심령을 굽어 살피셔서 상한 갈대를 꺾지 않으시는 귀한 사랑으로 인도하여 주시옵소서.

우리의 심령을 통찰하시는 주님께서 우리 삶의 모든 필요를 알고 계시는 줄로 믿습니다. 육신의 연약함으로 고통 받는 이들을 보살피시고 치유해 주시기를 원합니다. 그들의 어려움 가운데 주시는 주님의 음성을 듣게 하옵시고 보다 성숙한 믿음의 사람으로 거듭나게 하옵소서.

주님께서 우리의 영혼을 축복의 통로로 사용하셔서 우리로 인하여 가정이 복을 받고 교회가 복을 받고 이웃이 복을 받을 수 있도록 축복하여 주옵소서.

은혜의 하나님! 이 시간 우리가 성령 안에서 기도하고 찬송하며 말씀을 사모할 때에 은혜 받게 하시며, 의로운 인격을 갖추고 새 사람으로 새날을 살아갈 수 있도록 크신 은총을 내려 주옵소서. 또한 성령의 인도하심 속에서 우리의 신앙도 살찌게 하시고, 주님의 거룩한 뜻을 실현할 수 있는 복된 삶이 되게 하옵소서. 우리의 생각과 계획도 미리 아시는 성령께서 철저하게 이끌어 주시고 주관하여 주시옵기를 원합니다. 저희들의 전 생활영역이 성령의 역사와 인도하심을 따라 사는 권세 있는 삶이 되게 하여 주옵소서.

이 시간 주님의 귀한 말씀을 듣고 단 위에 서신 목사님을 성령님의 능력으로 붙드시고 전하시는 말씀마다 권세 있게 하셔서 듣는 자 모두가 주님의 음성을 듣는 복된 시간이 되게 하여 주옵소서. 한없는 은총을 베푸시는 우리 구주 예수 그리스도의 이름으로 간절히 기도하옵나이다. 아멘.

1월 _둘째주

주일 낮예배 대표기도문 3

전능하신 하나님!
우리를 사랑하셔서 하나님의 형상으로 빚으시고 귀한 주의 자녀로 삼아주신 은혜를 감격하며 감사와 찬양과 영광을 돌립니다. 지난 한 주간도 주님이 주시는 은총으로 살게 하심을 감사합니다. 죄로 말미암아 주의 거룩한 존전 앞에 나와 설 수 없는 저희들을 대속의 은혜를 통하여 주님 앞에 예배드릴 수 있도록 허락하심에 감사합니다.

사랑의 하나님! 그리스도 안에서 온전히 자라가야 할 우리 삶의 모습이 어린아이와 같고 육에 속한 자와 같이 이기적이고 찰나적인 욕심에 지배당하고 있습니다. 아직도 주는 것보다 받는 것을 좋아하는 우리의 삶을 성령님께서 주님을 닮아가는 삶으로 인도하여 주옵소서. 그래서 우리의 삶에서 맺어지는 성령의 열매를 통하여, 그 향기를 통하여 하나님께 영광이 되고 많은 사람들을 올바른 길로 돌아올 수 있게 하는 놀라운 역사가 끊임없이 일어나기를 간절히 원합니다. 특별히 우리를 산 제물로 바치오니 받아 주셔서 온 세상을 구원하기 위한 도구로 삼아 주시옵소서.

은혜로우신 하나님! 우리에게 사랑의 본을 보이신 주님처럼 우리가 사랑할 수 있도록 축복하여 주옵소서.
주님의 사랑을 실천하는 우리가 되게 하여 주옵소서. 믿지 않는 자들을 권면하고 실의에 빠진 사람들에게 위로를 주고, 상처 입은 영혼들을 주님의 품으로 이끌어 올 수 있도록 믿음을 더하여 주옵소서. 쓸모없는 우리를 주님의 사역에 순종하게 하심으로 주님의 나라가 이 땅에 속히 이루어지기를 원하오니, 우리의 기도를 들어 주옵소서.

주 하나님! 이 시간 우리의 문제가 해결되게 하시고 힘을 얻게 하시며 변화하여 새로워지게 하여 주옵소서. 우리의 모습이 정말 참되고 아름다운 삶으로 살아갈 수 있도록 지키시고 하나님만 바라볼 수 있는 지혜로운 성도가 되게 하옵소서. 주신 은혜를 감당할 수 있게 하시며, 무엇을 하든지 하나님의 편에 서게 하시고, 예수님의 은혜와 사랑 속에서 날마다 승리하며 살게 하여 주옵소서.

우리의 마음과 뜻과 정성과 힘을 다하여 예배드릴 수 있게 하여 주시며 이 예배를 주께서 한량없는 은혜로 채워 주시옵소서. 저희들의 연약한 심령이 오직 주님의 광대하신 섭리 속에 강하고 담대할 수 있도록 은혜 내려 주시옵소서. 순서순서마다 주님께서 친히 인도하셔서 성령 충만한 예배가 되게 하여 주시옵소서.
이 시간 목사님의 말씀을 통하여 영혼이 목마르지 않는 생명수 샘물을 마시고 돌아가는 귀한 축복을 체험하게 하여 주옵소서. 우리를 죄와 사망에서 구원하여 주신 예수 그리스도의 이름으로 간절히 기도하옵나이다. 아멘.

1월 _둘째주

주일 오후(저녁)예배 대표기도문

창조주 하나님!
빛으로 세상에 오신 예수 그리스도의 이름을 찬양합니다. 어두움 속에서 헤매던 가련한 우리들이 그 이름을 영접하여 생명의 길을 찾았사오니 감사와 찬송을 드리옵나이다. 그러나 지난 일주일 동안도 자기 욕심을 따라 살던 저희들입니다. 그 때묻은 것을 떨치지도 못한 채 주님 앞에 나왔습니다. 자꾸 메말라지고 감각은 점점 무디어가면서 그래도 주님의 자녀이기 원하는 지극히 이기적인 욕심이 저희에게 있습니다.

새롭게 하시는 하나님! 저희들의 이기적인 마음을 온유한 마음으로 바꾸어 주시고 정직한 심령을 허락하여 주셔서, 주님의 뜻에 어긋나지 않는 삶을 살 수 있도록 하시옵소서. 아무리 바람이 매섭고 차가워도 봄의 계절이 오듯이, 저희의 신앙의 겨울도 주님의 따뜻한 성품으로 포근히 감싸 주옵소서. 바람 앞에 놓인 등불처럼 흔들리기 쉬운 우리를 주님의 큰 능력으로 붙잡아 주셔서 늘 세상을 이기는 능력의 삶이 되게 하여 주옵소서.
우리의 교만한 마음을 겸손하게 하여 주옵소서. 거짓에 찬 입술을 진실하게 하시고 허영과 다툼으로 인한 생활을 변화시켜 주옵소서.

또한 형제와 자매에게 영광과 칭찬을 돌리는 낮은 자의 삶이 되게 하여 주옵소서. 우리 모두 에스겔서의 해골 같을지라도 이 시간 성령의 불이 다시 살아나게 하여 주옵소서. 우리의 삶이 예수님의 향기를 날리는 거룩한 삶이 되도록 각별하신 인도를 구하오니 주님, 허락하여 주옵소서.

은혜의 하나님! 하나님께서 우리에게 맡겨주신 사명이 있사오니 우리가 그것을 감당할 때에 기쁨이 되게 하시고, 우리에게 그 사명으로 인하여 살아가는 이유가 되게 하심으로 성도의 삶으로 하나님께 영광 돌리도록 축복하여 주옵소서. 그것으로 인하여 피곤하거나 어려움을 당할 때에도 하나님만을 바라보며 승리할 수 있도록 함께하여 주옵소서. 우리 교회에 속한 많은 성도님들이 모두 함께 한마음 한뜻으로 기도하며 전도에 힘써서 주님의 선한 사업에 동참하도록 축복하여 주옵소서. 주님이 보시기에 아름다운 주님의 귀한 제단이 되게 하여 주옵소서.

이 시간 말씀 전하실 목사님 위에 축복하셔서 우리에게 주시는 신령한 말씀이 꿀송이 같은 귀한 생명의 만나가 되게 하여 주옵소서. 우리의 심령을 고치는 말씀이 되게 하시고, 귀한 말씀으로 세상을 이기는 은혜를 허락하여 주옵소서.
성전에 거하시기를 기뻐하시는 우리 구주 예수 그리스도의 이름으로 간절히 기도하옵나이다. 아멘.

1월 _둘째주

주중(삼일·금요)예배 대표기도문

회개하는 인생들을 오늘도 다시 불러주신 하나님!
지난 삼일 동안도 주님의 사랑과 은혜와 보호 속에 살게 하시고 다시금 이 시간 주님의 거룩하신 임재 앞에 예배하게 하시니 감사합니다. 인자하신 주님의 사랑이 그리워 검붉은 죄악을 안고 나왔습니다. 주님의 뜻대로 살 것을 다짐하면서도 늘 저희 자신의 힘을 자랑하며 교만한 모습으로 사는 무지와 불신앙을 용서하여 주시옵소서.

이 시간 기도하도록 우리를 하나님의 전에 불러주신 은혜에 감사합니다. 우리에게 기도를 통해서 평화와 기쁨을 얻게 하시고, 기도로써 하나님의 은총의 풍성함 속에 있음을 알게 하셔서 기도가 우리 각자를 위한 생활이 되도록 함께하여 주옵소서. 말씀을 사모하여 하나님의 전에 나오게 하심을 감사합니다. 하나님의 말씀이 우리 삶의 지표가 되게 하시고, 말씀으로 하나님께 축복을 받을 수 있도록 함께하여 주옵소서.

오늘도 지친 인생으로 살아가는 저희들을 위로하여 주시옵고, 상처받은 심령마다 주님의 손으로 어루만져 주시어서 새 힘을 얻고 돌아가는 시간이 되게 하시옵고, 강퍅해진 저희의 심령이 녹아지는 시간이 되게 하시옵소서. 이 시간도 부족한 가운데 나왔사오니 하나님의 능력으로 채워 주셔서 승리자의 반열에 서게 하여 주시옵소서. 의심 많은 도마처럼 하나님의 동행하심을 순간순간 의심하는 저희들을 불쌍히 여기시고, 반석 같은 믿음의 사람들이 되게 하옵소서. 저희의 삶이 예수 그리스도를 닮아가기를 원하오니 성품과 인격이 날마다 새로워지게 하옵소서. 욕심에 이끌리는 생활이 되지 않게 하시고, 성실함으로 하나님의 말씀을 실천하는 성숙한 믿음이 되게 하여 주옵소서.

우리의 모든 필요를 알고 계시는 하나님, 육신의 연약함으로 고통 받는 이들을 보살피시고 치유를 주시기를 원합니다. 그들이 어려움 가운데서도 주의 음성을 듣게 하시며 그 말씀에 순종할 수 있는 은혜를 허락하여 주옵소서. 오늘도 주를 높이고 영과 진리 안에서 예배드리기 위해서 수고하는 손길들과 특별히 성가대를 기억하사 저들에게 영과 혼으로 찬양하게 하시며 우리의 찬양으로 하늘문을 여시고 하나님의 은혜가 쏟아질 수 있도록 축복하여 주옵소서.

이 시간 주님의 말씀을 전하실 목사님을 친히 주장하사 우리에게 영혼의 만나를 내려 주옵소서. 우리의 심령이 하나님의 말씀에 힘입어 세상을 이길 수 있는 복을 허락하여 주옵소서. 우리를 사랑하시는 우리 구주 예수 그리스도의 이름으로 간절히 기도하옵나이다. 아멘.

1월 _셋째주

주일 낮예배 대표기도문 1

언제나 새로운 역사로 저희와 함께 계시는 주님!
오늘 거룩한 성일을 저희들에게 허락하셔서 하나님 전에 나와 경배드릴 수 있도록 인도해 주신 것을 감사합니다.
지난 일주일 동안 저희들은 죄악과 먹고 마시며, 저희의 심령이 너무나도 하나님 보시기에 아름답지 못한 추한 모습으로 이 시간도 주님 앞에 나왔습니다. 주여, 이 시간도 주의 흘리신 보혈로 우리의 죄악을 사하여 주시고 정결한 심령으로 하나님 앞에 경배드릴 수 있도록 인도하여 주시기를 원합니다.
주여, 저희의 심령을 날로 새롭게 하셔서 주님의 영광을 대할 수 있는 맑은 마음을 주시고 용서와 치료의 은혜를 내려 주옵소서. 그리하여 저희의 심령에 새로운 소망으로 채워 주시고, 새로운 능력을 얻어 힘 있는 신앙의 경주장에 나서게 도와주시옵소서.

사랑의 주님! 저희의 온전치 못한 섬김을 용서하여 주시옵소서. 이 세상의 무엇보다도, 누구보다도 나를 더 사랑하느냐고 물으시는 주님 앞에 담대히 고백할 수 있는 큰 믿음을 주옵소서. 주님, 저희에게 더욱더 주님만을 바라볼 수 있는 믿음과 은혜를 더하여 주옵소서. 주님을 사랑함으로 교만하지 않게 하시고, 주님을 사랑함으로 이웃을 전도하게 하시고, 주님을 사랑함으로 우리의 성품이 변화되는 역사가 있게 하옵소서.

이제는 세상의 썩어질 양식을 위하여 일하기보다는 하늘의 신령한 양식을 위하여 일할 수 있도록 은혜로 더하여 주옵소서. 주의 나라와 의를 위하여 게으르지 않도록 인도하시고 주님의 몸 된 교회를 섬기고 이웃을 위하여 베풀고 쓰기에 인색하지 않도록 인도하여 주옵소서. 이제는 더 이상 제 자신의 만족과 쾌락을 위하여 주님의 이름을 더럽히지 않도록 축복하여 주옵소서.

소망이 되시는 주님! 우리들이 무엇을 간구해야 할지 모르더라도 원하는 복을 필요에 따라 주시는 주님, 낙심되는 자에게는 큰 믿음을 주시고, 세상과 짝한 심령에게는 불 같은 성령을 채워 주시며, 병든 자에게는 새 생명의 기쁨을 주시고, 약한 자에게는 독수리의 날개 같은 경건함을 허락하여 주시기를 원합니다.
오늘도 부족한 저희들이 예배의 순서순서마다 동참할 때에 저희 가운데 성령이 운행하심을 체험하는 시간이 되게 하여 주옵소서.

이 시간 말씀을 선포하시는 목사님을 붙드시고 말씀을 통하여 새로운 눈을 떠서 새 하늘과 새 땅을 바라보는 신령한 은혜가 넘치게 하시옵소서.
이 시간 성가대를 세워 주셨사오니 부르는 찬양 기꺼이 흠향할 수 있는 영묘로운 찬양이 되게 하여 주옵소서. 우리의 능력이 되시는 예수 그리스도의 이름으로 간절히 기도하옵나이다. 아멘.

1월 _셋째주

주일 낮예배 대표기도문 2

거룩하신 하나님!
죄인들을 불러 주셔서 거룩한 예배에 동참할 수 있도록 이끌어 주시니 감사합니다. 흑암의 권세 아래 헤매던 죄인의 모습 그대로 주의 전을 찾아왔습니다. 빛 되신 주님을 바로 쳐다보기에 너무도 허물 많은 저희들이지만 그래도 죄의 고통을 씻을 길 없어서 나왔사오니, 긍휼히 여기시고 주의 크신 사랑을 베푸사 은혜가 충만한 이 시간이 되게 하시옵소서.

새해를 맞이했지만 여전히 죄된 습관을 버리지 못하고 정욕을 좇아 행하기를 즐겨하는 저희들 자신을 생각할 때 주님 앞에 예배하고자 하는 모습이 심히 거짓되고 부끄러움을 느끼지 않을 수 없습니다. 자복하는 자에게 자비를 베푸시고, 안타깝게 부르짖는 죄인의 기도를 거절치 않으시는 주님의 넓으신 사랑을 생각하며 참회하는 마음으로 머리 조아렸사오니, 주님의 빛을 심령에 비추사 어두움을 뚫고 참빛으로 나아오는 이 시간이 되게 하옵소서. 예배드리는 동안 심령이 새롭게 변화되는 시간이 되게 하시옵고, 새 사람으로 거듭나는 시간이 되게 하옵소서.

전능하신 하나님! 마음과 영이 하나 되어, 주 앞에 드리는 이 시간이 되게 하옵소서. 주의 말씀을 들을 자격이 없지만 주님을 간절히 찾는 자를 거절치 않으시는 주님의 사랑을 생각하며 오늘도 꿀송이보다 더 단 주의 말씀을 사모하게 하옵소서. 주의 말씀으로 인하여 우리의 믿음이 더욱 자라나게 하시고 메마른 심령을 말씀의 단비로 촉촉이 적셔 주시며 우리에게 행하신 주님의 자애로우심과 인자하심을 다시금 피부 깊숙이, 뼛속 깊숙이 느끼는 시간이 되게 하여 주옵소서.

소망의 하나님! 우리의 영혼이 주님의 은혜를 사모하며 하늘의 보좌를 우러러 경배합니다. 이 시간 말씀으로 은혜 받고 찬송으로 감동되고 기도로 새 힘을 얻게 하여 주옵소서. 교회와 목사님을 권능의 손으로 붙들어 주시고 성도들이 서로 사랑할 수 있는 은사를 받아 하나님의 사랑으로 하나 되게 하옵소서. 우리의 믿음이 말씀과 진리로 날마다 바르게 성장하게 하시며 주님께서 부탁하신 영혼 구원의 사명을 잘 감당하게 하여 주옵소서. 어두워진 눈을 밝혀주사 신령한 것을 보게 하시고 귀가 둔하여 듣지 못했던 주님의 음성을 듣기를 원하오니 축복하여 주옵소서.

이 시간 말씀을 전하실 목사님 위에 축복하셔서 말씀을 선포하실 때 그 말씀이 우리의 삶의 지표가 되게 하여 주옵소서. 한 알의 밀알로 땅에 떨어져 희생 당하신 우리 구주 예수 그리스도의 이름으로 간절히 기도하옵나이다. 아멘.

1월 _셋째주

주일 낮예배 대표기도문 3

참 마음과 온전한 믿음을 기뻐하시는 하나님!
오늘도 저희가 찬송과 영광과 존귀를 올려드립니다. 이 시간 저희의 심령이 오직 주님만을 향하여 영광을 돌리오니 기쁘게 받아 주시옵소서. 지난 한 주간도 돌아보건대 저희의 주홍 같은 죄들이 많사오니 오직 주님의 보혈로 씻으사 깨끗하게 하여 주시옵소서.

하나님, 주님 안에 한 가족이 되고 주님께 받아들여지고, 주님께 더욱 필요한 존재가 되기를 원합니다. 저희를 광야에 버려두지 마시고 주님의 각별한 은혜로 보호받기를 원하여 오늘도 주님 앞에 성회로 모였사오니 구름기둥과 불기둥의 인도하심이 함께 하시기를 기도합니다. 주의 사랑을 확신함으로 더욱 큰 사람으로 이웃을 사랑하게 하시고, 저희가 세상에서 승리하게 하시며, 저희의 마음에 평안을 주옵소서.

주 하나님! 저희들이 세속적인 것을 버리지 못하는 나약한 믿음을 꾸짖어 주시길 바라며 주님의 도움을 구합니다. 주께서 진정한 일꾼을 찾으시는 이때에 주의 음성을 들을 수 있는 영적인 귀를 열어주옵소서. 주님 앞에 설 때마다 거룩함이 회복되게 하시고, 세속의 종으로서가 아닌 주님의 충성스러운 종으로 살기에 부족함이 없는 인생이 되게 하여 주옵소서. 우리에게서 그리스도의 향기가 나게 하시고 그것으로 주님의 살아 역사하심을 드러낼 수 있도록 믿음을 더하여 주옵소서. 주님과 같이 영혼 구원을 위하여 십자가를 지며 주님을 따를 수 있는 성도가 되게 하여 주옵소서.

은혜의 주님! 때로 우리의 삶에 어려움이 몰려올지라도, 오직 예수 그리스도만을 푯대 삼아 승리하게 하옵소서. 범사에 감사하라는 말씀대로, 세상의 어떠한 것도 끊을 수 없는 주님의 사랑을 확인하게 하옵소서. 우리의 서야 할 자리와 가야 할 장소를 인도하여 주셔서 인생을 주님께 맡기고 살아가는 심령들이 되게 하여 주옵소서.

오늘 이 자리에 여러 가지 모양으로 상한 심령을 가지고 예배에 참석한 성도들이 있는 줄 압니다. 고통을 다루시는 주님께서 상한 심령마다 어루만져주셔서 치유하시고 회복시키시는 주님의 은혜를 체험할 수 있도록 축복하여 주옵소서.

이 시간 주님의 말씀을 선포하시는 목사님께 성령을 물 붓듯 부어주셔서 은혜를 사모하는 모든 사람들에게 생수의 강이 넘쳐흐르게 하여 주옵소서. 우리를 구원하시는 예수 그리스도의 이름으로 간절히 기도하옵나이다. 아멘.

1월 _셋째주

주일 오후(저녁)예배 대표기도문

거룩하신 하나님!
택하여 구원을 받게 하사 영생의 축복을 받은 아버지의 거룩한 백성들이 이 거룩한 성전에 모여 신령과 진정으로 예배드리고자 하오니 이제 우리를 성령으로 거룩하게 하옵소서. 지난날의 우리 죄를 사하여 주시고 우리의 허물을 가리워주사 의의 옷을 입혀 예배드리기에 합당한 형상으로 거듭나게 하옵소서.

우리의 근본은 오직 여호와께로부터임을 기억하게 하시며 창조주 하나님을 기억하는 은혜를 허락하여 주옵소서. 삶의 한가운데서 우리를 넘어뜨리려 하는 교만의 세력을 꺾으시고 오직 주 앞에서 겸손하여 주께서 주시는 은혜를 덧입도록 인도하옵소서.

은혜의 주님! 우리에게 성도의 직분을 감당할 수 있도록 주님의 성품을 닮아가게 하여 주옵소서. 하나님의 거룩하고 성별된 자녀가 되었으니 우리에게 성도의 품위를 지킬 수 있도록 축복하여 주옵소서. 우리가 세상을 힘으로 이기는 것이 아니라 하나님의 말씀으로, 하나님의 권세로, 하나님의 능력으로 이길 수 있도록, 우리에게 강하고 담대한 믿음을 갖도록 축복하여 주옵소서.

하나님 주신 날의 하루하루를 허송하지 않게 하시며, 열심히 주를 섬길 수 있는 날들이 되게 하여 주옵소서. 우리의 심령이 어린아이처럼 순전하게 주님만을 찬양하며 바라볼 수 있도록 축복하여 주시고 지난날 가난함과 어려움과 고통 속에서 괴로워하던 저희들 모두가 새 소망을 가지고 주님 나라를 위하여 삶을 살아갈 수 있도록 축복하여 주옵소서. 오직 신령한 꿀을 먹고 하나님의 자녀가 되는 축복을 믿지 않는 이웃에게 전할 수 있는 힘을 주시고, 우리의 증거로 인하여 그들의 집과 가족이 구원 받을 수 있도록 예수 그리스도를 주님으로 영접하는 축복을 허락하여 주옵소서.

주의 나라를 사모하며 주님의 일에 봉사하는 손길들이 있나이다. 주께서 새로운 힘을 허락하시고 날마다 새로운 은혜를 공급하시어 봉사하는 손길 위에 축복하시되 그 봉사 위에 아름다운 결실들이 맺히도록 은혜 더하여 주옵소서. 주께 드리는 헌신이 가정과 집안의 복으로 이어지도록 봉사자들의 가정 위에 큰 은혜를 허락하여 주옵소서. 하나님의 선한 계획에 순종하게 하시고 세상에 좋은 씨앗을 심을 수 있도록 축복하여 주옵소서.

이 시간 주님의 말씀을 선포하시는 목사님을 성령의 권능으로 붙들어 주시고 주님의 역사가 펼쳐질 수 있는 귀한 은혜의 시간이 되게 하여 주옵소서. 나의 죄를 보혈로 씻으신 우리 구주 예수님의 이름으로 간절히 기도하옵나이다. 아멘.

1월 _셋째주

주중(삼일·금요)예배 대표기도문

사랑의 하나님!

지난 삼일 동안 저희를 지켜 주셔서 은혜 중에 살게 하시다가 다시금 하나님 전에 나와 예배드리게 하시니 감사합니다. 저희의 예배가 신령과 진정으로 드려지는 영적인 제사가 되도록 인도하여 주옵소서. 삼일 동안에도 속된 삶을 살 수밖에 없는 연약한 저희들을 용서하시옵고, 무거운 죄악들을 깨끗하게 하시어 정결한 삶을 살아갈 수 있도록 인도하여 주시옵소서. 저희의 심령을 날로 새롭게 하사 주님의 영광을 대할 수 있는 맑은 마음을 주시옵소서. 만물을 새롭게 함과 같이 무거운 마음을 가볍게 하여 주시며 포위도, 아성도 무너지게 하옵소서.

주님, 이 시간 예비하신 은혜를 마음의 문을 열어놓고 기다리오니 하늘문을 여시사 아낌없이 채워 주시기를 원합니다. 용서와 치료의 은혜를 내려 주시옵소서. 그리하여 저희의 심령에 새로운 소망으로 채워 주시고, 새로운 능력을 얻어 힘찬 신앙의 경주장에 나서게 도와주시옵소서.

좋으신 하나님! 고난과 역경이 끊이지 않는 세상을 살아야 하는 저희들입니다. 이 세상 가운데에서도 여전히 믿음을 버리지 않고, 주께서 주신 십자가를 든든히 붙잡고 주 오시는 그날까지 우리의 맡은 바 본분을 다하는 주의 군사 되게 하여 주옵소서. 오직 여호와를 앙망하는 자는 독수리 날개 치며 올라감 같을 것이라고 선포하신 하나님, 우리에게 새 힘을 주시고 여호와를 앙망함으로 새 힘을 얻게 하시며 거친 세상에서 날마다 승리의 개선가를 부를 수 있는 우리가 되도록 은혜를 허락하여 주옵소서.

사랑의 주님! 저희들이 항상 주님 앞에서 경건한 생활의 모습이 되게 하시고 우리가 어떤 일을 하든지 먼저 주님을 생각하게 하셔서 주님께 인정받고 칭찬받으며 축복받을 수 있는 주님의 귀한 자녀가 되게 하여 주시옵소서. 주님의 은혜를 흠뻑 받아 사랑과 찬양을 강하게 할 수 있게 하시고 직장과 일터와 생활의 전 영역을 통해서 주님의 뜻을 담아내는 저희들이 되게 하옵소서.

하나님, 저희가 선교의 도구가 되게 하시고 평화의 도구가 되게 하시며 저희들이 가는 곳마다 그리스도의 향기를 내게 하여 주시옵소서. 저희가 하나님의 자녀로 세상에서 성별되어 승리할 수 있도록 믿음을 주옵소서.

이 시간 성령을 의지하여 말씀을 선포하시는 목사님을 권세 있게 하셔서 말씀에 귀를 기울여 듣는 자들이 성령의 역사하심을 체험하고 은혜 받는 시간이 되게 하여 주옵소서. 모든 인생의 주인 되시는 우리 구주 예수 그리스도의 이름으로 간절히 기도하옵나이다. 아멘.

1월 _넷째주

주일 낮예배 대표기도문 1

육신의 추위를 막아 주시고 영혼의 기갈도 끌어 주시는 하나님! 죄와 허물로 영 죽었던 자들을 십자가로 구속하시고 지나간 일주일 동안도 주의 품 안에 보호하여 주셨다가 만세 전에 복 주기로 작정하신 이날에 주의 백성들을 불러 주시오니 감사합니다. 저희에게 향하신 주님의 은혜와 사랑을 세 치의 짧은 혀로 어찌 다 형용할 수 있겠사옵나이까? 다만 심령의 가난함으로 주 앞에 설 따름이옵나이다.

지난 한 주간도 저희 심령들은 미미한 물결에도 요동하는 돛단배처럼 심히 요동하며 근심하는 삶을 살았습니다. 저희의 영혼을 경영하시는 주님께서 늘 함께 계심에도 불구하고 혼자인 것처럼 불안해하고 괴로워했나이다. 믿음 없는 저희의 연약함을 용서해 주시옵소서. 오로지 구원의 주님만을 굳게 믿고 확신 속에서 살아가는 저희들이 되게 하여 주시옵소서.

하나님, 언제까지든지 피곤치 않는 생활이 되게 하시옵고, 주님을 사랑하되 마음을 다하여 사랑하게 하시며, 성품을 다하여 마음을 드림으로 주님의 일을 이루어가게 하시고, 힘을 다하여 순종함으로 주님의 뜻을 이루어가는 주의 사람이 되게 하여 주시옵소서.

은혜의 주님! 우리에게 축복받을 만한 그릇을 준비하도록 허락하여 주옵소서. 숨겨진 죄악으로부터 우리를 깨끗하게 하여 주옵소서. 작은 정성과 친절을 누구에게나 베풀 수 있도록 하옵소서. 그럼으로 우리에게서 주님의 향기가 나도록 축복하여 주옵소서. 세상이 주님의 나라 되는 것에 협력하는 손길들이 되도록 인도하여 주옵소서.

하나님, 저희들에게 담대히 세상을 이기도록 축복하여 주시옵소서. 저희들이 교만 가운데 낮아지게 하시고, 저희의 어리석은 가운데 지혜롭게 하시며, 저희의 믿음 없음이 더욱 강건한 믿음으로 성장하게 하여 주옵소서.
하나님, 우리 가운데 질병으로 고생하는 성도들, 실직으로 인하여 아파하는 성도들, 물질적인 문제로 근심 중에 있는 성도들, 진학문제로, 때로는 자녀의 문제, 그리고 신앙의 문제로 고민하는 성도들이 있습니다. 그들에게 주의 광명의 빛을 비추시사 모든 문제가 해결되게 하시고, 삶의 새로운 희망이 샘솟도록 인도하여 주옵소서.

이 시간 말씀을 목사님이 선포하실 때 우리의 영성이 회복되게 하시고, 치유의 역사가 나타나게 하시며, 영혼의 기쁨과 성령님의 역사하심이 충만하게 하옵소서. 예배를 위하여 수종 드는 손길들을 기억하시고, 심는 대로 거두는 축복이 항상 있게 하옵소서. 우리 위해 십자가 지시고 피 흘려 죽으신 예수 그리스도의 이름으로 간절히 기도하옵나이다. 아멘.

1월 _넷째주

주일 낮예배 대표기도문 2

상한 갈대를 꺾지 않으시고 꺼져가는 심지도 끄지 않으시는 사랑의 하나님!

오늘도 저희들을 인도하셔서 주께 예배하도록 허락하신 하나님의 은혜에 감사합니다. 이 시간 주님께 가까이 나아가기를 간절히 소망합니다. 오늘도 주님을 의지하며, 입술로 감히 다 표현할 수 없는 감사로 주님께 나아옵니다.

주님을 영접하기 전에 가졌던 많은 허물과 죄악들을 생각할 때, 받을 자격도 없는 우리들에게 보이신 넘치는 은혜에 감사와 찬양을 드리옵나이다. 우리가 죄를 고백하여 주님의 은혜로 새로워지긴 하였으나, 완전히 깨끗하다고 할 수 없으므로 얼굴과 발을 가린 모습으로 나아와 경배를 드립니다.

오, 주님! 우리 속에 있는 죄악의 쓴뿌리들을 제거하여 주시고, 주님을 위해 아낌없이 향유를 부은 마리아처럼 온 마음으로 주님을 찬양하는 저희들이 되게 하여 주옵소서. 입술로 다른 이를 정죄하지 않게 도와주시고, 마음으로 다른 이를 미워하지 아니하도록 주님께서 붙들어 주시기를 원합니다. 우리의 입술이 하나님의 거룩한 영으로 사로잡히게 하시고, 우리가 무릎으로 더욱 주님께 가까이 갈 수 있도록 축복하여 주옵소서. 주님의 피 묻은 십자가를 언제나 사랑하게 하시고, 주님께서 받으셨던 고난의 쓴잔을 이제 우리가 받게 하여 주옵소서. 주님의 사랑을 기억하며 다른 이들의 가슴에도 주님의 사랑을 심을 수 있도록 축복하여 주옵소서.

이 시간 주님 앞에 겸손히 엎드려 주님의 의를 믿음으로 깊은 지혜와 높은 명철을 얻기 원합니다. 언제, 어디에 있든지 유익한 것을 얻기 위하여 노력하며, 선하고 좋은 것들만을 본받기 위해 애쓰게 하여 주옵소서. 주님을 섬기기 위해 세상에서 부름 받았사오니, 우리를 인도하시고 주님 명령하시는 작은 부분이라도 충성되게 잘 지켜나가도록 도와주옵소서.

사랑의 하나님, 이제 조금 있으면 민족의 명절인 설날이 다가옵니다. 우리의 이웃을 돌아볼 수 있는 우리가 될 수 있도록 도와주옵소서. 모든 은사 중의 으뜸인 사랑의 은사를 받게 하시고, 우리에게 세상의 빛이 되라 하셨사오니 우리가 빛의 소명을 감당할 수 있도록 축복하여 주옵소서. 사랑이 없는 곳에 사랑을, 빛이 없는 곳에 빛을 심을 수 있는 성도들이 될 수 있도록 축복하여 주옵소서.
이 시간 예비하신 주님의 말씀을 듣고 단 위에 서시는 목사님을 기억하시고 선포하시는 말씀을 권세 있게 하셔서 저희 모두에게 은혜가 넘치게 하옵시고 하나님의 신령한 비밀을 깨달아 앞으로 우리 모두가 변화 받게 하옵소서. 우리를 구원해 주신 예수 그리스도의 이름으로 간절히 기도하옵나이다. 아멘.

1월 _넷째주

주일 낮예배 대표기도문 3

우리의 아버지 되시는 하나님!
오늘도 하나님의 크신 은혜와 축복과 사랑을 감사합니다. 이 시간도 하나님의 자녀 된 저희의 찬송과 영광을 받아 주시옵소서. 간절하고도 갈급한 심령으로 모였사오니 큰 은혜를 더하셔서 충만한 은혜의 시간이 되게 하여 주옵소서.
거룩한 자녀로 특전을 가진 우리의 약한 것과, 신앙 없이 살아 온 한 주간의 삶을 용서하여 주시고, 이 시간 우리의 심령을 성령으로 채우사 마음으로 하나님을 사랑하고, 주시는 말씀에 겸손히 순종하는 시간이 되게 하옵소서.
추운 겨울 예배만 드리고 가는 이 시간이 되지 않기를 원합니다. 헌금은 드려도 자신을 드리지 않는 사람이 되지 않기를 원합니다. 봉사는 드려도 몸을 드리지 않는 사람이 되지 않기를 원합니다. 입술은 드려도 자기 중심은 드리지 않는 사람이 되지 않기를 원합니다.

존귀하신 하나님! 우리를 존귀하신 주님의 자녀로 삼아 주님의 전으로 불러주신 은혜에 감사하는 심정으로 우리의 이웃들을 돌아볼 수 있는 믿음을 허락하여 주옵소서. 우리의 삶이 주님께 드려지는 예배가 되게 하여 주옵소서. 우리의 성품을 변화시키시고 우리의 마음이 주님의 사랑으로 넘쳐나도록 축복하여 주옵소서. 또한 이 세대에 진리를 찾고자 안타까워하는 심령들을 주님께로 인도할 수 있도록 지혜를 더하여 주옵소서. 우리의 입술이 주님의 사랑을 증거하기를 원하오니 주장하여 주옵소서. 우리의 발길이 주님의 복음을 위하여 닿기를 원하오니 우리의 발길 또한 주장하사 발길이 닿는 그 어디에서나 주님의 복음을 증거할 수 있도록 축복하여 주옵소서.
경제적인 어려움 때문에 신앙적으로 넘어지는 성도들이 있습니다. 고통에도 하나님의 뜻이 계신 줄 믿고, 더욱더 믿음으로 정진할 수 있는 성도들이 되게 하여 주옵소서. 우리의 삶에서 주님의 향기가 느껴지게 하셔서 주님의 자녀 된 본을 보일 수 있는 우리가 되게 하여 주옵소서. 우리의 삶을 온전히 주장하여 주옵소서.

하나님의 교회를 섬기기 위하여 세워진 직분자들이 있습니다. 장로님, 권사님, 안수집사님, 집사님 모든 분들이 서로 섬기며 돌볼 수 있는 은혜 있게 하여 주옵소서. 그리하여 교회가 날마다 부흥되어지는 감격을 맛보게 하시며, 이 땅 가운데 천국이 이루어지고 있음을 증거할 수 있게 하여 주옵소서.

이 시간 주님의 말씀을 듣고 단 위에 서신 목사님을 붙잡아 주시고 우리의 심령이 주님을 향하여 열려질 수 있도록 은혜를 더하여 주옵소서. 우리의 마음을 옥토와 같이 좋게 하시고 우리의 심령을 정금과 같이 정하게 하여 주옵소서. 우리에게 소망을 주시는 예수님의 이름으로 간절히 기도하옵나이다. 아멘.

1월 _넷째주

주일 오후(저녁)예배 대표기도문

날마다 우리를 새롭게 하시는 하나님!
쓸모없는 우리의 인생을 버려두지 아니하시고 주님의 백성으로 불러 주셔서 빛과 진리 가운데로 인도하여 주시니 감사합니다.
벌써 새해의 한 달이 저무는 자리에 섰으나 우리의 연약함으로 인하여 다시금 주님과 떨어지고 있는 우리를 용서하여 주옵소서. 믿음이 없는 우리의 약함을 용서하여 주옵소서. 지난 한 주간도 우리 영혼을 경영하시는 주님께서 함께 계심에도 불구하고 혼자인 것처럼 생활하며 괴로워했나이다. 이제 아버지 집으로 돌아온 우리를 긍휼히 여기시고 주님을 주인으로 모시고 살아갈 수 있는 심령으로 변화시켜 주옵소서.

은혜가 풍성하신 하나님! 이 시간 저희들은 빈손 들고 왔습니다. 빈 마음 가지고 왔습니다. 그러나 이 자리를 떠날 때는 하늘의 은총과 능력의 말씀을 가지고 일어날 수 있게 하옵소서. 이 시대에 필요한 자로 세워주시고 이 시대를 변화시키는 자로 훈련시켜 주옵소서. 하나님과 사람을 사랑하고 자연과 생명을 사랑하고 어린아이처럼 순수한 믿음으로 살게 하옵소서.

사랑의 주님! 우리로 하여금 주님의 성품을 닮아 사랑하게 하옵소서. 우리의 이웃들에게 본이 되게 하여 주옵소서. 날마다 주님을 닮게 하여 주시기를 원합니다.

날마다 저희 가운데 성령의 열매가 맺혀지게 하여 주옵소서. 순종하게 하시며 친절과 봉사로 주님의 자녀가 되게 하여 주옵소서. 십자가에서 고난을 받으사 우리가 구속을 받았사오니 우리가 우리의 삶 속에서 복음을 전하게 하옵소서. 순종함으로 하나님의 영광이 드러나게 하시고, 우리의 순종이 하나님께 열납되기를 원하오니 하나님, 우리의 기도를 들으시고 우리에게 하나님이 주신 사명을 잘 감당할 수 있는 믿음을 허락하여 주옵소서.

이 예배를 통하여 우리의 심령들이 밝아지게 하시고 세상 속에서 빛의 역할을 감당하는 주님의 자녀 되게 하옵소서. 여기에 모여 예배 드리는 한 사람 한 사람마다 신령한 은혜를 체험하는 시간이 되게 하옵소서. 이 시간 성령의 불로 우리의 심령들이 녹아지는 시간 되게 하시옵고 기쁜 마음으로 주님을 따르며 우리 모두 교회를 섬기고 주님을 잘 섬기는 심령들이 되게 하옵소서.

이 시간 주님의 말씀을 선포하시는 목사님을 도우셔서 우리를 향하신 하나님의 뜻을 바로 깨닫는 은혜의 사람이 되게 하여 주옵소서. 말씀을 듣고 행할 수 있는 믿음을 허락하셔서 성령의 귀한 열매 맺게 하여 주옵소서. 교회의 머리되신 예수 그리스도의 이름으로 간절히 기도하옵나이다. 아멘.

1월 _넷째주

주중(삼일·금요)예배 대표기도문

살아계신 하나님!
흑암과 같았던 이 세상에 빛으로 오신 예수 그리스도를 찬양합니다. 어두움 속에서 헤매던 가련한 저희들이 주님의 이름을 영접하여 새 생명을 찾았사오니 큰 은혜를 감사드리옵나이다.
지난 삼일간은 세상에 살며 저희들의 생각을 앞세우고 입술과 행위로 주님의 영광을 가릴 때가 많았습니다. 그래도 주님의 자녀이기 원하는 이기적인 욕심이 저희들에게 있음을 고백합니다. 성령의 은총을 보내사 주님이 세상의 참된 소망임을 깨닫고, 소망 중에 거하게 하시며, 그리스도에 대한 믿음이 참된 능력임을 알고 믿음의 사람이 되게 하셔서, 빛과 소금의 일을 행하기에 부족함이 없도록 붙들어 주시옵소서.

우리가 성장하기를 원하시는 주님! 우리가 날마다 예수 그리스도의 좋은 군사가 되기 위해 하나님의 말씀으로 훈련받는 일을 게을리 하지 않고, 그리스도를 닮아가는 기쁨과 영광을 알게 하옵소서. 주님, 망망대해에 던져진 자그마한 조각배처럼 세상의 물결에 휩쓸려 요동하는 그리스도인이 아니라 세상을 변화시키는 강한 성도가 되게 하옵소서.

진리의 말씀으로 무장된 참 제자로 세워 주시고, 우리의 삶을 통해 우리 속에 살아계시는 그리스도를 보여줄 수 있는 성숙한 성도가 되게 하옵소서.

은혜의 주님! 저희가 도울 힘이 없는 인생을 의지하지 아니하고, 거짓되고 부패한 사람의 마음 때문에 상심하지 아니하며, 오직 주님의 다스리심과 위로를 구하며 살아가게 하여 주시옵소서. 잠시 머물다 갈 간이역 같은 세상에 집착하지 않으며, 날마다 영원에 잇대어 살아가는 천국 백성이 되게 하여 주시옵소서.

특별히 이번 주에는 민족의 명절인 설로 말미암아 많은 성도들이 고향을 찾아 떠났습니다. 오고 가는 발걸음도 지켜 주시고 특별히 주님의 계명을 어기는 범죄가 없기를 원합니다. 우상에게 절하거나 동조하는 일이 없게 하시고, 믿음을 굳게 지킬 수 있도록 도와주옵소서. 행여 불미스러운 일이 생기지 않도록 불꽃 같은 주의 눈으로 보살펴 주옵소서. 모든 대화에 말없이 듣고 계시는 주님을 생각하며 온 가족이 대화를 나눌 수 있게 하시고 거친 대화와 다툼이 오고 가지 않도록 함께하여 주옵소서.

이 시간 주님의 사자에게 영력을 갑절이나 더하여 주시사 새 영의 말씀이 흘러넘치게 하옵소서. 그리하여 성도들로 하여금 큰 힘을 얻게 하시고, 세상을 이기는 삶이 한 주일 동안 잘 이루어지게 하옵소서. 믿음 안에서 늘 승리케 하시는 예수님의 이름으로 간절히 기도하옵나이다. 아멘.

2월 _첫째주

주일 낮예배 대표기도문 1

사랑 많으신 하나님!
새해의 첫 달을 은혜 가운데 보내게 하심을 감사합니다. 우리를 위하여 날마다 눈동자처럼 지켜 주신 은혜에 감사합니다. 주님의 존전에 나아오기 부끄러운 우리를 주님의 전으로 나아와 경배하게 하심을 감사합니다. 지난 한 주간도 주님의 뜻대로 살겠노라 하면서도 죄악된 길에서 벗어나지 못하고 허덕이는 심령을 가지고 주님 앞에 나왔습니다. 주님, 우리의 기도를 들으시고 먹물보다 더 검은 죄가 흰 눈보다 더 희게 사해지는 역사를 경험하게 하여 주옵소서.

주 하나님! 우리에게 믿음을 더하여 주옵소서. 우리가 날마다 믿음이 자람으로 말미암아 더욱더 하나님을 경외하게 하시고 우리의 모든 것들이 하나님을 향하게 하시며 하나님을 기쁘게 하시기를 원하오니 하나님, 우리에게 믿음에 믿음을 더하여 주옵소서. 주님을 사랑하되 마음을 다하여 사랑하게 하시고, 성품을 다하여 봉사하며, 힘을 다하여 충성함으로써 주님의 뜻을 온전히 이루어가는 충성스러운 주의 일꾼이 되게 하여 주옵소서.
우리를 복음으로 거듭나게 하시고 우리에게 성결한 삶의 모습을 허락하여 주옵소서. 이제는 착한 행실과 의로움으로 모든 면에서 하나님의 의를 드러내며 주님 앞에서 선한 품성을 갖게 하여 주옵소서.

저희 마음의 소원을 아시는 주님! 오늘도 저희들의 형편과 처지를 되돌아보며 안타까운 마음으로 간구합니다. 험난한 세상을 살면서 피할 수 없는 상처와 아픔을 많이 겪고 있습니다.
연약한 저희들이 주님을 의지하오니, 치료하시는 주님께서 상처난 부분을 싸매주시고, 뼛속 깊숙이 자리 잡은 아픔들을 성령의 불로 녹여주셔서 주님을 의뢰하는 인생이 얼마나 복된가를 깨닫게 하시옵소서. 저들로 하여금 그리스도 안에서 풍성한 삶을 누리며 성령의 아름다운 열매를 많이 맺도록 도와주옵소서. 하나님 아버지의 거룩하신 뜻이 하늘에서 이루어진 것 같이 저희들을 통해서 이루어지게 하옵소서.

온 세계 열방이 주의 소유임을 고백합니다. 아침 해가 뜨는 곳에서부터 저녁 해가 기우는 곳까지 모든 열방들이 주를 찬양하며 경배하게 하여 주옵소서. 성령의 물이 강같이 흘러넘치며 온 맘으로 주를 송축하게 하여 주옵소서.
이 시간 주님의 계시된 말씀을 선포하시는 목사님을 친히 붙드시고 그 입술을 주장하셔서 듣는 자로 하여금 구원의 음성을 친히 듣는 것 같게 하시고, 깊숙한 심령에 단비 같은 말씀이 되게 하여 주옵소서. 사탄의 권세를 꺾으시고 이기신 예수님의 이름으로 간절히 기도하옵나이다. 아멘.

2월 _첫째주

주일 낮예배 대표기도문 2

은혜로우신 하나님!
새해의 첫 달을 무사히 보내게 하심을 감사합니다. 하나님의 백성들을 지키시되 눈동자처럼 지키시고, 주의 날개 그늘 아래 품어주셨다가 오늘도 저희를 불러 주셔서 감사로 예배를 드립니다. 오래 참으심으로 구원하셔서 하나님의 자녀가 되게 하시고, 하나님의 나라를 사모하게 하심을 감사드립니다. 주의 구속의 은혜에 감격하여 드리는 이 예배를 기쁨으로 받아 주옵소서.
지난 한 주간도 세상에 빠져 있었던 우리들입니다. 우리에게 있는 세상의 습성으로 인하여 죄를 인식하지 못하는 우매한 심령을 용서하여 주옵소서.

오늘 이 시간 우리가 주님의 보혈의 능력을 의지하여 나왔사오니 주님의 보혈로 썩어진 영혼이 소생되게 하시고 하나님의 마음을 기쁘시게 해 드리는 귀한 시간이 되도록 축복하여 주옵소서. 예배드리는 이 시간 세상이 줄 수 없는 신령한 은혜로 저희와 함께 하옵소서. 위로하시는 성령님의 충만하신 은총을 허락하여 주시고, 참된 안식의 축복을 누리게 하여 주옵소서.

채워주시는 하나님! 우리의 연약함을 잘 아시는 주님께서 우리의 모든 것을 주관하고 계심을 인정하는 우리가 될 수 있도록 축복으로 더하여 주옵소서. 우리가 연약함으로 인하여 범죄치 않도록 축복하시고 우리의 이기적인 마음과 교만함으로 우리의 이웃에게 상처를 주지 않도록 우리의 삶을 주장하여 주옵소서. 주님의 주관을 인정하여 온전히 주님만을 의지하는 우리가 될 수 있도록 축복하여 주옵소서.

하나님, 이 시간 믿지 않는 모든 영혼들을 위해서 기도드립니다. 그들의 영혼을 주님 긍휼히 여겨 주옵소서. 주님의 사랑 안에서의 충만함을 맛보게 하심으로 주님의 사랑이 얼마나 기쁜 것인지 알게 하여 주옵소서. 주님의 사랑으로 삶의 척도가 바뀌게 하시고 성품이 변화되게 하시고 주님의 성도가 될 수 있는 귀한 축복을 허락하여 주옵소서. 주님의 사랑으로 날마다 다른 이웃들을 전도하게 하심으로 이 땅 위에 지상천국을 건설하도록 귀하신 은혜와 능력으로 더하여 주옵소서.

이 시간 말씀을 들고 단 위에 서신 주님의 종에게 능력의 옷을 덧입혀 주시고 그의 입으로 나오는 말씀이 우리에게 생명수가 되게 하여 주옵소서. 우리를 위로하시는 예수님의 이름으로 간절히 기도하옵나이다. 아멘.

2월 _첫째주

주일 낮예배 대표기도문 3

거룩하신 하나님!

주님의 은혜로 한 주간을 살게 하시다가 거룩한 이 날을 맞이하여 주님의 전에 나와서 예배하게 하시니 감사합니다. 고달픈 삶으로 인하여 육신이 곤고할지라도 주님의 약속하신 축복과 은혜를 기다리며 예배자의 모습으로 주님 앞에 서게 되니 저희들의 영혼은 날로 새로움을 느끼지 않을 수 없사옵나이다. 이 시간 저희들이 주님께 드리는 예배를 흠향하여 주시고, 사랑으로 감싸안아 주시며, 저희들의 심령이 주님의 품 안에서 기뻐하는 심령들이 되게 하여 주시옵소서.

사랑의 하나님! 지난 한 주간을 돌이켜 봅니다. 삶에 부딪히는 다양한 상황 속에서 진리의 편에 서기보다는 순간적인 편안과 만족을 위해 거짓과 위선과 욕심을 내세운 적이 많았습니다. 주님의 뜻대로 살겠다고 다짐하면서도 늘 넘어지는 저희들을 긍휼히 여겨 주시옵고, 저희의 깨지기 쉬운 양심과 인격을 강건하게 하시어서 주님의 삶을 본받아 사는 삶의 모습이 되게 하시옵소서.

은혜 주시기를 즐겨하시는 하나님! 아직도 동장군이 기승을 부리고 있는 2월입니다. 모든 만물이 꽁꽁 얼어있는 이때에 저희들의 신앙도 얼어붙을까 두렵사오니 성령의 불로 저희의 심령을 뜨겁게 지펴 주셔서 계절을 타지 않는 불붙는 신앙생활이 될 수 있도록 이끌어 주시옵소서. 동면을 취한 짐승들처럼 잠만 자는 신앙이 되지 말게 하시고, 항상 깨어서 주님 맞을 준비를 하는 신앙이 되게 하여 주시옵소서.

하나님, 세상의 고달픔에 지쳐 고단한 심령으로 주님 앞에 나온 우리에게 위로의 영으로 오시옵소서. 저희 모두 성령 충만한 사람이 되어 불신앙과 세상을 이겨내는 하나님의 능력있는 자녀로 살아갈 수 있도록 복을 허락하여 주옵소서.
우리가 세상에서 주님의 증인으로 충성되게 하시고, 우리가 주님의 손과 발이 되어 세상을 변화시키는 역사가 일어날 수 있도록 축복으로 함께해 주시기를 원합니다.
하나님, 저희들이 가는 곳마다 하늘의 평화가 넘치게 하여 주옵소서. 병든 자에게는 능력의 손으로 잡아 주시어 깨끗이 낫게 하시고, 낙심한 자 있으면 하늘의 소망을 보여주옵소서. 생활고에 지친 자는 주께서 친히 그 손을 잡아 주시고, 마음에 상처받은 자 있거든 그 마음을 위로하시고 치료하셔서 새 힘을 주옵소서.

이 시간 말씀을 전하시는 목사님 위에 축복하셔서 우리에게 주시는 신령한 말씀들이 우리의 심령을 고치는 말씀이 되게 하여 주옵시고, 귀한 말씀으로 세상을 이기는 권세를 허락하여 주옵소서. 우리를 죄에서 구원하신 우리 구주 예수 그리스도의 이름으로 간절히 기도하옵나이다. 아멘.

2월 _첫째주

주일 오후(저녁)예배 대표기도문

오늘도 살아계셔서 역사하시는 하나님!
인생에게 행하신 기이한 일을 인하여 찬송과 영광을 돌립니다. 주를 사모하는 자를 만족케 하시며 주린 영혼에게 좋은 것으로 채워주시는 그 크신 사랑을 생각할 때 감사합니다.
하지만 저희의 인생이 곁길로 가는 것을 결코 허용치 않으시고 바른 길로 인도해 주시기 위해서 오늘도 주님의 처소로 불러주신 그 은혜를 생각할 때, 영광과 찬송을 돌리오니 저희의 예배를 흠향하여 주옵소서. 하나님께 나올 때만 순종하며, 생활 속에서는 경건의 모양만 있고 경건의 능력을 상실한 저희들을 용서하여 주옵소서.

하나님, 이 시간에도 선민이 받는 특별한 은혜를 내려주옵소서. 주님의 능력과 자비로 우리들을 회복시켜 주시고, 주님을 향한 우리들의 사랑이 용광로처럼 끓어 오르게 하옵소서.
주께서 빛 가운데 거하시는 것처럼 우리도 빛 가운데 있게 하시고, 우리들 심령 속에 그리스도의 품성을 깊이 심어주옵소서. 모든 일에 다툼이나 허영으로 하지 않고, 겸손한 마음으로 남을 돌아볼 줄 아는 자들이 되게 하옵소서.

하나님, 모든 죄악된 습관들을 믿음으로 물리치게 하시고, 모든 어려움을 믿음으로 극복하게 하시며, 믿음의 주요 또 온전케 하시는 예수님만 바라보고 살아가는 인생이 되게 하시옵고, 달음박질하여도 곤비치 아니하고 걸어가도 피곤함을 모르는 인생이 되게 하여 주옵소서. 주님의 사랑으로 삶의 척도가 바뀌게 하시고, 주님의 사랑으로 성품이 변화되게 하시고, 주님의 성도가 될 수 있는 귀한 축복을 허락하여 주옵소서. 주님의 사랑으로 날마다 다른 이웃들에게 전도하게 하심으로 이 땅 위에 지상 천국을 건설하도록 귀하신 은혜와 능력으로 더하여 주옵소서.

이 시간 드리는 예배를 통하여 응답이 있게 하시고, 문제가 해결되게 하시며, 질병이 치료되고 답답한 심령에 새 힘을 얻는 복된 시간이 되게 하여 주옵소서. 영적으로 어두운 눈도 열리게 하여 주옵시고, 신령한 세계를 바라보게 하시며, 믿음의 시야를 넓게 가짐으로써 주님의 주권을 인정하며 살아가는 복된 삶이 될 수 있도록 축복하여 주시옵소서.

이 시간 하나님이 친히 단 위에 세워주신 목사님을 주님께서 성령의 능력으로 붙들어 주사 말씀을 듣는 우리의 마음이 하나님께로 향하게 하시며 생활의 지침으로 삼게 하여 주옵소서. 예배의 주관자가 되시는 예수 그리스도의 이름으로 간절히 기도하옵나이다. 아멘.

2월 _첫째주

주중(삼일·금요)예배 대표기도문

사랑이 많으신 하나님!
우리의 목자가 되심으로 푸른 초장 쉴 만한 물가로 인도하시는 하나님을 찬양합니다. 오늘도 광야 같은 세상에 버려두지 않으시려고 주님의 푸른 초장으로 인도하시니 감사합니다. 우리의 예배가 신령과 진정으로 드려지는 영적인 제사가 되기를 원합니다.
하나님이 저희에게 허락하신 은혜의 풍성함을 알고도 기도하기보다는 우리의 생각이 앞섰고, 사랑하기보다는 판단하며, 전도하기보다는 정죄했던 저희들을 용서하여 주옵소서. 저희의 신앙이 세상 권세에 위축되지 않도록 도우시며, 세상을 변화시키는 능력있는 그리스도의 종들이 되게 하옵소서.

인도해 주시는 하나님! 주님의 의로운 오른손이 우리 길을 죽음으로부터 감찰하셨고, 부패와 파멸로부터 우리 영혼을 건져 주셨나이다. 세상의 소망에 기만당하고, 인간의 사랑과 신의에 버림받은 심령들이 마지막으로 아버지를 찾았을 때, 아버지만이 변함없는 소망이었고 영원한 사랑의 안식처인 것을 깨달았습니다. 이제는 아버지께서 영원히 우리들의 이정표가 되어 주시고 등불이 되셔서 언제나 평탄하고 안전한 길로만 인도하여 주옵소서.

하나님, 저희들 가정에 우환질고가 없어지게 보호하여 주옵소서. 근심 걱정이 없어지게 하여 주옵시고, 찬송의 메아리가 울려 퍼지게 하여 주옵소서. 언제나 기쁨의 웃음이 넘치는 가정이 되게 하시고, 범사에 감사하는 아름다운 가정 천국을 이루고 살게 하여 주옵소서. 하나님을 향한 믿음이 충성되고, 진실한 자녀로 살게 하옵소서.
하나님의 말씀에 순종하고 그 뜻에 따라 살기를 소원으로 삼게 하옵소서.

은혜로우신 주님! 저희들이 이웃을 향해 빛이 될 수 있도록 믿음을 더하여 주시고, 그들의 삶에 도움이 될 수 있도록 축복하여 주옵소서. 그러므로 그들에게 주님의 거룩한 백성으로서의 삶을 알게 하시며, 주님 나라의 확장에 참여할 수 있는 복을 허락하여 주옵소서. 주님의 말씀을 붙잡고 승리의 삶으로 축복 받을 수 있도록 은혜를 더하여 주옵소서. 진정한 주님의 삶을 본받아 의롭고 참되고 거룩한 성도들이 이 땅에 살아가는 동안 넘쳐나게 하여 주옵소서.

이 시간 단 위에 세우신 주님의 사자에게 성령의 능력을 주셔서 그의 입술로 선포되어지는 하나님의 말씀을 통하여 우리의 주린 영혼이 살찌게 하시며, 낙심한 영혼들이 위로를 얻게 하셔서 독수리가 날개 치며 하늘로 올라가듯이 우리들도 새 힘을 받아 승리하며 살아가도록 은혜 내려 주옵소서. 교회의 주인 되셔서 친히 통치하시는 예수님의 이름으로 간절히 기도하옵나이다. 아멘.

2월 _둘째주

주일 낮예배 대표기도문 1

사랑이 무한하신 하나님!
주의 은혜와 사랑을 감사합니다. 날마다 저희와 함께하시며, 은혜 가운데 살아가도록 축복하시다가 오늘 이와 같이 가장 귀한 예배의 자리에 모이게 하심을 감사드립니다. 저희의 심령이 오직 주님만을 향하여 영광을 돌리오니 기쁘게 받아주옵소서.

지난 한 주간도 돌아보건대 저희의 주홍 같은 죄들이 많사오니 오직 주님의 보혈로 씻으사 깨끗하게 하여 주옵소서. 주님의 보혈을 의지하여 주님을 향한 저희의 믿음을 지키게 하시며 저희의 가슴이 오직 성령의 불길로 가득 차게 하여 주옵소서.

사랑의 하나님! 우리의 연약함을 잘 아시는 주님께서 우리의 마음과 육신의 고통을 살펴 주시기를 원합니다. 주님께서 강하고 담대한 믿음을 소유할 수 있는 귀한 복을 허락하여 주시기를 원합니다. 우리의 일생이 다하는 날까지 은혜로우신 성령님의 인도하심에 순종할 수 있도록 축복으로 더하여 주옵소서. 그럼으로써 우리의 삶 가운데 성령의 귀한 열매가 맺혀 주님께 영광을 돌릴 수 있도록 축복으로 더하여 주옵소서.

거룩하신 하나님! 우리가 주님의 거룩한 자녀로서의 본분을 다할 수 있도록 축복하여 주옵소서. 저희의 연약함을 고백합니다. 그러나 강하신 주님께서 우리의 손과 발과 우리의 입술을 친히 주장하셔서 어느 곳에서든 주님의 향기를 풍기는 우리가 될 수 있도록 은혜로써 더하여 주옵소서. 사랑의 주님을 증거하는 귀한 주님의 일꾼이 되게 하시고 주님을 위하여 봉사하는 것을 즐거워하는 우리가 될 수 있도록 축복하여 주옵소서. 이 땅에 주님의 나라가 완성되는 그날까지 우리에게 전도의 사명을 쉬지 않도록 축복하여 주시고, 날마다 성령님의 도우심으로 인도하여 주옵소서.

솔로몬의 예배를 기쁘게 받으시고 축복하신 하나님! 오늘 드리는 저희의 예배가 열납되기를 원합니다. 예배 중에 임하시는 하나님의 축복을 충만히 받는 복된 성도가 되게 하여 주옵소서.
저희의 감사를 받으시고, 찬양을 열납하시며, 기도를 응답하여 주옵소서. 주님 앞에 설 때마다 거룩함이 회복되게 하시고, 세속의 종으로서가 아닌 주님의 충성스러운 종으로 살기에 부족함이 없는 인생이 되게 하여 주옵소서.

이 시간 말씀을 전하는 목사님께 성령의 능력으로 함께 하셔서 말씀을 선포하실 때 은혜의 단비가 내려지게 하시고, 말씀의 생명수가 강같이 흐르게 하옵소서. 우리를 위해 십자가를 지신 우리 구주 예수 그리스도의 이름으로 간절히 기도하옵나이다. 아멘.

2월 _둘째주

주일 낮예배 대표기도문 2

영광과 찬송을 홀로 받으시기에 합당하신 하나님!
지난 한 주간도 아무런 문제 없이 지나게 하시고, 또 이렇게 복되고 은혜로운 주일을 맞이하여 주님 품 안에 안길 수 있도록 하시니 진심으로 감사합니다. 이 시간도 부족한 가운데 나왔사오니 하나님의 능력으로 채워 주셔서 승리자의 반열에 서게 하여 주옵소서. 지난 일주일을 뒤돌아 봅니다. 우리의 주홍 같은 죄들을 오직 주의 보혈로 씻으사 깨끗하게 하여 주옵소서.

하나님, 의심 많은 도마처럼 하나님의 동행하심을 순간순간 의심하는 저희들을 불쌍히 여기시고, 반석 같은 믿음의 사람들이 되게 하옵소서. 저희의 삶이 예수 그리스도를 닮아 가기를 원하오니 성품과 인격이 날마다 새로워지게 하옵소서. 높고 높은 보좌를 뒤로 하시고 낮고 낮은 이 세상에 육신을 입고 오셔서 겸손하게 우리의 죄를 속량하시기 위하여 고난을 받으신 주님! 우리에게 그런 주님을 감격하며 사는 인생이 이루어지기를 원합니다.

주 하나님! 오늘도 주님 앞에 메고 온 근심과 절망의 멍에들을 풀어서 가볍게 하시고, 힘에 겨워 감당치 못해 스스로 포기하는 어려운 문제들도 고통을 다루시는 주님의 손길을 통하여 해결되는 복된 시간이 되게 하여 주시기를 원합니다. 예배드리는 가운데 성령의 위로가 있게 하시고, 목사님을 통하여 주님의 말씀을 전달받을 때에 위로부터 내리시는 계시의 은총을 충만히 받는 시간이 되게 하여 주옵소서.

사랑의 하나님, 아직 날씨가 쌀쌀하여 우리의 이웃을 돌아보게 합니다. 우리의 이웃에 굶거나 헐벗은 자가 있습니까? 우리를 보내 주옵소서. 그들을 위하여 주님의 사랑을 나누어 전할 수 있는 우리가 될 수 있도록 은혜의 단비를 내려 주시고, 우리를 축복하심으로 그들에게 온정의 손길을 보낼 수 있게 하여 주옵소서.

이 예배를 위하여 헌신하는 손길들이 있습니다. 주님, 저들의 손길을 더욱 공교히 하심으로 하나님의 영광이 더욱더 높이 드러나게 하시고 우리의 심령이 온전한 충성을 결단할 수 있도록 믿음을 더하여 주시되 하나님을 경외하며 예배를 섬기는 것으로 인하여 형통케 되는 복을 허락하여 주옵소서.

이 시간 말씀을 듣고 단 위에서 선포하실 주님의 종에게 큰 능력을 부어 주셔서 우리의 마음에 귀한 믿음의 선한 씨앗들이 심겨지는 귀한 말씀이 되게 하여 주옵소서. 우리를 승리케 하시는 예수 그리스도의 이름으로 간절히 기도하옵나이다. 아멘.

2월 _둘째주

주일 낮예배 대표기도문 3

사랑과 은혜가 충만하신 하나님!
상한 심령을 치유하시며 낙심한 영혼에게 새 힘을 주시는 은혜로우신 하나님 참으로 감사합니다. 오늘도 주님의 제단에 모여 산 제물로 드리는 저희의 예배를 기쁘게 받아 주시옵소서. 신령과 진정으로 드리는 예배를 기쁘게 받으시는 하나님께서 예배의 시종을 붙들어 주시고 인도하여 주옵소서. 지난 한 주간도 우리의 욕심으로 인하여 감사하지 못한 것을 용서하여 주옵시고, 우리의 더러운 죄로 인하여 주님의 영광이 가려진 것을 용서하여 주옵소서.

하나님, 우리가 이 시간 주님 앞에 예배하며 기도할 때 주님께서 미워하시는 교만한 마음이 물러가게 하시고, 모든 허탄한 것들이 뿌리 뽑히게 하시며, 믿음이 새롭게 열리는 복된 시간을 허락하여 주옵소서. 우리의 몸도 새롭게 하여 주옵시기를 원합니다. 주님을 위하여 주님의 사업을 위하여 정성을 다해 헌신하고 또 헌신하는 생활이 되게 하여 주옵소서.

거룩하신 하나님! 우리의 변절과 불신과 나약함을 용서하시고 새로운 은총을 더하여 굳게 믿음을 지킬 수 있게 하여 주옵소서. 어떤 손해나 희생을 지불하고서라도 의에 서게 하시고, 심지가 견고하고 더욱 견고하여 여호와만을 의지하는 생을 살게 하시기를 원합니다. 평안과 위로를 찾을 길이 없는 이 세대에 주님 안에서 평강을 누리며 사는 축복을 받게 하여 주옵소서. 주님을 의지하는 마음이 한결같아 변절하지 아니하도록 축복하여 주시고, 죄를 이기고 악의 유혹을 극복하며 교만함과 게으름을 이겨나가며 평안할 수 있게 하여 주옵소서.

하나님, 세계 모든 나라들이 주를 향해 손을 들며 주의 왕 되심을 고백하고 입을 모아 주를 찬양하며 주 오실 날을 기다리는 소망의 나라들이 되게 하여 주옵소서. 기근과 전쟁의 소식이 멈추고 서로 사랑하며 돕고 격려하는 복된 주의 나라가 이루어지게 하여 주옵소서.

주님, 오늘 예배를 주장하시고 우리가 드리는 기쁨의 제사를 받아주옵소서. 우리의 감사를 받아 주옵소서. 예배를 통하여 큰 복을 받게 하시고 곳간마다 차고 넘치는 역사가 일어나게 하여 주옵소서. 예배를 드리는 것이 만복의 근원이 됨을 깨달아 알게 하여 주옵소서.

이 시간 주님의 귀한 종을 단 위에 세우셨으니 우리에게 주님의 말씀을 전하실 때 우리의 심령이 치유되고 하나님을 향하여 되돌릴 수 있는 심령들이 될 수 있도록 은혜를 더하여 주옵소서. 우리에게 소망을 주시는 예수님의 이름으로 간절히 기도하옵나이다. 아멘.

2월 _둘째주

주일 오후(저녁)예배 대표기도문

섭리하시고 인도하시는 하나님!
주일 저녁의 성대한 찬양 잔치에 우리를 부르시며 우리가 하나님의 성호를 찬양하게 하심을 감사합니다. 하나님의 크신 은혜의 단비가 메마른 심령을 촉촉이 적셔주시기를 원합니다. 사랑의 하나님, 우리의 죄로 인하여 돌아가신 예수님을 우리는 알고 있으면서도 한 주간 동안 죄인으로의 삶을 살았습니다. 하나님, 우리를 긍휼히 여겨 주옵소서.
우리의 죄로 인하여 멸하지 마시고 의인의 길로 인도하시고 죄인 된 습성을 버릴 수 있는 지혜와 힘을 허락하여 주옵소서. 주님의 피 흘리심과 주님의 고난을 기억하게 하시며, 주님의 고난에 참여하며 주의 보혈을 의지하는 새 사람이 되게 하여 주옵소서.

사랑의 하나님, 완악한 심령 속에 봄이 되어 얼음이 녹아짐과 같은 은혜를 허락하시어 강퍅한 심령들이 녹아지게 하시고, 죄악에서 놓임을 당하도록 은혜를 내려 주시며 이후로는 그들에게 오직 여호와 하나님께만 영광을 돌리는 귀한 영혼이 되게 하여 주옵소서. 그들에게 주님의 피흘리심과 주님의 속죄하심을 증거하게 하옵소서.

소망이 되시는 주님! 우리가 세상적인 유혹에 귀를 기울이지 않게 하여 주시기를 원합니다. 오직 양심과 진리와 주님의 말씀에만 귀를 기울이고 주님께만 순종하며, 진리의 말씀 안에서 진정한 자유를 누릴 수 있는 저희들이 되게 하여 주옵소서.

하루가 시작될 때 은혜를 주시며, 하루가 끝날 때도 은총을 부으사 우리 삶의 평안을 주시며 안식을 주사, 다시금 하나님의 돌아보심을 감사하게 하옵소서. 이제는 눈을 들어 주님의 뜻이 어디에 있는지 찾게 하시고 진리를 알지 못하는 영혼들의 구원을 위해 기도하게 하옵소서.

날씨가 많이 춥습니다. 아직도 많은 곳에서 그늘지게 살아가며 가난과 어려움 속에 있는 형제자매들을 봅니다. 고난 가운데 주님 함께 계셔서 위로자가 되시며, 그들과 동행하여 주옵소서. 주님의 사랑으로 모든 어려운 자들을 품을 수 있는 사랑을 또한 우리에게 부어 주옵소서.

이 시간 주시는 목사님의 말씀을 통하여 영의 눈이 밝아지게 하여 주시고 생명의 양식인 하늘의 만나를 얻게 하여 주옵소서. 우리를 구원하신 예수님의 이름으로 간절히 기도하옵나이다. 아멘.

2월 _둘째주

주중(삼일·금요)예배 대표기도문

거룩하신 하나님!
오늘도 황량한 사막과 같은 세상에 내버려 두지 않으시고 주님의 푸른 초장으로 인도하셔서 말씀의 꿀을 먹게 하시니 감사합니다. 불의하고 속된 세상에서 믿음을 지키려고 애쓰긴 했지만, 죄 가운데서 거룩한 생활을 등질 수밖에 없었던 흔적들이 많았음을 고백하지 않을 수 없습니다. 마음을 어둡게 한 잘못, 세상의 풍조에 따르는 언사, 신앙인답지 못한 행위들이 많았음을 용서하여 주옵소서.

능력이 많으신 주님! 이 시간 다시 한번 인간의 의지와 노력으로도 바꿀 수 없는 못된 것들이 변화되기를 고대하오며 삶의 혁명을 기다립니다. 새롭게 하여 주옵소서. 죽은 영이 다시 살아나는 기적을 맛보게 하시며 신령한 꿀로 날마다 자라나는 영혼의 성장을 경험하게 하여 주옵소서. 신앙인으로서 잃었던 모든 것을 다시 찾는 시간이 되게 하여 주옵소서.

하나님, 우리의 어지러운 마음을 깨끗하게 하시고, 우리의 심정을 정리하사 우리의 삶을 하나님의 비전의 확신으로 바꿔주시기를 원하오며 우리의 삶의 자세가 바른길을 향하여 달려 나가는 귀한 역사가 일어나게 하여 주옵소서. 능력 주시는 자 안에서 무엇이든 할 수 있다는 신앙을 소유하게 하시고, 그 신앙 속에서 힘있게 전진할 수 있는 저희들이 되게 하여 주옵소서. 우리의 삶을 주님께 맡기오며 우리의 미래 또한 희망과 확신으로 가득 찰 수 있도록 축복하여 주옵소서.

하나님, 이 나라와 교회를 위하여 간구합니다. 정치의 혼란과 경제의 어려움으로 불안한 백성들의 마음을 위로하여 주시고 우리에게 평안을 주사, 주님만이 신음하는 민족을 구할 수 있다는 것을 깨닫게 하옵소서. 교회가 해야 할 사명이 무엇인지 바로 깨닫게 하여 주시고, 어두운 세상을 향해 진정으로 생명의 빛을 비출 수 있는 살아 있는 교회 되게 하여 주옵소서.

사랑의 하나님, 우리의 예배를 위하여 헌신하는 손길들을 기억하시고 그 손길 위에 복이 쌓이게 하시되 천국의 귀한 보화가 쌓이게 하시며, 그 손길이 닿는 곳마다 채워짐의 역사가 일어나도록 축복하여 주옵소서. 교회를 채우게 하시며, 각 구역을 채우게 하시며, 또한 삶의 마음까지도 주님의 충만한 은혜로 채워 줄 수 있는 귀한 손길들이 되도록 축복하여 주옵소서.

이 시간 말씀을 듣고 단 위에서 선포하실 주님의 종에게 큰 능력을 부어 주셔서 그 말씀을 받는 우리들이 크게 깨닫고 큰 은혜를 체험하게 하옵소서. 이 땅의 권세자들을 통치하시는 우리 구주 예수 그리스도의 이름으로 간절히 기도하옵나이다. 아멘.

2월 _셋째주

주일 낮예배 대표기도문 1

언제나 가까이 계시는 사랑의 주님!
죄로 인하여 주님의 형상을 잃어버린 저희들을 추하게 여기지 아니하시고 예배할 수 있도록 사랑을 베푸시니 무한 감사 드리옵나이다. 인류의 빛으로 오시고 저희의 죄를 도말하신 주님을 생각할 때 오늘도 감격이 넘치옵나이다.
그러나 이 시간 차마 말로 형언하기 어려운 죄들을 주님께 가지고 나왔음을 고백합니다. 주님의 피 묻은 십자가의 은혜로 깨끗하게 씻어주시기 원하옵나이다. 저희들이 죄의 권세를 이기고 주님의 영광을 나타낼 수 있는 성령의 사람이 되게 하여 주시옵소서.

사랑의 하나님! 새해가 벌써 두 번째 달의 하순으로 향하고 있습니다. 연초에 주님만을 의지하여 순종하며, 주님의 십자가의 길을 따라가겠노라고 다짐을 하던 우리의 모습을 되돌아 봅니다.
주님, 우리에게 다시 새로운 힘을 허락하사 주님을 위해 우리의 삶을 드리며 그 드린 기쁨으로 충만하도록 인도하여 주옵소서. 모든 삶의 여정을 친히 주장하사 우리가 온전히 하나님께 영광을 돌려 드릴 수 있는 길을 가게 하시고, 날마다 바른길로 인도하여 주옵소서.

은혜의 주님! 하나님의 백성으로 선택된 저희들은 주님의 군사되어 영적인 선한 싸움을 싸우기를 원합니다. 연약한 저희들이지만 만군의 하나님은 권능의 하나님이시오니 우리에게 능력을 허락하여 주옵소서. 그리하여 마귀가 우리를 삼키려고 우는 사자와 같이 덤벼들어도 능히 물리치게 하시고 그 어떤 어려움이 닥쳐와도 능히 이겨나갈 수 있는 저희들이 되게 하여 주옵소서. 그러므로 선한 싸움을 싸우고 달려갈 길 마치고 승리의 면류관을 받게 하옵소서.

소망의 하나님! 산 소망이 끊어진 채 하루하루 살아가고 있는 사람들을 불쌍히 여겨 주시고 기쁨과 소망이 넘치는 복된 삶으로 인도하여 축복하시기를 원합니다. 무엇보다도 구원의 주인을 만남으로 주님을 믿고 의지함으로 새 생명과 새 평안을 누리게 하여 주시고, 하늘의 소망을 갖고 사는 복된 삶이 될 수 있도록 이끌어 주시기를 원합니다. 우리의 소망이 오직 주님께 있음을 고백하오니 우리의 삶 속에서 주님의 역사하심에 순종하는 믿음을 더하여 주시고, 우리가 진정한 주님의 뜻이 무엇인지 깨달을 수 있는 귀한 복을 허락하여 주옵소서.

이 시간 목사님께서 말씀을 전하실 때에 우리로 하여금 눈물의 골짜기를 벗어나 기쁨의 들판으로 달려오게 하시며, 세상의 악독과 죄악이 산산이 부서지고 흩어지는 능력의 역사가 나타나게 하여 주옵소서. 길이요 진리요 생명 되시는 예수님의 이름으로 간절히 기도하옵나이다. 아멘.

2월 _셋째주

주일 낮예배 대표기도문 2

저희를 사랑하시되 끝까지 사랑하시는 은혜가 충만하신 하나님! 저희를 구속하셔서 하나님의 자녀가 되는 권세를 주심에 감사합니다. 우리가 주 앞에 엎드려 경배하오니 주님, 우리의 예배를 받아 주옵소서. 하나님, 저희들이 버려야 할 것과 끊어야 할 것이 있음에도, 끊지도 버리지도 못하고 살아온 것을 용서하여 주옵소서.

자비하신 주님! 하나님께 나아가는 자는 반드시 그가 계신 것을 믿어야 할 것이라 말씀하셨습니다. 온전히 주님의 살아계심을 믿고 예배할 수 있는 은혜를 허락하여 주옵소서. 우리로 주님의 성호를 찬양하기에 부족함이 없는 우리가 되게 하여 주옵소서. 우리의 연약함으로 주님을 거슬리지 않도록 은혜로 더하시기를 원합니다. 우리를 지켜 세상에서 승리할 수 있는 귀한 믿음을 더하여 주옵소서. 우리의 삶이 예배가 되게 하시고 우리로 주님을 닮아갈 수 있는 귀한 복을 허락하여 주옵소서.

은혜로우신 하나님! 우리가 어떤 일을 하든지 먼저 주님을 생각하게 하시고, 우리가 행하는 모든 일이 주님의 영광을 위하여 주님의 선하신 계획에 순종하는 역사가 일어나게 하시고, 우리로 주님을 찬양할 수 있는 복을 허락하여 주옵소서. 우리에게 더욱 강력한 영성을 갖게 하심으로 이 사회가 지탱되는 풋대가 되게 하여 주옵소서. 주님을 믿는 모든 그리스도인들이 이 사회의 빛과 소금의 역할을 감당하기에 부족함이 없는 귀한 영혼들이 되게 하여 주옵소서.

하나님, 이 시간 믿지 않는 모든 영혼들을 위해서 기도드립니다. 그들의 영혼을 주님, 긍휼히 여겨 주옵소서.
주님의 사랑 안에서의 충만함을 맛보게 하심으로 주님의 사랑이 얼마나 기쁜 것인지 알게 하여 주옵소서. 주님의 사랑으로 삶의 척도가 바뀌게 하시고, 주님의 사랑으로 성품이 변화되게 하시고, 주님의 성도가 될 수 있는 귀한 축복을 허락하여 주옵소서. 주님의 사랑으로 날마다 다른 이웃들을 전도하게 하심으로 이 땅 위에 지상 천국을 건설하도록 은혜와 능력으로 더하여 주옵소서.
신실하신 주님! 인생의 무거운 짐을 지고 고달파 하는 영혼들을 긍휼히 여기사 주님 안에서 쉼을 얻을 수 있도록 축복하시고, 주님의 은혜를 맛보아 알 수 있도록 인도하여 주옵소서.

이 시간 말씀을 전하실 목사님 영육 간에 강건함을 허락하시고 큰 능력 주셔서 우리가 그 말씀으로 위로를 얻고, 그 말씀으로 인하여 세상을 이기는 힘을 공급 받도록 축복하여 주옵소서. 말씀이 없는 갈함을 경험하지 않게 하셔서 오늘도 은혜의 단비를 허락하여 주옵소서. 오직 우리를 구원하신 예수님의 이름으로 간절히 기도하옵나이다. 아멘.

2월 _셋째주

주일 낮예배 대표기도문 3

고마우신 하나님!
하나님의 크신 은혜와 축복을 생각할 때 하늘을 두루마리 삼고 바다를 먹물 삼아도 다 기록할 수 없음을 고백하오니 존귀와 찬양과 영광을 아버지께 돌립니다. 부족한 입술로 경배와 감사를 올려 드리오니 우리의 예배를 받아 주시옵소서. 우리의 죄를 고백하오니 용서하여 주옵소서. 우리의 사랑이 필요한 곳을 지나쳐 왔고, 우리의 손길이 필요한 곳을 외면했습니다. 우리를 긍휼히 여기사 우리로 하나님의 선하신 계획에 반드시 필요한 심령들이 되게 하여 주옵소서.

찬양 속에 임하시는 주님! 함께 모여 예배하는 성도들을 축복하시고, 생명의 주님이신 예수님을 사랑하여 복되게 하옵소서. 영원토록 주님으로 즐거워하는 복을 누리게 하여 주옵소서. 하나님의 마음에 합한 사람이 되어 세상의 기쁨보다 하나님의 기쁨이 되게 하옵소서.

은혜와 자비가 충만하신 하나님! 우리가 주님의 은혜를 사모하는 심령이 되게 하여 주옵소서. 주님을 떠나서는 아무것도 할 수 없사오니 우리가 주님을 온전히 의지하게 하옵소서. 상처입은 영혼을 주님의 손길로 치유하여 주시고 연약한 심령은 강하게 하심으로 세상의 세파에 휩쓸리지 않도록 담대하게 하여 주옵소서. 주 앞에 엎드린 우리의 심령을 굽어 살피사 주의 성령을 거두지 마시고, 구원의 감격과 기쁨을 영원히 누릴 수 있도록 우리를 감동시켜 주옵소서.

꺼져가는 등불도 끄지 않으시는 주님! 패역하고 죄 많은 세상에서 속된 환경에 이지러지고 허약해진 심령들이 모여 거룩하신 주님께 머리를 숙였사오니 우리의 갈급한 심령에 성령의 단비를 허락하여 주옵소서. 허약해진 믿음의 심지를 돋워 주옵소서.
우리를 소생시켜 주사 우리의 마음의 잔에 성령의 생수가 넘치도록 축복하여 주옵소서. 그래서 우리가 주님의 사랑을 실천할 수 있도록 축복하여 주시고, 우리의 삶 속에 주님의 향기가 배어 나올 수 있도록 축복하여 주옵소서. 우리의 삶이 주님께 드려지는 산 제사가 되기를 원하오니 우리의 기도를 들어 응답하여 주옵소서. 오늘 예배를 섬기는 모든 손길들을 축복하시고, 그 봉사로 인해 더욱 하나님께 다가가는 은혜를 더하여 주옵소서.

이 시간 말씀을 전하실 목사님과 함께 하셔서 영육 간에 신령함과 강건함을 주시고, 선포하시는 말씀마다 생명을 살리고 건지는 복된 말씀이 되게 하시옵소서. 우리를 사랑하시는 예수님의 이름으로 간절히 기도하옵나이다. 아멘.

2월 _셋째주

주일 오후(저녁)예배 대표기도문

거룩하시고 자비로우신 하나님!
어두움 속에서 죄악으로 부패해 가던 저희를 사랑해 주셔서 주님의 백성들이 둘러선 자리에 참여시켜 주심을 생각할 때 오직 감격할 뿐이옵나이다. 이 시간 사랑의 빛을 저희 마음 구석구석까지 비춰 주시고 주님께 예배하는 기쁨과 즐거움이 최상에 달하는 복된 시간 되게 하여 주시옵소서.
사랑의 주님, 자신의 힘만을 의지하고 이 세상이 주는 기쁨과 안전만을 찾으며 살았던 저희의 무지함을 용서하여 주시옵소서. 이제는 주님 안에서 성령이 허락하시는 뜻을 따라 복된 삶을 살 수 있도록 인도하여 주시고, 물가에 심기운 나무와 같이 끊임없이 좋은 열매를 맺는 주님의 백성이 되게 하여 주옵소서.

은혜와 사랑의 주님! 오늘 이 시간 주님께 예배드리는 이 모습이 바로 십자가의 사랑 앞에 죄사함을 받는 인생들의 삶인 것을 믿습니다. 주님 앞에 예배할 때마다 못 박혀 죽으신 주님을 기억하며, 주님의 몸 위에서 쏟아지는 십자가 보혈에 저희 영혼이 잠기는 놀라운 은혜가 있게 하옵소서. 우리의 마음을 깨끗게 하사 주의 영광을 보게 하여 주옵소서. 우리의 입술을 정하게 하사 우리로 하나님의 영광을 찬양하게 하여 주옵소서. 신령한 귀를 열어주사 진리의 말씀을 듣게 하여 주옵소서. 온 심령이 새롭게 창조되고 피곤한 육신이 치유함을 얻을 수 있는 귀한 시간이 되게 하여 주옵소서.

신실하신 하나님! 주님을 사모하는 거룩한 백성들에게 은혜가 충만히 내려지기를 원합니다. 저희 교회의 지체들 모두가 주님을 닮아가며 온전한 모습을 갖게 하시고, 이를 위하여 주님의 겸손을 자기의 것으로 삼게 하옵소서. 주님께서 제자들의 발을 씻기셨던 겸손한 자세를 본받게 하시고, 저희 각자가 교회를 섬기고 이웃을 위하여 봉사하는 자세로 사랑하며 살게 하옵소서.

은혜의 하나님! 신령한 예배를 받으시길 원하며, 성도들의 교제 가운데 계시며, 교통하시어 온 맘으로 주를 찬양하는 복된 저녁 시간이 되도록 인도하여 주옵소서. 예배를 위하여 헌신하는 모든 손길들 위에 축복하시고 저들의 수고로 하늘의 창고에 보화가 쌓일 수 있는 복을 허락하여 주옵소서.

이 시간 말씀을 전하시는 목사님께 성령의 능력으로 함께하셔서, 말씀을 선포하실 때 은혜의 단비가 내려지게 하시고 말씀의 생명수가 강같이 흐르게 하옵소서. 착하고 충성된 종에게 상급을 주실 예수 그리스도의 이름으로 간절히 기도하옵나이다. 아멘.

2월 _셋째주

주중(삼일·금요)예배 대표기도문

자비와 긍휼이 무한하신 하나님!

저희에게 주신 큰 은혜를 깨달으며 감사와 찬송을 드립니다. 세상은 냉랭하고 험악하여 불신과 의혹이 가득한 이때에 하나님을 바라보며 살게 하시니 참으로 감사드립니다.

하나님, 저희들이 하나님을 바라보는 삶을 사노라 하면서도 지난 삼일간을 돌이켜 볼 때, 길 잃고 헤매는 한 마리의 양처럼 저희들도 주님 곁을 떠나 방황했던 적이 많았음을 고백하지 않을 수 없습니다. 이 시간 회개하오니 십자가의 보혈로 저희를 깨끗하게 하여 주시며, 저희들이 지은 모든 죄를 성령의 불로 도말하여 주시기를 원합니다. 그리하여 늘 십자가의 그늘 아래서 쉴 수 있도록 긍휼을 베풀어 주시옵소서.

사랑의 하나님! 저희들이 광야의 이스라엘 백성들처럼 불순종하여 40년의 세월을 광야에서 유리하지 않도록 주의 인도하심에 순종할 수 있도록 도와주시기를 원합니다. 우리의 마음밭을 옥토와 같게 하시어 오늘의 예배를 통하여 믿음의, 순종의, 기도의 아름다운 결실들이 맺혀질 수 있도록 축복하여 주옵소서. 지금 우리의 행복이 우리 스스로의 힘과 자랑이 되지 않게 하시고 오직 주님만을 바라보며 순종하고 오직 주께만 영광 돌릴 수 있는 우리가 되도록 은혜에 은혜를 더하여 주옵소서. 신령한 것들로 우리를 채워 주시기를 간구합니다. 우리의 기도를 들어 응답하시기를 간구합니다. 우리의 입술을 열어 마땅히 구해야 할 것들을 위해 간구하게 하시기를 원합니다. 우리가 기도할 때 성령님의 도우심을 간구하오니, 우리와 동행하여 주옵소서.

은혜의 주 하나님! 저희로 하여금 말씀을 지키고 주님의 이름을 배반하지 않게 하시며 주님 나라의 영광을 전하는 자 되게 하옵소서. 예수 그리스도로 말미암아 의의 열매가 가득하여 저희가 주님의 영광과 찬송이 되게 하옵소서. 저희를 깨끗하게 하시어 귀히 쓰는 그릇이 되게 하사 거룩하시며 주인 되신 주님의 쓰심에 합당하게 하옵소서. 또한 착하고 충성된 종이라는 칭찬을 받게 하사 주인 되신 주님의 즐거움에 참여할지언정 악하고 게으른 종이라는 책망을 받지 않게 하옵소서.

오늘 우리가 기도회로 모였사오니 주님이 받으시는 향기로운 기도를 드릴 수 있도록 인도하여 주시고, 이 시대를 향한 주님의 음성을 우리가 알 수 있도록 지혜를 더하여 주옵소서. 이 시간 주님의 말씀을 듣고 단 위에 서시는 목사님을 붙드시고 은혜 베푸사 그 말씀이 저희 영혼의 빈잔을 채우는 능력의 말씀이 되게 하여 주옵소서. 사랑 많으신 예수 그리스도의 이름으로 간절히 기도하옵나이다. 아멘.

2월 _넷째주

주일 낮예배 대표기도문 1

은혜가 충만하신 하나님!
저희에게 지난 한 주간의 평안을 허락하심을 감사합니다. 거룩하신 하나님의 전에 하나님의 영광을 위하여 나오게 하심을 감사하오니 존귀와 영광을 받으시옵소서. 저희의 예배를 통하여 하나님께 영광을 돌리게 하시며 저희의 감사를 통하여 하나님의 축복의 역사가 일어날 수 있도록 함께하여 주시옵소서.

하나님 아버지! 저희들이 구속의 은혜를 받은 자들이면서도 주님이 노여워하시는 것들만 일삼으며 방만한 삶을 살았던 것을 고백하지 않을 수 없나이다. 주님이 구하시는 제사는 상한 심령이요, 상하고 통회하는 자들을 멸시치 아니하신다고 말씀하셨사오니, 저희의 허물을 사하여 주시고 용서하여 주시기를 원합니다.

저희들에게 성령의 은혜를 허락하사 주님이 세상의 참된 소망임을 깨닫고, 소망 중에 거하게 하시며, 그리스도에 대한 믿음이 참된 능력임을 알고 믿음의 사람이 되게 하셔서 빛과 소금의 일을 행하기에 부족함이 없도록 붙들어 주옵소서. 그리고 주님을 사랑하되 마음을 다하여 사랑하게 하시고, 성품을 다하여 봉사하며, 힘을 다하여 충성함으로써 주님의 뜻을 온전히 이루어가는 충성된 일꾼이 되게 하여 주시옵소서.

사랑의 하나님! 하나님의 사랑을 실천할 수 있는 우리가 되게 하여 주시기를 원하오니 주님, 우리에게 새 힘을 허락하여 주옵소서. 고통에 몸부림치는 이웃들에게 그들의 고통을 함께 나누게 하시고, 주님의 십자가 사랑을 심령 깊숙이 깨닫게 하심으로 이웃을 사랑하게 하여 주옵소서. 주님을 증거하게 하심으로 그들의 심령에 주님을 알게 하셔서 그들로 다시금 주님의 증인이 될 수 있는 복을 허락하여 주옵소서. 그들의 영혼을 불쌍히 여기사 하나님의 사랑과 자비와 긍휼을 알게 하여 주옵소서.

귀하신 주님께서 우리를 섬김의 종으로 삼아주신 은혜를 감사합니다. 우리의 죄악으로 인하여 시들어 버린 주님과의 관계가 다시금 향기나는 꽃으로 피어 새로운 기쁨이 넘치는 귀한 시간이 되도록 축복하여 주옵소서.

이 시간 말씀을 선포하시는 목사님께 성령을 물 붓듯 부어 주셔서 은혜를 사모하는 모든 성도들에게 생수의 강이 넘쳐흐르게 하여 주옵소서. 이 시간 성가대를 세워 주셨사오니 올려드리는 찬양이 하나님께서 기쁘시게 받으시는 거룩한 찬양이 되게 하시고, 성가대원 모두가 복된 삶의 소유자들이 되게 하여 주시옵소서. 오늘도 살아 역사하시는 예수 그리스도의 이름으로 간절히 기도하옵나이다. 아멘.

2월 _넷째주

주일 낮예배 대표기도문 2

천지를 주관하시는 우리 주 하나님!
하나님께서 우리를 위하여 베풀어 주신 은혜와 사랑에 감사하여 주의 존전에 나아와 감사와 찬양을 드리게 하심을 감사합니다. 우리의 감사와 찬양을 열납하시고 하나님의 사랑을 더욱 베풀어 주옵소서.

자비로우신 하나님! 지난 시간을 돌이켜 보건대 실수도 많았고, 실언도 많았고, 진실한 것 같이 하면서도 거짓과 속임수도 많았습니다. 이 시간 모든 것을 주님 앞에 내려놓고 용서 받기를 원합니다. 긍휼히 여기셔서 용서해 주시고, 잘못이 다시는 되풀이되지 않도록 이끌어 주옵소서.
오늘 거룩한 주일에 주님 앞에 나와 예배하오니, 구하는 성도들에게 가장 좋은 것으로 채워주시고 찾는 자들에게 응답하시며, 두드리는 성도들에게 열려지는 복된 예배가 되게 하옵소서. 우리의 예배가 진정으로 하나님께 드려지는 영적인 예배가 되게 하여 주시옵소서. 주님께서 들려주시는 음성을 바로 듣고 그 음성에 순종하는 믿음을 주옵소서.
어떠한 환경에서도 실족하지 않게 하시고 주님만 바라봄으로 날마다 구원을 체험하게 하옵소서. 작은 시련에도 믿음이 이리저리 흔들리는 저희와 인생을 긍휼히 여기사 하나님을 바라볼 수 있는 믿음을 더하여 주시옵소서.

고마우신 하나님! 우리에게 주어진 일로 인하여 하나님을 시험하지 않게 하시고 세월을 허송하지 않게 하여 주옵소서. 작은 일에 충성함으로 그리스도를 통한 축복을 보게 하여 주옵소서. 우리의 작은 힘이 주님 나라의 확장에 도움이 되도록 우리에게 능력을 허락하사 우리로 이웃을 전도하게 하시고 우리로 믿는 자의 본이 될 수 있는 믿음을 더하여 주옵소서. 우리에게 맡겨 주신 사명을 잘 감당하게 하시고, 매일 매일 성실함으로 주님의 뒤를 따르게 하시고, 우리에게 인내하며 승리하고 절망하지 않도록 주님, 동행하여 주옵소서.

오늘도 지친 우리의 심령이 위로받게 하시고, 상처받은 심령이 주님의 손으로 어루만지시는 치유함을 얻게 하옵시고, 은혜로 더하여 주옵소서. 이 시간 우리에게 주님의 주권을 고백하는 귀한 시간이 되게 하시고 담대한 복음의 전도자로 부름을 받을 수 있는 시간이 되기를 원합니다.

단 위에 세워 주신 주님의 사자에게 성령께서 역사하시는 말씀을 선포하게 하셔서, 우리들로 하여금 복음의 능력 있는 전사가 되게 하시며 주님의 세상을 열어 가는 신실한 일꾼 되게 인도하여 주옵소서. 우리를 향해 언제나 부요하시며 감사하신 예수 그리스도의 이름으로 간절히 기도하옵나이다. 아멘.

2월 _넷째주

주일 낮예배 대표기도문 3

은혜와 사랑이 풍성하신 하나님!
지난 한 주간도 성령님의 인도하심에 따라 우리를 지켜 보호해 주신 은혜 감사합니다. 우리 안에 성령님의 역사하심에 순종할 수 있는 믿음을 허락하사 주님께 나아오게 하심을 또한 감사합니다.
그러나 주님, 우리는 아직도 주님의 인도하심에 순종하지 않고 우리의 이익과 욕심대로 삶을 이끌어 가고 있습니다. 우리의 죄를 용서하여 주옵소서. 완악하고 사욕에 눈 먼 심령을 용서하시고 주님의 거룩한 보혈을 생각하며 우리 삶의 자세가 바뀌기를 원하오니, 주님, 우리를 인도하여 주옵소서.

은혜로우신 주님! 저희가 항상 말씀을 묵상하는 삶을 살게 하시고, 우리를 인도하셔서 언제나 주님의 도우심을 체험하고 주님을 만나는 경험을 갖게 하여 주옵소서. 날마다 동일한 은혜로 새롭게 인도하시는 주님, 눈에 보이는 대로 머릿속에 생각나는 대로 사는 것이 아니라 복음 안에서 주님이 기뻐하시는 삶을 살아가는 저희들 되게 하옵소서. 오늘도 성공과 향락을 향한 멸망의 질주 속에 사는 사람들을 불쌍히 여기시고 저들의 영혼을 만져 주옵소서.

우리의 간절한 기도에 응답해 주시는 하나님! 우리의 눈을 열어 세상을 보게 하여 주옵소서. 우리의 입술을 열어 주옵소서. 세상을 보며 소금이 되게 하시고 입술을 열어 주님의 증인이 되게 하여 주옵소서. 주님의 몸을 드려 희생하신 사랑을 우리가 배우고 실천할 수 있는 믿음을 더하여 주시고, 손과 발을 드려 봉사하게 하여 주옵소서. 빛이 없는 곳에 빛이 되게 하시고 썩어지는 곳에 소금이 될 수 있는 믿음을 더하여 주옵소서.

교회에 속한 모든 기관들을 위해 기도합니다. 어린이 주일학교로부터 학생회, 청년회, 남·여선교회에 이르기까지 주의 은혜로 부흥되어지는 역사를 경험하게 하시며, 살아 역사하는 생동력 넘치는 기관들이 되게 하여 주옵소서.

이 시간 찬송 부를 때에도 심령 깊은 곳에서 우러나오는 가락이 되기를 원합니다. 말씀을 들을 때 저희들의 심령을 영적으로 끝없이 기경하고 계시는 주님의 손길을 느끼기를 원합니다. 역사하여 주옵소서.

이 시간 말씀을 선포하시는 목사님을 친히 주장하사 저희에게 영혼의 만나를 내려 주옵소서. 항상 저희를 도우시는 예수 그리스도의 이름으로 간절히 기도하옵나이다. 아멘.

2월 _넷째주

주일 오후(저녁)예배 대표기도문

우리의 반석이시요 구원이신 하나님!
주일 저녁도 주님의 시간인 줄 알아 예배로 모였습니다. 때를 따라 주시는 은혜로 이 시간도 충만케 하여 주시옵소서. 여호와께 가까이 함이 우리에게 복이 될 줄로 알기에 기도하오니, 중심을 보시는 주님께서 축복된 삶으로 인도하여 주시옵소서. 욕심에 이끌려 그릇된 길로 빠지지 않도록 인도하시며, 우리의 교만으로 아버지의 영광을 가린 모든 것을 용서하여 주시옵소서. 그리스도로 옷 입었사오니 거룩한 삶을 살아갈 수 있는 은혜를 허락하여 주시옵소서. 저희의 부족을 채워 주시고, 모자란 것들마다 풍성한 은혜로 채워 주옵소서.

하나님 아버지! 우리를 사탄의 나라에서 사랑의 아들의 나라로 옮겨 주셨음에 감사와 찬양을 드립니다. 우리가 성령의 충만함을 받아 인간의 생각으로 다스려지는 삶이 아니라 성령이 주장하시는 삶을 살기를 원합니다. 육체의 소욕대로 살아가는 삶이 아니라 성령의 소원을 따르는 삶을 살게 하옵소서.

사랑의 주님! 우리의 믿음을 되돌아 봅니다. 우리의 믿음은 하나님의 영광을 위한 것이 아니라 어쩌면 나의 영광을 위한 것은 아니었는지 새삼 생각해 보지 않을 수 없습니다. 오직 주의 영광을 위하여 삶을 달려갈 수 있는 우리가 될 수 있도록 은혜 충만케 하여 주옵소서.

하나님! 이 자리에 보이지 않는 지체들을 위하여 기도드립니다. 그들이 고통 중에 있거든 주께서 고통에서 해방되게 하시고, 그들이 고난 중에 있거든 평안하게 하시고, 그들이 주님의 공의에 거하지 않아 이 자리를 잊고 있거든 긍휼히 여기사 마음을 돌이켜 주님만 바라볼 수 있도록 함께하여 주옵소서.

이 시간 주님께 예배드릴 때 주옥 같은 주님의 말씀을 놓치는 일이 없게 하시고, 영적인 영향력을 거침없이 발휘하는 새 일꾼으로 거듭나는 복된 시간이 되게 하시옵소서.
오늘도 단 위에 세우신 목사님을 통하여 생명의 말씀이 선포되고, 선포되는 생명의 말씀을 통해서 말씀의 임재와 말씀의 능력이 기적이 되고 축복 되게 하옵소서.
선포되는 말씀이 우리 심령에 새겨지게 하시고, 악한 영들을 성령의 불칼로 물리쳐 주시옵소서. 저희를 구원하신 예수 그리스도의 이름으로 간절히 기도하옵나이다. 아멘.

2월 _넷째주

주중(삼일·금요)예배 대표기도문

이 땅에 생명의 복음을 주신 하나님!
주님의 은혜가 이 세상에 가득함을 찬양합니다. 지난 삼일 동안도 주님의 사랑과 은혜의 보호 속에 살게 하신 것 감사합니다. 그러나 이 시간 주님 뜻대로 살지 못한 지나간 허물들을 고백합니다. 겸손히 머리 숙여 잘못을 뉘우치며 회개하오니 주님의 한없는 자비와 사랑으로 용서하여 주시옵소서. 저희들의 죄를 깨끗하게 씻어주시고, 정죄함이 없으신 긍휼과 자비로 반겨 주시기를 원합니다. 또한 저희 속에 성령으로 채워 주시사, 기쁜 마음으로 섬기고 복종하며 살 수 있는 믿음을 허락해 주시기 원합니다.

주님이시여! 저희 마음을 순결하게 하시고 하나님이 아니고는 채울 수 없는 아버지의 사랑을 늘 갈급해 할 수 있도록 축복하여 주옵소서. 청결한 마음이 되게 하시고, 의에 주리고 목마른 자들이 되어 하늘나라의 행복을 보장받게 하여 주옵소서. 먹고 마시는 것으로만 즐거워하지 않게 하시고 하나님의 나라가 이 땅에 이루어져 가는 것으로 기뻐할 수 있는 주님의 마음을 주시옵소서.

자비로우신 주님! 내주하시는 성령의 감동을 따라 감사와 기도가 끊이지 않는 주의 제자들이 되기를 원합니다. 더 크고 위대한 이상을 주시되 영혼을 위해 기도하고, 헌신하고, 구령하는 전도의 삶을 살게 하여 주시옵소서. 저희들의 생활이 예배가 되도록 인도하시며, 저희의 삶에 하나님의 나라가 이루어지게 하여 주시옵소서. 우리의 마음이 성령의 전이 되게 하시고, 범사에 하나님을 인정하고 찬미하는 믿음의 역사가 있도록 축복해 주옵소서.

사랑의 주 하나님! 소돔과 고모라 같은 세상이지만 아직도 곳곳에 사랑을 나타내고 심어야 할 곳이 많습니다. 사랑을 베풀기에 지극히 인색한 우리의 마음을 변화시켜 주시고 주님의 사랑을 실천할 수 있는 우리가 될 수 있도록 인도하여 주옵소서. 우리의 연약한 믿음이 주의 도우심을 원합니다.

주님의 빛을 세상에 발하게 하시고 주님의 거룩한 백성으로서 세상에서 승리할 수 있도록 힘 주시고 능력 주시기를 원합니다. 깊은 슬픔과 고통 속에서도 십자가의 주님을 생각하며 우리의 보잘것없는 고난과 슬픔으로 쓰러지지 않도록 믿음을 주옵소서. 절망이 엄습할지라도 새로운 심령으로 거듭나게 하시는 주님의 능력을 의지하게 하여 주옵소서.

이 시간 목사님을 통해서 주님의 말씀을 전달받을 때에 주님의 음성을 듣게 하시옵고, 주님의 말씀에 순종하는 사람으로 거듭나는 시간이 되게 하시옵소서. 우리를 십자가의 사랑으로 구속하여 주신 예수님의 이름으로 간절히 기도하옵나이다. 아멘.

3월 _첫째주

주일 낮예배 대표기도문 1

모든 계절을 통하여 저희들에게 기쁨을 주시고 은혜를 베푸시는 하나님! 이 시간도 저희들에게 한량없는 은혜를 베풀어 주셔서 주님 앞에 나와 예배할 수 있게 하시니 감사합니다.
자비로우신 하나님, 우리가 범죄하여 주님 앞에 나아왔음을 고백하지 않을 수 없사오니 우리의 죄들을 용서하여 주시고, 우리의 예배를 기쁘게 받으시기를 원하오니 주님, 하나님의 영광을 가리우지 아니하도록 우리의 삶을 주장하여 주옵소서.

3월입니다. 엄동설한이 지나고 봄이 왔습니다. 마른 나뭇가지 마디에 연두빛 고운 새싹이 손을 내밀듯 저희들의 고목 같은 심령에도 성령님의 따뜻한 꽃바람이 일어나게 하시옵소서. 미움으로 응어리진 마음들이 사랑으로 꽃피게 하시옵고, 형제의 실수와 잘못을 용납 못하는 굳은 마음들이 부드러운 마음으로 변화되게 하시옵소서. 골짜기처럼 어둡고 협소한 마음들이 바다같이 넓고 꽃밭에 내리는 햇살처럼 밝고 찬란하게 하시옵소서.

예루살렘과 온 유대와 사마리아와 땅끝까지 이르러 증인이 되라고 말씀하신 주님! 우리에게 맡겨주신 이 도시와 지역을 품고 기도합니다. 우리의 간구를 들으시고 복음화의 불길이 일어나게 하옵소서. 주님의 복음으로 가난한 사람들은 부요해지고, 마음이 상한 자들은 치유를 받고, 낮은 자들은 높아지며, 병든 자들은 낫는 은혜를 허락하옵소서. 복음의 능력을 믿사오니 이 지역에 복음으로 말미암은 변화의 물결이 일어나게 하옵소서.

거룩하신 하나님! 이 시간 주님의 거룩하심으로 우리가 주님의 몸 된 교회를 위하여 헌신하도록 축복하여 주옵소서. 주님의 신부인 우리가 몸 된 교회를 위하여 헌신하는 것이 큰 기쁨임을 깨닫게 하시고 주님께 드리는 봉사와 같이 모든 일을 행하게 하옵소서. 그럼으로써 우리를 통하여 주님의 향기가 발하게 하시고 주님의 사랑을 세상에 널리 전할 수 있도록 축복하여 주옵소서. 우리에게 더욱 큰 사명을 허락하시기 전에 작은 일에 순종하는 것을 알게 하시고 작은 순종일지라도 하나님의 은혜를 체험하는 귀한 순종이 되도록 은혜를 더하여 주옵소서.

이 시간 생명의 복음을 증거하시기 위하여 단 위에 서신 목사님을 기억하시고, 심령을 내어 쏟는 마음으로 말씀을 선포하실 때 새 생명의 기쁨이 샘솟는 저희들 되게 하시옵소서. 우리를 죄에서 구원하신 예수님의 이름으로 간절히 기도하옵나이다. 아멘.

3월 _첫째주

주일 낮예배 대표기도문 2

은혜가 풍성하신 하나님!
우리를 택하사 우리로 하나님을 찬양하게 하시려고 하나님의 전에 불러주신 은혜에 감사합니다. 보잘것없는 우리의 인생을 하나님을 경외하기 위한 수단으로 변화시키셔서 하나님의 전에 찬양과 영광을 돌리게 하시니 감사합니다.

궁휼의 하나님! 우리에게 성도의 삶을 요구하셨건만, 우리가 한 주일 동안 살아온 것을 되돌아 봅니다. 입술로 하나님께 감사하는 성도의 삶을 살아야 하건만 우리의 입술은 이웃의 허물을 정죄하는 입술이었음을 고백하오니 용서하여 주옵소서. 이후로는 범죄치 아니하고 하나님만을 위한 성도가 되도록 은혜로 날마다 함께하여 주옵소서. 하나님, 우리의 예배를 위해서 기도드립니다. 우리의 예배로 인하여 복을 허락하시되 앞날이 열려 형통케 되는 복을 허락하시고, 우리의 감사와 찬양으로 인하여 복을 허락하시되 주 하나님이 주시는 새 힘으로 승리하게 하여 주옵소서.

사랑의 근원이신 하나님! 그 사랑이 우리에게도 온전히 채워질 때, 그 능력과 권세로써 우리들 영혼의 병과 몹쓸 병도 깨끗이 치료되고 이제 그 사랑을 우리에게도 넘치게 채워 주셔서, 죄의 사슬이 풀리고 모든 문제가 해결받는 놀라운 은혜를 부어주옵소서. 모든 고통과 슬픔도 눈 녹듯 사라질 것을 확실히 믿습니다.

하나님, 저희들에게 한결같은 성령의 충만함으로 범죄치 않도록 축복하여 주옵소서. 우리에게 담대하게 세상을 이기도록 축복하여 주옵소서. 우리의 교만이 낮아지게 하시고, 우리의 어리석음이 지혜되게 하시고, 우리의 믿음 없음이 더욱 강건한 믿음으로 성장하게 하여 주옵소서. 우리를 위하여 피 흘리신 그리스도를 기억하며, 하나님 나라의 영광을 위하여 믿지 않는 우리의 이웃을 전도하게 하시고, 주님의 영광을 위하여 우리의 삶의 자세가 바뀌게 하시고, 우리의 마음이 온전히 하나님만을 바라볼 수 있도록 동행하여 주옵소서.

축복의 하나님! 이 나라를 축복하시고 위정자들을 인도하여 주옵소서. 그들에게 의와 진리를 깨닫게 하시며 지혜와 분별력을 주셔서 정사를 바로잡게 하시옵소서. 또한 이 백성들의 모든 형편과 처지를 축복하시고 저희들 가운데 속히 주님의 사랑과 평화가 넘치는 나라가 임할 수 있는 놀라운 축복을 허락하여 주시옵소서.

이 시간 말씀을 전하시는 목사님 위에 함께하사 구속의 원리를 깨닫게 하시고 십자가의 이치를 깨닫게 하옵소서. 말씀으로 인하여 세상을 이길 수 있도록 담대한 믿음을 더하여 주옵소서. 인류의 참된 의미와 가치가 되시는 예수님의 이름으로 간절히 기도하옵나이다. 아멘.

3월 _첫째주

주일 낮예배 대표기도문 3

천지의 주재이신 주님!
이 땅의 구속 사역을 완성하시기 위해 이 땅에 오심을 감사드립니다. 십자가의 보혈로 구원을 얻은 우리가 그 은혜를 힘입어 이 전에 모였습니다. 십자가를 바라볼 때마다 새로운 감동이 솟아오르고, 그 기쁨으로 인하여 변화되어 가는 것을 깨닫사오니 진심으로 감사드립니다. 영원토록 주님 안에 거하는 저희들 되게 하여 주시옵소서.

긍휼의 주님! 주님 안에 거하며 주님의 뜻과 함께 일한다 하면서도 스스로의 생각을 앞세웠으며, 주님의 뜻을 멀리하는 시간들이 많았나이다. 저희의 부족함을 용서하여 주시옵소서. 하나님 앞에 내어놓는 잘못들을 십자가의 보혈로 씻어 주시고 소멸해 주시옵소서. 주님의 크신 은혜로 저희를 새롭게 하여 주시옵소서.

이 시간 영광을 받으시고 이 예배가 신령과 진정으로 드리는 예배가 되게 하여 주옵소서. 이 예배가 우리의 일상생활의 토대가 되어 강팍해지고 거칠어진 우리의 심령을 순화시키는 윤활유가 되게 하여 주옵소서. 저희 모두를 하나님의 영으로 뜨겁게 감동시켜 주사 말씀으로 은혜받고 새로운 각오와 결심으로 신앙의 무장을 이루게 하여 주옵소서.
하나님, 무엇보다도 우리의 믿음이 성장하기를 원합니다. 불신앙이 확신으로 바뀌게 하시고 주님을 향해 불붙는 마음이 일어나도록 역사하여 주옵소서. 세상을 이길 수 있는 믿음을 주시고 세상 가운데 주님을 증거할 수 있는 십자가 군병으로 세워지도록 인도하여 주옵소서.

사랑의 하나님! 세상에서 주님을 잃고 방황했던 우리의 영혼과 육신이 주님의 품에 거하게 하시며 주님 안에서 평안과 쉼을 얻게 하옵소서. 때로 우리 삶에 어려움이 몰려올지라도 오직 예수 그리스도만을 푯대 삼아 승리케 하옵소서.
범사에 감사하라는 말씀을 붙들고 세상의 어떠한 것도 끊을 수 없는 주님의 사랑을 확인케 하옵소서.

이 시간 단 위에 서신 목사님을 능력과 권능의 오른팔로 붙들어 주셔서 힘있게 증거하시는 그 말씀이 광야에서 외치는 자의 소리가 되게 하시고, 강퍅한 저희의 심령을 쇳물처럼 녹이는 능력의 말씀으로 인도하여 주옵소서. 우리를 위해 십자가에 달리신 우리 구주 예수 그리스도의 이름으로 간절히 기도하옵나이다. 아멘.

3월 _첫째주

주일 오후(저녁)예배 대표기도문

구원의 주님!
환한 불꽃처럼 이 땅을 밝히시려 임재하신 놀라운 권능을 찬양합니다. 더욱이 사망길에 빠진 저희들을 건져 내셔서 생명의 자리로 옮겨주시고, 하늘 영광을 바라보며 기쁜 마음으로 살아갈 수 있도록 택하여 주신 은혜와 사랑을 감사드립니다.

그러나 저희들은 이렇게 주님의 놀라운 축복을 받았음에도 불구하고 이전의 습관과 태도를 버리지 못한 채 여전히 은혜와 사랑을 거역하는 방만한 삶을 살고 있습니다. 이렇게 주님의 뜻대로 사노라 하면서도 여전히 사탄의 유혹을 뿌리치지 못하여 이중적인 생활을 하는 저희들을 용서하여 주시옵소서. 이 시간 영광의 주님을 나타낼 수 있는 복된 삶이 될 수 있도록 이끌어 주옵소서.

은혜로우신 주님! 오늘도 지친 인생으로 살아가는 저희들을 위로하여 주시옵고, 상처받은 심령마다 주님의 손으로 어루만져주시어서 새 힘을 얻고 돌아가는 시간이 되게 하시옵고, 강퍅해진 저희의 심령이 녹아지는 시간이 되게 하시옵소서. 영적인 시야를 넓힐 수 있는 시간이 되기를 원합니다.

담대한 복음 전도자로 부름 받을 수 있는 시간이 되기를 원합니다. 주님께 예배드리는 이 복된 시간, 성령님께서 친히 저희 가운데 운행하여 주시옵고, 하나님을 가까이 하는 인생이 얼마나 복된지를 깨달아 알게 하시옵소서.

우리의 예배를 통하여 하나님께 영광을 돌리게 하시며 우리의 감사를 통하여 하나님의 축복의 역사가 일어날 수 있도록 함께하여 주옵소서. 주님, 우리로 하나님의 나라를 위하여 헌신할 수 있는 복을 허락하여 주시고 헌신의 참된 즐거움을 맛볼 수 있는 큰 은혜를 주옵소서.

우리의 발길로 인하여 하나님의 나라가 확장되게 하시고, 우리의 입술로 인하여 주님이 증거될 수 있도록 함께하여 주옵소서. 우리에게 주님의 증인이 될 수 있는 권능을 허락하사 우리로 세상에서 주님의 증인이 될 수 있는 복을 허락하여 주옵소서. 하나님의 백성으로 거룩하게 살아갈 수 있는 복을 더하여 주옵소서. 또한 우리의 예배를 위하여 돕는 손길들 위에 함께하사 축복하여 주시고 성가대 위에 특별히 임하사 영과 혼을 다하여 하나님을 찬양할 수 있도록 축복하여 주옵소서.

이 시간 목사님을 세우셨사오니, 계시된 주님의 말씀을 잘 증거하실 수 있도록 인도하여 주시옵고, 모두가 그 말씀대로 살기를 결심하는 복된 시간이 되게 하시옵소서. 저희를 구원하여 주신 예수님의 이름으로 간절히 기도하옵나이다. 아멘.

3월 _첫째주

주중(삼일·금요)예배 대표기도문

사랑의 주님!
지난 삼일 동안도 우리를 지켜 주셔서 은혜 중에 살게 하시다가 다시금 주님 앞에 나와 예배드리게 하시니 감사합니다. 우리의 예배가 신령과 진정으로 드려지는 영적인 제사가 되기를 원합니다. 삼일 동안이지만 주님의 이름을 더럽히고 다시 주님께 왔습니다. 속된 삶을 살 수밖에 없는 연약한 저희들을 용서하시고, 무거운 죄악을 깨끗하게 하시어 정결한 삶을 살아갈 수 있도록 인도하여 주옵소서.

자비하신 주님! 저희 안에 내주하시는 성령의 인도하심에 따라 오늘도 주님 앞에 모였사오니 거저 왔다가 거저 가는 성도들이 한 명도 없게 하시고 예배 중에 함께하시는 하나님의 사랑을 나누며, 성도의 교제로 사랑을 실천하는 은혜로운 예배가 되게 하여 주시옵소서. 부족한 가운데 나왔사오니 하나님의 능력을 채워 주셔서 승리자의 반열에 서게 하여 주옵소서.
의심 많은 도마처럼 하나님의 동행하심을 순간순간 의심하는 저희들을 불쌍히 여기시고, 반석 같은 믿음의 사람들이 되게 하옵소서. 욕심에 이끌리는 생활이 되지 않게 하시고, 성실함으로 하나님의 말씀을 실천하는 성숙한 믿음이 되게 하여 주옵소서.

성도들 중에는 고통과 어려움으로 고생하는 자들이 있습니다. 저희를 긍휼히 여기사 주님이 친히 위로하여 주시며, 주님의 십자가 날개 아래 보호하여 주시옵소서.

교회를 사랑하시는 하나님! 우리 교회를 기억하시고 지켜 주옵소서. 주님의 크신 뜻과 섭리가 계셔서 이곳에 교회를 세워 주시고 지금까지 이끌어 주시며 부흥하게 하시니 감사합니다. 성령의 역사하심에 의해 살아 움직이며 생명이 넘치는 교회가 되게 하시며 이 땅에서 천국의 기쁨을 보여 줄 수 있는 모범된 교회 되게 하옵소서.

오늘도 저희들이 주님을 간절히 사모하는 마음으로 예배드리며, 기도하고 말씀을 들을 때에 내주하시는 주님의 임재하심을 강하게 느낄 수 있도록 하시고 우리를 위하여 예비하신 축복이 넘치도록 부어 주시는 복된 시간이 되게 하여 주옵소서.

이 시간 교회를 섬기시는 목사님과 함께하셔서 영육 간에 신령함과 강건함을 주시고, 강단에서 선포하시는 말씀마다 생명을 살리고 건지는 복된 말씀이 되게 하시옵소서. 이 시간 성가대를 세워 주셨사오니 영과 혼을 다하여 하나님께 올려드리는 찬양을 하나님 홀로 영광 받으시고 큰 은혜를 내리어 주옵소서. 사랑이 많으신 예수 그리스도의 이름으로 간절히 기도하옵나이다. 아멘

3월 _둘째주

주일 낮예배 대표기도문 1

우리의 힘이 되시고, 믿는 자들의 피난처가 되시는 하나님!
오늘도 거룩한 성회로 모여 하나님의 인자하심을 찬양하며 감사할 수 있는 복을 허락하여 주시니 감사합니다. 우리의 예배를 기쁘게 받아 주옵소서. 우리의 예배를 통하여 복을 허락하여 주시고 우리의 감사를 통하여 오직 하나님만이 영광 받으시기를 원하오니 저희와 함께하여 주옵소서.
하나님, 우리가 지난날 지은 죄를 용서하여 주옵소서. 무거운 죄짐을 주님 앞에 나아와 모두 내려놓기 원하오니 우리의 더러운 죄를 불로 태워 주시고 물로 씻어 주셔서 우리의 영혼을 깨끗하게 하여 주옵소서.

하나님, 이 예배를 통하여 저희들이 믿음의 담대함을 얻게 하시고 주님의 생명이 가슴마다 넘치게 하옵소서. 마음이 연약한 자들에게 위로를 주시고, 상처로 아파 우는 자들에게 긍휼을 베풀어 주옵소서. 육신의 질병으로 안타까워하는 자들에게 능력을 베푸시어 깨끗이 치유 받는 역사가 일어나게 하옵소서.
하나님, 성도들의 가정을 위해서도 기도합니다. 저들의 가정마다 그리스도의 능력으로 충만하게 하셔서 주님의 영광을 드러낼 수 있는 복된 가정이 되게 하시옵소서. 육신의 안목과 안일만을 추구하는 가정들이 되지 말게 하시옵고, 영적인 복을 간구할 수 있는 가정들이 되게 하시옵소서. 이 시간 내 자랑과 내 욕심이 무너지고 내 고집이 무너지게 하시고, 새로운 신앙의 싹을 틔울 수 있는 은혜를 받게 하여 주옵소서.

존귀하신 하나님! 우리가 주님을 의지하는 것이 세상을 이기는 것이 되게 하시고, 우리에게 하나님의 공의로우심을 기억하게 하시며 우리를 하나님의 거룩한 백성으로 세상을 이길 수 있는 믿음을 더하여 주옵소서.
우리의 이웃을 돌아보게 하여 주시고 우리가 그들에게 예수님을 증거한 것 같이 그들 또한 세상에 나아가서 예수님을 증거할 수 있는 귀한 지체가 되도록 함께하여 주옵소서. 그들의 삶에 하나님의 임재하심을 볼 수 있는 기회가 있게 하여 주시고 우리로 그들을 위하여 기도하게 하옵소서.

이 시간 말씀을 전하실 목사님 위에 축복하셔서 선포되는 하나님의 말씀을 통해 우리들의 삶을 날마다 더 풍요롭도록 축복해 주시옵소서. 말씀을 듣는 우리 모든 성도님들의 마음에 성령님의 임재로 말미암아 말씀을 바로 깨닫게 하시고, 올바른 신앙의 길과 삶의 성공의 길을 가는 데 꼭 필요한 나침반이 되게 하여 주시옵소서. 오늘도 우리의 삶을 복된 길로 인도하시는 예수 그리스도의 이름으로 간절히 기도하옵나이다. 아멘.

3월 _둘째주

주일 낮예배 대표기도문 2

존귀하신 하나님!
우리에게 존귀하신 주님으로 오심을 감사합니다. 우리가 하나님의 형상으로 지음을 받았사오니 감사합니다. 우리에게 복을 주시려고 예배드리게 하심을 감사합니다. 우리의 예배를 기쁘게 받아 주옵소서.

공의로우신 하나님! 죄인이었던 우리를 고백합니다. 우리의 죄를 용서하시고 이후로는 죄인 되는 일 없도록 함께하시고 우리에게 새로운 힘을 허락하사 세상을 이길 수 있는 복을 허락하여 주옵소서. 주님의 공의로우심으로 인하여 우리가 하나님을 경외함으로 범죄치 아니하도록 축복하여 주옵소서.

우리의 입술은 왜 이리도 완악한지, 우리의 손길은 왜 이리도 강퍅한지, 주님, 우리의 언행을 친히 주장하셔서 주님의 본을 보일 수 있는 저희들이 될 수 있도록 함께하여 주옵소서. 범죄치 아니하도록 우리를 주야로 지켜 주시기를 원합니다. 우리에게 하나님 이외의 다른 영에 사로잡히지 아니하도록 날마다 눈동자처럼 지켜 보호하여 주옵소서. 하나님의 거룩한 선민으로서의 삶으로 인도하시고 우리에게 부족함이 없이 채워 주시는 주님으로 날마다 감사가 끊이지 아니하도록 축복하여 주옵소서.

우리의 삶이 감사와 찬양의 제사가 되게 하시고 입술을 열 때마다 하나님의 영광을 찬송하게 하여 주옵소서.

주님을 만날 만한 때에 세속에 눈이 어두워 요란하게 바삐 돌아다니는 성도들이 없게 하시고, 성령의 임재하심으로 주님이 맡겨 주신 시대적인 사명을 깨닫고 충성을 다하는 증인들이 되도록 축복하여 주옵소서. 우리의 눈이 오직 주님만을 바라볼 수 있도록 축복하여 주시고, 우리의 심령이 가난하여 주님만을 앙망할 수 있도록 축복하여 주옵소서.

지금도 세계 곳곳에 하나님의 나라를 선포하기 위하여 복음사역을 감당하며 주님을 위해 즐거이 헌신하고 있는 선교사님들을 위해 기도합니다. 주님을 위해 즐거이 헌신하고 있는 가운데 있사오니 사역에 열매가 맺어지게 하시고, 낙망 가운데서라도 주님의 놀라운 인도하심을 볼 수 있도록 큰 은혜를 허락하여 주옵소서. 십자가 군병 되어 승리의 개선가를 부르며 기쁨으로 주님을 맞이하도록 인도하여 주옵소서.

이 시간 목사님을 통해 주님의 음성을 듣기 원하오니, 심령의 귀를 열어 주시고 속사람의 눈을 활짝 열어 주옵소서. 말씀 속에서 주님의 숨결을 느끼게 하시며 변화시키고 새롭게 하시는 주님의 영을 체험하게 하옵소서. 죄 없으시나 우리를 위하여 고난을 당하신 예수 그리스도의 이름으로 간절히 기도하옵나이다. 아멘.

3월 _둘째주

주일 낮예배 대표기도문 3

찬양을 받으시기에 합당하신 하나님!
우리를 택하사 우리로 하나님을 찬양하게 하시려고 하나님의 전에 불러주신 은혜에 감사합니다. 우리가 참으로 하나님께 감사하기는 어려운 시국 속에서도 교회에 속한 모든 가정을 지켜 보호하여 주신 은혜에 감사합니다.
사랑의 하나님! 우리가 범죄하여 주님 앞에 나아왔습니다. 주님, 우리의 죄들을 용서하여 주시고 우리의 예배를 기쁘게 받으시기를 원하오니, 주님, 하나님의 영광을 가리우지 아니하도록 우리의 삶을 주장하여 주옵소서.

우리를 부르시는 주님! 신앙의 성공으로 세상을 이기는 은혜를 보게 하옵소서. 돈밖에 모르던 삭개오가 돈보다도 더 좋은 것, 새 생명을 알게 되었듯이, 저희들에게도 이제까지 알지 못하던 것을 알게 하시고 천국의 아름다움을 사모하도록 이끌어 주옵소서.
저희에게 성도의 삶을 요구하시는 하나님! 선한 눈이 되게 하시고, 감사의 입술이 되게 하시며, 복된 귀가 되게 하셔서 성결한 삶이 지속되게 하여 주옵소서. 내가 거룩하니 너희도 거룩하라고 말씀하신 하나님께 순종할 수 있는 삶이 되게 하옵소서.

하나님, 이 시간도 몹쓸 병으로 고통하는 심령들이 있습니다. 그 상처에 피 묻은 오른손을 얹어 주옵소서. 그들의 심장에 십자가의 보혈이 흐르게 하여 주옵소서. 히스기야의 눈물의 기도를 들어 주시고 그 생명을 연장시켜 주신 것처럼 저들의 애절한 기도를 들어 주시고, 주님을 위하여 열심히 일할 기회를 주옵소서. 의로운 해가 떠올라서 치료하는 광선을 발하리니 너희가 나가서 외양간에서 나온 송아지같이 뛰리라 하셨사오니, 해가 되신 주님께서 치료하는 광선을 비추사 저들이 나음을 받고 송아지처럼 뛰게 하옵소서.
교회의 머리 되시는 하나님! 우리 교회가 바른 교회로 성장하길 원합니다. 세상에 비난을 당하는 교회가 아니라 세상을 변화시키고 세상에 바른 비전을 제시하며, 살아 있는 생명의 말씀을 증거함으로 이 땅 가운데 교회의 역할을 온전히 감당하게 하여 주옵소서.

이 시간 생명의 말씀, 구원의 진리를 들고 단 위에 서신 목사님을 주님이 함께하여 주옵소서. 목사님이 전하는 말씀을 통하여 저희들이 십자가의 사람으로 거듭나게 하시고, 저희 심령에 영원토록 지워지지 않는 십자가의 낙인이 새겨지는 권능의 말씀 되게 하여 주옵소서. 예배를 위하여 수고하는 손길들이 있습니다. 그 수고가 많아질 때마다 십자가의 길을 걸어가신 주님을 생각하게 하시고, 수종드는 일이야말로 가장 축복되고 영광된 직분임을 깨닫게 하옵소서. 지금도 우리를 피 묻은 십자가 앞으로 이끄시는 예수님의 이름으로 간절히 기도하옵나이다. 아멘

3월 _둘째주

주일 오후(저녁)예배 대표기도문

우리의 생명이 되신 참 좋으신 하나님!
예수님의 사랑으로 모이게 하심을 감사합니다. 세상에 빠지고 향락에 취하여 주님을 부인할 수밖에 없었던 저희들을, 예수 그리스도를 십자가에 대신 못 박히게 하심으로 죄를 용서하시고 구원하여 주시니 감사드립니다. 이제는 예수님을 잃어버리지 않게 하시고, 아버지를 향한 사랑과 믿음을 버리지 않도록 강건케 하옵소서.

온전하신 하나님! 주께 소망을 두지 않으면 뿌리를 잃은 갈대처럼 물 위에 떠다닐 것을 알지만 사리사욕과 세상의 염려 때문에 불신앙에 치우쳤던 것을 용서하여 주옵소서. 이 시간 주님 앞에 예배드릴 때에 죄로 오염된 우리의 영과 육을 주님의 보혈의 피로 정결하게 씻어주시고 주님의 거룩한 자녀로 다시 태어날 수 있도록 도와주옵소서.

사랑하는 주님! 이 날은 주님이 정하신 거룩한 날이오니 경외함으로 드리는 예배를 축복하여 주옵소서. 이 시간 영원한 생명샘에서 생수를 마시며 목마르지 않는 만족을 얻게 하옵소서. 주님께 의지하오니 저희의 걸음을 인도하시고 주의 온유함으로 입혀 주옵시며, 여호와를 가까이 함이 네게 복이라고 했사오니 하나님과 함께하는 삶이 되게 하옵소서.

하나님, 이 시간도 미지근한 자들이 있사오니 성령으로 뜨겁게 하여 주옵소서. 백부장, 마리아, 나다나엘과 같이 알찬 믿음의 사람이 되기를 원합니다. 언제 어디서나 예수님의 이름으로 승리하게 하옵시며, 능력을 주시되 갑절이나 더 주옵소서.

이 시간도 세상의 염려보다 주님의 몸 된 교회를 위하여 거룩한 염려를 하고 있는 주님의 귀한 종들을 기억하시고, 몸을 드리는 저들의 헌신과 충성을 통해서 주님의 나라가 확장되며 복음이 전파되고 교회가 든든히 서 갈 수 있도록 축복하여 주옵소서. 물질의 문제가 우리 믿음의 발목을 잡지 않게 하시고, 건강의 문제가 우리의 봉사의 손길을 멈추지 못하도록 인도하여 주옵소서. 더욱더 주님의 거룩을 닮아가는 복된 삶을 살아가도록 역사하여 주옵소서.

오늘도 저희들 성회로 모였사오니 은혜 받게 하셔서 가정으로 직장으로 사회로 돌아갈 때에 생활 가운데 응답과 축복이 나타나게 하옵소서. 이 시간 우리에게 말씀 증거하실 목사님에게 권능을 주셔서 듣는 우리에게 큰 은혜가 되게 하옵소서. 강단을 통해 흐르는 생명의 강줄기가 우리 심령 하나하나를 적시게 하옵소서. 주님 홀로 영광 받으시기를 원하며 우리를 죄에서 구원하신 예수 그리스도의 이름으로 간절히 기도하옵나이다. 아멘.

3월 _둘째주

주중(삼일·금요)예배 대표기도문

은혜와 사랑의 주님!
저희 죄를 위하여 고난을 당하신 주님의 십자가 앞에 달려 나와 예배드리게 하시니 감사드립니다. 주님 보시기에 참으로 부끄러운 모습들만 갖고 있는 저희를 용서하여 주시옵고, 화인맞은 것이나 다름없는 패역한 저희 심령이 사순절 기간을 맞아 완전히 깨어지고, 부서지고, 녹아지는 역사가 있게 하여 주시기를 원합니다.
주님의 십자가를 경험하면서 하나님의 사랑이 얼마나 크고 놀라운지를 깨닫는 기간이 되게 하시옵소서. 주님의 십자가의 속죄가 얼마나 위대하고 놀라운 것인지를 마음 깊숙이 경험하는 기간이 되게 하여 주옵소서.

사랑의 하나님! 우리로 하여금 예수님의 사랑의 길을 걸어가게 하옵소서. 주님이 걸어가신 사랑의 길은 이름없이 빛도 없이 걸어가신 좁은 길인 줄 믿습니다. 우리가 듣는 것으로만, 아는 것으로만, 보는 것으로만 그치지 말고 행할 수 있기를 원합니다. 오늘 이 예배도 주와 성령이 임하셔서 우리를 감화 감동시키셔서 주님의 무한하신 사랑을 깨닫는 예배, 그 사랑을 실천하는 예배 되게 하옵소서.
주님 앞에 나올 때마다 영광 중에 하나님을 만나게 하시고, 들어가며 나가며 신령한 꿀을 얻도록 풍성함을 허락하여 주시옵소서. 슬픔 중에 나온 성도들을 위로해 주시고, 근심 중에 나온 성도들에게 새 힘을 주시며, 은혜를 사모하여 나온 성도들에게 영적 충만함을 허락하시옵소서.

성도들의 고통을 아시는 하나님! 가정의 문제와 사업과 직장의 문제들이 해결되게 하시고, 자녀들의 필요가 부모 된 저희들의 기도로 채워지게 하옵소서. 믿음의 본이 되게 하시고, 먼저 믿는 자들의 본이 되게 하옵소서. 정체되어 있는 우리의 믿음이 성장하게 하시고, 경직되어 있는 신앙이 역동적으로 변할 수 있는 부흥을 주옵소서.

사랑 많으신 하나님! 이 나라와 백성을 위기 속에서 구원하여 주셨음을 감사드립니다. 백성들로부터 위정자들에 이르기까지 하나님을 경외하며 진실하고 정직한 삶을 살게 하옵소서. 북한의 위험 속에 이 민족을 지켜 주시되, 북한 방방곡곡의 무너진 제단 다시 쌓으며 주님의 성호를 드높이 찬양할 수 있는 시온의 날을 허락하여 주옵소서.

이 시간 생명의 말씀을 증거하시는 목사님을 성령으로 붙잡아 주시옵고, 주님의 복된 말씀을 들을 때마다 세상적인 생각들이 사라지게 하옵시며, 십자가를 통해서 드러내시고자 하는 주님의 진리의 말씀을 깊게 체험하는 시간이 되게 하시옵소서. 믿음의 주요 소망의 근원이시며, 사랑의 능력 되시는 예수님의 이름으로 간절히 기도하옵나이다. 아멘.

3월 _셋째주

주일 낮예배 대표기도문 1

사랑과 구원의 하나님!
우리를 사랑하셔서 화목 제물로 예수 그리스도를 보내심으로 단번에 제물 되게 하셔서 저희들을 구속하여 주심을 감사합니다. 지난 한 주간도 저희들의 삶에 잘못과 허물진 것이 너무나도 많사온데 주님 십자가 보혈로 깨끗이 씻어 정하게 하시고, 온전한 심령으로 하나님 앞에 경배 드릴 수 있도록 인도하여 주시기를 원합니다.

은혜와 사랑이 풍성하신 하나님! 오늘 이 예배를 통하여 저희의 회개로 주님과 연합하는 귀한 시간이 있게 하시고 저희의 삶 속에서 친히 간섭하시는 주님을 만날 수 있도록 축복하여 주옵소서. 저희에게 더욱더 주님만을 바라보고 살 수 있는 믿음을 주시고, 날마다 주님과 동행하는 임마누엘의 삶이 되게 하여 주옵소서. 제자들의 발을 친히 씻겨주신 예수님을 본받아 저희도 십자가의 사랑을 실천할 수 있는 헌신자가 되게 하여 주시고, 증거자가 되게 하여 주옵소서.

사랑의 하나님! 사도 바울이 타고 가던 배가 유라굴로라는 광풍을 만났을 때 그 배에 탄 사람이 모두 죽음 앞에 떨며 아우성쳤지만 조금도 흔들림이 없었던 바울의 모습을 기억합니다. 우리로 하여금 그 바울의 모습을 닮아가게 하옵소서.

바울처럼 하나님 안에서, 진리 안에서 사는 사람 되게 하옵소서. 그리하여 이 어려운 세대 속에서도 주님의 구원의 손길이 있을 것이라는 놀라운 하나님의 계시의 메시지를 전하게 하옵소서. 이 태풍이 몰아치는 세상에서도 우리가 섬기는 하나님이 우리를 능히 구원해 주실 것이라는 확신을 얻게 하옵소서. 의미 없이 돌아가는 세상을 좇아 영원한 사망 속에서 죽어갈 신세가 되지 말게 하시고, 주님의 놀라운 은혜로 구원 얻는 믿음, 새 생명의 역사가 일어나게 하옵소서.

은혜의 주님! 성도들 중에는 고통과 어려움으로 고생하는 분들이 있습니다. 저들을 긍휼히 여기사 주님이 친히 위로하여 주시며, 주님의 십자가 날개 아래 보호하여 주시옵소서.
오늘도 지친 인생으로 살아가는 저희들을 위로하여 주시옵고, 상처받은 심령마다 주님의 손으로 어루만져주시어서 새 힘을 얻고 돌아가는 시간이 되게 하시옵고, 강퍅해진 저희의 심령이 녹아지는 시간이 되게 하시옵소서.

이 시간 아버지의 말씀을 전하시는 목사님과 함께하셔서 그 입술을 통하여 은혜의 단비가 흠뻑 내리게 하여 주시고, 그 말씀을 통하여 우리 깊은 곳까지 더듬어 볼 수 있게 하여 주옵소서. 우리를 구원하신 구주 예수 그리스도의 이름으로 간절히 기도하옵나이다. 아멘.

3월 _셋째주

주일 낮예배 대표기도문 2

우리의 죄를 인하여 고난을 당하신 예수님!
십자가 앞으로 달려 나와 하나님께 예배를 드리게 하신 은혜에 감사합니다. 우리를 구원하시기 위하여 하늘의 영광을 버리시고 낮고 슬픔 많은 세상에 오셔서 우리를 구원하신 은혜에 감사합니다.
주님의 고난을 기리는 사순절을 통하여 저희들로 하여금 자기를 부인하고 자기 십자가를 지고 주님을 따를 수 있도록 도와주시옵소서. 더욱 경건하고 더욱 겸손한 마음으로 낮아지신 주님을 본받을 수 있게 하시옵소서.

생명의 자리로 옮기신 주님! 추악함과 사특함을 고백하지 않을 수 없나이다. 저희들의 죄짐을 홀로 지시고 피흘려 돌아가시기까지 사랑해 주신 은혜의 주님 앞에 이 시간 저희의 부족함과 죄악들을 아뢰옵나이다. 십자가의 피로써 씻겨 주시고 용서하여 주시옵소서.

주님께서 고난 당하시고 십자가를 지신 것이 오직 저희를 죄에서 구원하기 위한 것임을 생각할 때 오직 우리를 구원하신 주님을 기념하는 삶이 되기를 원합니다. 이 놀라운 십자가의 사건을 알리는 데 저희 몸을 드리기 원합니다. 양초가 자신의 몸을 태워 어두움을 밝히듯이 저희 몸을 주님을 위하여 닳아 없어지게 하시옵소서. 주님을 뵈올 때까지 십자가에 대한 벅찬 감격을 끌어안고 선한 싸움을 다 싸우면서 하늘나라의 주님을 뵈올 수 있게 하시옵소서.

거룩하신 하나님! 저희의 더러움을 씻으시며 정결케 해 주시며 친히 저희로 온전히 거룩하게 하시고 저희 온 영과 혼과 몸이 흠없이 보전되게 하여 주옵소서. 스스로 지혜롭게 여기지 말며 하나님을 잘 경외하며 악을 떠나게 하옵소서. 옥합을 깨뜨려 향유를 주님께 드렸던 여인처럼 저희 자아를 깨뜨리게 하시고 저희의 가장 소중한 것을 주님께 드리도록 하옵소서. 주님을 믿은 후 이제 새로운 피조물이 되었사오니 저희의 모든 것이 변화되게 하시며, 이전 것은 지나가고 오직 새것만 있게 하옵소서.

오늘 이 시간 주님께 예배드리는 이 모습이 바로 십자가의 사랑 앞에 죄사함을 받은 인생들의 삶인 것을 믿습니다. 주님 앞에 예배할 때마다 못 박혀 죽으신 주님을 기억하며, 주님의 몸에서 쏟아지는 십자가 보혈에 저희 영혼이 잠기는 놀라운 은혜가 있게 하옵소서.

이 시간 피 묻은 십자가의 복음을 증거하시기 위하여 단 위에 서신 목사님을 기억하시고 불붙은 마음으로 말씀을 선포하실 때 십자가의 사랑에서 멀리 있었던 저희 심령이 회복되고 변화되게 하시옵소서. 저희를 죄에서 구원하여 주신 예수님의 이름으로 간절히 기도하옵나이다. 아멘.

3월 _셋째주

주일 낮예배 대표기도문 3

십자가의 사랑을 보여주신 주님!
세상에서 살면서 상처받은 영혼들을 주님의 거룩한 전으로 불러주시니 감사를 드립니다. 하나님의 거룩한 전에 나아와 예수님의 고난을 기억하게 하시니 감사합니다. 주님이 보시기에 부끄러운 모습들만 갖고 있는 저희를 용서하여 주시옵소서.
오늘 저희들의 예배를 받으시고, 감사와 찬양을 흠향하여 주옵소서. 하나님의 영광을 위하여 모였사오니, 아버지가 기뻐하시는 산 제사를 드리게 하옵소서.
하나님의 나라가 이 땅에 이루어지기를 원하시는 주님께서 저희들을 다스려 주시옵소서. 죄 가운데 살던 우리가 하나님의 대속의 은혜를 사모하여 이 자리에 모였사오니, 저희의 찬양을 받으시고 진리의 빛 가운데로 인도하옵소서. 늘 구속의 주님을 고백하며 살게 하여 주시고, 영원토록 십자가의 은혜 안에 사는 복을 허락하여 주시옵소서.

사랑의 하나님! 이제 우리가 아버지의 말씀 안에 거함으로 우리의 믿음이, 우리의 행동이 그리고 우리의 모든 삶이 날마다 변화되어 예수님을 닮아가게 하옵소서. 그리하여 우리의 모습을 통해 의로우신 하나님과 사랑의 하나님이 조금이라도 세상에 보여지게 하옵소서.

에스겔 골짜기의 마른 뼈를 살리신 주님! 수년 내의 우리에게 부흥을 허락하옵소서. 아무런 생기도 찾아볼 수 없는 마른 뼈에 생명을 불어 넣으시고 흩어진 뼈들을 맞추시고 살을 입히신 주님께서 지치고 상한 우리 삶에 영적인 기운을 불어넣어 주시길 간절히 소망합니다. 안식과 기쁨이 없는 영혼에 하나님으로 인한 감사와 기쁨이 넘쳐나게 하시고, 어려운 성도들과 교회의 경제에 활력을 불어 넣으시며, 하나님의 일을 향한 꺼지지 않는 열정을 주옵소서.

하나님, 우리 교회 안에서 사업의 실패와 병마의 고통과 마음의 시험 등으로 괴로워하는 자들이 있습니다. 주님께서 위로하시고 도와주시옵소서. 하나님의 회복하시는 은총이 함께하사 모든 어려움을 오직 믿음으로 이기고 담대하게 승리의 생활을 하게 하옵소서. 하나님의 베푸신 은혜 안에서 새로운 소망을 가지며, 하나님 나라의 영감을 맛보게 하옵소서.

이 시간 말씀을 선포하시는 목사님을 세우셨사오니 강한 성령님의 두루마기를 덧입혀 주시사 생명의 말씀으로 증거할 수 있도록 인도하여 주시며, 그 말씀이 한 말씀도 땅에 떨어지지 아니하고 온 회중의 마음밭에 새겨져 세상에 나가 말씀으로 무기삼아 승리하는 삶을 살 수 있도록 축복하여 주옵소서. 우리를 십자가의 사랑으로 구속하여 주신 예수님의 이름으로 간절히 기도하옵나이다. 아멘.

3월 _셋째주

주일 오후(저녁)예배 대표기도문

거룩하신 하나님!
약속하신 메시아 예수 그리스도를 이 땅에 보내셔서 구속의 사역을 완성하심으로 말미암아 우리가 생명을 얻게 되었음을 감사합니다. 저희의 예배로 기쁨의 제사가 되게 하시고 신령한 제사가 되게 하시며 진정한 제사가 되게 하옵소서.

사랑의 하나님! 저희가 세상의 유혹에 빠져 탕자처럼 방황하고 주님께서 허락하신 은혜를 허비하지 아니하도록 동행하시기를 원합니다. 오늘의 평안으로 하나님의 구속에서 떠난 삶을 살고 있지는 않은지, 오늘의 배부름으로 하나님의 간섭하심을 잊고 있지는 않은지 저희의 삶을 되돌아보게 하옵소서. 저희의 교만함을 고백하오니 용서하여 주시옵고, 크신 은혜를 베푸셔서 우리가 십자가의 보혈의 능력으로 정결한 몸과 마음으로 거듭나게 하옵소서.

저희들에게 처음 사랑으로 돌아가게 하시옵소서. 주님의 사랑 십자가의 사랑을 확증하도록 성령님으로 새롭게 하시옵소서. 저희 성도들이 자기 자신과 이웃을 향하여 사랑의 시각으로 볼 수 있게 하시고, 주님의 사람들로 살아가게 하여 주시옵소서.

하나님, 산 제사를 드리는 지금, 여호와의 불을 보게 하옵소서. 엘리야의 제단에 여호와의 불이 내려서 번제물과 나무와 돌과 흙을 태우고 도랑의 물을 핥았던 역사를 보게 하옵소서. 그 불로 인하여 저희들의 죄가 태워지고 그릇된 생각들이 불살라져 변화되게 하옵시고, 여호와의 불이 내려와 저희들이 사는 길이 열리게 하시옵소서. 죄악이 태워진 자리에 샘물이 솟아나는 것을 보게 하옵소서.

하나님, 올해도 어느덧 세 달이 지나가고 있습니다. 연초에 세웠던 계획과 결심이 어느새 희미해져 가고 있습니다. 성령님께서 다시 한 번 저희 안에 충만하게 임하사 육신의 연습이 아니라 경건의 연습으로 살아가는 주님의 자녀가 되게 하여 주옵소서.
하나님의 자녀로 부끄럽지 않도록 살게 하여 주시고 오직 하나님의 권능으로 행함으로 저희가 주님 앞에 설 때에 칭찬받게 하옵소서.

이 시간 십자가의 복음을 설교하시는 목사님을 십자가의 능력으로 붙드시고, 말씀을 듣는 저희 모두는 저희의 삶을 붙들고 계시는 주님의 은혜를 깨닫게 하시옵소서. 주님의 고난의 신비를 체험할 수 있는 복된 시간이 되게 하시옵소서. 우리의 죄를 위하여 십자가에 죽으신 예수 그리스도의 이름으로 간절히 기도하옵나이다. 아멘.

3월 _셋째주

주중(삼일·금요)예배 대표기도문

우리의 생명이 되신 참 좋으신 하나님!
지난 삼일 동안에도 저희를 보호해 주셨다가 다시 만민이 기도하는 주님의 전으로 와서 엎드려 기도하게 하시니 감사합니다. 저희들의 죄짐을 홀로 지시고 피흘려 돌아가시기까지 사랑해 주신 은혜의 주님 앞에 이 시간 우리의 부족함과 죄악들을 고백합니다. 이 시간 주님의 흘리신 보혈로 우리의 죄악을 사하여 주시고 온전한 심령으로 하나님 앞에 경배드릴 수 있도록 주여, 인도하여 주시기를 원합니다.

우리의 마음을 깨끗하게 하셔서 주님의 영광을 보게 하여 주시옵고, 우리의 입술을 정하게 하사 저희로 하나님의 영광을 찬양하게 하여 주시옵소서. 신령한 귀를 열어 주시사 진리의 말씀을 듣게 하여 주시옵고 온 심령이 새롭게 창조되고 피곤한 육신이 치유함을 얻을 수 있는 귀한 시간이 되기를 원합니다. 우리를 향하신 인자하심을 찬양합니다.
이제는 주님 안에서 새로운 삶의 목표와 비전을 가졌사오니 승리하게 하옵소서. 이제는 예수님을 잃어버리지 않게 하시고, 아버지를 향한 사랑과 믿음을 버리지 않도록 강건케 하옵소서. 영적으로 날마다 성장하게 하셔서 예수 그리스도의 장성한 분량까지 부흥할 수 있도록 축복해 주옵소서.

이 예배를 통하여 영광을 받으시되 하나님의 이름이 거룩히 여김을 받고 하나님의 나라가 건설되며 하나님의 뜻이 이 땅에서 기도하는 저희들을 통해서 이루어지게 하옵소서. 오늘도 갈급한 심령으로 나왔사오니 저희들의 기도를 응답하여 주옵시고 일용한 양식뿐 아니라 영적인 신령한 양식도, 건강뿐 아니라 영적인 건강도 평강의 복도 허락하여 주시옵소서.

동행하시는 하나님! 오늘도 우리를 거룩한 성회로 이곳에 모으셨다가 우리가 각자의 가정으로 직장으로 돌아갈 때에도 하나님이 함께 계셔 우리의 삶을 인도하여 주시기를 원합니다. 우리의 기도를 응답하여 주시고 하나님의 거룩한 백성으로 일주일을 살다가 하나님의 전으로 나아올 수 있는 복을 허락하여 주옵소서. 또한 성가대의 귀한 직분을 감당하는 성가대원들 위에 함께하사 크신 은혜로 하나님의 성호를 찬양할 때에 더욱 공교히 찬양할 수 있는 복들 허락하여 주시고, 우리의 찬양으로 하늘문을 여시고 하늘의 신령한 비밀들을 알게 하여 주옵소서.

이 시간 말씀을 듣고 단 위에 서신 목사님 위에 능력의 옷을 덧입혀 주시고 그의 입으로 나오는 말씀이 우리에게 생명수가 되게 하옵소서. 우리를 죄악에서 구원하신 예수 그리스도의 이름으로 간절히 기도하옵나이다. 아멘.

3월 _넷째주

주일 낮예배 대표기도문 1

사랑이 충만하시고 공의로우신 하나님!
우리를 택하사 우리로 하나님을 찬양하게 하시려고 하나님의 전에 불러주신 은혜에 감사합니다. 지난 일주일 동안의 생활을 저희들이 돌이켜 볼 때에 참으로 주님 앞에 허물과 죄악과 부끄러운 것뿐입니다. 주님! 이 허물과 죄악을 용서하여 주시옵소서. 오늘도 마땅히 영광 받으실 하나님께 나아와 예배를 통하여 감사와 찬양과 기도와 헌신을 드리오니, 산 제물이 되게 하셔서 온전히 드려지게 하옵소서. 예배의 주인 되시는 주님께서 홀로 영광 받으시옵소서.

수고하고 무거운 짐진 자들아 다 내게로 오라 하셨기에 저희가 왔습니다. 내려놓게 하시고, 쉬게 하여 주옵소서. 저희가 주님을 의지함으로 세상을 이기게 하시고 하나님의 공의로우심으로 선을 심고 의를 거두게 하여 주시옵소서.

하나님, 이 시간 아버지께서 저희의 영안을 밝히시어 우리를 부르신 하나님의 영광의 기업이 어떠한지를 알게 하시고 바라보게 하옵소서. 주님께서 주시는 지혜로 살게 하시고, 이기적인 인간관계 속에서 평화를 이루며 살게 하옵소서. 지혜와 계시의 영을 저희에게 주셔서 마음을 강하게 붙드시고, 허락하신 약속의 분깃을 잡고 믿음으로 살게 하옵소서. 모든 위선과 비방하는 말을 버리고 갓난 아이와 같이 순수하고 신령한 것을 사모하여 아버지 보시기에 깨끗한 저희가 되게 하옵소서.

하나님, 저희로 하여금 가진 것은 없지만 하나님으로 인하여 부요케 됨을 알게 하옵소서. 세상 사람들이 가진 것을 갖지 못한 것 때문에 주눅 들지 않고, 하나님의 풍성한 교제를 통해 참 기쁨과 평안을 누리게 하옵소서. 세상에서 부요하나 하나님께 대하여 가난한 인생을 살지 않고, 비록 세상에서 가난할지라도 하나님께 대하여는 부요한 삶을 살게 하옵소서. 세상의 가치관이 아니라 하늘의 가치관을 가지고, 세상의 자부심이 아니라 영적 자부심을 갖고 살게 하여 주옵소서.

사랑의 주님을 본받기를 원하오니 주님을 본받아 십자가를 지고 사는 삶이란 무엇보다도 희생적인 봉사의 삶임을 저희들이 깨닫습니다. 구원의 주님을 위해 개인적으로 극히 세상적인 욕망은 포기하고 순종할 수 있도록 도와주옵소서. 높아지려는 마음과 명예보다 어느 곳에 있든지 주님께 감사하며 헌신과 봉사로 십자가의 사랑을 나타내는 삶을 살게 하여 주옵소서.
이 시간 사자를 통하여 전해지는 말씀으로 저희들의 생활이 변화되고, 세상에서 살 때에 영의 양식이 되게 하여 주옵소서. 아름다운 동행자 되신 예수님의 이름으로 간절히 기도하옵나이다. 아멘.

3월 _넷째주

주일 낮예배 대표기도문 2

자비하시고 생명이 되시는 주님!
죄 중에 출생하여 죄 가운데 방황하며 살다가 영원히 멸망 받을 수 밖에 없는 저희를 주님의 대속해 주신 사랑으로 거듭나게 하시고 새 생명을 누리게 하여 주시니 그 은혜 감사하며 찬양과 영광을 돌립니다.

저희들이 이렇게 주님의 은혜를 입었지만, 오늘도 몸으로는 주님을 부인하여 실망과 좌절의 삶으로 하루하루를 수놓으며 살게 되니 저희 모습이 한없이 부끄럽기만 합니다. 모든 죄를 주님 십자가 보혈로 깨끗이 씻어 정하게 하시고 정결한 심령으로 하나님 앞에 경배드릴 수 있도록 인도하여 주시기를 원합니다.

주님이 고난 당하신 아픔을 기념하여 그 고난에 동참하는 사순절 기간이 계속되고 있습니다. 주님의 피 묻은 십자가만이 저희를 얽어맨 죄악에서 끊어 버릴 수 있다는 것을 기억하며, 마음을 다하여 주님을 섬기기로 고백하는 기간이 되게 하여 주시옵소서. 주님의 피 묻은 십자가가 저희의 영적인 삶과 생활이 되게 하여 주시옵소서. 매일매일 십자가의 정신으로 사는 기간이 되게 하시옵소서.

소망이 되시는 주님! 저희들이 정결한 새 사람으로 변화되게 하여 주옵소서. 그래서 바울처럼 주님만을 바라보며 믿음을 지키는 삶이 되게 하여 주옵소서. 십자가에서 죽으심으로 우리에게 생명을 주신 주님을 본받아 오늘 저희들도 자신을 깨뜨려 주님의 말씀에 순종하는 삶을 살게 하시고, 갈한 심령들이 주님의 말씀으로 영원히 목마르지 아니할 생수를 얻을 수 있도록 십자가의 복음을 전하게 하여 주옵소서. 우리의 모든 삶이 오직 하나님을 위한 귀한 성도의 삶이기를 원하오며, 우리의 삶이 하나님께 산 제사로 드려지기를 원하오니 우리에게 도움의 손길을 허락하시기를 원합니다.

말씀을 사모하여 하나님의 전에 나왔사오니, 하나님의 말씀이 저희의 삶의 지표가 되게 하시고, 말씀으로 하나님께 축복을 받을 수 있도록 함께하여 주시옵소서. 주님의 존전으로 불러주신 하나님께서 저희에게 복을 주실 줄로 확신하오니 복을 받을 만한 심령으로 변화되게 하여 주시옵소서.

이 시간 말씀 전하실 목사님께 능력을 더하셔서 하나님의 말씀을 전하실 때 이 자리에 모여 예배하는 무리들이 하나님의 임재를 체험하게 하시고, 그리스도의 사랑을 깨달아 주님의 의를 이루는 도구가 되게 하옵소서. 우리를 구원하여 주신 예수님의 이름으로 간절히 기도하옵나이다. 아멘.

3월 _넷째주

주일 낮예배 대표기도문 3

거룩하신 주님!
주님의 십자가를 바라봅니다. 주님의 고난의 십자가가 아니었더라면 저희들이 영벌에 처해졌을 것을 생각하니 저희를 대신하여 고난 받으신 주님의 은혜에 감격하며 찬송과 영광을 돌립니다.
그러나 저희들의 삶을 되돌아 볼 때, 주님 가신 길을 걷기는 원하면서도 늘 실천하지 못했던 저희들입니다. 긍휼히 여기시고 용서하여 주시옵소서.
저희들이 예수 그리스도의 마음을 품게 하시옵고, 주님을 본받아 살아갈 수 있도록 인도하여 주시옵소서. 저희들이 빛의 자녀로, 무엇보다도 주님의 의를 드러낼 수 있는 도구로 살게 하여 주시옵소서.

사랑하시는 하나님! 이제 아버지의 은혜를 깨달은 자녀로서 우리가 아버지의 원하시는 합당한 삶을 살기 원합니다. 진리 안에서 성숙한 삶을 통하여 거룩하신 아버지께 우리의 삶을 예물로 드릴 수 있는 진실된 자녀 되게 하옵소서. 우리의 삶이 빛 되신 아버지의 능력이 이 땅 위에 선포되고 확산되는 데 충분한 도구로 쓰임받게 하옵소서.
오늘도 열매 맺는 삶을 위하여 주님의 고난에 적극적으로 동참하면서 살기를 원하는 성도들을 붙잡아 주시고, 세상의 빛과 소금으로 사는 것을 잊지 않게 하여 주시옵소서. 하나님 보시기에 아름다운 성도의 역할을 감당할 수 있는 우리가 되게 하시고, 주님의 사랑을 실천하게 하시어 우리의 이웃을 위하여 기도하게 하여 주옵소서. 이웃의 아픔으로 인하여 주님의 고난을 기억하사 우리로 그들에게 도움의 손길을 펼 수 있는 복을 허락하여 주시옵소서.

이 시간 신령한 젖을 사모하여 나왔사오니 한 주간 이 세상에서 살아갈 넉넉한 영혼의 양식을 얻게 하옵소서. 가정에서, 직장에서, 어느 일터에서나 하나님의 사람으로 담대히 살아가며 하나님 나라의 일꾼으로 일하게 하옵소서. 우리의 이웃들에게 주님의 아름다운 향기를 나타내게 하옵소서.

오늘도 지친 우리의 심령이 위로받게 하시고, 상처받은 심령이 주님의 손으로 어루만지시는 치유함을 얻게 하시며 은혜로 더하여 주옵소서.
이 시간 말씀 전하실 목사님 영육 간에 강건함 허락하시고 큰 능력 주셔서 말씀 속에서 역사가 일어나게 하시고 말씀 속에서 기적이 나타나게 하옵소서. 저희들에게 쌓여진 모든 문제들이 다 풀어지고 해결 받는 귀한 시간 허락하여 주시옵소서. 예배를 위하여 수종 드는 저들의 손길이 닿는 곳마다 주님의 사랑과 축복을 경험하게 하시옵소서. 살아계셔서 우리와 함께하시는 거룩하신 예수님의 이름으로 간절히 기도하옵나이다. 아멘.

3월 _넷째주

주일 오후(저녁)예배 대표기도문

존귀하신 주님!
약하고 부족한 저희를 부르셔서 세상의 어떤 강한 것, 지혜 있는 것보다 더욱 복되게 하신 은혜에 감격할 뿐입니다. 오늘도 하나님의 전에 나오게 하심을 감사합니다. 저희를 위하여 희생하신 주님의 수난 기간에 모든 것을 내어 주신 주님의 사랑을 더욱 뼛속 깊숙이 느끼게 하옵소서. 이 시간 주님의 그 크신 사랑을 온몸으로 느끼며 예배드리기 원하오니 기쁘게 받으시옵소서.

거룩하신 하나님! 우리가 범죄하여 주님 앞에 나아왔음을 고백하지 않을 수 없사오니 주님, 우리의 죄들을 용서하여 주시고 우리의 예배를 기쁘게 받으시기를 원하오니, 주님, 하나님의 영광을 가리우지 아니하도록 우리의 삶을 주장하여 주옵소서.

사랑의 주님! 우리 삶 속에 성령의 역사하심으로 함께하지 아니하시면 저희는 삶의 변화와 성장과 발전을 기대할 수 없나이다. 성령으로 역사하시고 인도하셔서 더욱 새로운 삶이 될 수 있도록 인도하여 주옵소서. 무엇보다도 자기를 비워 종의 형체를 가져 사람과 같이 되셔서 십자가에 달리시기까지 인간을 사랑하신 주님을 본받게 하시고, 항상 자신을 순종시키며 아버지의 뜻을 따름으로 하나됨을 실천하신 예수님을 본받아 주님과 하나가 되게 하시고 성도들과 온전히 연합할 수 있게 하옵소서. 주님의 십자가의 사랑을 본받아 하나님을 세상에 드러낼 수 있는 우리가 되게 하여 주옵소서.

교회에 속한 모든 기관들을 위해 기도합니다. 어린이 주일학교로부터 학생회, 청년회, 남·여선교회에 이르기까지 주의 은혜로 부흥되어지는 역사를 경험하게 하시며, 살아 역사하는 생동력 넘치는 기관들이 되게 하여 주옵소서.
또한 우리의 예배를 위해서 기도드립니다. 우리의 예배로 인하여 우리에게 복을 허락하시되 앞날이 열려 형통케 되는 복을 허락하시고, 우리의 감사와 찬양으로 인하여 복을 허락하시되 주 하나님이 주시는 새 힘으로 날마다 승리하게 하여 주옵소서.

이 시간 십자가의 복음을 전하시는 목사님을 십자가의 능력으로 붙드시고, 말씀을 듣는 저희 모두는 저희의 삶을 붙잡고 계시는 주님의 은혜를 깨닫게 하시옵고, 영육 간의 생명의 양식을 공급받아 거친 세상에서 빛과 소금의 사명을 다하게 하여 주옵소서.

주님의 몸 된 교회를 위하여 몸바쳐 충성하는 일꾼들을 붙잡아 주시옵고, 저들의 수고가 더해질 때마다 신령한 은혜를 맛보게 하시옵소서. 고난 받으시기 위하여 평화의 왕으로 오신 예수 그리스도의 이름으로 간절히 기도하옵나이다. 아멘.

3월 _넷째주

주중(삼일·금요)예배 대표기도문

영광 받으시기에 합당하신 주님!
지난 삼일 동안도 주님의 십자가의 은혜 속에서 평안함과 안식을 누리면서 지내게 하시다가 이 시간 주님을 가까이 하는 예배와 기도회 시간을 갖게 하여 주심을 감사드립니다.

이 시간을 통하여 저희를 흑암의 권세에서 건져내사 빛과 생명의 자리로 옮기신 주님의 구속의 은혜를 마음껏 찬양하고 영광 돌리게 하여 주시옵소서. 저희에게 하나님의 보호하심을 날마다 상고하게 하심으로 하나님을 위해서 헌신하게 하여 주옵소서. 저희가 오직 주님만을 사랑한다고 고백하는 삶이 되게 하여 주옵소서.

사랑이 많으신 하나님! 오늘도 허물 많은 저희의 삶을 고백합니다. 하나님의 사랑을 받고 살아가는 저희들이 부끄럽지 아니하도록 은혜를 더하여 주옵소서. 끊을 것은 끊게 하시고, 자를 것은 자르게 하셔서 믿음의 결단으로 성결케 되기를 간절히 기도합니다. 십자가에 동참하게 하시고 내 뜻이 아닌 주님의 뜻이 이루어지게 하옵소서. 하나님이 저희를 가장 완전하게 사랑하시는 가운데 세우신 섭리를 믿사오니 순종케 하옵소서.

주님을 본받게 하시고 겸손과 온유함으로 주님을 따르게 하옵소서. 하나님이 주시는 귀한 은혜로 세상을 이길 수 있는 복을 허락하여 주옵소서. 우리가 어떤 상황에 있더라도 먼저 하나님을 생각하는 사람들이 되게 하시고, 우리 삶이 부끄럽지 아니하도록 크신 은혜로 동행하여 주옵소서. 또한 우리로 성도의 본분을 잘 감당하게 하시고 우리의 삶이 산 제사로 하나님께 드려질 수 있도록 축복하여 주옵소서.

사랑의 하나님! 이 예배가 하나님의 거룩한 뜻을 온전히 세우는 예배가 되게 하여 주시고, 성령님께서 저들의 마음과 뜻을 온전히 주장하사 아버지만을 향하게 하여 주옵소서. 우리의 마음을 청결하게 하셔서 하나님을 뵐 수 있는 복을 허락하여 주옵소서. 하나님과 호흡하게 하시고 대화하게 하시고 체험할 수 있는 귀한 믿음을 가질 수 있는 복을 허락하여 주옵소서.

하나님, 저희의 예배를 돕는 많은 손길들이 있사오니 하나님의 거룩한 은혜로 그 손길들 위에 축복하시고, 그 손길들 위에 함께하사 날마다 새롭게 되는 은혜를 허락하여 주옵소서. 이 시간 말씀을 듣고 단 위에 서신 목사님 위에 축복하셔서 저희의 심령이 하나님의 은혜로 충만케 하여 주시옵소서. 말씀을 붙들고 세상을 이길 수 있는 힘을 허락하여 주시옵소서. 우리를 위해 돌아가신 예수 그리스도의 이름으로 간절히 기도하옵나이다. 아멘.

4월 _첫째주

주일 낮예배 대표기도문 1

평화와 사랑의 왕이신 주님!
주님께서 온 인류에게 평화를 주시기 위하여 이천년 전 예루살렘에 입성하시며 찬송과 영광을 받으시던 그 주님을 오늘 저희가 여기에서도 맞아들일 수 있게 하여 주신 은혜를 감사드립니다.
고난의 십자가를 지시기 위해 예루살렘에 입성하신 것을 생각할 때 가슴이 아프지만, 그 십자가가 있었기에 저희에게는 죄사함이 있고 영생이 있음을 감사드립니다. 저희 대신 십자가에 달리셨던 주님을 기억하고, 주님의 그 위대하신 사랑에 늘 감격하며 주님을 사모하는 저희들이 되게 하여 주옵소서.

사랑의 주님! 우리 속에 있는 죄악들을 제거하여 주시고, 주님을 위해 아낌없이 향유를 부은 마리아처럼 온 마음으로 주님을 찬양하는 저희들이 되게 하여 주옵소서. 입술로 다른 이를 정죄하지 않게 도와주시고, 마음으로 다른 이를 미워하지 아니하도록 주께서 친히 붙들어 주시기를 원합니다. 우리의 입술이 하나님의 거룩한 영으로 사로잡히게 하시고, 우리가 무릎으로 더욱 주님께 가까이 갈 수 있도록 축복하여 주옵소서.

주님의 피 묻은 십자가를 언제나 사랑하게 하시고, 주께서 받으셨던 고난의 쓴잔을 이제 우리가 받게 하여 주옵소서. 주님의 사랑을 기억하며 다른 이들의 가슴에도 주님의 사랑을 심을 수 있도록 축복하여 주옵소서.
아직도 사탄은 성도를 넘어뜨리려고 온갖 것을 총동원하여 몸부림치고 있나이다. 십자가 신앙으로 강하게 무장함으로써 마귀의 궤계를 능히 물리칠 수 있도록 하여 주옵소서. 이 시대를 정복하는 십자가의 군병이 되게 하옵소서.

주님의 교회도, 고난의 십자가를 지신 주님을 생각하며 십자가의 진리를 전하고자 애쓰는 교회가 되게 하옵소서. 사랑의 주님, 십자가의 진리는 교회가 가져야 할 마르지 않는 샘물임을 믿나이다. 이 샘물로 죄에 빠져 허덕이는 목마른 영혼들이 구원의 생수를 맛보고 주님 앞으로 돌아올 때, 십자가의 사랑이 얼마나 크고 놀라운지를 보여 줄 수 있는 교회가 되게 하시옵소서.

이 시간 말씀을 증거하는 목사님을 성령님의 능력으로 강하게 붙들어 주시고, 주님의 말씀을 듣는 저희 모두가 새 힘과 새 능력으로 충만해지는 시간이 되게 하셔서 생동력을 가지고 천국 건설장에 앞장서는 일꾼들이 되게 하시옵소서. 언제나 변함없으신 은혜와 사랑으로 함께하시는 예수 그리스도의 이름으로 간절히 기도하옵나이다. 아멘.

4월 _첫째주

주일 낮예배 대표기도문 2

영광의 하나님!
우리로 하나님의 거룩하심을 찬양하며 이곳에 하나님의 은혜를 사모하며 오게 하신 은혜에 감사합니다. 우리의 입술이 오직 하나님을 찬양하기를 원하오니 주님, 우리를 도와주사 우리로 하나님의 거룩한 백성으로서의 입술을 갖게 하여 주옵소서. 날마다 감사와 찬양이 끊이지 아니하는 입술이 되게 하여 주옵소서.
거룩하신 하나님! 아직도 주님을 본받기에 힘겨워하는 저희들을 긍휼히 여기시고, 주님의 십자가 사랑만 붙들고 어두운 세상을 십자가 정신으로 밝히며 불꽃처럼 살아갈 수 있는 저희들이 되게 하여 주옵소서.

하나님, 저희 안에 내주하시는 성령님의 인도하심을 따라 오늘도 주님 앞에 모였사오니 거저 왔다가 거저 가는 성도들이 한 분도 없게 하시고, 예배 중에 함께하시는 하나님의 사랑을 나누며 이 날에 내리는 하늘의 만나로써 힘있는 신앙생활을 감당하게 하옵소서. 부족한 가운데 나왔사오니 하나님의 능력으로 채워 주셔서 승리자의 반열에 서게 하옵소서.

의심 많은 도마처럼 하나님의 동행하심을 잊어버리고 순간순간 의심하는 저희들을 불쌍히 여기시고, 반석 같은 믿음의 사람들이 되게 하옵소서. 저희의 삶이 그리스도를 닮아가기를 원하오니 성품과 인격이 날마다 새로워지게 하옵소서. 욕심에 이끌리는 생활이 되지 않게 하시고 성실함으로 하나님의 말씀을 실천하는 성숙한 믿음이 되게 하여 주옵소서. 주님이 주신 선한 눈으로 이웃과 굶는 자들을 보게 하시고 도움이 필요한 자들을 도울 수 있는 복된 성도들이 되게 하옵소서.

하나님, 속박과 슬픔과 고통이 있는 땅에도 자유와 위로를 허락하시고 평화를 더하시어 인생들이 서로 믿고 정답게 살도록 하시옵소서. 분단된 이 민족이 통일되게 하시옵고, 사상과 이념도 주의 말씀으로 하나되게 하셔서 진실로 하나님을 섬기는 이 나라가 되어, 주님의 나라와 그 의를 구하는 백성이 되게 하옵소서. 교회도 하나되게 하셔서 높고 낮음이 없게 하시고 빈부의 귀천이 없게 하시고 모든 것이 평균케 되는 사랑의 공동체가 되게 하시옵소서.

이 시간 말씀을 전하시는 목사님 위에 함께하사 우리의 연약함이 강하게 하시고 우리의 교만이 낮아지게 하시며 우리의 완악함이 치유될 수 있는 복을 허락하여 주옵소서. 왕으로 오신 우리 구주 예수 그리스도의 이름으로 간절히 기도하옵나이다. 아멘.

4월 _첫째주

주일 낮예배 대표기도문 3

우리를 구원하신 주님!
신록이 무르익는 계절이 돌아왔습니다. 푸른 들을 보면서 하나님의 관대하심을 찬양하게 하시니 감사합니다. 주님의 수난으로 우리가 새 생명을 얻게 하심을 감사합니다. 죄인들을 죽음의 자리에서 구원하여 주신 주님의 그 크신 은혜와 사랑을 저희들이 기억하며 이 시간 예배하오니 저희의 예배를 받아 주시옵소서.

사랑의 주님! 저희들이 구속의 은혜를 받은 자들이면서도 주님이 노여워하시는 것들만 일삼으며 방만한 삶을 살았던 것을 고백합니다. 우리의 죄를 사하여 주옵소서. 우리의 타락한 죄성을 용서하시어 깨끗한 심령으로 정결하게 하시고 우리의 타락한 영혼을 맑게 하여 주옵소서.

은혜의 주님! 이 시간 저희들 모두가 십자가를 향한 사랑에 불타게 하시고, 고난의 삶 가운데서도 기도 생활을 멈추지 않으셨던 주님의 깊은 기도를 닮아 가게 하여 주옵소서. 핍박 속에서도 끝까지 섬김의 삶을 실천하셨던 그 낮아지심을 본받게 하시고, 수치와 모욕을 당하시면서도 끝까지 분노를 쏟지 않으셨던 주님의 그 인자하심을 본받게 하여 주옵소서. 오직 십자가의 사랑을 이루시기 위해서 모진 고통과 멸시를 감내하셨던 십자가의 길이 이 자리에 모인 저희들에게도 특권 중의 특권이 되게 하여 주옵소서.

생명의 주관자 되시는 하나님! 주님은 말씀하시기를 진정 우리를 자유하게 할 수 있는 것은 하나님의 말씀이라고 하셨습니다. 이 시간 하나님의 말씀을 저희들에게 부으셔서 우리의 삶이 시냇가에 심겨진 나무처럼 사시사철 푸르게 하시고 철따라 열매를 맺게 하여 주옵소서. 이 시간 성령을 부으셔서 불길처럼 타오르게 하시고, 하나님이 원하시는 삶을 살게 하여 주옵소서. 또한 우리 공동체 속에서 서로 용서하고 사랑하며 살아갈 수 있는 길을 허락하시고 성도의 빛과 향기를 발하는 삶이 되게 하여 주옵소서.

거룩하신 하나님! 우리의 예배를 위하여 돕는 많은 손길들이 있사오니 하나님의 거룩한 은혜로 그 손길들 위에 축복하시고, 그 손길들 위에 함께하사 날마다 새롭게 되는 은혜를 허락하여 주옵소서.

이 시간 목사님을 통해 선포되는 하나님의 말씀을 듣고 저희들이 거듭나게 하시고, 깨닫는 은혜를 주셔서 우리 모두 진리 안에 거하게 하옵소서. 언제나 은혜와 사랑으로 함께하시는 예수 그리스도의 이름으로 간절히 기도하옵나이다. 아멘.

4월 _첫째주

주일 오후(저녁)예배 대표기도문

거룩하신 하나님!
이 시간 주님의 험난한 십자가를 바라봅니다. 주님의 고통은 우리의 허물 때문인 것을 이제 깨닫고 감격과 찬양으로 십자가를 바라봅니다. 저희들의 죄를 용서하여 주시고, 우리를 강하게 주장하사 하나님의 거룩한 백성으로 살기에 부족함이 없도록 축복하여 주옵소서.

이 고난 주간에 주님의 고난을 철저히 배우기 원합니다. 나귀를 타시고 예루살렘에 올라가신 주님의 겸손, 자기의 뜻보다 아버지의 뜻이 이루어지기를 원하시고, 섬김을 받기보다는 섬기며 사신 주님의 생애, 만민의 죄를 담당하고 희생의 제물이 되어 주신 주님의 사랑을 상기하며, 저희들 또한 그렇게 살기를 원하며 다짐하게 하시고, 주님의 십자가를 경험하면서 하나님의 사랑이 얼마나 크고 놀라운지를 깨닫는 기간이 되게 하여 주옵소서.

사랑의 주님! 이 시간도 주님의 전을 찾아 나온 성도들 중에 육신의 연약함과 질병의 무거운 짐을 지고 있는 성도가 있습니다. 주님께 간절한 마음으로 부르짖을 때 신음과 고통이 사라지고, 회복되고 치료되는 주님의 은총이 있게 하옵소서. 깨어지고 찢어져 상처 입은 성도들도 있습니다. 기도하는 가운데 주님의 위로하심과 격려하심을 경험케 하시고 새로워지고 온전케 되는 역사가 있게 하여 주옵소서.
이 시간 우리의 믿지 아니하는 이웃을 위해서 기도드립니다. 무엇보다도 갈 길을 몰라 방황하는 심령들이 자유와 평화를 주시기 위해 오신 주님을 만나게 하시고, 천국의 복음이 임함으로 주님의 복된 소식을 깨닫게 하옵소서. 주님의 교회를 사랑하여 몸을 드려 충성하는 성도들에게 주께서 주시는 기쁨이 충만하게 하옵소서.

하나님, 저희들이 주님의 온유와 겸손과 순종으로 낮고 낮아져서 모든 사람들 앞에 그 모습대로 주님의 흔적을 이 땅에 남기는 저희들 되게 하여 주시옵소서. 주님의 성품을 따라 살아서 세상 사람들이 밟으면 밟을수록 그리스도의 빛과 광채가 더욱 빛나는 삶이 되게 하여 주옵소서.

이 시간 생명의 말씀을 증거하시는 목사님을 성령님이 붙잡아 주시옵고, 주님의 복된 말씀을 들을 때마다 세상적인 생각들이 사라지게 하시옵고, 십자가를 통해서 드러내시고자 하시는 주님의 진리의 말씀을 깊게 체험하는 시간이 되게 하시옵소서. 귀한 예배를 위하여 수고하는 모든 손길들 위에 하나님의 거룩하신 임재하심이 나타나게 하시고 저들의 삶이 축복받을 수 있는 은혜를 더하여 주옵소서. 우리를 구원하신 예수 그리스도의 이름으로 간절히 기도하옵나이다. 아멘.

4월 _ 첫째주

주중(삼일·금요)예배 대표기도문

사망에서 영원한 생명의 자리로 우리를 불러주신 하나님! 지난 삼일 동안에도 저희들 보호해 주셨다가 다시 만민이 기도하는 하나님의 전으로 와서 엎드려 기도하게 하시니 감사합니다. 삼일 동안의 허물을 하나님 앞에 가지고 왔사오니, 저희들의 지은 죄를 십자가의 보혈로 씻어 정결케 하시고 온전한 심령으로 하나님 앞에 경배드릴 수 있도록 주여, 인도해 주시기를 원합니다. 저희들의 아집과 고집이 깨어지게 하시고 우리 속에 온전한 하나님 나라가 이루어지게 하여 주시옵소서.

은혜가 풍성하신 하나님! 오늘도 갈급한 심령으로 나왔사오니 저희들의 기도를 응답하여 주옵시고 이 예배를 통하여 영적이고 신령한 하늘의 만나를 허락하시며 육적인 건강과 평강의 복으로 채워 주시옵소서.

이 시간 병든 자를 강건케 하시며 믿음 없는 자가 더 큰 믿음을 가지게 하시고, 저희의 삶이 예수 그리스도를 닮아 가기를 원하오니 성품과 인격이 날마다 새로워지게 하옵소서. 성령의 불로 뜨거워지게 하셔서 승리하는 능력을 얻게 하여 주옵소서.

하나님, 미천한 저희들을 천하보다 귀한 존재로 지어 주셨사오니 우리의 성품과 행하는 일들이 아름다움으로 주님 영광 높이며 살아가게 하시옵소서. 험난한 세상 권세 요동쳐 황량한 길을 걷는다 하더라도 우리들의 믿음이 성령의 인도하심을 받아 승리하게 하시옵소서. 주님만이 우리들의 삶의 길이요 진리요 생명이시오니 모든 일에 매순간 전적으로 주님을 신뢰함으로 승리하는 삶이 되게 하여 주옵소서.

하나님, 저희의 이웃을 위해서 기도합니다. 하나님 나라의 확장을 위하여 하나님의 복음을 이웃에게 전할 수 있는 복된 입술과 발이 되게 하셔서 이웃에게 하나님을 증거할 수 있는 저희들이 될 수 있는 복을 허락하여 주시옵소서. 또한 하나님의 지체된 저희도 서로 섬기며 서로 사랑하라 하신 주님의 말씀에 순종하게 하여 주시옵소서.

저희가 드리는 예배를 위하여 기도하오니 저희의 예배를 기쁘게 받아 주시옵고. 이 시간 성가대의 찬양으로 하늘문이 열리게 하셔서 모인 무리가 성령의 충만한 은혜를 받게 하여 주옵소서.
이 시간 말씀을 전하시는 목사님 위에 함께하여 주옵시고, 깨닫는 시간이 되게 하여 주시며 말씀을 통하여 모든 문제가 해결되게 하여 주옵소서. 하늘에서 상급을 베푸실 예수님의 이름으로 간절히 기도하옵나이다. 아멘.

4월 _둘째주

주일 낮예배 대표기도문 1

부활의 주님!
부활하신 주님을 찬양합니다. 우리의 죄를 사하시기 위하여 십자가의 사망을 이기신 주님을 사랑합니다. 오늘 이 기쁜 부활절에 진리의 예수 그리스도가 생명의 자리에 계심을 믿고 주님의 전에 나아왔습니다. 이 시간 기도와 찬송으로 주님을 경배하오니 받아 주옵소서. 이제껏 주님의 부활하심을 의심하여 널리 증거하지 못했던 저희들이었습니다. 믿음이 없음으로 인하여 일어난 이 모든 잘못들을 용서하시고, 주님의 은혜 가운데 새로운 인생길을 걷게 하여 주시옵소서.

소망이 되시는 주님! 부활하신 주님의 뒤를 따라 죽어도 다시 살아 영원히 주님의 나라에서 영생할 것을 믿으며, 소망 중에 고통을 이기며 환난을 극복하며 주님처럼 승리하며 살게 하시옵소서. 이 약한 심령에 부활의 신앙을 갖게 하셔서, 옛 행실을 벗고 주님의 구속의 사랑을 이웃에게 전할 수 있는 저희들이 되게 하여 주시고, 믿음만 넘쳐나게 하여 주시옵소서.
우리에게 부활을 믿는 확신을 주시옵고, 죽었던 대지에 새 생명을 허락하여 주시옵소서. 동토같이 얼어붙은 우리의 마음밭에 새 생명이 움트케 하시고 철의 장막같이 닫혔던 우리의 마음에 부활의 주님을 맞이함으로 새롭게 하옵소서.
주님, 두려움에 사로잡혔던 마리아가 부활하신 예수님을 만나고 기뻐하였던 것 같이 이 시간 우리에게도 기쁨과 즐거움을 허락하옵소서.
세 번씩이나 주님을 부인하던 베드로가 부활하신 예수님을 만나고 사명을 되찾은 것처럼 우리 또한 능력 있는 사명자들이 되게 하여 주옵소서.

부활의 처음 열매가 되신 예수님을 만나게 하셔서 우리의 몸도 신령한 몸으로 변화되어 예수님과 영생복을 누릴 것을 굳게 믿는 저희들이 되게 하여 주옵소서. 이 시간 우리의 잠자던 영혼이 깨어나게 하시고, 냉랭하던 교회도 부활의 기쁨으로 충만케 하여 주시옵소서.

충만하신 하나님! 또한 우리의 예배를 위하여 기도하오니 예배를 기쁘게 받아 주시고, 우리의 예배를 위하여 봉사하는 손길들을 축복하시며 성가대를 기억하여 주옵소서. 성가대의 찬양으로 하늘문을 여시고 우리에게 성령의 은혜를 내려 주옵소서.

이 시간 부활의 메시지를 들고 단 위에 서시는 목사님을 성령으로 붙드시고, 권세 있는 말씀으로 저희 온 심령을 채울 수 있게 하시고 말씀을 우리의 마음판에 새겨 평생 동안 따르고 순종하게 하옵소서. 저희를 위하여 사망의 권세를 이기신 예수 그리스도의 이름으로 간절히 기도하옵나이다. 아멘.

4월 _둘째주

주일 낮예배 대표기도문 2

만물을 새롭게 하시는 주님!
죽음을 이기고 부활하신 주님을 구주로 믿는 저희들이 이 거룩한 성전에 모여 예배드리게 하심을 감사드립니다. 부활하신 주님을 만난 여인들처럼 우리도 부활하신 주님을 만나기를 원합니다. 이 시간 성령께서 부활의 생명을 우리 가운데 충만히 임재해 주옵소서.
부활의 영광을 알고 있건만 부활의 신앙을 가지고 죄와 어두움의 권세를 이기지 못해 죄를 범했던 저희를 용서하여 주옵소서. 이 시간 부활하신 주께서 연약한 우리에게 부활의 생명을 넘치도록 공급하여 주옵소서.

부활하셔서 우리 가운데 살아계신 주님! 오늘도 주님을 따르는 자 어두움에 다니지 아니하고 생명의 빛을 얻으리라고 하셨사오니 저희가 늘 빛 되신 주님을 따를 수 있게 하옵소서. 부활의 능력 안에서 믿음을 지키며 저희들이 거하는 곳마다 어두움이 사라지고 광명의 역사가 일어나게 하옵소서. 부활의 증인이 되어 이 복된 소식을 이웃에게 전하고 목마르고 답답한 심령들에게 영원히 목마르지 아니할 생수이신 그리스도를 소개하게 하옵소서.

부활하신 주님! 시들어가는 영혼이 회복되고, 상한 마음이 고침을 받으며, 깨어진 관계가 새로워지게 하옵소서. 골짜기의 마른 뼈들에 생기를 불어 넣어 하나님의 군대를 일으키셨듯이 우리를 둘러싸고 있는 고통스러운 여건들이 새로워지게 하옵소서.

자비하신 주님! 주님이 사랑하시고 친히 세우신 교회도 부활의 소망으로 넘쳐나는 교회가 되게 하옵소서. 이 교회를 찾는 자마다 부활의 주님을 만나게 하여 주옵소서. 다시 사신 부활의 주님을 찬양하며, 주님 앞에 드리는 이 예배에 주님이 함께 하실 줄 믿습니다. 또한 우리로 부활의 신앙으로 무장하게 하심으로 우리가 하나님의 영적 군병이 될 수 있도록 축복하여 주옵소서.
빈 무덤을 우리에게 보이시사 우리를 가르치시며, 우리 또한 부활의 첫 열매 되신 예수 그리스도를 믿음으로 부활할 수 있음을 확신할 수 있는 거룩한 성도가 되도록 인도하여 주옵소서.

이 예배를 위하여 수고하는 손길들 위에 함께하사 축복하시고 하늘에 보화가 쌓이는 복을 허락하여 주옵소서. 이 시간 부활의 기쁜 소식을 증거하시기 위하여 단 위에 서시는 목사님을 성령님께서 친히 붙드시고, 저희 모두가 부활과 구원의 소망이 넘치는 시간이 되게 하시옵소서. 사망 권세를 이기신 예수님의 이름으로 간절히 기도하옵나이다. 아멘.

4월 _둘째주

주일 낮예배 대표기도문 3

생명의 주관자이신 하나님!
사탄의 권세를 멸하시고 부활하신 주님을 찬양하며 이 놀라운 일을 이루신 하나님 아버지께 영광과 존귀와 찬송을 올려드립니다. 주님 부활하신 이 복된 날 저희들이 기쁨으로 드리는 찬양의 제사를 받아 주옵소서.
주님께서 저희와 함께하심에도 불구하고 저희의 믿음이 너무도 연약하였음을 고백합니다. 저희의 믿음 없었음을 용서하여 주옵소서. 저희들의 믿음이 날마다 성장하게 하시고, 저희로 하나님을 찬양하는 귀한 영혼들이 되게 하여 주옵소서. 사랑의 길로 인도하시는 하나님께 순종하게 하시고, 또한 하나님의 복된 길에서 떠나지 아니하도록 항상 붙들어 주옵소서.

오늘 이 거룩한 부활절을 맞이하여 하나님의 사랑을 세상에 널리 전하게 하시고, 저희로 하나님을 찬양하며 하나님께 영광을 돌리기에 부족함이 없도록 은혜를 더하여 주옵소서. 저희들에게 부활의 주님을 증거할 수 있는 믿음을 주시고, 하나님의 나라를 위하여 헌신하는 기쁨을 맛볼 수 있게 은혜를 주옵소서. 저희의 연약함으로 범죄치 않도록 하시고 저희의 어리석음으로 주님을 부인하는 죄를 저지르지 않도록 하여 주시며, 저희의 부족함으로 하나님의 이름을 경솔히 부르지 않도록 하여 주옵소서. 오직 주 여호와만을 의지하여 하나님 나라의 소망을 가지고 이김을 주시기를 간구하오니, 승리하게 해 주옵소서.

오늘 이 시간 부활의 첫 열매 되신 예수님을 만남으로 우리의 연약한 부분을 강하게 하시고, 부족한 부분을 채워 주셔서 진정 주님이 원하시는 삶으로 하나님을 기쁘시게 하는 저희들이 되게 하옵소서. 이 시간 우리의 잠자던 영혼을 깨우셔서 믿음과 소망과 사랑이 충만한 건강한 교회로 부활의 기쁨이 충만케 하여 주옵소서.

하나님, 이 민족 이 백성도 부활의 주님을 만나게 하시고 부활의 주님을 바라볼 수 있는 눈을 열어 주시옵소서. 이 백성이 부활의 신앙으로 바로 설 때 하나가 될 수 있다는 것을 깨닫게 하시고, 신실한 일꾼들이 넘쳐나고 정직이 강같이 흐르는 민족이 될 수 있다는 것을 깨닫게 하시옵소서. 이 땅의 백성들이 진정으로 주님을 의지함으로 주님의 복을 받아 누리는 삶을 살게 하시옵소서.

이 시간 하나님의 말씀을 들고 단 위에 서신 목사님께 함께하사 우리에게 하나님의 말씀을 증거하실 때에 우리의 영혼에 하나님 성령의 빛이 비치게 하여 주시고 그 빛으로 인하여 어두움을 이길 수 있는 권세를 허락하여 주옵소서. 죽음의 권세를 이기시고 부활하신 예수 그리스도의 이름으로 간절히 기도하옵나이다. 아멘.

4월 _둘째주

주일 오후(저녁)예배 대표기도문

능력의 주 하나님!
오늘 주님의 부활을 기념하는 예배로 저희들을 불러주심을 감사드립니다. 죽기까지 자신을 낮추어 순종의 본을 보여 주시고, 다시 사심으로 사망 권세를 이기시고 생명의 길을 열어 주시니 감사드립니다. 주님의 부활하심을 믿는다고 하면서도 때로는 생활 가운데서 잊어버리고 부활의 주님을 확신있게 증거하지 못했던 저희들이었습니다. 행함이 없는 믿음은 죽은 믿음이라고 하셨는데 믿음 없는 저희들을 용서하여 주옵소서. 이제 주님의 은혜 가운데 부활의 주님을 확신있게 증거함으로 새로운 복된 길을 걷게 하여 주옵소서.

부활하신 주님! 우리 가운데 오셔서 저희도 부활의 산 소망 가운데 살아갈 수 있도록 은총을 베풀어 주옵소서. 주님께서 낙심과 절망 가운데 빠져 있던 제자들에게 부활의 기쁨과 확신을 주심같이 우리의 발걸음이 옛생활로 돌아가지 않도록 역사하여 주옵소서. 저희로 하나님을 위하여 헌신하는 자가 될 수 있는 믿음을 더하여 주옵소서. 저희로 하나님을 찬양하는 삶이 되게 하시고, 저희의 삶 속에서 하나님의 살아 역사하심을 날마다 발견할 수 있도록 인도하여 주옵소서.

거룩하신 하나님, 간절히 기도하고 간구하오니 부활절을 맞아 저희들의 옛사람을 죽이고 십자가에 장사 지냄으로 다시 주님의 의지가 담긴 새 형상으로 거듭나게 하여 주옵소서. 지난날의 욕된 생활과 헛된 강포를 묻어 두고 정의와 진리로 부활하게 하시며 냉랭한 마음이 뜨거운 성령으로 소생케 하여 주옵소서. 교회에 속한 모든 성도들 가정에도 부활의 은혜가 충만하게 넘치게 하시기를 원합니다. 부활의 능력이 모든 가정에 희망이 되게 하시고 산 자의 소망이 되시는 예수 그리스도를 온전히 섬길 수 있는 복된 가정들 되도록 축복하여 주옵소서.

하나님, 이 시간 주님의 말씀을 통하여 빛과 생명의 길로 인도하여 주시고, 죄악의 찌꺼기를 완전히 불살라 깨끗하게 하사 맑은 생수가 솟아나게 하여 주옵소서. 성령의 열매를 맺게 하시고 예수님의 성품을 닮아 갈 수 있는 복을 허락하여 주옵소서. 하나님의 거룩한 백성의 향기가 우리의 삶에서 풍겨 나오기를 원하오니 우리의 삶을 주관하여 주옵소서.

이 시간 말씀을 듣고 단 위에 서신 목사님과 함께하사 선포되는 주님의 말씀으로 저희의 믿음이 더욱 자라나게 하시고, 저희들의 메마른 심령을 말씀으로 살아나게 하옵소서. 부활하셔서 산 소망이 되신 예수님의 이름으로 간절히 기도하옵나이다. 아멘.

4월 _둘째주

주중(삼일·금요)예배 대표기도문

전능하신 하나님!
사망 권세를 이기신 주님의 부활을 기뻐하며 찬송하는 삶을 살게 하시다가, 이 시간 주님 앞에 기쁨으로 기도회를 가질 수 있도록 인도하여 주신 은혜를 감사드립니다. 돌이켜 보건대, 저희 속에는 아직도 죄의 쓴뿌리들로 인해 죄를 이기지 못하는 나약한 믿음이 있습니다. 이를 불쌍히 여기시고 용서하여 주옵소서.

사랑이 많으신 주님! 이 시간 저희들이 이 신비한 부활의 진리를 분명히 깨달아 알게 하여 주시옵고 죽음을 정복한 부활의 삶을 살게 하여 주옵소서. 그리하여 저희들에게 죽음의 위협이 끝내 통하지 않는 담대한 믿음을 허락하여 주옵소서. 이 세상 살 동안 우리 속에 그리스도 예수로 말미암아 얻어진 구원의 은혜와 영생의 소망이 늘 새롭게 경험되게 하셔서 하나님 나라 백성 된 기쁨으로 가득 차게 하옵소서.

하나님, 우리가 주님의 부활을 기뻐하면서 잊지 말고 기억해야 할 것을 기억하게 하여 주옵소서. 고난과 죽음의 아픔이 없이는 결코 부활의 새 아침이 올 수 없었다는 것을 말입니다. 빈 무덤이 없이는 부활의 장소가 확인될 수 없다는 사실을 깨닫고, 이제 주님 앞에서 부활의 기쁨을 노래하기 전에 주님을 위해서 십자가를 지는 삶을 살아가게 하여 주옵소서.

생명이 되시는 주님! 이 영광으로 가득 찬 부활절을 맞이하여 저희들은 즐거운 부활의 찬송을 부르고 있지만 부활의 복된 소식을 알지 못하는 많은 사람들은 멸망으로 끝나고 말 생애를 살아가고 있습니다. 저들에게도 구원의 복된 소식이 들려질 수 있도록 저들의 귀와 마음을 열어 주시고, 먼저 이 소식을 듣고 하나님 나라의 소망을 품고 사는 저희들에게 주의 복음을 전할 수 있는 열심과 담대함을 더하여 주옵소서. 그래서 주님의 부활하심으로 완성된 구원의 놀라운 소식이 더 많은 사람에게 전해져서 이 기쁨이 온누리에 충만하게 하여 주옵소서. 이 사명을 세상 끝날까지 붙들고 영원토록 성령과 함께 증거하는 성도의 삶을 살아가게 하옵소서.

하나님, 우리의 연약함도 이 예배를 통하여 강건해지기를 원하오니 우리의 모든 것들을 친히 주장하여 주옵소서. 하나님의 선하신 계획에 순종할 수 있는 우리가 되게 하여 주옵소서.
이 시간 말씀을 전하시는 목사님께 영육 간에 강건함을 허락하시고, 성령께서 그 입술을 주관하옵소서. 전하는 말씀이 우리의 머리에 기억되고 가슴에 아로새겨지게 하시며, 우리에게 깨닫는 말씀을 실천할 수 있는 능력을 주옵소서. 저희를 죄악 가운데서 구원하여 주신 예수님의 이름으로 간절히 기도하옵나이다. 아멘.

4월 _셋째주

주일 낮예배 대표기도문 1

전능하신 하나님!
아버지의 뜻이 하늘에서 이룬 것 같이 땅에서도 이루어지는 것을 믿습니다. 예수 그리스도를 이 땅에 보내시어 구속의 사역을 완성케 하심으로 다 이루었다는 고백이 있게 하심을 감사합니다. 저희들도 예배의 승리를 통하여 하나님의 뜻을 이루어가는 축복을 허락하여 주시옵소서. 우리가 지난 일주일을 어떻게 살았는지를 되돌아봅니다. 주님을 배반했던 유다처럼, 예수님을 버렸던 베드로처럼 주님을 부인하고 한 주간을 살았음을 고백하오니 십자가의 은혜로 용서하여 주옵소서.

거룩하신 하나님! 우리에게 심겨진 겨자씨만한 믿음이라도 주님께서 그것을 자라게 하심으로 우리의 믿음이 더욱 장성하여 30배 혹은 60배 혹은 100배의 아름다운 열매들이 맺혀질 수 있는 저희들이 되게 하여 주옵소서. 우리의 연약한 믿음이라도 심히 창대해질 줄 믿사오니 우리를 긍휼히 여겨 주옵소서.
하나님, 마지막 세대에 하나님이 부으시는 성령의 은혜 안에 내 영혼이 들어가게 하시고, 이 세상에 사는 동안 하나님의 나라를 위해 마음껏 쓰임 받게 하옵소서. 우리의 자아를 내려놓고, 욕심을 내려

놓고, 우리의 생각을 내려놓고, 주님이 원하시는 자리에서 충성을 다하게 하옵소서.

은혜가 충만하신 주님! 온 땅에 생명이 움트는 따사로운 봄날입니다. 주님께서 창조하신 이 아름다운 봄날을 보며 저희들도 신앙의 새 봄을 가꾸는 믿음이 되게 하시고 모든 사람들의 마음을 주님의 사랑으로 따뜻하게 할 수 있는 믿음들이 되게 하여 주시옵소서.

또한 자신을 뉘우치고 새로운 삶을 다짐하는 강도에게도, 질병과 투쟁하여 몸부림치는 환자에게도, 끼니를 잇지 못해 허덕이는 걸인에게도, 가정과 사회로부터 냉대와 멸시를 받는 부랑 아이에게도 주님의 따사로운 사랑을 전할 수 있는 저희들 되게 하여 주시옵소서. 봄날에 힘써서 밭을 기경하고 씨앗을 뿌리지 않으면 가을의 풍성함을 기대할 수 없듯이 영적인 열매의 풍성함을 위하여 땀 흘리며 열심을 다할 수 있는 저희들 되게 하여 주시옵소서. 성가대를 축복하시고, 각 기관마다 그리스도의 보혈로 충만케 하셔서 불같이 일어나며 부흥되게 하옵소서.

이 시간 말씀을 전하실 목사님 위에 함께하셔서 저희에게 주시는 신령한 말씀들이 꿀송이 같은 귀한 생명의 만나가 되게 하시옵고, 저희의 삶의 지표가 되게 하옵소서. 우리의 영원한 통치자가 되시는 예수 그리스도의 이름으로 간절히 기도하옵나이다. 아멘.

4월 _셋째주

주일 낮예배 대표기도문 2

능력과 권능이 많으신 하나님!
주님을 사모하는 자에게 위로하시며, 하나님을 가까이 하는 자에게 오셔서 임마누엘 동행하시는 은혜의 주 하나님께 찬양과 영광을 돌립니다. 하나님의 공의로 예수 그리스도를 대속물로 십자가에 내어 주시고, 사랑으로 우리를 구속하신 은혜를 감사합니다.
우리들의 죄악이 주님을 순간순간 부인하오니 용서하여 주시옵소서. 멸망 가운데 죽을 수밖에 없었던 저희들을 구속하시기 위해 이 땅에 오셔서 고난을 당하신 주님을 기억하오니 저희의 삶을 하나님께 드릴 수 있도록 은혜를 주옵소서.

사랑의 하나님! 저희에게 완악을 행하는 자들을 주님께 맡길 수 있는 믿음을 허락하시고, 심판하시는 권한이 아버지께 있음을 인정할 수 있는 저희들의 믿음이 되게 하여 주시옵소서. 세상의 죄악 가운데 버림받을 수밖에 없던 저희들 하나님 나라의 일꾼 삼아 주심을 감사합니다. 맡겨진 사명마다 목숨을 다하고 힘을 다하여 충성함으로 감당케 하여 주옵소서.
하나님, 저희 심령 가운데 함께하셔서 저희의 마음을 뜨겁게 하옵소서. 오늘 말씀 받고 기도함으로 우리 속에 남아 있는 불신앙의 찌꺼

기들이 사라지게 하여 주옵소서. 성령께서 오셔서 저희의 눈과 귀와 입을 열어 주옵소서. 하나님, 모든 성도들이 성령의 열매를 맺게 하여 주옵소서. 선함과 친절과 인내로 저희의 습관이 바뀌게 하시고, 분쟁과 다툼이 있는 곳에 평화를 심게 하여 주옵소서. 희락과 사랑으로 살게 하시어 주님의 아름다운 성품을 닮는 성숙한 성도가 되게 하여 주옵소서. 그리하여 가정과 직장과 사회에서 평강과 사랑의 향기를 드러내게 하여 주옵소서.

하나님, 오늘 모인 저희들에게 복을 주시되 혹 세상에서 상하고 찢기워진 심령은 위로를 받게 하시고, 환경의 어려움으로 낙심한 성도들에게는 새 힘을 허락하여 주셔서 주님이 세상을 이긴 것 같이, 저희들도 세상을 이기게 하여 주옵소서.
우리의 삶 속에 생각하는 것과 말하는 것과 행동하는 것으로 하나님의 영광을 가리지 않게 하시고, 범사에 하나님을 높이 드러내는 복된 삶이 되게 하여 주옵소서.

이 시간 말씀을 듣고 단 위에 서신 목사님을 성령의 능력으로 붙드시고, 말씀을 귀 기울여 듣는 저희 모두에게 주님의 은혜를 깊이 경험하는 시간이 되게 하시옵소서. 산 자와 죽은 자를 심판하러 오실 우리 구주 예수 그리스도의 이름으로 간절히 기도하옵나이다. 아멘.

4월 _셋째주

주일 낮예배 대표기도문 3

존귀와 영광을 받으시기에 합당하신 주님!
모든 만물과 함께 이 시간 하나님과 어린 양 되신 예수 그리스도께 찬양과 영광을 돌립니다. 지난 한 주간도 눈동자처럼 보호하시다가 하나님의 전에 나아와 예배를 드리게 하시니 감사합니다. 하나님 홀로 영광 받으시기를 원합니다.

긍휼이 풍성하신 주님! 저희들이 육신적으로 살아온 지난날들을 돌이켜 봅니다. 자기 중심적으로 스스로의 교만함과 어리석음을 보지 못한 채 지냈던 지난 시간을 부끄럽게 생각하며 뉘우치는 마음으로 회개하오니 용서하여 주옵소서. 이제는 그리스도인이라는 이름만 갖고 살지 않게 하시옵고, 믿음의 눈을 크게 뜨게 해 주셔서 주님 중심으로 살아갈 수 있는 저희들 되게 하여 주옵소서. 그래서 능력 있는 삶의 간증으로 주위와 이웃까지도 주님을 간절히 사모하고 간절히 찾는 역사가 있게 하여 주옵소서.

우리의 부패한 마음을 너무도 잘 아시는 주님! 바른 생각을 갖는 것이 참으로 어렵습니다. 성령님께서 우리의 마음과 생각을 통제하여 주옵소서. 육체의 정욕이 우리의 생각을 통제하지 않고, 통제되지 않은 감정이 우리의 생각을 지배하지 않게 하여 주옵소서. 우리 생각의 그릇을 하나님의 말씀으로 가득 채우고, 우리의 마음과 생각에 예수 그리스도의 아름다운 마음이 담기게 하여 주옵소서. 주님, 우리의 생각을 사로잡아 예수 그리스도의 아름다운 마음이 담기게 하여 주옵소서. 주님, 우리의 생각을 사로잡아 예수 그리스도에게 굴복시킬 수 있는 성숙한 믿음을 주시고, 무엇이 바른 것이고 무엇이 그른 것인지 분별할 수 있는 지혜를 허락해 주옵소서.

사랑의 주님! 인간의 몸을 입으시고 이 땅에 오셔서 십자가에 달려 죽으시기까지 하나님의 영광을 나타내고자 하셨던 주님처럼, 저희들도 주님의 영광을 위하여 겸손의 삶을 실천할 수 있는 주님의 사람이 되게 하여 주옵소서. 약한 자를 보면 제자들의 발을 씻기셨던 주님처럼 진정으로 섬길 수 있는 마음을 주시고, 슬픔과 괴로움 속에서 한숨짓는 자들을 보면서 정성을 다해 주님의 위로를 심어줄 수 있는 저희들이 되게 하여 주옵소서. 세상을 향하여 빛이 되며, 소금이 되게 하시고 그들의 삶에 유익과 도움이 될 수 있는 나눔의 삶이 되게 하여 주옵소서. 경건의 모양은 있으나 능력이 부족하오니 성령으로 충만케 하시어 생명의 능력이 나타나게 인도하여 주시고, 저희의 삶 속에서 하나님 나라 확장에 쓰임받게 하여 주옵소서.

이 시간 말씀을 전하시는 목사님 위에 함께하사 말씀을 선포할 때 그 말씀이 우리의 심령을 찔러 쪼개는 생명이 되게 하시고, 말씀이 우리 영혼을 흔들어 깨우며 뜨겁게 하여 주옵소서. 부흥의 주체가 되시는 예수 그리스도의 이름으로 간절히 기도하옵나이다. 아멘.

4월 _셋째주

주일 오후(저녁)예배 대표기도문

전능하신 하나님!
거룩한 성회로 우리를 다시 하나님의 전에 불러주신 은혜에 감사합니다. 주님이 사망 권세를 깨뜨리고 부활하신 것을 기념하고 한 주간이 흘렀지만 저희는 여전히 주님의 부활을 기뻐하며 찬양드립니다. 부활을 믿는 저희 모두가 성령의 도우심을 입어 부활하신 주님의 현존과 능력을 체험하는 삶이 되게 하여 주옵소서.

사랑의 주님! 저희들이 세상 유혹에 쉽게 끌렸던 한 주간의 삶을 돌아 봅니다. 주님의 도우심과 은혜를 잊고 사람들을 의지하며 불신앙과 나약함에 빠졌던 한 주간이었습니다. 연약하고 무지한 저희의 심령을 불쌍히 여기시고, 크신 은혜를 베푸사 용서하여 주옵소서. 우리로 하여금 성령으로 충만케 하셔서, 우리의 삶에 하나님이 기뻐하시는 성령의 열매들이 날마다 맺히게 하옵소서. 이 세대를 본받지 않고 하나님의 기뻐하시고 선하신 뜻이 무엇인지 분별하여 그리스도의 향기를 풍기며 살게 하여 주옵소서.
이제는 부활 신앙에서 흔들리지 않고, 고난이 있을지라도 다시 살리시고 회복케 하시는 주님의 능력을 믿고 인내로 담대하게 이기게 하시고, 주님을 향한 뜨거운 열정으로 환난과 핍박 가운데서도 복음을 전한 사도 바울처럼 최선을 다해 주님을 증거하는 복된 삶이 되게 하여 주옵소서. 하나님, 우리에게 믿음에 믿음을 더하시고, 사랑의 은사를 더하여 주사 우리가 오직 하나님의 사역을 위하여 헌신하게 하시며, 교우된 우리가 서로 사랑하게 하여 주옵소서. 주께서 십자가를 짊어지심으로 우리를 섬기신 것처럼 저마다의 십자가를 짊으로 성도들을 사랑하게 하시고, 온전한 사랑이 우리 가운데 일어나게 하여 주옵소서.

주님을 믿고 따르는 저희들이 세상 속에서 주님의 명령을 지킬 수 있는 복을 허락하여 주옵소서. 부활하신 주님과 날마다 영적인 교제를 나누게 하시고 이생의 안목과 정욕으로 이끌려 좌초하는 인생이 아니라 능력의 주님께 매여 사는 복된 인생들이 되게 하여 주옵소서. 교회 안에 주님의 교회를 온전케 하기 위하여 세워진 많은 기관들이 있습니다. 각 기관마다 더욱 축복하셔서 주님의 영광을 드러내기에 부족함이 없는 기관들이 되어 늘 쓰임 받게 하시고, 항상 충성과 봉사가 넘쳐나게 하여 주옵소서.

말씀 전하시는 목사님께 능력에 능력을 더하여 주셔서 말씀 속에 변화가 일어나게 하시고, 말씀 속에서 성령 하나님을 만나게 하시며 말씀을 받음으로 역사가 일어나게 하옵소서. 모든 질병들이 다 떠나가며 치유되는 놀라운 회복의 역사가 일어나게 하옵소서. 부활의 소망을 주신 예수님의 이름으로 간절히 기도하옵나이다. 아멘.

4월 _셋째주

주중(삼일·금요)예배 대표기도문

창조의 하나님!

삼일 동안도 평안과 안전으로 지켜 주시고 인도하여 주셔서 하나님의 존전에 나와 예배를 드리게 하심을 감사드립니다.

하나님, 돌이켜보건대 저희들의 삶의 방식이 주님께 성실치 못했음을 발견합니다. 주님 없이는 살지 못한다고 고백하면서도 저희들의 생활은 주님 없이도 잘 살 수 있다는 자만심으로 가득 차 있었나이다. 주님께 도저히 바랄 수 없는 오만한 저희들이지만, 주님의 십자가 사랑을 의지하여 간구하오니 불쌍히 여기셔서 용서하여 주옵소서.

사랑의 주님! 상한 갈대처럼 늘 넘어지기 쉬운 이 험한 세상에서 주님이 성별하여 세워 주신 자녀답게 믿음으로 살 수 있도록 인도하여 주시옵고, 주님의 귀한 종으로 쓰임 받으며 살 수 있도록 저희들의 삶의 전 영역을 붙들어 주시옵소서.

하나님, 고난 중에서 기쁨을 잃어버리지 않게 하시고 소망 중에 승리하게 하여 주옵소서. 죄악된 세상에서 성도의 삶을 온전히 살게 하여 주옵소서. 성숙하지 못한 성도의 삶에서 돌이켜 오직 하나님 앞에 바로 선 믿음의 사람이 되게 하여 주옵소서.

주님의 말씀으로 우리를 비추시고 가르치시사 삶 전체가 하나님 아버지를 향한 삶이 되게 하시고 우리의 전 인격이 주님을 닮게 하여 주옵소서.

하나님, 오늘 이 자리에 나아와 주님을 찬양하며 주님의 은혜를 사모하는 저희들에게 생명의 역사가 넘쳐나게 하여 주옵소서. 상하고 찢긴 심령들이 위로받고 소망을 얻으며, 육신의 질병으로 고난받는 성도가 치료함을 얻고, 곤궁한 자가 부요와 형통을 얻으며, 세상 유혹에 흔들리는 심령이 살아계신 하나님의 역사로 믿음 안에서 견고히 서는 역사가 일어나게 하여 주옵소서.

아직도 주님을 알지 못하고 죄 가운데서 신음하는 우리의 이웃과 형제들을 위하여 기도합니다. 주님께서 그들에게 복음의 빛을 비추사 그 빛 아래서 살게 하시고 영생을 누리는 복을 허락하여 주옵소서. 헐벗고 굶주리는 우리의 이웃들이 있사오니 그들을 주님께서 지켜주시고 저희에게 그들을 섬길 수 있는 귀한 믿음과 사랑을 허락하여 주옵소서.

이 시간 말씀을 전하실 목사님께 하나님께서 함께하사 말씀을 선포하실 때 말씀을 듣는 우리 모두 마음 문 열고 주님의 음성을 듣게 하시고 새롭게 변화되어 주님의 말씀에 순종하는 사람으로 거듭나게 하시고 새 소망을 가지고 살아가게 하여 주옵소서. 푸른 초장으로 인도하시는 예수 그리스도의 이름으로 간절히 기도하옵나이다. 아멘.

4월 _넷째주

주일 낮예배 대표기도문 1

찬양 받으시기에 합당하신 하나님!
거룩한 성일을 기억하게 하시고 우리에게 성회로 모여 하나님을 찬양할 수 있는 복을 허락하신 은혜에 감사합니다. 아름다운 봄날을 허락하신 은혜에 감사합니다. 또한 우리를 택하사 천국의 백성으로 삼아 주신 은혜에 감사합니다. 오늘 우리의 예배가 진정으로 하나님께 드려지는 영적인 예배가 되게 하여 주옵소서.

자비로우신 주님! 자녀가 되는 권세를 받아서 그 절대적인 보호 가운데 살면서도 역시 죄의 길을 떠나지 못했던 악한 죄인들이 이 자리에 다시 모였나이다. 주님의 품에 안기기를 바라는 마음으로 왔사오니 이제껏 지은 허물을 용서해 주시고, 우리를 받아 주옵소서.

사랑 많으신 하나님! 우리에게 주님의 공의로우신 사랑을 알게 하여 주셔서 세상에 주님의 공의와 사랑이 펼쳐지게 하여 주옵소서. 하나님, 우리에게 주신 많은 것들에 감사하며 입술에 찬양이 끊이지 않도록 축복하여 주옵소서. 주님, 우리의 삶을 친히 주장하시고 저희의 사소한 일상까지 간섭하시기 늘 원하오니 주님, 동행하여 주옵소서.

하나님, 낙심되는 자에게는 큰 믿음을 주시고, 세상과 짝한 심령에게는 불 같은 성령을 채워 주시며, 병든 자에게는 새 생명의 기쁨을 주시고, 약한 자에게는 독수리 날개 같은 강건함을 허락하여 주옵소서. 저희에게 주님께서 베풀어 주신 구원의 큰 은혜를 기억하며 늘 주 안에서 만족하며 주님만 섬기며 살게 하여 주옵소서.

전에는 어두움이던 저희가 이제는 주 안에서 빛이 되었사오니 빛의 자녀들처럼 행하게 하여 주옵소서. 그리하여 저희 빛을 이방 사람 앞에 비치게 하여 그들이 저희 착한 행실을 보고 하늘에 계신 하나님께 영광을 돌릴 수 있게 하여 주옵소서.

수년 전에 이 땅 가운데 주의 교회를 세우셨으니 이 땅에 죽어가는 심령들을 살리는 교회가 되게 하시며, 바른 비전과 삶의 희망을 제시할 수 있는, 목표를 제시할 수 있는 교회 되게 하여 주옵소서. 하나님의 자녀답게 살아가는 모습을 보일 수 있는 모든 성도가 되도록 은혜를 주옵소서.

이 시간 말씀을 선포하시는 목사님을 권세 있게 하셔서 말씀에 귀 기울여 듣는 모든 자들이 성령의 역사하심을 체험하고 은혜받는 시간이 되게 하옵소서. 여러 가지 모양으로 봉사하는 많은 손길들 위에도 주님의 크신 축복으로 함께하여 주옵소서. 저희를 항상 빛으로 인도하여 주시는 예수님의 이름으로 기도하옵나이다. 아멘.

4월 _넷째주

주일 낮예배 대표기도문 2

자비로우신 하나님!
우리를 위하여 베풀어 주신 은혜와 사랑에 감사하여 주의 존전에 나아와 감사와 찬양을 드리게 하심을 감사합니다. 우리의 감사와 찬양을 열납하여 주시고 하나님의 사랑을 더욱 베풀어 주옵소서. 주님의 변함없으신 은혜를 생각하여 볼 때 이리저리 요동하는 우리를 되돌아봅니다. 작은 바람이 불어와도 이리저리 흔들리는 우리의 인생을 긍휼히 여기사 하나님을 바라볼 수 있는 믿음을 더하여 주옵소서. 오직 사망의 권세를 부활로 이기신 주님만을 의지하여 여기에 나와 섰사오니 우리를 받아 주옵소서.

우리의 의지와 생각이 주님 앞에서 하나로 묶어져 더욱 큰 믿음으로 성장하게 하시며, 그 믿음이 죽을 영혼도 살려 내는 생명력이 넘치는 믿음이 되게 하여 주옵소서. 주님 앞에 연약한 우리의 믿음을 고백합니다. 주님을 믿는 자는 죽어도 살겠다고 하신 말씀을 붙들고 승리하게 하여 주옵소서.
하나님, 저희들이 순간순간 삶의 어려움 가운데 그리스도의 이름으로 승리케 하시고, 하나님의 영광과 거룩하심을 드러내게 하여 주옵소서. 예배를 통하여 부르짖는 우리의 기도에 응답하여 주시고, 애

통하는 주님의 백성들을 주님의 놀라운 은혜로 위로하여 주옵소서. 우리가 하나님의 계획과 섭리를 잘 깨달아 사명을 충실히 감당하게 하시고, 오직 주님의 도를 행하는 성도들이 되어 어두움의 세력을 물리치고 악의 세력 앞에 예수님의 이름으로 승리케 하여 주옵소서.

사랑의 주님! 가정의 어려운 문제와 경제적인 문제로 고민하여 힘겨워하는 성도들을 기억하시기를 원합니다. 괴로울 때 고난을 이겨내신 주님을 바라보게 하시고, 죽음까지도 물리치신 주님의 능력을 의지하여 새 힘을 얻게 하여 주옵소서. 병마와 싸우며 고통 중에 있는 성도들도 있사오니, 병 낫기를 간구하며 부르짖는 자에게 못 고칠 질병이 전혀 없으신 치료의 하나님께서 깨끗하게 치료하여 주시기를 원합니다. 우리의 삶을 전폭적으로 주님 앞에 맡기고 사는 저희들이 되게 하여 주옵소서. 이 나라와 이 민족 가운데 하나님의 자비와 은혜가 흘러넘치길 원합니다. 죄악이 관영하지 않게 하시며, 서로가 서로를 돌보며 사랑할 수 있는 나라 되도록 인도하여 주옵소서. 정치, 경제, 문화 등의 모든 분야에서 정의가 실현되도록 지켜 주옵소서.

이 시간 목사님을 통하여 주시는 말씀으로 은혜받게 하시고, 그 말씀으로 인하여 세상을 이길 수 있는 복을 허락하여 주옵소서. 날마다 하나님의 말씀을 품고 살아감으로 청결하여 하나님을 볼 수 있는 귀한 복을 허락하여 주옵소서. 지금도 우리를 도우시는 예수님의 이름으로 간절히 기도하옵나이다. 아멘.

4월 _넷째주

주일 낮예배 대표기도문 3

부활의 영광을 온 세상에 나타내신 주님!
이 땅의 곳곳마다 부활의 은총이 충만하게 하시고, 거룩한 주일을 맞이하여 주님의 전에 나와 살아계신 주님을 찬양하며 영광 돌릴 수 있도록 이끌어 주신 은혜를 감사드립니다. 지난 한 주간 저희들이 지은 죄를 십자가의 보혈로 정결케 하시고, 우리의 예배가 신령과 진정으로 드려지는 복된 시간 되게 하여 주옵소서.

살아계신 능력의 주님! 저희들이 주님을 본받아 아버지 하나님을 철저히 찾게 하시고, 정직을 동반한 철저한 신앙고백이 삶 속에 깊게 나타나게 하시며, 주님을 나타내기 위해서 철저히 저희 자신을 죽이는 삶이 되게 하여 주옵소서.
하나님, 저희의 삶을 주님께 전폭적으로 맡기고 살아가오니 저희들을 기억하시기 원합니다. 저희들은 아직도 연약하며 건강한 신앙생활이 이어지지 못하고 있사오니, 달음박질하여도 곤비치 않는 신앙생활이 될 수 있도록 성령의 능력으로 채워 주옵소서.

전능하신 하나님! 주님 앞에 간절히 저희들 무엇보다도 첫 은혜의 감격을 회복하길 원하오니 날마다 말씀 가운데 깨닫게 하시고 또 다시 뜨거운 믿음으로 새롭게 거듭나도록 역사하여 주옵소서. 날마다 주님의 거룩하신 품성으로 닮아가게 함께하여 주옵소서. 또한 세상에 나아가 빛과 소금의 역할을 감당하도록 허락하여 주옵소서. 주님의 말씀으로 저희들의 삶이 날마다 변하는 새로운 기적의 역사가 있게 하옵시며, 온전히 순종의 삶이 되도록 축복하여 주옵소서.

하나님, 아직도 형제와 이웃 중에 주님을 영접하지 못하고 죄악에서 헤매는 자들이 있습니다. 그들의 영혼을 불쌍히 여기셔서 주님을 알 수 있는 지혜를 주시고 죄악의 삶을 청산하고 두 손 들고 주님께 돌아올 수 있도록 은혜를 베풀어 주옵소서.

하나님, 우리들에게 더욱더 주님만을 바라볼 수 있는 믿음과 은혜를 더하여 주시옵소서. 주님을 사랑함으로 교만하지 않게 하시고 주님을 사랑함으로 우리의 성품이 변화되는 역사가 있게 하여 주옵소서.

이 시간 말씀을 증거하시는 목사님을 성령님의 능력으로 지켜 주시고, 주님이 친히 임재하시는 복된 예배가 되게 하여 주시옵소서. 이 시간 하나님의 말씀을 들을 때에 꿀송이보다도 더 달고 정금보다 더 귀한 생명의 말씀이 임재하는 은혜를 허락하여 주옵소서. 구원의 주가 되시는 예수 그리스도의 이름으로 간절히 기도하옵나이다. 아멘.

4월 _넷째주

주일 오후(저녁)예배 대표기도문

은혜가 풍성하신 하나님!
오늘 하루도 주님의 은택을 입어 주일을 성수하게 하시며, 저녁 시간 주님을 사모하여 찬양과 말씀의 자리에 나오게 하심을 감사합니다. 하나님, 우리가 범죄하여 주님 앞에 나아왔음을 고백하지 않을 수 없사오니, 하나님의 영광을 가리우지 아니하도록 우리의 삶을 주장하여 주옵소서.

의뢰하는 자의 하나님이 되시는 주님! 오늘 성도들이 주님 앞에 나와 부르짖는 기도를 들어 주시옵소서. 믿음의 상처는 싸매어 주시고, 믿음의 시련을 당하는 성도들에게 위로와 응답이 있게 하여 주옵소서. 영적인 시험에 빠진 성도들을 기억하시고 말씀으로 해결받을 수 있도록 인도하여 주옵소서. 메말랐던 저희의 심령을 주님의 단비로 적셔 주시길 간절히 원합니다.

의인의 간구를 기뻐하시는 하나님! 우리의 성품이 성결하여지도록 인도하여 주시옵고, 죄를 미워하게 하시며 어두움을 물리치게 하여 주옵소서. 저희들이 언제나 선으로 악을 이기게 하여 주시옵고, 선한 눈으로 여호와를 바라보며 의인에게 주시는 축복을 맛보게 하여 주옵소서. 은혜를 풍족히 받아 하나님의 선하신 뜻대로 그리스도를 닮아가게 하여 주시옵고, 주 안에서 믿음과 인격이 날마다 성장하도록 도와주옵소서.

빛과 생명 자체이신 주님! 우리 주님께서 우리에게 분부하신 대로 세상에 나아가 어디에서나 빛과 소금의 역할을 하게 하여 주옵소서. 그리고 오늘 저녁에 모인 여러 성도들은 한 심령도 거저 왔다가 거저 돌아가는 심령이 없게 하여 주옵소서.
생명의 양식을 배불리 먹고 생명수를 마시게 하시사 우리들의 심령이 살찌고 기름지게 하심으로 하늘나라의 소망과 기쁨이 넘치게 하여 주옵소서. 나 혼자만이 구원의 축복을 받을 것이 아니라 멸망의 그늘에서 졸고 있는 이웃에게도 구속의 도리를 전하는 주님의 제자가 되게 하여 주옵소서.
여호수아의 기도를 들으시고 기브온 상공에 태양을 주셨던 하나님께서 어두운 죄 가운데 사는 심령들을 이 교회로 인도하셔서 그들이 새 생명으로 거듭나는 은혜를 얻게 하여 주옵소서.

이 시간 말씀 전하시는 목사님에게 갑절의 영감과 능력을 주옵소서. 저희들에게 은혜와 성령으로 충만케 하시고 새로운 힘을 얻어 험한 세상 승리의 삶을 살게 하여 주옵소서. 사랑이 많으신 예수님의 이름으로 간절히 기도하옵나이다. 아멘.

4월 _넷째주

주중(삼일 · 금요)예배 대표기도문

은혜가 풍성하신 하나님!
우리가 여호와의 의를 따라 감사하며 지극히 높으신 하나님을 찬양합니다. 삼일 동안도 평안과 안전으로 지켜 주시고 인도하여 주셔서 하나님의 존전에 나와 예배를 드리게 하시니 감사드립니다.

사랑의 하나님! 오늘도 저희는 죄인의 옷을 벗지 못하고 주님 앞에 나아왔사오니 주님, 우리의 죄를 씻겨 주옵소서. 마음의 완악한 것을 성령의 단비로 씻겨 주시고, 주님의 성령으로 우리가 통회하는 이 시간이 되게 하여 주옵소서.
하나님, 절망 가운데 건짐을 받고, 질병 가운데 치유를 받으며, 어두움의 세상 가운데 구원을 받게 하심을 믿습니다. 혹 세상에서 실패한 심령이라도 오늘 예배를 통하여 능력의 하나님을 체험하게 하여 주시옵소서. 입을 열어 구원을 찬미할 때 기쁨의 노래가 되게 하시고, 열납되는 예배가 되게 하여 주시옵소서.

기도의 은혜를 베푸시는 하나님! 성도들의 생활을 축복하셔서 물질의 풍요로움을 허락하시고, 복음을 위한 헌신에 부족함을 느끼지 않도록 은총을 베풀어 주시옵소서. 인생의 한계를 만날 때마다 주님 앞에 나와 기도하오니 홍해를 가르신 하나님께서 저희들의 앞길을 열어 주시옵소서.

주님께서 쓰시는 사람은 주님과 많이 대면하는 기도의 사람임을 생각할 때 저희들이 이 시간 주님께 드리는 기도가 주님의 보좌를 움직이는 기도가 되게 하시고, 기도에 깊이 빠져들수록 우리에게 향하신 주님의 뜻이 무엇인지를 뼛속 깊이 깨닫는 시간이 되게 하여 주옵소서. 더 많은 기도와 더 깊은 기도를 드리기 위하여 몸을 깨뜨릴 수 있는 저희들이 되게 하시고 기도를 통해서 주님의 무한한 능력과 신비를 체험할 수 있는 저희들이 되게 하여 주옵소서.

또한 이 삼일 저녁의 예배를 위하여 반주자로 성가대로 차량운행으로 수고하는 모든 손길들 위에 하나님의 특별하신 인도가 함께하시기를 간구합니다. 그들의 수고로 하나님의 나라가 더욱 확장되게 하시며 우리가 더 많은 은혜를 체험하게 하시며, 저들로 하나님의 성호를 찬양하는 일을 일생에 쉬지 아니하도록 축복하여 주옵소서.
이 시간 말씀을 증거하시는 목사님을 위해 간절히 간구합니다. 입술을 주장하시고 생각을 주장하셔서 하나님의 말씀을 선포하실 때 말씀으로 저희들의 삶을 변화시켜 주옵소서. 우리를 죄에서 구원하신 예수님의 이름으로 간절히 기도하옵나이다. 아멘

5월 _첫째주

주일 낮예배 대표기도문 1

사랑이 많으신 하나님!
주님의 은혜와 사랑을 감사하며 경배와 찬송을 드립니다. 온 세상이 주님이 주신 은총으로 생명이 있는 것마다 왕성하게 움직이고 활동하는 아름다운 계절입니다. 모든 식물들이 꽃봉오리를 터뜨리며 아름다운 꽃을 피우고 향기를 뿜듯이, 더욱 생명력이 넘치는 믿음의 꽃을 피우고 그리스도의 향기를 내어 뿜을 수 있는 저희들이 되게 하여 주시옵소서.
자비와 은혜의 주님! 행함이 없는 믿음은 죽은 믿음이라는 야고보 선생의 말대로 저희의 믿음에는 행함이 결여되어 있었기 때문에 죽은 믿음이었음을 시인하지 않을 수 없나이다. 주님, 긍휼히 여겨주셔서 용서하여 주옵소서. 성령님의 능력으로 강하게 붙들어 주셔서 행함이 넘치는 믿음이 되게 하시고, 주님의 향기를 나타낼 수 있는 믿음이 되도록 이끌어 주시옵소서.

하나님, 5월은 가정의 달입니다. 특별히 바라옵는 것은 가정마다 든든히 서 가는 가정들이 되기를 원합니다. 사회가 어려워지고 시대가 험악해질수록 깨지고 금이 가는 가정들이 점차 늘어만 가고 있습니다. 행복한 가정을 가꾸기 힘쓸 수 있도록 도와주시옵소서. 더욱이 주님만 모시고 사는 믿음의 가정을 유산으로 물려줄 수 있는 부모들이 되게 하시고 말씀대로 자란 어린 생명들이 세상을 밝게 비추는 진리의 등불들이 되게 하여 주시옵소서.

우리가 그리스도의 장성한 분량에 이르기를 원하시는 주님!
우리 공동체가 하나님을 알아가는 기쁨을 맛보길 원합니다. 하나님을 아는 지식이 자라나 하늘 아버지를 닮아가는 성도들이 되고 우리의 성품이 그리스도를 닮아가는 영광을 주옵소서. 육체의 연습만이 아니라 경건의 훈련을 쌓는 데 온 교회가 주력하고, 그리스도 예수의 좋은 군사로 세상 가운데로 나아가게 하여 주옵소서. 주님, 우리로 하여금 듣는 데만 그치는 사람이 아니라 배우고 듣고 본 바를 행할 수 있는 성숙한 그리스도인이 되게 하여 주옵소서.

일찍이 주님의 크신 섭리가 계셔서 이곳에 주님의 교회를 세우셨으니, 성령의 뜨거운 역사가 늘 강하게 역사하는 교회가 되게 하시고, 부르짖는 기도마다 응답받는 축복의 현장이 되게 하옵소서. 무엇보다도 주님의 도우심 아래 날로 왕성해지는 교회가 되게 하시고, 영혼 구원의 사명 또한 잘 감당할 수 있는 교회가 되게 하여 주옵소서. 이 시간 말씀을 선포하는 목사님 위에 기름을 부어 주셔서 진리의 말씀만이 온전히 선포되게 하옵소서.
이 진리의 말씀이 저희에게는 온전한 기쁨과 충만한 은혜가 되게 하옵소서. 홀로 영광 받으시기에 합당하신 예수 그리스도의 이름으로 간절히 기도하옵나이다. 아멘.

5월 _첫째주

주일 낮예배 대표기도문 2

사랑의 주님!
오늘 저희에게 따뜻한 봄날을 주시고, 저희의 심령이 주님의 밝은 햇빛을 받으며, 안식의 축복 속에 성장하게 하시며, 성령의 인도하심과 교훈을 기다리게 하시니 감사드립니다. 이 시간 정성스런 예배를 드릴 수 있도록 저희 모두의 마음에 진실함을 주시고 신령한 예배를 드리게 하시사, 주님께서는 영광이 되게 하시고 저희에게는 큰 은혜의 시간이 되게 하여 주시옵소서.

우리가 지난 일주일을 어떻게 살았는지를 되돌아 봅니다. 주님 자녀로서의 순수함을 잃어버리고 거짓과 오만으로 가득 찬 방만한 삶을 살았나이다. 진리를 수용하는 열정도 잃어버렸고, 위선만이 가득하여 이를 깨닫지도 못한 채 자신이 지니고 있는 모습이 가장 정직한 것인 양 포장과 위장을 서슴지 않았나이다. 이처럼 패륜적인 모습을 경악스러워하며 주님 앞에 고백하오니 용서하여 주옵소서. 우리 안에서 선한 것이 자라날 수 있도록 축복하여 주옵소서.

오늘은 특별히 어린이 주일로 지키고 있습니다. 원하옵기는, 저희들도 주님의 나라를 어린아이처럼 받들게 하시고 그 순수함과 겸손과 깨끗함을 인하여 하늘의 영광을 바라보게 하여 주옵소서.

어린아이를 사랑하여 주신 주님! 이 땅에 사는 모든 어린이를 축복하여 주옵소서. 어린 마음 속에 믿음을 간직하고 하나님을 경외하는 법을 배우며 자라게 하시고, 세상에 돋아난 독버섯 같은 존재들이 되지 않도록 진리의 말씀으로 강하게 붙잡아 주시기를 원합니다. 모든 어린이들이 주님의 날개 아래서 세상을 밝게 비추는 등불이 되게 하시고, 그 어떤 불의와도 타협하지 아니하고, 십자가 곧은 사람으로 성장하기에 부족함이 없도록 이끌어 주시기를 원합니다. 특별히 부모가 없거나 부모의 사랑을 받지 못하고 있는 어린아이들을 위로하여 주시고, 병들고 불구가 되고 정신이 박약한 어린이들에게도 치유와 용기의 은혜를 주시옵소서.

황무한 북한 땅을 위해 기도합니다. 하나님, 북한 땅이 살 수 있는 길은 오직 주님의 은혜밖에는 없음을 고백합니다. 주님, 그 땅을 긍휼히 여겨 주옵소서. 공산 정권이 물러가게 하시며, 그 옛날 평양에서 일어났던 성령의 바람이 불같이 일어나게 하여 주옵소서.

이 시간 말씀을 전하시는 목사님을 붙들어 주시고, 주의 말씀을 사모함으로 듣는 저희 모두에게 신령한 귀를 열어 주시사 진리의 말씀을 듣게 하시고, 마음을 비워 겸손케 하시사 은혜 받아 간직할 수 있게 하시옵소서. 어린아이와 같은 마음을 귀하게 여기시는 예수님의 이름으로 간절히 기도하옵나이다. 아멘.

5월 _첫째주

주일 낮예배 대표기도문 3

자비로우신 하나님!
주님이 세우신 귀한 가정마다 어린 생명들이 태어나게 하시고, 건강하게 자랄 수 있도록 인도하여 주시니 감사드립니다. 오늘은 특별히 어린아이들을 지극히 사랑하신 주님을 본받아 티없이 맑고 깨끗한 어린 생명들을 생각하며 어린이 주일로 지키게 하여 주시니 감사드립니다. 이 시간 어린아이 같은 마음을 가지고 예배드리기를 원하는 모든 심령 위에 임재하셔서 찬양과 경배를 받으시옵소서.

하나님, 저희들은 천국 백성의 모습과 사뭇 멀어진 채 살아왔습니다. 저희 마음은 온갖 사리사욕으로 가득 차 있어 순진하고 깨끗한 어린아이 마음같이 되지를 못했습니다. 남의 눈치 보기에 익숙한 눈도 어린아이처럼 순수하지 못했습니다. 저희들의 이 못난 모습들을 불쌍히 여기시고, 긍휼을 베푸사 용서하여 주시옵소서. 어린아이와 같이 주님을 믿고 따르는 저희들 되게 하시옵고, 어린아이와 같이 천국에 합당한 저희들 되게 하여 주시옵소서.

사랑이 많으신 주님! 우리 교회에 속해 있는 어린이들뿐 아니라 이 민족 이 세계 안에 속해 있는 모든 어린이들을 기억하시고, 이 험하고 죄악된 세상에 물들지 않고 정직하게 자라날 수 있도록 인도하여 주옵소서. 특별히 믿음으로 먼저 불러 주셔서 주님을 섬길 수 있도록 인도하여 주신 어린이들이 세상을 밝게 비추는 진리의 등불들이 되게 하여 주옵소서. 믿지 않는 어린이들을 주님의 교회로 인도하여 신앙으로 성장하게 하여 주시고, 우리의 연약함으로 주님께서 천하보다 귀하게 여기시는 어린 영혼을 소홀히 대하지 아니하도록 우리로 주님의 사랑을 실천하기에 부족함이 없는 자들이 되게 하여 주옵소서.

우리의 예배를 위하여 기도하오니 주님! 우리가 드리는 산 제사를 기쁘게 받아 주시고 예배를 친히 주관하시고 우리에게 은혜의 단비를 허락하여 주옵소서. 솔로몬이 일천 마리의 소를 잡아 주께 드린 일천 마리의 예배가 오늘 이 시간이 되게 하여 주옵소서. 우리의 모든 것을 주께 드리는 즐거운 헌신이 되게 하옵소서. 예배를 위하여 돕는 손길들을 보내신 주님을 찬양합니다. 그들의 손길이 닿는 곳마다 하나님의 역사하심이 동행하게 하여 주옵소서.

이 시간 말씀을 증거하시는 목사님을 성령의 능력으로 붙드시고, 말씀을 듣는 저희 모두가 아이들에게 어떻게 행할 것인가를 깊이 깨닫는 시간이 되게 하여 주옵소서. 우리를 죄악 가운데서 구원하여 주시고 영생의 소망을 주신 예수 그리스도의 이름으로 간절히 기도하옵나이다. 아멘.

5월 _첫째주

주일 오후(저녁)예배 대표기도문

만물의 주가 되시는 하나님!
하나님의 은혜를 생각할 때마다 감사와 찬송을 드립니다. 지난 한 주간도 주님의 그 크신 사랑으로 눈동자같이 지켜 주시고 거룩한 성회로 우리를 다시 하나님의 전에 불러 주신 은혜에 감사합니다. 이 시간 저희들이 온전히 신령과 진정으로 예배할 수 있도록 주께서 인도하여 주옵소서.

하나님, 우리의 속사람을 살펴 주시고 깨끗하게 하여 주옵소서. 저희들은 입술이 부정했고 목이 곧았으며 불순종의 나날을 보내기도 했습니다. 입술로는 주여, 주여 했지만 진실한 고백과 믿음의 삶을 살지 못했음을 고백합니다. 저희 모두를 용서하시고 말씀의 능력과 성령 하나님의 역사로 새롭게 하옵소서.

하나님, 지금은 만물이 생동하는 5월의 계절입니다. 5월은 주님께서 주신 가정의 달입니다. 우리 모든 성도님들의 가정에 하나님의 축복하심이 가득하게 하셔서 자나 깨나 오직 주님 앞에 감사하게 하여 주옵소서. 빈 들에 마른 풀 같은 저희 영혼들이 주님 전에 엎드립니다. 우리의 심령 속에도 메마른 가지는 잘라져 나가고 주님 주시는 푸른 마음이 자리를 잡을 수 있도록 은혜를 베풀어 주옵소서. 하나님이 창조하신 만물들이 겨울잠에서 깨어나 활동을 시작하듯이 우리의 신앙도 새롭게 돋아나게 하여 주옵소서. 봄비 같은 성령의 단비를 내려 주사 메마른 심령을 해갈하게 하시고, 우리 영혼에 따사로운 주의 자비와 사랑을 베푸사 우리가 풍요한 삶을 살게 하여 주옵소서.

하나님, 저희의 가정이 늘 형통하게 하시고 경영하는 일들이 시들지 않게 하여 주옵소서. 악인의 길은 망한다고 하셨으니 모든 악을 멀리하게 하시고, 악은 어떤 모양이라도 벗어버리게 하시며, 진리의 띠를 띠고 승리하는 저희들 되게 하옵소서.

하나님, 우리의 이웃을 돌아볼 수 있는 귀한 안목을 허락하여 주옵소서. 우리의 믿지 않는 이웃들에게 주님의 사랑을 전할 수 있도록 은혜로 더하여 주시고, 주님의 사랑으로 인하여 변화되게 하여 주옵소서. 주님의 사랑이 불처럼 번지게 하여 주시고, 주님의 사랑으로 저들의 심령이 주님의 증인들 되도록 축복하여 주옵소서. 저희들의 입술을 주장하사 복음을 증거하는 귀한 영혼들이 되게 하여 주옵소서.

이 시간 주님의 계시된 말씀을 전하시는 목사님을 친히 붙드시고 그 입술을 주장하셔서 듣는 자로 하여금 주님의 음성을 친히 듣는 것 같게 하시고 깊숙한 심령에 단비 같은 말씀이 되게 하시옵소서. 복의 근원 되시는 예수님의 이름으로 간절히 기도하옵나이다. 아멘.

5월 _첫째주

주중(삼일·금요)예배 대표기도문

사랑과 은혜가 충만하신 하나님!
사랑으로 우리를 먹이시고 늘 푸른 초장으로 인도하시는 우리 하나님께 감사와 찬양을 드립니다. 봄꽃 향기가 가득한 아름다운 계절을 허락하시어 나무들도 꽃피워 하나님께 영광과 찬양을 돌리듯 우리들도 감사의 고백으로 찬양과 영광을 드리게 하여 주옵소서.

우리들이 입술로는 주님의 자녀라고 고백하지만 삶 속에는 아직도 죄의 잡초들이 무성하게 자라고 있음을 발견합니다. 이런 우리의 삶 속에 주님이 오셔서 죄의 요소들을 제거하여 주시고, 주님과의 복된 교제가 늘 이어지는 생활이 되도록 인도하시고, 축복하여 주옵소서.

은혜의 하나님! 이 시간 하나님의 말씀으로 저희의 빈 심령을 채워 주시고 믿음으로 하늘의 소망을 가지고 복된 삶을 살게 하여 주옵소서. 이 시간 저희의 어두워진 눈을 밝혀 주시사 신령한 것을 보게 하시고, 마비된 양심을 고쳐 주시사 깨끗하고 청결하게 하시며 진실치 못한 마음을 바로잡아 주시고, 변화시켜 주셔서 합당한 그리스도의 일꾼이 다 되게 하여 주옵소서.

또한 아버지! 주님의 몸 된 교회로 인하여 감사합니다. 소란스럽고 혼란스럽기 그지 없는 복잡한 세대 속에서 주님의 교회를 통하여 은혜를 공급받게 하시니 주님의 측량할 수 없는 은혜에 감사합니다. 이처럼 주님이 임재하셔서 함께하시는 거룩한 처소를 잘 받들고 섬길 수 있는 저희들이 되게 하시고, 교회를 통하여 일하기를 원하시는 주님의 뜻을 깨달아 주님의 은혜에 보답고자 하는 순종이 넘쳐날 수 있는 저희들이 되게 하여 주옵소서.

천국에 소망을 두고 주님의 몸 된 교회를 사랑하며 봉사해야 할 우리가 세상의 분주함으로 인해 주의 일에 무관심했습니다. 주님의 기대를 외면했습니다. 잎만 무성한 무화과처럼 열매가 없었습니다. 우리에게 성령의 아름다운 열매들이 맺히게 하심으로 우리가 온전히 하나님을 찬양할 수 있는 복을 허락하여 주시고, 세상을 이길 수 있는 힘을 허락하여 주옵소서. 우리를 강하고 담대하게 하사 우리로 주님의 향기를 풍기는 성도들이 되게 하여 주옵소서.

이제 단 위에 세우시는 목사님 더욱 강건케 하옵시고 목사님을 통하여 말씀이 선포될 때에 저희의 마음 문을 열어 주사 진리와 생명으로 더욱 새로워지는 시간이 되게 하여 주시옵소서. 긍휼히 여기는 마음으로 세상을 정복하신 예수님의 이름으로 간절히 기도하옵나이다. 아멘.

5월 _둘째주

주일 낮예배 대표기도문 1

사랑이 많으신 하나님 아버지!
하늘에는 영혼의 아버지가 계시고 땅에서는 육신의 아버지들이 계시어 오늘의 저희들이 있음을 감사드립니다. 이 시간 어버이의 큰 사랑을 깊이 깨달으며 예배드리기를 원하오니 이 예배를 받아 주옵소서.

사랑과 용서의 주 하나님 아버지! 저희들은 하늘 같은 부모님의 은혜와 사랑을 깨닫지 못하고 감사치 못하고 불효한 죄가 많음을 솔직히 고백하지 않을 수 없나이다. 네 부모를 공경하라는 주님의 명령을 거역하여 불순종하고 부모님의 마음을 상하게 한 것이 많사오니 저희들의 고백을 들으시고 용서하여 주옵소서.

긍휼이 풍성하신 하나님 아버지! 자녀들이 잘되기를 간절히 원하면서 평생을 살아 오신 부모님들을 위로하여 주시옵고, 그 심령을 주님의 사랑으로 가득 채워 주시옵소서. 저희들이 그릇된 길로 가는 것을 보면서 가슴 아파하시고, 저희가 병들었을 때 용기와 희망을 주시던 부모님의 애틋한 사랑을 저희가 어찌 다 헤아릴 수 있겠습니까? 주님은 부모님들의 내리사랑과 노고를 아시오니, 주님의 한량

없으신 은혜로 충만하게 채워 주셔서 찾을 수 없는 놀라운 영혼의 평화를 얻게 하시옵소서.

사랑의 하나님! 저희들을 길러 주시고 신앙의 길로 인도하신 부모님들께 축복하셔서 건강을 주시고 원하시는 모든 소원들이 주님의 뜻 안에서 성취되게 하옵소서. 신앙을 가진 부모님들께는 더욱 신앙생활에 충실하여서 남은 여생 온전히 주님께 충성과 봉사를 다하게 하옵시고 아직도 주님을 영접치 못한 부모님들께는 간곡한 기도와 신앙의 모범을 저희들이 보임으로써 주님을 영접하고 영생을 얻게 함으로 자녀의 임무를 다할 수 있게 하여 주옵소서. 또한 저희들을 통하여 부모님의 보람과 기쁨이 더 크게 하시고 주님께서 주시는 위로로 마음을 채워 주시며 안식과 평안을 주옵소서.

이 시간 하나님의 말씀을 선포하시는 목사님을 도우셔서 우리를 향하신 하나님의 뜻을 깨닫는 은혜의 시간이 되게 하여 주시옵고, 말씀을 듣고 행할 수 있는 믿음을 허락하셔서 성령의 귀한 열매를 맺게 하여 주옵소서.
날마다 은혜로운 찬양으로 예배를 돕는 성가대 위에 큰 사랑으로 덧입혀 주시고 예배를 위하여 수종 드는 저들의 손길이 닿는 곳마다 주님의 사랑과 축복을 경험하게 하여 주시옵소서. 이 모든 말씀을 구주 예수 그리스도의 이름으로 간절히 기도하옵나이다. 아멘.

5월 _둘째주

주일 낮예배 대표기도문 2

사랑과 은혜가 충만하신 하나님!
푸르른 5월의 하늘이 맑고 높은 것처럼, 우리 가정에 어버이를 주셔서 우리 거룩한 믿음의 유산을 그대로 이어가도록 은혜 베풀어 주신 하나님께 감사와 찬송과 예배를 드립니다. 이 시간 저희 모두가 감사의 제단을 쌓기를 원하오니 우리의 예배를 받아 주옵소서.

하나님, 오늘은 어버이날입니다. 자녀 없는 부모는 있어도 부모 없는 자식은 없습니다. 자녀가 어려서는 부모가 그늘이지만, 부모가 늙어서는 자식이 그늘일 터인데 아직도 그늘 아래 편히 쉬게 해 드리지 못하는 저희들 엎드려 회개하오니 용서하여 주옵시고, 효도에 앞장서는 저희들 되게 하여 주옵소서.

사랑의 하나님! 특별히 주님의 사랑 안에서 살고 있는 저희들은 부모님의 은혜에 조금이라도 보답하겠다는 심정으로 부모님을 모시게 하시옵고, 이삭과 같이 목숨을 바치면서까지 부모님의 뜻에 따랐던 믿음을 간직하게 하시옵소서. 자녀들 잘 되기만을 기도하며 사신 부모님들께 축복하셔서 건강을 주시고 원하시는 모든 소원들이 주님의 뜻 안에서 성취되게 하여 주옵소서.

또한 노령에 계신 분들께 건강의 축복을 허락하셔서 세상에서 주님이 맡겨 주신 일을 다 마칠 때까지 맑은 영혼과 건강의 축복을 덧입혀 주옵소서.

좋으신 하나님! 오늘도 영혼의 샘솟는 은혜를 사모하는 마음으로 나왔사오니 자비로우신 주님의 신령한 은혜를 내려 주옵소서. 세상살이에 지쳐서 피곤하며 몸도 마음도 굳어져 있는 저희들입니다. 주님께서 오셔서 문을 열어 주시고 독수리가 날개 치며 올라감 같은 새 힘과 능력을 부어 주옵소서.

우리에게 믿음의 선진들이 가졌던 그 믿음을 허락하셔서 하나님이 계신 것과 또한 하나님이 하나님을 찾는 자들에게 상 주시는 이심을 의심 말고 나아가게 하옵소서. 노아의 때와 같은 이 시대에 저희들이 항상 깨어 있게 하셔서 믿음으로 주님을 기다리게 하시고, 등잔의 기름을 준비한 슬기로운 다섯 처녀와 같이 예배드리게 하여 주옵소서. 매 순간마다 믿음의 주요 온전케 하시는 예수님을 바라보며 주님의 뜻을 부지런히 좇게 하여 주옵소서.

이 시간 목사님을 단 위에 세워 주셨사오니 주님의 능력의 장 중에 붙들어 주시어서 주님의 말씀이 선포될 때마다 저들의 심령 속에 힘들어하는 모든 문제들이 다 해결되는 귀한 시간 되게 하여 주옵소서. 효의 근원이 되시는 예수님의 이름으로 간절히 기도하옵나이다. 아멘.

5월 _둘째주

주일 낮예배 대표기도문 3

언제나 가까이 계시는 사랑의 하나님!

하나님을 사랑하고 계명을 지키는 자에게 천대까지 언약을 이행하시며 성취하시는 하나님을 찬양합니다. 완악한 이 세대 속에서도 주님의 사랑을 알아 귀한 성회로 모이게 하심을 감사합니다. 오늘 특별히 어버이 주일로 모였사오니 저희의 예배를 기쁘게 받으시기를 원합니다.

우리에게 복된 가정을 주신 주님, 그러나 저희는 부모와 자녀로서의 책임을 다하고 있지 못함을 고백합니다. 또한 주님의 자녀로 주님의 절대적인 보호 아래 살면서도 죄의 길을 벗어나지 못하고 주님을 근심하게 해 드린 적이 너무도 많았습니다.

이제껏 주님의 마음을 근심시켜 드리고 부모님의 마음을 안타깝게 해 드렸던 모든 잘못됨을 고백하고 회개하오니 용서하여 주시고 십자가의 보혈로써 정케 하여 주옵소서. 섬김의 본을 보여주신 주님을 본받아 우리의 심령 깊은 곳에서 주님의 사랑이 배어 나옴으로 그분들을 섬기게 하시기를 원합니다.

자비하신 하나님! 우리 모두 정성스러운 효행으로 주님을 본받아 어버이를 섬기는 가정생활을 할 수 있게 하여 주시고, 낳아 주시고 길러 주신 은덕을 잊지 않도록 도와주옵소서. 주님을 섬기는 마음으로 육신의 부모님께 효도하기를 힘쓰는 저희들이 되게 하시고, 특별히 자녀없이 외롭게 사시는 부모님들까지도 공경할 수 있는 넓은 효성을 주시기를 원합니다. 그것으로 인하여 우리가 주님의 거룩한 성도로 세상의 빛이 되고 소금이 되게 하여 주옵소서. 우리의 연약함이나 부족함으로 그분들의 마음을 상하게 하지 않도록 우리를 지켜 주시기를 원합니다.

하나님, 저희의 모든 모습이 이 시간 주님 앞에 예배드릴 때 새롭게 되는 역사를 체험하게 하시고, 은혜를 충만히 받는 시간이 되게 하여 주옵소서.
이 시간 드리는 예배가 응답의 예배가 되게 하시고, 문제 해결의 역사가 일어나는 예배가 되게 하시며, 질병이 치료되며, 답답한 심령이 새 힘을 얻는 복된 시간이 되게 인도하여 주옵소서. 영적인 눈이 열려 신령한 세계를 바라보게 하시며, 믿음의 시야를 넓게 가짐으로써 주님의 주권을 인정하며 살아가는 복된 삶이 될 수 있도록 축복하여 주시옵소서.

이 시간 말씀을 선포하시는 목사님을 강건하게 붙들어 주시고 성령의 능력으로 우리의 어두운 영혼을 말씀으로 새롭게 하여 주시옵소서. 저희를 사망에서 건지신 예수님의 이름으로 간절히 기도하옵나이다. 아멘.

5월 _둘째주

주일 오후(저녁)예배 대표기도문

은혜가 풍성하신 사랑의 하나님!
이 거룩한 주일에 하나님을 찾게 하시고 주님을 의지하게 하심을 감사합니다. 우리가 하나님의 구원을 받을 자격이 없는 자들이오나 주님의 사랑으로 하나님의 자녀라 칭함을 받사오니 우리를 구원하시고 사랑을 주시는 은혜에 감사합니다.
그러나 주님, 우리가 주님의 은혜에 합당치 못한 삶을 살고 있음을 고백합니다. 우리가 주님 앞에 부끄러운 자들임을 고백합니다. 기쁨으로 감사드려야 할 부모님께 근심과 걱정을 드린 것을 용서하여 주옵소서. 육신이 연약하고 부족한 저희들을 불쌍히 여기사 용서하시고 사랑을 실천하는 사람으로 살아갈 수 있도록 축복하여 주옵소서.

긍휼이 풍성하신 하나님! 우리가 하나님의 명령을 따라 부모를 존경하고 공경하기 원합니다. 때때로 자녀들이 부족하여 부모님의 마음을 아프게 했을지라도 하나님의 사랑과 은총 안에서 날마다 치유와 회복을 경험하는 부모님이 되게 하시고, 이 땅에 살아가지만 하늘의 영광을 맛보는 거룩한 나그네가 되게 하여 주옵소서. 세월을 따라 육체는 쇠약해져도 속사람은 강건하여 독수리가 날개를 치며 올라가듯이 날마다 새로운 은혜 안에 머물게 하여 주옵소서.

믿음이 없는 부모들은 예수님을 믿어 구원에 이르게 하시고, 믿음을 가진 부모들은 더 큰 믿음을 갖고 세상을 이기게 하여 주옵소서. 자녀들을 위해 흘리는 눈물의 기도가 응답되는 축복을 허락하여 주옵소서. 예수님을 가정의 주인으로 모시고 위로 하나님을 공경하며 지도자와 스승을 생각하며 감사하는 계절이 되게 하여 주옵소서. 이 시간 하나님의 말씀을 사모하여 갈급한 마음으로 예배의 자리에 나왔사오니 하늘문을 여시고 신령한 은혜와 생수로 충만케 하여 주옵소서.

저희의 연약함을 아시는 하나님! 한결같은 성령님의 충만함으로 범죄하지 않도록 인도하여 주옵소서. 성령님의 인도하심이 항상 저희에게 역사하시사 저희들이 교만 중에 낮아지게 하시고, 저희의 어리석음 가운데 지혜롭게 하시고, 저희의 믿음 없음이 더욱 강건한 믿음으로 성장하게 하여 주시옵소서.

이 시간 단 위에 세우신 목사님을 성령으로 기름 부으시고 강건하게 붙들어 주옵소서. 선포되어지는 말씀이 살았고 운동력이 있는 검이 되어 우리의 잠자는 영혼을 깨워 주옵소서. 말씀을 들을 때 사탄의 흉악한 결박이 풀어지게 하시고 기적이 일어나고 병고침을 받으며 삶의 문제가 해결되는 기쁨이 충만한 시간 되게 하여 주옵소서. 친히 비전을 이루어 가시는 예수님의 이름으로 간절히 기도하옵나이다. 아멘.

5월 _둘째주

주중(삼일 · 금요)예배 대표기도문

사랑과 구원의 하나님!
이 저녁 우리를 죄악의 세상에서 머물지 않게 하시고 하나님께로 불러주신 간섭하심과 사랑에 감사합니다. 주님의 자녀로 삼으사 우리로 하나님을 아버지라 부르게 하신 은혜에 감사합니다. 우리의 삶에 기쁨과 사랑이 넘쳐나게 도와주옵소서. 주님만을 바라보게 하시고, 하나님이 지으신 이 산과 들이 푸르름을 더해가는 것처럼 우리의 삶에도 희망과 사랑이 넘치게 도와주옵소서.
그러나 때때로 우리가 주님의 섭리와 계획에 순종하지 못하고 육신이 약하여 우리의 영이 원하는 대로 실천하지 못했으며, 의지가 약하여 선한 일을 이루지 못하였음을 용서하여 주시옵고 십자가의 보혈로 정결케 하여 주시옵소서.

사랑의 하나님! 저희는 늘 연약하여 세상 유혹에 쉽게 넘어지고 죄 짓기 쉬우니 저희의 마음을 지켜 주시옵소서. 저희의 영혼에 항상 성령의 은혜가 생수의 강같이 흘러넘치게 하셔서, 죄를 이기고 사탄을 이기는 승리의 삶이 되게 하여 주옵소서. 오늘도 우리들의 발걸음을 무한한 주님의 사랑으로 이끄시고, 고요히 흐르는 빛과 기쁨과 능력이 우리를 적시게 하여 주옵소서.

바람과 바다를 잔잔케 하신 때처럼 우리들의 영혼을 잔잔하게 하사, 다윗처럼 오직 주님만을 기뻐하며 찬양하게 하여 주옵소서.

하나님! 주님 안에서 저희의 삶이 주님의 자녀로 거듭나게 하시고, 주님께 더욱 필요한 존재가 되기를 원합니다. 저희를 광야에 버려두지 마시고 주님의 각별한 은혜로 보호하시기를 원하며 오늘도 주님 앞에 성회로 모였사오니 구름기둥과 불기둥의 인도하심이 저희와 함께하시기를 원합니다.

이제는 예수님을 잃어버리지 않게 하시고, 아버지를 향한 사랑과 믿음을 버리지 않도록 강건케 하여 주옵소서. 영적으로 날마다 성장하게 하셔서 예수 그리스도의 장성한 분량까지 성장할 수 있도록 축복하여 주옵소서. 예배를 돕는 모든 손길들 위에도 함께하셔서 저들의 수고가 더해질 때마다 주님이 주시는 위로가 넘치게 하옵소서.

오늘도 세상에서 지치고 피곤한 모습으로 영육 간에 갈급한 심령으로 주님 앞에 나아왔사오니, 우리를 용납하시고 갈급함을 채워 주옵소서. 이 시간 주님의 귀한 말씀을 증거하실 목사님과 함께 하셔서, 오묘한 진리의 말씀이 드러나게 하시며 큰 은혜와 깨달음이 있는 복된 시간 되게 하옵소서. 상한 심령을 위로하시는 예수님의 이름으로 간절히 기도하옵나이다. 아멘.

5월 _셋째주

주일 낮예배 대표기도문 1

자비가 풍성하신 하나님!
우리를 지금까지 주님의 사랑과 은혜로 인도하여 주셨음을 감사드립니다. 우리를 주님의 전으로 인도하사 복주시기 원하시는 주님을 찬양합니다. 우리에게 주님을 향한 믿음이 더욱 자라게 하시고, 우리의 입술에 감사가 끊이지 아니하도록 축복하여 주옵소서.

완전하신 주님! 우리가 주님 보시기에 아름답지 못한 것들로 가득 차 있는 것을 발견합니다. 이 시간 주님의 전에 나아오기 부끄러웠사오니 불쌍히 여기시고 긍휼을 베푸사 용서하여 주옵소서. 만물이 주께서 부족함 없이 채워 주시는 은총을 인하여 노래하며 찬양하듯이, 우리에게 향하신 주님의 크고 놀라우신 은총을 인하여 즐겁게 노래하며 찬양할 수 있는 삶이 되게 하여 주옵소서. 우리가 하나님의 거룩한 백성으로 거듭나게 하심으로 주님이 허락하신 새로운 생명으로 주님을 찬양하며 감사하는 우리가 되게 하여 주옵소서.
교만과 허위, 부정, 부패와 기만이 앞서는 시대 속에서 주님이 찾으시는 한 사람의 의인으로 살게 하시고 우리의 상한 마음을 주님의 사랑으로 고쳐 주옵소서. 우리에게 위로를 주시고, 우리와 함께하여 주옵소서.

이 시간 하나님의 섭리를 생각해 봅니다. 사람이나 어떤 것으로도 나의 문제를 해결할 수 없음을 고백합니다. 오직 하나님을 나의 구원자로 바라보게 하시고 우리의 해답을 하나님께만 구하게 하여 주옵소서.

나의 상황이 어떠하든지 이 상황 속에서 주님의 의도가 무엇인지 알게 하심으로 세상을 이길 수 있는 힘을 허락하여 주옵소서. 우리로 하여금 주님을 찾고 의지하게 하신 은혜에 감사합니다. 우리가 어떤 상황에 있든지 주님을 위해서 살도록 하시고 현재에 처한 환경이나 욕심 때문에 세상적인 삶에 연연하지 않도록 도와주옵소서.
우리로 온전히 말씀에 의지하여 순종할 수 있게 하시고, 하나님의 인도하심에 따라 순종하는 저희들이 되도록 은혜를 더하여 주옵소서. 또한 이 시간 귀한 예배를 위하여 수고하는 모든 손길들 위에 하나님의 거룩하심과 임재하심이 나타나게 하시고 저들의 삶이 축복받을 수 있는 은혜를 더하여 주옵소서.

이 시간 말씀을 증거하는 목사님과 함께하셔서 큰 권세와 영감을 더해 주시고, 선포되어지는 말씀이 저희에게 기름진 꿀이 되며 영생하도록 솟아나는 샘물이 되게 하여 주옵소서. 생명의 양식이 되시는 예수님의 이름으로 간절히 기도하옵나이다. 아멘.

5월 _셋째주

주일 낮예배 대표기도문 2

사랑과 생명이 되시는 주님!
저희들을 주님의 자녀로 인치시사 신앙의 길을 걸어가게 하시니 감사합니다. 우리 모두에게 은총과 축복을 베풀어 주시기를 원합니다. 그리하여 영광 중에 나타나는 거룩한 예배가 되게 하여 주옵소서.

거룩하신 주 하나님! 우리를 모든 허물과 죄에서 구원하여 주시옵소서. 아직도 근심과 걱정에서 헤어나지 못하는 불신앙과 주님께서 맡기신 사명을 충실히 감당하지 못한 죄를 용서하여 주옵소서. 죄악이 가득한 세상에서 검게 물든 심령을 막아 주시고 붉게 얼룩진 우리의 마음을 흰눈과 같이 깨끗하게 하여 주시옵소서.

소망이 되시는 주님! 우리가 세상적인 유혹에 귀를 기울이지 않게 하여 주시기를 원합니다. 오직 양심과 진리와 주님의 말씀에만 귀를 기울이고 주님께만 순종하며, 진리의 말씀 안에서 진정한 자유를 누릴 수 있는 저희들이 되게 하여 주옵소서.
하루가 시작될 때 은혜를 주시며 하루가 끝날 때에도 은총을 부으사 우리 삶의 평안을 주시며 안식을 주사 다시금 하나님의 돌보심을 감사하게 하옵소서.

이제는 눈을 들어 주님의 뜻이 어디에 있는지 찾게 하시고 진리를 알지 못하는 영혼들의 구원을 위해 기도하게 하옵소서.

교회의 머리가 되시는 주님! 교회를 위해서 기도드립니다. 하나님의 자녀로 이루어진 교회가 세상에서 방황하면서 인생의 무거운 짐을 지고 고통하는 심령들에게 주님이 약속하신 신령하고 기름진 복을 나눠줄 수 있게 하시고, 안식과 평안을 심어줄 수 있는 교회가 되게 하여 주옵소서. 주님의 몸 된 교회가 솔선하여 허물이 있는 곳을 치유하고, 모자란 곳을 채우며, 나누인 곳을 하나되게 하는 데 최선을 다하게 하시고, 주님의 영광을 높이 드러낼 수 있는 교회가 되게 하여 주옵소서.
주님께서 세우신 기관들마다 하나님의 섭리에 순종하여 선하신 계획을 이루게 하시고, 특별히 기관을 감당하는 기관장들 위에 하나님의 사랑과 은혜가 늘 충만하게 역사하여 주옵소서. 저희 교회가 몸을 찢으신 주님의 사랑을 본받아, 주님의 사랑을 나타내기에 최선을 다할 수 있는 복된 교회가 되게 하여 주옵소서.

이 시간 목사님을 통하여 주의 말씀을 듣고자 합니다. 세상 염려 걱정 다 내려놓고 말씀에 집중하는 마음을 주시고 각자에게 주시는 하나님의 음성을 듣게 하여 주옵소서. 주의 성령이 예배를 주관하시고 이 시간 바람같이 불같이 생수같이 우리 가운데 역사하여 주옵소서. 우리를 죄에서 구원하신 예수님의 이름으로 간절히 기도하옵나이다. 아멘.

5월 _셋째주

주일 낮예배 대표기도문 3

인생을 바른길로 인도하시는 하나님!
저희들을 주님의 자녀로 인치사 경건한 신앙의 길로 나아가게 하여 주시니 감사드립니다. 피로 값주고 사신 이 죄인들을 더 이상 버려두지 않으시고 하나님의 자녀되는 권세를 주시고, 오늘도 은혜의 장중에 지켜 주시오니 감사드립니다. 주님 앞에 나온 저희들을 미쁘게 보시고 받아 주시옵소서.
긍휼이 풍성하신 하나님, 은혜에 은혜를 더하셔서 저희의 죄를 사하여 주옵소서. 그 은혜 가운데 저희가 의롭다 함을 얻고 심령이 정결한 영혼으로 씻음을 받게 하옵소서.

이 시간 예배에도 불 같은 성령으로 역사하셔서 온전히 아버지와 연합시켜 주옵소서. 냉랭해진 심령들을 녹이시고, 그 입술을 열어 기도와 찬송에 불붙여 주시고, 말씀을 깨닫고 즐거워하는 자들이 되게 하여 주시옵소서. 주님의 값없는 사랑 안에서 사랑의 왕이신 주님을 진정으로 섬기는 삶이 되게 하시옵고, 저희의 갈 길은 오직 주님께서 인도하시는 영생의 한 길밖에 없음을 깨달아 알게 하여 주옵소서.
주 하나님의 나라가 이 땅에 속히 이루어지기를 원하오니, 하나님,

우리로 주님을 이웃에게 증거할 수 있는 믿음을 더하여 주옵소서. 우리의 입술이 주님의 기사와 이적을 전하게 하시고, 우리의 발걸음이 하나님의 긍휼이 필요한 곳에 하나님의 약속의 말씀을 전하게 하시고 우리의 생각이 온통 주님의 나라를 향하여 삶을 영위할 수 있도록 축복하여 주옵소서. 주님의 핏값으로 사신 영혼들을 위하여 우리로 헌신하게 하시고, 우리에게 그들을 용납할 수 있는 믿음을 더하여 주옵소서.

소망이 되시는 주님! 이 민족도 속히 주님 앞으로 돌아와 주님 안에서 풍성한 새 생명을 누리는 민족이 되게 하여 주옵소서. 주님의 정의가 하수처럼 넘치게 하시며 공평과 진리로 움직이게 도와주옵소서. 주님의 사명을 깨달아 알며 경외하는 민족이 되게 하여 주옵소서. 이 나라와 이 백성들을 긍휼히 여기사, 하루 속히 정국이 안정되고 사회가 안정될 수 있도록 도와주시옵고, 침체에 빠진 경제가 하루 속히 회복될 수 있도록 도와주시옵소서.

이 시간 예배를 통하여 우리의 심령이 새롭게 거듭나는 축복을 허락하여 주옵소서. 이 예배에 참석한 모든 심령들이 은혜를 충만히 받고 돌아갈 수 있도록 주께서 지켜주옵소서.
이 시간 말씀을 증거하는 목사님을 붙들어 주셔서 놀라운 은혜의 역사, 변화의 역사, 심령이 뜨거워지는 역사가 일어나게 하여 주옵소서. 우리를 사망에서 생명으로 옮기신 예수님의 이름으로 간절히 기도하옵나이다. 아멘.

5월 _셋째주

주일 오후(저녁)예배 대표기도문

거룩하신 하나님!
오늘 하루도 주의 은택을 입어 주일을 성수하게 하시며, 저녁시간 주님을 사모하여 찬양과 말씀의 자리에 나아오게 하심을 감사합니다. 이 시간에 온전히 영광을 드리려는 마음으로 나아왔사오니 예배를 받아 주옵소서. 용서의 하나님, 진심으로 기도드리오니 주님을 향한 첫 사랑의 열정으로 돌아갈 수 있도록 도와주옵소서. 미련한 저희가 어디에서 떨어졌는지를 생각하고 돌아보게 하시고, 하나님의 말씀에서 얼마나 떨어져 있는지 각자의 모습을 바로 보게 하시며, 하나님의 인자하심으로 빛바랜 믿음을 바로 볼 수 있게 하셔서, 세상의 유혹으로부터 돌아서게 하여 주옵소서.

의뢰하는 자의 하나님이 되시는 주여! 오늘 성도들이 주 앞에 나와 부르짖는 기도를 들어 주시옵소서. 마음의 상처는 싸매어 주시고, 믿음의 시련을 당하는 성도들에게 위로와 응답이 있게 하옵소서. 영적인 시험에 빠진 성도들을 기억하시고 말씀으로 해결 받을 수 있도록 인도하여 주시옵소서.

의인의 간구를 기뻐하시는 하나님! 우리의 성품이 성결하여지도록 인도하여 주시옵소서. 죄를 미워하게 하시고 어두움을 물리치게 하여 주시옵소서. 우리가 선으로 악을 이기게 하시고, 선한 눈으로 여호와를 바라보며 의인에게 주시는 축복을 맛보게 하여 주옵소서. 성도들의 생활을 축복하셔서 물질의 풍요로움을 허락하시고, 복음을 위한 헌신에 부족함을 느끼지 않도록 은총을 베풀어 주시옵소서.

이 자리에 같이 모이지 못한 영혼들이 있습니다. 어디에 있든지 주님이 우리에게 주시는 동일한 은혜로 그들을 채워 주시기를 원합니다. 기쁠 때나 슬플 때에도 새 생명을 주시는 주님을 의지하는 자녀들이 되게 하여 주옵소서. 이 예배를 통하여 모인 우리가 하나 되게 하시고 교회의 각 지체된 역할을 잘 감당할 수 있도록 축복하여 주옵소서.
이 예배를 위하여 헌신하는 손길들을 기억하시고 그 손길들이 닿는 곳마다 채워짐의 역사가 일어나도록 축복하여 주옵소서.

이 시간 말씀을 증거하시는 목사님을 위하여 간구합니다. 입술을 주장하시고, 생각을 주장하셔서 하나님의 말씀을 선포하실 때 저희들의 삶을 변화시켜 주시옵소서. 우리의 심령이 하나님의 말씀에 힘입어 세상을 이길 수 있는 복을 허락하여 주옵소서. 우리를 십자가 사랑으로 구속하신 예수 그리스도의 이름으로 간절히 기도하옵나이다. 아멘.

5월 _셋째주

주중(삼일·금요)예배 대표기도문

구원의 하나님!
오늘 이 시간 은혜받기 원하여 기도하며 찬양할 수 있는 자리로 이끌어 주시니 감사합니다. 능력 주시는 자 안에서 무엇이든 할 수 있다는 신앙을 소유하게 하시고, 그 신앙 속에서 힘있게 전진할 수 있는 저희들이 되게 하여 주옵소서.

긍휼이 풍성하신 하나님! 저희 자신을 돌아볼 때, 눈에 보이지는 않지만 온갖 죄로 얼룩져 있음을 발견합니다. 저희들을 불쌍히 여기시고 용서하여 주셔서 주님의 보혈로 깨끗하게 씻어주시기를 원합니다. 죄에 오염되기 쉬운 연약한 저희의 심령을 우리 주님께서 붙들어 주셔서, 내 안일을 위하여 고집부리는 삶이 되지 않게 하시옵고, 주님의 은혜와 사랑을 담아낼 수 있는 복된 삶이 되게 하여 주시옵소서.

사랑의 주님! 지금은 주님의 긍휼히 여기심과 은혜의 단비가 절실히 요구되는 때입니다. 상처입고 괴로워하는 심령들이 너무나 많고, 미래에 대한 소망이 끊긴 채 어두운 그늘 밑에서 지친 삶에 허덕이는 영혼들이 많사오니, 참 기쁨의 구원이 되시는 주님께서 이 아픔의 현실을 돌아보셔서 더 이상 설움만 계속되는 고통스런 삶이 되지 않도록 치유하여 주시기를 원합니다. 오늘도 주님 전에 나와서 주님의 도우심을 간절히 바라는 심령들에게 성령의 은혜를 충만하게 하셔서 상한 심령을 싸매어 주시고, 생수의 강이 배에서 흘러넘치는 참 기쁨의 즐거움이 넘치는 시간이 되게 하여 주시옵소서.

자비하신 주님! 우리에게 주님을 사랑하게 하심을 감사합니다. 우리에게 주님의 권위에 순종할 수 있는 귀한 믿음을 더하여 주옵소서. 우리로 주님만을 사모하며 주님만을 찬양할 수 있는 귀한 복을 허락하여 주옵소서. 그것이 우리의 삶에 귀한 기쁨이 될 수 있도록 은혜와 축복으로 더하여 주옵소서.

우리의 이웃과 믿지 않는 가족을 위하여 간구하오니 그들의 영혼을 불쌍히 여기사 죄 가운데서 해방될 수 있는 은혜를 허락하여 주옵소서. 저희가 그들에게 주님의 사랑을 실천함으로 전도의 문이 열리게 하시고 저희들의 선한 행실이 복음을 심는 데 유익이 되도록 축복하여 주옵소서. 성가대의 찬양을 기쁘게 받아 주시며, 예배드리는 모두가 같은 마음으로 찬양하게 하시고 저희의 삶에서 늘 향기로운 제사가 있게 하여 주옵소서.

이 시간 말씀을 전하실 목사님께 함께 하셔서 저희의 마음에 귀한 믿음의 선한 씨앗들이 심겨지는 귀한 말씀 전하게 하여 주옵소서. 상한 심령을 위로하시는 우리 구주 예수님의 이름으로 간절히 기도하옵나이다. 아멘.

5월 _넷째주

주일 낮예배 대표기도문 1

생명이 되신 하나님!
찬양과 경배를 받으시기에 합당하신 주님, 감사드립니다. 우리가 삶 속에서 주님을 경외함으로 주님의 말씀 위에서 세상을 이기게 하신 은혜에 감사합니다. 주님의 백성들이 드리는 이 예배를 흠향하여 주옵소서.
주님이 내려주시는 은총 속에 신록이 더욱 짙어져 가고 있습니다. 이 계절에 저희의 믿음도 더욱 짙어지고 푸른 모습이 되게 하여 주시옵소서. 저희들의 의지와 생각이 주님 앞에서 하나로 묶어져 더욱 믿음으로 성장하며, 그 믿음이 죽을 믿음도 살려내는 생명력이 넘치는 믿음이 되게 하여 주옵소서.

자비와 은혜의 주님! 주님 앞에 견고한 믿음을 보여드리지 못했음을 고백합니다. 저희들을 긍휼히 여기사 용서하여 주시옵소서.
하나님, 단순히 이 땅에서 먹고 살기 위해 지친 사람이 되지 말게 하시고, 주님 주신 새 생명으로 무엇을 위해 살아야 할지를 알려 주옵소서. 믿음이 조용히 살찌게 하시고, 타인의 인기만 의식하는 겉사람을 버리고 영적으로 풍요로운 속사람이 다 되게 하여 주옵소서. 언제나 하나님과의 넘치는 교제 안에 있게 하사 겸손하고 아름다운 모습으로 주님의 영광만을 위해 쉬지 않고 움직이게 하여 주옵소서. 사랑의 주님! 주님이 가정마다 쏟아주시는 사랑과 은혜에 감사합니다. 우리가 주님의 은혜와 사랑을 더욱 깊이 느끼고 살아갈 수 있도록 축복하여 주옵소서. 안정되고 평화로운 가정이 될 수 있도록 축복하여 주옵소서. 가족 중 그 누구도 질병으로 고생하지 않도록 축복하시고, 다툼이 일어나지 않도록 함께 하시며, 화평이 깨어짐으로 고통스럽지 않도록 축복하여 주옵소서. 계획하는 일마다 평안 가운데 이루어지게 하시고, 사랑이 넘치는 교제가 활발히 이루어지는 가정들이 되게 하여 주옵소서.

거룩하신 하나님! 오직 주님의 성호만을 찬양하기 위해 모인 우리를 축복하여 주옵소서. 우리의 예배를 기쁘게 받아 주옵소서. 우리가 드리는 예물 또한 기쁘게 받으시고, 우리의 봉사 또한 기쁘게 받아 주시기를 원합니다. 우리가 하나님께 예배를 드리기 위해 주님께 나아올 때 기쁨으로 나아오게 하시며, 하나님께 예물을 드리는 손길 또한 복을 주시되, 차고 넘치는 복을 허락하여 주시고, 하나님의 사역을 위하여 봉사하는 손길들 위에 복을 주시어 천국에 보화가 쌓이게 하여 주옵소서.

이 시간 목사님을 통하여 선포되는 말씀을 통하여 주님의 은혜와 사랑이 가득하게 하시고 성령 충만케 하셔서 합당한 삶을 살게 하여 주옵소서. 감사의 근원 되시는 예수님의 이름으로 간절히 기도하옵나이다. 아멘.

5월 _넷째주

주일 낮예배 대표기도문 2

전능하신 하나님!
주님의 참 사랑과 은혜에 감사합니다. 오늘 거룩한 주일 주의 자녀 된 우리가 주님의 전에 나아와 예배를 드립니다. 온전히 하나님께만 영광을 돌리는 거룩한 시간이 되게 하여 주옵소서.

자비하신 주님! 우리에게 주신 소중한 것들을 우리가 어찌했는지 되돌아 봅니다. 우리가 그것을 소홀히 했고, 받지 못한 사람들처럼 행동하지는 않았는지 되돌아 봅니다. 우리를 용서하여 주시고, 우리에게 지혜를 주사 우리로 하나님의 뜻을 찾기를 갈급해 하며 주님의 뜻에 순종할 수 있는 귀한 믿음을 더하여 주옵소서.

하나님, 이 시간 아버지께서 우리의 영안을 밝게 하시어 우리로 하나님의 영광의 기업이 어떠한지를 알게 하시고 바라보게 하여 주옵소서. 주님께서 주시는 지혜로 살게 하시고, 이기적인 인간관계 속에서 남을 돌아볼 줄 아는 자가 되게 하여 주옵소서. 지혜와 계시의 영을 우리에게 주셔서 마음을 강하게 붙드시고, 허락하신 약속의 분깃을 바라며 믿음으로 살게 하여 주옵소서.

하나님, 저희들의 영과 육을 주님께서 받아 주관하시고 저희들의 영혼을 강하게 하셔서 주님의 등불이 되게 하여 주옵소서. 저희들의 영혼이 늘 그리스도의 빛으로 충만하게 하셔서 죄와 어두움이 없는 깨끗한 영혼이 되게 축복하여 주옵소서. 저희들이 육신의 축복뿐만 아니라 영혼의 축복을 간구하는 기도를 쉬지 않게 도와주시옵소서.

사랑의 주님! 주님 자녀의 가정마다 사랑을 쏟아부어 주시는 주님의 은혜를 더욱 깊이 깨닫고 느낄 수 있도록 하시고, 안정되며 화평스런 가정들이 될 수 있도록 인도하여 주시옵소서.
이 시간 사랑하는 성도들의 기도를 주님께서 들으시고 응답하여 주시옵소서. 개인적인 문제로, 가정의 문제로, 사업의 문제로, 신앙의 문제로 고민하여 아뢰는 기도를 주님께서 응답해 주시고 크신 축복을 내려 주시옵소서.
이 시간 이 예배를 통하여 우리의 심령이 새롭게 거듭나는 축복을 허락하여 주옵소서. 이 예배에 참석한 모든 심령들이 은혜를 충만히 받고 돌아갈 수 있도록 주께서 지켜 주옵소서.

이 시간 목사님을 붙들어 주옵시고, 저희 심령 속에 살아서 역동하는 역사가 있게 하여 주시옵소서. 저희 심령에 주님의 말씀이 꽂힐 때마다 성령의 뜨거운 역사가 있게 하여 주옵소서. 저희의 죄를 담당하신 예수님의 이름으로 간절히 기도하옵나이다. 아멘.

5월 _넷째주

주일 낮예배 대표기도문 3

생명이 되신 하나님!
이 시간 주님께 귀한 예배를 드리게 하시니 감사합니다. 세상의 향락에 빠져 주님을 부인하던 우리가, 세상과 타협하며 믿음을 잃어버리던 우리가 하나님의 전으로 나아와 예배를 드리게 하시니 감사합니다. 우리의 부족한 예배를 완벽하게 하심으로 하나님께 영광돌리게 하여 주옵소서.
자비로우신 하나님, 저희는 죄를 짓고 길잃은 양처럼 주의 길에서 벗어나 헛된 뜻과 욕망을 따랐습니다. 이 시간에 지은 죄를 참회하는 자들을 용서하여 주시고, 주님의 약속대로 회개하는 이들을 거듭나게 하시며, 믿음의 눈을 떠서 하나님을 아버지로 믿게 하여 주옵소서.

하나님, 이제 우리들의 마음이 하나님의 은총 가운데 든든하게 서서 아무것도 우리를 위협하거나 흔들지 못하게 되기를 원합니다. 비록 경멸과 천대를 받고 사람들 앞에서 무너지며 고통과 질병으로 괴로움을 당할지라도, 새로운 빛이 번져오는 새벽이 동틀 때 다시 일어나 하늘의 능력을 받을 수 있는 힘을 주옵소서.

하나님, 우리들로 하여금 혼탁한 세파에 휩싸이지 않게 하옵소서. 능력있는 그리스도인들이 되어 승리하는 삶을 살게 하시고, 하나님의 뜻을 이루기 위하여 들어 쓰시며 영광 받으시옵소서. 하나님만을 앙망하여 새 힘을 얻어 굳세게 살아가게 하여 주옵소서.

사랑의 주님! 주님의 은혜를 흠뻑 받아서 사랑과 찬양을 강하게 할 수 있게 하시고, 직장과 가정과 일터와 생활의 전 영역을 통해서 주님의 뜻을 담아내는 저희들 되게 하여 주옵소서. 또한 인생의 무거운 짐을 지고 고달파 하는 영혼들을 긍휼히 여기셔서 주님 안에서 쉼을 얻을 수 있도록 축복하시고, 주님의 은혜를 맛보아 알 수 있도록 인도하여 주시옵소서.

특별히 5월은 가정의 달입니다. 가정마다 주님의 귀한 은총을 넘치도록 부어 주셔서 건강한 가정, 밝고 소망에 찬 생활이 계속될 수 있도록 지켜 주시옵소서.
예배를 도와 신령한 노래로 주님께 찬양드리는 성가대에게 함께하시며, 모든 예배 위원들에게 성령으로 함께하여 주옵소서.

이 시간 말씀 전할 목사님께 큰 능력과 영권을 더하셔서 말씀 증거할 때에 주님 나타나 주시고 이 말씀이 심령심령에게 뜨거운 말씀이 될 수 있도록 주여 인도하여 주옵소서. 이 시간 말씀을 통해 한 주간 주님의 성령 안에서 빛된 삶을 살게 하여 주옵소서. 가정을 통해 영광 받기 원하시는 예수님의 이름으로 간절히 기도하옵나이다. 아멘.

5월 _넷째주

주일 오후(저녁)예배 대표기도문

은혜가 풍성하신 하나님!
우리의 입술을 열어 감사합니다. 귀한 주일 저녁까지 주님께 나와서 경배와 찬양을 드리게 하신 은혜를 감사합니다. 하나님이 창조하신 만물들이 겨울잠에서 깨어나 활동을 시작하듯이 우리의 신앙도 새롭게 돋아나게 하여 주옵소서. 봄비 같은 성령의 단비를 내려 주사 메마른 심령을 해갈하게 하옵소서.

주님께서 저희와 함께 하심에도 불구하고 저희의 믿음이 너무도 연약하였음을 고백하오니, 저희의 믿음 없었음을 용서하여 주옵소서. 저희의 마음에 담대한 믿음을 허락하셔서 오직 하나님의 영광을 위하여 세상을 이길 수 있는 믿음을 더하여 주시옵소서.
주님께 인정받고 축복받는 귀한 주님의 자녀가 되게 하시고 회개하고 뉘우치는 마음마다 은혜로 채워 주시기를 원합니다. 주님의 은혜를 흠뻑 받아서 사랑과 찬양을 담아낼 수 있는 귀한 그릇을 준비하게 하시고, 우리를 긍휼히 여기시기를 간구하오니 우리의 기도를 들어 주옵소서.

사랑의 주님! 우리가 주님을 닮아가는 경건한 하나님의 사람이 되게 하여 주옵소서. 어떤 유혹 앞에서도 세상과 타협하여 물들지 않고, 세상 한가운데 있으면서도 영적인 강건함을 잃지 않는 예수 그리스도의 참 제자가 되게 하여 주옵소서. 우리는 작아지고 주님이 커지는 삶을 살게 하시고, 언제나 주님의 뒤를 따르게 하시며, 주님께서 우리 인생의 결정권자가 되게 하여 주옵소서.

하나님, 영혼 없는 몸이 죽은 것 같이 행함이 없는 믿음은 죽은 것이라고 하셨사온데, 저희가 더 이상 행함이 없는 믿음을 갖지 않고 행함이 있는 믿음을 가질 수 있게 하여 주옵소서. 그리스도를 담은 그리스도의 편지로 살게 하시며 또한 구원받은 자들에게나 구원받지 못한 자들에게나 하나님 앞에서 그리스도의 향기가 되게 하사 항상 그리스도를 나타내는 자 되게 하여 주옵소서.

이 시간 예배의 순서순서마다 주님께서 친히 개입하시고 임재하시어 영이 살아 있는 성공적인 예배가 되게 하여 주옵소서.
또한 이 시간 목사님을 위해 기도하옵기는 주님 먼저 영육 간의 강건함을 허락하여 주시옵고 몇 갑절의 영력을 더하여 주시어 그 말씀을 듣는 이들마다 영육이 살아나게 하시고 삶 가운데 그 말씀이 살아 움직이게 하여 주옵소서. 오늘의 말씀이 한 주를, 한 달을 살아 나가게 하는 말씀이 되게 하여 주옵소서. 감사와 영광과 찬양을 드리오며 우리 구주 예수 그리스도의 이름으로 간절히 기도하옵나이다. 아멘.

5월 _넷째주

주중(삼일·금요)예배 대표기도문

은혜의 하나님!
우리를 이 시간 기억하게 하사 이곳에 모이게 하심을 감사합니다. 주님께 기도하기 위해 모이게 하시니 감사합니다. 저희가 마음과 뜻을 다하여 경배드리게 하여 주옵소서. 저희들 죄악된 것과 잘못을 가지고 왔사오니 주님을 대하기에 부끄러운 저희의 몸과 마음을 주님의 보혈로써 다시금 정결케 하사 용서받은 기쁨으로 주님께서 원하시는 길을 걷게 하여 주옵소서.

전능하신 하나님! 우리의 모든 기도를 들어 응답하시고, 우리에게 산 소망으로 역사하시는 주님을 찬양합니다. 우리에게 주님을 경외함으로 세상을 이길 수 있는 귀한 복을 허락하여 주옵소서. 오직 주님만이 우리의 산성이시요 우리를 구원하신 분이심을 고백합니다. 주님, 우리를 지켜주시기를 원합니다. 우리의 삶을 주님께 맡기오며 우리의 미래 또한 희망과 확신으로 가득 찰 수 있도록 축복하여 주옵소서.

소망이 되시는 주님! 주께서 친히 만드신 가정마다 지켜 주셔서 이 혼란스럽고 앞길을 분별하기 어려운 시대 속에서 평안을 잃지 않게 하시고 희망을 밝게 하여 주시기를 원합니다. 그러므로 가정이 깨어지고 무너지는 비참한 일들이 일어나지 않도록 하여 주옵소서. 이 사회도 경제 침체로 인하여 심한 슬픔 속에 빠져 있사오니 어서 속히 주의 은혜로 건져 주시고, 가뭄에 단비가 내리듯 주님의 자비와 은총을 함께 하셔서 봄날의 아름다운 꽃과 같이 생기가 가득한 사회가 되게 하여 주옵소서. 이 사회가 그동안 무너지게 만들었던 모든 죄의 잡초를 뽑아내게 하시고 이제는 물질만을 의지하는 방만한 삶을 살지 않도록 하셔서, 주님의 밝은 빛이 가득한 사회가 되게 하여 주옵소서.

구원의 주님! 이 시간 주님 앞에 머리 숙인 주님의 자녀들의 간절한 기도 제목들이 있습니다. 경제적인 어려움으로 말못하는 고통을 안고 있는 성도들도 계시고, 질병으로 인하여 주님의 치유의 손길을 바라는 성도들도 있습니다. 주님, 이 시간 은혜의 손길을 내리시사 모든 고통에서 벗어나게 하옵소서. 모든 문제의 장벽들이 무너지게 하시고 형통함의 길을 열어 주시옵소서. 어떤 마음의 상처나 육신의 고통까지도 주님의 말씀으로 모두 치유되는 역사가 일어나게 하여 주옵소서.

이 시간 말씀을 증거하시는 목사님에게 강건함을 더하셔서 언제나 진리 안에서 능력의 말씀을 증거하게 하시옵고 듣는 심령들이 변화받고 힘을 얻는 생명의 말씀 되게 하옵소서. 우리를 구원하신 예수님의 이름으로 간절히 기도하옵나이다. 아멘.

6월 _첫째주

주일 낮예배 대표기도문 1

존귀하신 주님!
이 시간 주님의 사랑과 축복을 온몸에 담고 주님 앞에 예배드리게 하시니 감사합니다. 이른 봄에 심은 씨앗들이 어느덧 제 모습을 갖추며 성장을 더해가듯 저희들의 신앙도 성장을 거듭할 수 있도록 축복하시옵소서.

사랑이 많으신 하나님! 이 시간 우리가 성령 안에서 기도하고 성령 안에서 은혜를 받게 하여 주옵소서. 우리의 상한 심령을 주님의 강하고 의로운 손으로 치유하시기를 원합니다. 우리의 연약한 믿음을 강하고 담대하게 하시기를 원합니다. 주님의 크신 권능으로 복음의 전신갑주를 입고 세상을 이기는 주님의 군사 되게 하여 주옵소서.

저희의 생명 되신 주님! 저희가 이제는 저희를 대신하여 죽었다가 다시 사신 주님만을 위해 살게 하시며, 살아도 주를 위해 살고 죽어도 주를 위해 죽게 하사 저희가 주님의 것이 되게 하여 주옵소서. 오직 예수 그리스도로 옷 입고 이제는 변화를 받아 저희 몸을 하나님께서 기뻐하시는 거룩한 산 제물로 드림으로 저희가 마땅히 드릴 영적 예배를 드리게 하시고, 예수 믿는 도리의 소망을 움직이지 않고 굳게 붙잡게 하여 주옵소서.

기도를 들으시는 주님! 하나님 사랑과 은혜 안에서 믿음과 소망과 사랑으로 향기를 발하는 교회가 되게 하여 주옵소서. 전해 주신 말씀에 믿음을 회복하고 한 몸 된 성도들이 하늘에 소망을 두게 하시며, 나아가 주님을 향한 사랑으로 영광을 드리는 교회 공동체가 되게 하여 주옵소서.
이제 정성으로 예배드리오니 성령으로 우리를 인도하여 주시고, 진리로 이끌어 주시기를 원합니다. 주님을 떠나서는 아무것도 아님을 고백합니다. 구원의 감격이 우리 모두에게 골고루 내려지는 역사가 일어나게 하여 주옵소서. 이 예배를 통하여 우리의 근심이 기쁨이 되게 하여 주옵소서.

이 시간 말씀을 전하시는 목사님 위에 함께하사 말씀이 선포될 때 그 말씀이 저희 삶을 변화시키게 하시고, 주님의 말씀이 저희에게 영적 양식이 되어서 이 세상을 능력으로 살아갈 수 있게 하여 주옵소서. 마치는 시간까지 오직 주님만이 임재하셔서 여기 참석한 모든 성도들에게 한량없는 복을 내려 주시옵소서. 저희를 구원하여 자녀 되게 하신 예수님의 이름으로 간절히 기도하옵나이다. 아멘.

6월 _첫째주

주일 낮예배 대표기도문 2

찬양 받으시기에 합당하신 하나님!
거룩한 성일을 기억하게 하시고, 우리에게 성회로 모여 하나님을 찬양할 수 있는 복을 허락하신 은혜에 감사합니다. 또한 우리를 택하여 천국의 백성으로 삼아 주신 은혜에 감사합니다. 이 시간 우리의 예배가 진정으로 하나님께 드려지는 영적인 예배가 되게 하여 주옵소서.
우리의 죄를 고백하오니 용서하여 주옵소서. 우리의 사랑이 필요한 곳을 지나쳐 왔고, 우리의 손길이 필요한 곳을 외면했습니다. 우리를 긍휼히 여기사 우리로 하나님의 선하신 계획에 반드시 필요한 심령들이 되게 하옵소서.

오늘 이 자리에 나오지 못한 많은 성도들을 기억하시고 어디에 있든지 이 자리를 사모하게 하여 주시옵소서. 기쁠 때나 슬플 때에도 새 생명을 주시는 주님을 의지하는 자녀들이 되게 하여 주시옵소서. 세상과 타협하지 않게 하시며, 주님만 의지할 수 있도록 축복하여 주시옵소서.

자비로우신 하나님! 내게 능력 주시는 자 안에서 무엇이든지 할 수 있다는 신앙으로 힘있게 전진할 수 있는 저희들이 되게 하여 주시옵소서. 이 험한 세상에서 낙심과 좌절하지 않게 하시고, 주님을 온전히 의지함으로 굳세게 살아갈 수 있는 저희들 되게 하여 주시옵소서. 슬픔이 저희들을 짓누르지 못하게 하시고, 역경이 저희들을 실망시키지 못하게 하시고, 주님의 음성을 듣고 날마다 소생하는 믿음이 되게 하여 주옵소서.

하나님, 남북이 속히 하나되게 하시고, 평화의 방법으로 통일이 되어 그리스도의 화해의 복음과 사랑으로 하나되게 하여 주시옵소서. 저들에게도 신앙의 자유를 주시고, 구속의 충만한 은혜를 받게 하여 주시옵소서. 북한의 독재체제가 무너지고 민주화의 물결이 나부끼는 날을 허락하시어 예배를 갈망하는 형제들이 마음껏 찬송하고 하나님의 말씀에 귀 기울이는 감격의 날을 하루 속히 허락하여 주옵소서.

이 시간 말씀을 증거하는 목사님과 함께하셔서 저희들이 이 시간 신령하고 단단한 영적인 밥을 사모하여 나왔사오니 한 주간 이 세상에서 살아갈 넉넉한 영혼의 양식을 얻게 하시고, 우리의 심령이 하나님의 말씀에 힘입어 세상을 이길 수 있는 복을 허락하여 주옵소서. 사랑이 많으신 예수님의 이름으로 간절히 기도하옵나이다. 아멘.

6월 _첫째주

주일 낮예배 대표기도문 3

사랑과 은혜가 충만하신 하나님!
하나님께 영광과 찬송을 올려 드립니다. 부족한 우리를 하나님의 거룩한 존전에 나아오게 하시며 하나님께 영광을 드리게 하시오니 감사합니다. 이 예배가 향기 넘치는 산 제사가 되어 하나님이 기뻐 받으시는 헌신이 되게 하시고, 예비하신 은혜를 넘치도록 받는 날이 되게 하여 주시옵소서.

긍휼의 하나님! 이 시간 하나님 없이도 살아가려 했던 교만을 주님께 고백합니다. 하나님 앞에서 잃어버린 시간을 용서받게 하시고 저희의 죄를 담당하신 주님의 은혜를 바라보는 심령을 새롭게 하여 주옵소서. 오늘도 많은 삶의 문제를 가지고 나온 성도들을 보시고, 찬양 중에 기도 중에 주의 말씀을 듣는 중에 해결 받게 하여 주옵소서. 시냇가에 심겨진 나무가 부족함이 없듯이 저희의 삶에 풍성함을 더하시고 지나친 욕심 때문에 주님의 말씀에 따르지 못하는 저희들이 되지 않도록 도와주옵소서.

고마우신 하나님! 이 시간 원하옵기는 우리 서로가 사랑할 수 있게 하여 주옵소서. 새롭게 하시고 화목시켜 주기를 원하시는 주님께서 저희에게 은혜를 베푸시고 삶에 기적을 베풀어 주셔서, 주님께서 인도하시는 삶의 만족과 풍성함 속에서 주님의 이름에 영광 돌리는 삶이 되게 하여 주옵소서. 무슨 일을 하든지 믿음으로 할 수 있게 하시고, 사랑의 수고와 봉사도 할 수 있는 거룩한 자녀가 되게 하여 주옵소서.

주님, 성령의 감동하심이 넘쳐나는 교회 공동체가 되게 하시고, 보혈의 능력을 의지함으로 십자가만 붙잡고 살 수 있는 살아 있는 성도들이 되게 하여 주옵소서. 가정들마다 주님의 책망을 받는 일이 없게 하시고, 빛 되신 주님을 좇아 삶으로 주님의 아름다운 덕을 선전하는 복된 가정이 되게 하여 주옵소서.

하나님, 이 땅의 모든 가난한 심령들을 돌아보사 저희들에게 안식과 평안을 주시기를 원합니다. 우리에게 성도의 사명을 위하여 그들을 돌아보게 하시며 우리로 그들에게 구원의 복음을 증거하게 하심으로 저들의 영혼이 진정한 안식을 얻도록 축복하여 주옵소서.
어렵고 힘든 이때에 자신의 몸을 아끼지 않고 죽도록 충성하는 일꾼들에게 주님께서 크신 축복으로 갚아 주옵소서.

이 시간 말씀 전하시는 목사님을 성령님의 능력으로 붙드시고, 주님의 권세 있는 말씀이 선포될 때마다 성령의 역사가 놀랍게 나타나는 은혜 충만한 시간이 되게 하옵소서. 죄로 물든 저희를 십자가의 보혈로 씻기신 예수님의 이름으로 간절히 기도하옵나이다. 아멘.

6월 _첫째주

주일 오후(저녁)예배 대표기도문

우리의 예배를 기뻐하시는 하나님!
저희와 항상 함께하신 은혜에 감사합니다. 하나님의 은혜로 성소에 있게 하심을 감사합니다. 우리의 찬송과 영광을 영원히 받으시옵소서.

함께 일하시는 하나님! 저희의 독선과 교만을 용서하여 주시기를 원합니다. 주님은 하나되기를 원하시고 친히 본을 보여 주시었건만, 저희는 내 주장만을 내세우며 고집하고 까다로움을 부렸습니다. 주님, 용서를 구하오니 이 교만한 죄를 사하여 주시옵소서.

하나님, 이 시간 저희의 예배를 받으시고 영원한 화평을 저희에게 주시어, 저희 모두가 영화와 기쁨을 누리게 하여 주시옵소서. 예배드리는 각 심령마다 성령님이 임하셔서 풍성한 은혜를 베풀어 주시며, 갈급한 목을 축여 주시고, 새 사람으로 살아가는 데 큰 힘이 되게 하옵소서. 병든 자에게는 치료의 광선을 비춰 주시고, 믿음이 없어 실족한 자에게는 성령의 감동 감화로 구원의 확신을 주옵소서. 말씀과 기도로 어두운 곳에 빛을 발하는 빛의 자녀들이 되게 하여 주옵소서. 성부, 성자, 성령께서 함께하심 같이 저희도 믿음, 소망, 사랑으로 하나되어 주님 앞에 나아가게 하여 주옵소서.

하나님, 우리가 때때로 실족할지라도 주님이 주시는 소망으로 우리의 연약함을 이길 수 있는 힘을 주시기를 원합니다. 우리에게 주님이 주시는 소망의 기쁨으로 주님께서 원하시는 길을 걷도록 축복해 주시기를 원합니다. 우리에게 산 소망을 허락하여 주옵소서.
하나님, 우리의 가정가정을 주님이 친히 붙드시고 앞길을 알 수 없는 이 세대 속에서 평안을 잃지 않도록 축복하여 주시기를 원합니다.

거룩하신 주님! 우리가 주님이 주시는 귀한 기쁨을 주님의 아픔이신 믿지 않는 영혼들과 나눌 수 있는 기회를 허락하심으로 주님의 나라가 더욱 확장되는 복을 허락하여 주옵소서. 우리에게 오신 기쁨의 주님을 증거할 때마다 성령의 역사하심으로 동행하여 주시기를 원합니다. 주님, 우리가 삶을 돌아보고 주님의 동행하심에 늘 감사하며 순종할 수 있도록 축복하여 주옵소서.

이 시간 단 위에 세우신 목사님을 붙들어 주셔서 말씀이 증거될 때 저희들의 삶이 변화되게 하시고 승리하는 예배가 되게 하옵소서. 이 모든 말씀을 저희를 죄에서 구원하신 예수님의 이름으로 간절히 기도하옵나이다. 아멘.

6월 _첫째주

주중(삼일·금요)예배 대표기도문

거룩하신 주님!
지난 삼일 동안에도 우리를 보호해 주셨다가 다시 만민의 기도하는 집으로 와서 엎드려 기도하게 하시니 감사합니다. 이 예배를 통하여 영광을 받으시되 하나님의 이름이 거룩히 여김을 받으시고 하나님의 나라가 건설되며 하나님의 뜻이 이 땅에서 기도하는 저희들을 통해서 이루어지게 하옵소서.
우리는 하나님 기뻐하시는 대로 살아가지 못할 때가 너무 많음을 고백합니다. 이런 허물들을 예수 그리스도의 보혈로 소멸하여 주시고, 날마다 새로워지고 변화되도록 도와주옵소서.

하나님, 믿음이 적은 우리에게 참 믿음을 주시기를 원합니다. 말씀 위에 굳게 세워 주시고, 믿음의 주요 온전케 하시는 이인 주님을 바라보게 하여 주옵소서. 여호수아같이 항상 큰 믿음을 구하게 하시고, 하나님을 온전히 믿는 믿음을 통하여 응답받는 복된 주의 백성으로 삼아 주옵소서.
하나님, 이 시간에도 선민이 받은 특별한 은혜를 내려 주옵소서. 주님의 능력과 자비로 우리들을 회복시켜 주시고, 주님을 향한 우리의 사랑이 용광로처럼 끓어오르게 하옵소서. 주님께서 빛 가운데 거하시는 것처럼 우리도 빛 가운데 있게 하시고, 우리들 심령 속에 그리스도의 품성을 깊이 심어 주옵소서.

사랑의 주님! 우리의 이웃을 돌아보기 원합니다. 무엇보다 이웃에게 예수님을 증거하기를 원합니다. 그들에게도 복음의 능력이 나타나 그들의 삶에 하나님께서 임재하시는 것을 볼 수 있게 하시고, 이 일을 위해 우리가 더욱 힘써 기도하게 하옵소서.
주님의 몸 된 교회를 위하여 몸을 드려 충성하는 손길들을 기억하시고, 저희들 수고를 통해서 온 교회가 성령이 충만해지고 주님의 크신 영광이 드러나게 하시고, 믿음의 아름다운 열매가 알알이 맺혀지는 기쁨의 역사가 있게 하시옵소서.

오늘 우리가 기도회로 모였사오니 주님이 기뻐 받으시는 향기로운 기도를 드릴 수 있도록 인도하여 주시고, 이 시대를 향한 주님의 음성을 우리가 알 수 있도록 지혜를 더하여 주옵소서. 저희가 주의 전에 나아와 주님 앞에 드리는 이 예배에 친히 임재하시며 찬양대가 드리는 찬양을 하늘에서 들으시고 하나님의 영광이 드러나게 하시며 저희가 그 영광 가운데서 기뻐할 수 있게 하옵소서.

이제 말씀을 전하시는 목사님을 영육 간에 강건케 하시고 이 시간 능력의 말씀이 우리의 마음판에 잘 새겨져 삶의 지표가 되게 하옵소서. 생명의 근원 되시는 우리 주 예수 그리스도의 이름으로 간절히 기도하옵나이다. 아멘.

6월 _둘째주

주일 낮예배 대표기도문 1

인류의 주인되시는 하나님!
이 시간 감사와 찬양과 영광을 돌립니다. 주님의 날을 맞이하여 부족한 저희들이지만 주님께 기쁨으로 나아오게 하시니 감사합니다. 주님, 우리의 예배를 기쁘게 받아 주옵소서.

우리가 지난 일주일을 어떻게 살았는지를 되돌아 봅니다. 저희들은 날마다 주님의 사랑과 가르침을 준행하기보다는 육신의 정욕대로 우리의 판단대로 살아온 저희들임을 고백합니다. 이 시간 주님의 은총을 의지하고 나왔사오니 주님의 보혈로 성결하게 하시고 성령의 기름으로 새롭게 하여 주옵소서.

사랑의 주님! 함께 모여 예배하는 성도들을 축복하시고, 생명의 주님이신 예수님을 사랑하여 복되게 하여 주옵소서. 영원토록 주님으로 즐거워하는 복을 누리는 저희들 되게 하여 주옵소서. 주님을 사랑하고 계명을 지키는 자에게 언약을 지키시고 그에게 인자를 베푸시는 하나님을 알게 하여 주옵소서. 하나님의 마음에 합한 사람이 되어 세상의 기쁨보다 하나님의 기쁨이 되게 하여 주옵소서.

생명의 주관자되시는 하나님! 주님은 말씀하시기를 진정 우리를 자유하게 할 수 있는 것은 하나님의 말씀이라고 하셨습니다.

이 시간 하나님의 말씀을 부어 주옵소서. 그래서 우리의 삶이 시냇가에 심겨진 나무처럼 사시사철 푸르게 하시고, 철따라 열매를 맺게 하시며, 이 시간 성령을 부으셔서 불길처럼 타오르게 하옵소서. 그래서 하나님이 원하시는 삶, 하나님과 인간 사이에 가로막힌 담을 헐고 우리 공동체 속에서 서로 용서하고 서로 사랑하며 살아갈 수 있는 길을 허락하옵시고, 성도의 빛과 향기를 발하는 삶이 이어지게 하여 주옵소서.

하나님, 두려움에 사로잡혔던 마리아가 부활하신 예수님을 만나고 기뻐하였던 것 같이 이 시간 우리에게도 기쁨과 소망을 주시옵소서. 세 번이나 주님을 부인한 베드로가 부활하신 예수님을 만나고 성령의 충만함을 받았을 때 사명을 되찾았던 것처럼 저희들에게도 성령 충만함을 허락하셔서 능력있는 사명자들이 다 되게 하여 주시옵소서.

이 시간 말씀을 전하여 주실 목사님을 기억하시고, 성령의 능력으로 함께해 주옵소서. 선포하시는 말씀을 능력있게 하셔서 성령의 권능을 쏟아내는 말씀이 되게 하시고, 저희 모두가 말씀을 경청할 때에 복의 근원이 되시는 주님을 다시 한번 만나는 시간이 되게 하여 주옵소서. 우리의 작은 신음에도 응답하시는 신실하신 예수 그리스도의 이름으로 간절히 기도하옵나이다. 아멘.

6월 _둘째주

주일 낮예배 대표기도문 2

고마우신 하나님!
지난 일주일을 건강하게 지내게 하시고 오늘 거룩한 날 약속한 축복을 기다리며 예배드리도록 인도하심을 감사드리옵나이다. 이 시간 저희로 진실한 예배와 기도를 드리게 하시고, 오직 주님께 영광 돌리는 아름다움이 있게 하옵소서.
돌이켜 보건대, 한 주간 동안 주님의 사랑 안에 있으면서도 사랑을 실천하지 못했고, 말씀 안에서 바르게 살지 못했으며, 주님의 분부하신 명령을 힘써 지키려고 하지 않았음을 고백하오니 긍휼을 베푸사 십자가의 사랑으로 용서하여 주옵소서.

은혜의 주님! 이 예배를 통하여 삶의 새로운 변화가 일어나게 하여 주옵소서. 이기주의와 탐욕에 젖어살던 길에서 돌이키게 하시고, 그리스도만이 삶의 중심이요 목적이 되게 하여 주옵소서. 또한 믿음의 일이라면 주저않고 할 수 있게 성령의 능력을 입혀 주시고, 사랑의 수고와 봉사도 몸을 드려 실행하며, 인내로써 소망을 이루어가는 거룩한 자녀가 되게 하여 주옵소서.

하나님, 저희의 마음에 담대한 믿음을 허락하셔서 오직 하나님의 영광을 위하여 세상을 이길 수 있는 믿음을 더하여 주시옵소서. 주님, 열흘이면 들어갈 수 있는 가나안을 40년 동안이나 광야에서 방황했던 이스라엘 백성들처럼 세상에서 방황하는 일이 없게 하시고 주님의 인도하심을 따라 행함으로 주님께서 주시는 가나안에서 큰 복을 누리게 하여 주옵소서.

거룩하신 하나님! 지금 육체적으로 정신적으로 또는 여러 가지 문제들로 고통을 당하는 성도들이 있습니다. 저희들의 일거수일투족을 눈동자 같이 지키시는 성령께서 각 심령마다 충만하게 임하시사, 모든 고통에서 자유함을 얻게 하시고 주님을 기쁨으로 찬양할 수 있는 삶이 되게 하여 주옵소서.

예배를 위하여 헌신하는 손길들이 있습니다. 주님, 저들의 손길을 더욱 공교히 하심으로 하나님의 영광이 더욱더 높이 드러나게 하시고 저희의 심령이 온전한 충성으로 결단할 수 있도록 믿음을 더하여 주시되 하나님을 경외하며 예배를 섬기는 것으로 인하여 형통케 되는 복을 허락하여 주옵소서.

이 시간 하나님 말씀의 대언자로 세우신 사랑하는 목사님을 통해 말씀이 선포되어질 때에 저희의 귀를 열어 주셔서 하늘의 은혜를 깨닫는 복된 시간이 되게 하여 주시고 말씀에 순종할 수 있게 하여 주옵소서. 성가대의 찬양을 열납하여 주시고 찬양의 그 한 마디 한 마디가 우리 모두의 고백이 되게 하여 주시옵소서. 화평의 왕되신 예수님의 이름으로 간절히 기도하옵나이다. 아멘.

6월 _둘째주

주일 낮예배 대표기도문 3

영원토록 거룩하신 하나님!
우리를 사랑하사 믿음으로 구원을 얻게 하시고 택하여 하나님의 자녀가 되게 하시고 주님의 거룩한 전으로 나아와 예배를 드리게 하시니 감사합니다. 이 시간 신령과 진정으로 예배드리기를 원하오니 우리의 마음을 주님께서 친히 주장하여 주옵소서.
지난 한 주간도 저희들 마음과 뜻을 다하여 주님을 섬기지 못했음을 고백합니다. 주님께서 우리를 사랑하신 것 같이 서로 사랑하지 못했던 것을 겸손히 고백합니다. 우리를 긍휼히 여기시고 용서하여 주옵시고, 참회하는 심령 속에 주님의 모습을 찾을 수 있도록 축복하여 주옵소서.

하나님, 우리로 하여금 천하보다 귀한 존재로 지어 주셨사오니 우리들의 품성과 행하는 일들이 아름다움으로 주님 영광 높이며 살아가게 하여 주옵소서. 험악한 세상 중에 권세가 요동쳐 황량한 길을 걷는다 하더라도 우리들의 믿음이 성령의 인도하심을 받아 승리하는 저희들 되게 하여 주옵소서. 주님만이 우리들의 삶의 길이요 진리요 생명이오니 모든 일에 매 순간 전적으로 주님을 신뢰함으로 승리하는 삶이 되게 하여 주옵소서.

사랑의 주님! 우리 삶 속에 성령의 역사하심으로 함께 하지 아니하시면 저희는 삶의 변화와 성장과 발전을 기대할 수 없나이다. 성령으로 역사하시고 인도하셔서 더욱 새로운 삶이 될 수 있도록 인도하여 주옵소서.

무엇보다도 자기를 비워 종의 형체를 가져 사람과 같이 되셔서 십자가에 달리시기까지 인간을 사랑하신 주님을 본받게 하시고, 항상 자신을 순종시키며 아버지의 뜻을 따름으로 하나됨을 실천하신 예수님을 본받아 주님과 하나가 되게 하시고, 성도들과 온전히 연합할 수 있게 하옵소서. 주님의 십자가의 사랑을 본받아 하나님의 사랑을 세상에 드러낼 수 있는 우리가 되게 하여 주옵소서.

우리에게 오신 기쁨의 주님을 증거할 때마다 성령의 역사하심으로 동행하여 주시기를 원합니다. 주님, 우리가 삶을 돌아보고 주님의 동행하심에 늘 감사하며 순종할 수 있도록 축복하여 주옵소서.

주님, 이 나라의 경제를 붙들어 주옵소서. 흔들리는 경제로 인하여 쓰러지는 심령이 없게 하시며, 가정마다 생계의 수단이 막히지 않도록 축복하여 주옵시고 물질의 축복을 허락하여 주옵소서. 저들을 긍휼히 여기시기를 간구하오니 우리의 기도를 들어 응답하여 주옵소서.

이 시간 말씀을 전하실 목사님과 함께하셔서 말씀을 선포하실 때 그 말씀이 우리의 주린 영혼을 살찌게 하시고, 새 힘을 얻게 하옵소서. 우리를 구원하신 예수님의 이름으로 기도하옵나이다. 아멘.

6월 _둘째주

주일 오후(저녁)예배 대표기도문

사랑이 풍성하신 하나님!
자연이 아름다움과 성장을 더해가는 이 계절에 저희를 이 전에 불러 주셔서 주님을 향하여 마음 문을 열고 주님의 음성에 귀를 기울일 수 있도록 사랑을 베푸시니 감사드립니다. 이 시간 강과 같은 평화로 채우시고 저희의 드리는 예배가 단순하고 습관적인 행위가 되지 않게 하시옵고, 의와 진리로 지으심을 받은 새 사람을 입게 되는 변화를 이루게 하시옵소서.

한 주간 동안 거듭 되풀이 되는 죄악된 습관을 멀리하며 견고한 믿음 위에 서기를 원하였지만, 또 다시 쉽게 넘어지고 만 저희들입니다. 믿음 없는 생활을 반복해 왔던 저희들의 죄를 용서하여 주시옵소서.

하나님, 저희들에게 든든한 믿음, 새로운 믿음의 소유자들이 되게 하여 주시옵소서. 이제 성부, 성자, 성령으로 역사하시는 하나님을 저희가 깨닫고, 진리 위에 바로 서서 승리하는 생활을 하게 하시며, 이를 바로 알지 못해 삐뚤어져 있는 영혼들도 흔들어 바로 인도할 수 있는 저희들 되게 하여 주시옵소서.

하나님, 근심 걱정으로 상하고 다친 영혼이 있다면 주님께서 그 마음을 치유해 주옵소서. 가난한 심령으로 예배드릴 때 진리의 성령께서 함께해 주옵소서. 오직 주님만 믿고 의지하는 모든 권속들이 주님 주시는 평안과 기쁨으로 충만하길 간절히 기도합니다. 어렵고 힘든 시기를 지나고 있는 우리 교회 성도들을 붙잡아 주시고, 세상의 풍조에 따라 살지 않고 오직 전능하신 하나님의 말씀만을 의지하며 고난 중에도 소망을 잃지 않게 하옵소서.

은혜의 주님! 가난한 자, 병든 자, 소외된 자를 품어 주시고 그 영혼을 사랑하신 주님의 성품을 우리도 닮기 원합니다. 저희가 성도의 신분에 걸맞은 인격으로 변화되어 바른 행동, 거룩한 생활, 순종의 생활을 할 수 있도록 주님 도와주옵소서. 우리를 성령의 능력으로 무장시켜 주시어 새 힘과 소망을 가지고 모든 불의와 악을 능히 물리칠 수 있는 반석 같은 믿음을 갖게 하여 주옵소서.
하나님, 경제가 어렵다 보니 일자리도 흔들리고 있습니다. 가정마다 어려움과 고통을 당하지 않도록 물질의 통로를 열어 주시옵고, 물질 때문에 괴로움 당하는 가정들이 없도록 인도하여 주시옵소서.

이 시간 목사님을 통하여 전하여지는 말씀을 듣고자 합니다. 우리의 아픈 심령과 답답한 마음들이 말씀으로 말끔히 씻기는 생수와 같은 말씀이 되게 하시고, 육신의 상처와 고통까지도 치유되는 귀한 역사가 있게 하여 주옵소서. 생명의 근원되신 예수님의 이름으로 간절히 기도하옵나이다. 아멘.

6월 _둘째주

주중(삼일·금요)예배 대표기도문

사랑과 은혜의 주님!
주님을 찬양하게 하시니 감사드립니다. 이 시간 주님이 기뻐 받으시는 향기로운 기도회가 될 수 있도록 인도하시고, 주의 은혜와 사랑으로 저희 심령이 풍성해지고 충만케 하여 주시옵소서. 기도회를 갖는 한 시간 동안 세상적인 걱정이나 근심은 모두 사라지게 하시고, 온전히 기도에 취할 수 있는 복된 시간이 되게 하시옵소서.

자비로우신 주님! 삼일 동안의 삶이었지만 우리의 약함을 도와주시고 이끌어 주시는 성령의 인도함 속에서도 쾌락을 사랑하기를 즐기며 이생의 안목과 정욕을 쫓아 살기를 즐겨했던 저희들을 긍휼히 여기시고 용서하여 주시기를 원합니다. 더 이상 성령을 탄식하게 하는 죄악된 일들을 하지 않도록 저희들의 부족한 심령을 성령의 능력으로 사로잡아 주시고 주님의 손에 붙잡혀 경건하고 거룩한 삶을 살 수 있는 저희들이 되게 하여 주옵소서.

하나님, 성도들을 위하여 기도하오니 주님을 그리워하는 심령들이 되게 하여 주옵소서. 거룩한 빛을 비출 수 있는 성령의 사람들이 되게 하시옵고, 어디서나 주님의 인격으로 변화된 모습이 현저히 보여지는 일꾼들이 되게 하여 주옵소서. 오늘도 주님의 생명의 말씀이 그리워 갈급한 심령으로 주님의 전을 찾았사오니 복되고 은혜로운 말씀에 온몸이 잠기고 기쁨으로 헤엄칠 수 있는 신령한 시간이 되게 하여 주옵소서.

소망의 주님! 현실의 벽에 부딪혀 끝없이 추락하고 있는 저희들을 불쌍히 여겨 주시옵소서. 진리의 빛을 비춰 주시사, 약할 때 강하게 될 수 있는 지혜를 얻게 하시고 생활은 좀 어렵더라도 마음의 풍성함으로 소망이 넘치고 기쁨이 충만케 하셔서, 주를 모시고 사는 자의 표상을 보여 줄 수 있도록 하시옵소서.

하나님, 교회의 지체된 저희들 모두 세상과 성별된 것에만 감사하며 만족할 것이 아니라 그들을 생명이신 주님 앞으로 건져낼 수 있는 구명자의 역할을 감당할 수 있도록 지혜를 주시기 원합니다.

저희들이 성도의 귀한 본을 보이게 하시고, 저희들의 삶이 주님께 드려지는 귀한 예배가 될 수 있도록 축복하여 주옵소서. 입술로 날마다 감사와 찬양이 끊이지 않는 귀한 영혼이 되게 하여 주옵소서. 우리의 삶 가운데 친히 운행하시는 주님을 고백합니다. 우리로 하나님의 선한 계획에 쓰임 받을 수 있도록 축복하여 주옵소서.

이 시간 단 위에 서신 목사님을 붙들어 주셔서 주님의 말씀을 선포하실 때 모든 심령이 영으로 깨달아 삶이 변화되게 하여 주옵소서. 우리를 사망의 권세에서 구원하신 예수님의 이름으로 간절히 기도하옵나이다. 아멘.

6월 _셋째주

주일 낮예배 대표기도문 1

영원하신 하나님!
저희의 삶이 다하는 그 날까지 주님의 거룩하신 이름을 드높이는 자녀로 살게 하시니 감사드립니다. 오늘도 저희에게 예배드릴 기회를 주셨사오니 이 감격스러운 일이 저희 평생에 지속적으로 이어지게 하시고 영원을 기약하는 계기가 될 수 있도록 인도하여 주시옵소서.

자비하신 하나님! 오늘도 저희들의 모습은 세상의 욕심과 생각을 그대로 가지고 나왔음을 발견합니다. 주님의 엄청난 은혜와 자비로 용서받고 살아온 저희들이 다시 한번 주님께 죄를 자백하며 회개하오니, 저희들을 불쌍히 여기사 용서하여 주시옵소서. 주님, 저희 혀에는 찬양이 가득 차게 하시고, 주님을 찬송하는 일이 끊어지지 않게 하시며, 주님의 이름을 찬미하게 하여 주옵소서. 저희로 하나님을 찬양하는 삶이 되게 하시고, 저희의 삶 속에서 하나님의 살아 역사하심을 날마다 발견할 수 있도록 축복하여 주옵소서.

은혜의 주님! 살면서 수많은 고비를 지날 때마다 하나님이 기뻐하시는 의의 길을 우리에게 가르쳐 주시고, 늘 정직한 길을 택하도록 도와주옵소서. 하나님이 함께하시면 언제나 승리할 수 있다는 믿음 위에 굳게 서서 하나님의 마음을 시원케 해 드리게 하여 주옵소서.
저희 가족 중에 아직도 주님을 영접하지 못하고 죄악 속에서 사는 형제자매들이 있사옵나이다. 이 시간 저희들이 한마음으로 기도하오니 저희 성도들의 모든 가족들이 하나님을 영접하여 영생을 얻게 하시고, 가정마다 구원의 방주가 되는 놀라운 은총을 내려 주옵소서.

주님의 몸 된 교회를 위해서 기도드립니다. 주님의 크신 뜻과 계획이 계셔서 이곳에 교회를 세워 주셨사오니 이 교회를 통하여 이 지역이 복음화 되게 하시고, 주님의 뜨거운 사랑을 나타낼 수 있는 사랑의 교회가 되게 하여 주옵소서. 우리 교회가 부흥 되어 이 지역에서 빛과 소금의 사명을 잘 감당함으로써 작은 천국이 되게 하여 주옵소서. 물에 빠져 허우적대는 불쌍한 영혼들을 향해 구원의 줄을 드리우게 하옵소서.

이 시간 주님의 말씀을 선포하시는 목사님을 도우셔서 우리를 향하신 하나님의 뜻을 바로 깨닫는 은혜의 시간이 되게 하여 주옵소서. 주님의 몸 된 교회를 위하여 몸을 드려 헌신하는 이들이 있습니다. 저들이 힘을 다하여 충성할 때에 주님의 음성을 듣게 하시고, 주님이 책임져 주시는 강건한 삶이 되게 하여 주옵소서. 우리를 신실한 증인으로 삼으신 예수님의 이름으로 간절히 기도하옵나이다. 아멘.

6월 _셋째주

주일 낮예배 대표기도문 2

언제나 저희와 함께 계시는 주님!
우리를 세상에서 눈동자처럼 보호하시다가 거룩한 주일에 하나님의 전으로 불러주신 은혜에 감사합니다. 오늘도 주님의 날을 맞이하여 주님 앞에 왔사오니 저희 예배를 받아 주시옵소서. 주님, 아직도 헛된 것을 좇아 헤매는 저희들을 꾸짖어 주시옵고, 주님의 손으로 선택하신 것들로 바꾸어 잡게 하시옵소서. 또한 부족하고 무지한 저희들의 영안을 밝게 하시사 주님의 말씀을 밝히 보게 하시고, 오묘하신 뜻을 깨달아 죽도록 충성하고 순종하는 저희들이 되게 하여 주시옵소서. 주님의 말씀이라면 무엇이라도 순종하고 행할 수 있는 산 믿음의 소유자들이 되게 하여 주옵소서.

주님에 대한 사랑 때문에 주님을 섬기며, 그 사랑 때문에 주님께 예배를 드리며 그 사랑 때문에 말씀에 순종하기를 원합니다. 그러나 주님을 닮지 못하고 경건의 모습만 흉내내는 연약한 저희들을 긍휼히 여겨 주시옵소서. 그리스도의 생명으로 저희 속을 채워 주시기를 원하여 저희의 빈 그릇으로 드립니다. 진리의 말씀으로 저희들을 충만하게 채워 주시옵소서.

주님, 바라기는 저희 모두가 주님의 사랑을 본받아 실천할 수 있는 사랑의 종들이 되게 하여 주옵소서. 말씀의 진리로 날마다 바르게 성장하게 하시며, 주님이 분부하신 전도와 선교도 힘을 다하여 실천할 수 있는 저희들이 되게 하여 주시옵소서. 또한 믿음의 일이라면 주저하지 않고 할 수 있게 성령의 능력을 입혀 주시고 사랑의 수고와 봉사도 몸을 드려 실행하며, 인내로써 소망을 이루어가는 거룩한 자녀가 되게 하옵소서.

전능하신 하나님! 이 나라와 민족을 불쌍히 여기사 축복해 주시고 지켜 주시옵소서. 먼저 이 나라와 백성이 하나님을 경외하며 하나님의 말씀을 두려워하게 하시고 주님 안에서 기초를 든든하게 하시옵소서. 고난과 역경만을 거듭해 온 이 역사를 주님께서 주관하셔서 다시는 이 땅에 고난이 없게 하시고 분쟁이 없게 하시며, 남과 북으로 갈라진 이 땅은 하루 빨리 통일시켜 주셔서 이 민족에게 응어리진 한을 풀어 주시옵소서. 착취와 억압의 어두움 속에서 신음하는 북한 동포들을 주님께서 위로해 주시고 믿는 저희들로 하여금 주님께 기도하며 간구하게 도와주옵소서.

이 시간 목사님을 통하여 주님의 음성 듣기를 원합니다. 그 말씀이 우리 발의 등불이 되게 하시고 심령과 골수는 쪼개어 온전한 순종의 사람으로 세워 주시옵소서. 우리를 사랑하신 예수님의 이름으로 간절히 기도하옵나이다. 아멘.

6월 _셋째주

주일 낮예배 대표기도문 3

전능하신 하나님!
저희를 창조하시고 구원을 베푸시며 권능으로 도우시는 크신 역사에 감사합니다. 이 시간 저희의 예배를 받으시고 영원한 화평을 저희에게 주시어 저희 모두가 화평과 기쁨을 누리게 하여 주시옵소서. 오늘 저희들이 십자가의 공로를 의지하여 이 전으로 나왔지만 저희의 모습은 아름답지 못한 것들로 가득 차 있음을 고백합니다. 내 주장만을 내세워 주님의 뜻을 찾으려 하지 않는 저희를 긍휼히 여겨 주시고, 저희 죄를 용서하여 주시옵소서.

오늘 거룩한 주일에 주 아버지 앞에 나와 예배하오니, 구하는 이들에게 가장 좋은 것으로 채워 주시고 찾는 자들에게 응답하시며 두드리는 이에게 열려지는 복된 예배가 되게 하옵소서. 우리의 예배가 진정으로 하나님께 드려지는 영적인 예배가 되게 하여 주시옵소서. 어떠한 환경에서도 실족하지 않게 하시고 주 하나님만 바라봄으로 날마다 구원을 체험하게 하여 주옵소서.

주님 앞에 설 때마다 우리의 모습이 정직하게 하시고, 성전을 나설 때 믿음의 갑옷을 입고 나가게 하옵소서. 옛사람의 습성을 끊게 하시고, 주님의 성품을 닮아가며, 하나님의 형상을 회복하게 하옵소서. 우리를 미워하고 핍박하는 자도 사랑하라고 하셨으니, 사랑의 아버지의 온전하심을 닮게 하옵소서. 모든 것을 참으며 모든 것을 믿으며, 모든 것을 바라며, 견디는 사랑의 힘을 주옵소서. 그리하여 우리의 삶에서도 늘 향기로운 찬양의 제사가 있게 하여 주옵소서.

은혜의 하나님! 이 시간 하나님의 섭리하심을 고백하게 하여 주시고 사람이나 세상의 어떤 것으로도 자신의 문제를 해결할 수 없음을 고백하오니 오직 하나님을 저희의 구원자로 바라보게 하시고 저희 해답을 하나님께만 구하게 인도하여 주시옵소서.

이 시간 저희 모두 성령 충만한 사람이 되어 불신앙과 육신의 정욕들을 이겨내는 하나님의 능력있는 자녀로 살아갈 수 있도록 복을 허락하여 주옵소서. 우리가 세상에서 주님의 증인으로 충성되게 하시고, 우리가 주님의 손과 발이 되어 세상을 변화시키는 역사가 일어날 수 있도록 축복으로 함께 해 주시기를 원합니다.

이 시간 세워 주신 목사님을 통해 주시는 말씀이 우리를 깨우치고 살리고 풍성하게 하는 영의 양식이 되게 하옵소서. 우리에게 섬김의 본을 친히 보여주신 예수님의 이름으로 간절히 기도하옵나이다. 아멘.

6월 _셋째주

주일 오후(저녁)예배 대표기도문

거룩하고 자비로우신 하나님!
거룩한 주일을 맞아 주님의 은혜와 사랑을 기억하며 주님 앞에 예배드릴 수 있도록 인도하여 주시니 감사드립니다. 이 시간 삼위일체되시는 하나님께 드리는 예배가 향기 넘치는 산 제사가 되게 하여 주옵소서. 주께서 기뻐 받으시는 헌신이 되게 하시며, 예비하신 은혜를 넘치도록 받는 시간이 되게 하여 주옵소서.

새롭게 하시는 주님! 저희들은 근심 많고 유혹 많은 세상에 살면서 주님의 자녀이면서도 주님의 이름을 제대로 부르지 못했던 바보였습니다. 부끄러운 마음으로 주님의 십자가 보혈을 의지하여 이 시간 모였사오니, 못난 저희들의 모습을 용서하여 주시옵고 긍휼을 베풀어 주시옵소서.

오늘 저희가 예배할 때 주님의 교훈을 가르쳐 주시옵소서. 하늘나라에 소망을 두도록 진리로 저희를 세워 주시기를 원합니다. 말씀으로 하나님께 소망을 두게 하옵시고, 주님의 자녀인 저희로 하여금 영원하신 하나님께 소망을 두게 하시옵소서. 선조들과 함께하셨던 주님의 팔이 저희에게도 나타나셔서 범사에 보호하여 주시옵소서.

저희에게 하나님을 알고자 하는 소원을 품게 하시고, 하나님을 경험하는 믿음을 갖게 하옵소서. 주님의 은혜를 베푸시어 참된 것을 알게 하시고, 참된 것을 사랑하게 하시며, 주님을 가장 즐겁게 해 드리는 삶을 살게 하옵소서. 하나님이 기뻐하시는 믿음의 사람이 되게 하시고, 날마다 저희의 믿음이 더욱 강하게 하여 주옵소서.

은혜의 주님! 주님의 말씀을 일용할 양식 삼아 살게 하옵시고, 기도의 호흡을 중단치 않게 하옵소서. 그리하여 이웃을 위한 참된 사랑의 봉사자로 살면서 주님의 복음을 말로 몸으로 생활로 전할 수 있게 하여 주옵소서.

하나님, 이 시간 주님 앞에 나와야 할 주님의 자녀들이 다 나오지 못했습니다. 어떤 형편과 처지에 있는지 알지 못하오나 저희에게 주님의 날을 귀하게 여길 수 있는 믿음을 주시고 하나님을 예배하는 일을 삶의 최우선 순위에 둘 수 있게 해 주옵소서. 이 자리를 사모하지만 나올 수 없는 어려운 처지에 있는 자들의 심령을 위로하시고 각각 처한 자리에서 하나님을 예배하게 하옵소서.

이 시간 말씀을 전하실 목사님과 함께하시어 말씀 안에서 하나가 되게 하옵소서. 말씀의 능력의 옷을 입혀 주시고 그의 입으로 나오는 말씀이 우리에게 생명수가 되게 하옵소서. 이 모든 말씀을 우리를 구속하신 예수님의 이름으로 간절히 기도하옵나이다. 아멘.

6월 _셋째주

주중(삼일·금요)예배 대표기도문

진리의 길을 보여주시는 하나님!
주님의 영원하신 나라를 기대하며 기도회로 모이게 하신 은혜에 감사합니다. 이 시간 우리의 모든 삶을 전폭적으로 드리며 그 은혜에 감사하는 시간이 되게 하여 주옵소서.
주님이 우리를 사랑으로 인도하심에도 저희는 지난 삼일간 버려진 자들처럼 행동했음을 기억합니다. 우리의 낙심함을 용서하시고 기도로 승리하신 주님을 생각하게 하심으로 기도하게 하여 주옵소서. 구습을 쫓는 옛사람을 버리고 새 사람의 거룩한 옷을 입혀 주옵소서. 이전의 것은 지나가게 하시고 새것을 보게 하여 주옵소서. 그리하여 십자가의 신앙을 가진 자로 새롭게 살아갈 수 있도록 축복하여 주옵소서.

거룩하신 주님! 우리에게 성도의 직분을 감당할 수 있도록 주님의 성품을 닮아가게 하여 주옵소서. 하나님의 거룩하고 선별된 자녀가 되었으니 우리에게 성도의 품위를 지킬 수 있도록 축복하여 주옵소서. 우리가 세상을 힘으로 이기는 것이 아니라 하나님의 말씀으로, 하나님의 권세로, 하나님의 능력으로 이길 수 있도록 우리에게 강하고 담대한 믿음을 갖도록 축복하여 주옵소서.

다시금 저희를 성령의 능력으로 강하게 붙들어 주셔서 기쁨이 충만한 가운데 주님이 원하시는 길을 걷게 하시고, 새 생명을 위하여 자신을 내어 주신 주님의 피 묻은 십자가 사랑을 본받아 주님의 영광을 드러내고 주님의 뜻을 따라 살아갈 수 있는 저희들이 되게 인도하여 주시옵소서. 교회에 임하신 성령의 불길이 앞으로 계속 타오를 수 있도록 도우시고 저희의 심령이 온전한 변화를 이루게 하여 주시옵소서. 새로운 성령의 힘으로 삶의 멍에를 짊어지게 하시고, 늘 주님을 향한 뜨거운 고백이 넘치는 신앙생활이 되게 하여 주옵소서.

주님을 만날 만한 때에 세속에 눈이 어두워 분주하게 돌아다니는 성도들이 없게 하시고, 성령의 임재하심으로 주님이 맡겨주신 시대적 사명을 깨달아 충성을 다하고, 증인의 의무를 다하게 인도하여 주시옵소서.
주님의 몸 된 교회를 위하여 여러 모양으로 충성하는 일꾼들을 붙들어 주시고, 오직 주님이 기뻐하시는 것만 생각하며, 맡은 바 직분을 즐거움으로 감당하기를 원하는 심령마다 성령의 큰 은사와 능력으로 채워 주옵소서.

이 시간 우리에게 말씀 증거하실 목사님에게 권능을 주셔서 듣는 우리에게 큰 은혜가 되게 하옵소서. 강단을 통해 흐르는 생명의 강줄기가 우리 심령 하나하나를 적시게 하옵소서. 사랑이 많으신 예수 그리스도의 이름으로 간절히 기도하옵나이다. 아멘.

6월 _넷째주

주일 낮예배 대표기도문 1

영원하신 하나님!
우리에게 영원한 생명을 허락하신 은혜에 감사합니다. 저희의 삶에 풍성한 은혜로 함께하여 주시는 것을 감사드립니다. 오늘도 저희의 마음속에 변함없는 주님의 사랑을 경험하게 하시며, 이 감격을 간직하고 신령과 진정으로 예배드리게 하시옵소서.

위로의 주님! 이 시간 주님 앞에 고백합니다. 주님께서 우리를 사랑하여 주심같이 저희는 주님을 사랑하지 못하였고, 이웃과 민족을 사랑하지도 못했습니다. 주님, 저희들의 죄를 용서하여 주옵소서.
오늘 주님의 사랑하시는 백성들이 여기 있나이다. 우리를 만드시고 지으신 하나님께서 저들을 고치시고 싸매시고 만져 주시사 온전히 변화하게 하옵소서. 주님, 우리 마음에 성령을 부어 주시어 새로운 하나님의 사람으로 태어나게 하옵소서. 우리가 영혼의 주인을 만나 언제나 감격하고 감사하며 살게 하여 주옵소서. 주어진 삶의 터전에서 우리를 어두움에서 건져 내시고, 빛 가운데 감사와 열정으로 섬기게 하여 주옵소서.
하나님! 이 시간 찬송을 통해 신앙의 열매가 영글게 하시옵고, 말씀을 듣는 중에 심령의 귀가 열림으로써 하나님의 세미한 음성을 듣게 하옵소서. 죄로 가리워져 있는 심령에 영의 눈을 뜨게 하셔서 내 자신의 실존을 바로 보게 하여 주옵소서.

사랑의 주님! 생명있는 모든 것들이 향기를 발하고 성숙을 향하여 발돋움하고 있는 이때에 우리의 심령을 더욱 충만하게 하셔서 죄에 이끌리기보다는 굳센 믿음을 소유하기 위해서 더욱 발돋움하게 하여 주옵소서. 내게 능력 주시는 자 안에서 무엇이든 할 수 있다는 신앙으로 전진할 수 있게 하여 주옵소서. 낙심할 만한 일들이 많다고 하나 낙심하지 않게 하시고 주님의 능력을 의지하여 살아갈 수 있도록 축복하시고, 주님의 구속의 사랑을 이웃에게 전할 수 있는 저희들이 되게 인도하여 주시옵소서.

오늘도 주님의 전에 엎드린 심령 중에 마음의 평안을 잃어버린 성도가 있습니다. 주님 안에서 안식을 얻게 하시옵고, 상처받고 병고로 시달리는 성도가 있습니다. 주님이 친히 안수하여 주셔서 건강을 되찾고 주님 위해 죽도록 충성할 수 있는 일꾼이 되게 하여 주시옵소서.

오늘 제단에 세우신 주님의 종에게 성령의 두루마기를 입히시고 말씀을 능력있게 하셔서 우리의 심령을 새롭게 하시고 강건함을 주시며, 기쁨이 있는 생활로 인도하여 주옵소서. 우리 죄를 위해 십자가를 지신 우리 구주 예수 그리스도의 이름으로 간절히 기도하옵나이다. 아멘.

6월 _넷째주

주일 낮예배 대표기도문 2

은혜의 하나님!
우리의 죄악으로 죽어야 마땅한 우리를 주님의 사랑과 희생으로 생명을 주심을 감사드립니다. 오늘 거룩한 이 날 축복을 기다리며 예배를 드리도록 인도하심을 감사드립니다. 이 시간 우리가 진실한 예배와 기도를 드리게 하시고, 오직 주님께 영광 돌리는 아름다움이 있게 하옵소서.
주님, 한 주간 동안 주님의 사랑 안에 살면서도 사랑을 실천하지 못했고, 말씀 안에서 바르게 살지 못했으며, 주님의 분부하신 명령을 힘써 지키려고 하지도 않았음을 고백합니다. 우리에게 긍휼을 베푸사 십자가의 사랑으로 용서하여 주시기를 원하옵나이다.

주의 성령 임재하시는 지금 이곳에, 주님의 때에 거룩하게 이루어 주시길 소망하는 우리 성도들의 많은 외침이 있습니다. 이 영혼들의 간구를 들어 열납하여 주시고 말할 수 없는 갈급함들이 주님의 복음으로 새롭게 옷입게 하여 주옵소서. 주님을 찬양하는 가운데 주님의 살아 운동력있는 말씀에 감동하여 하나님을 볼 수 있는 눈을 열어 주시며, 들을 수 있는 귀를 허락하여 주시어서 육신보다는 영혼의 참 자유를 주님 안에서 누릴 수 있게 하여 주시옵소서.

능력의 하나님! 시련의 밤이 깊고 환난의 모진 바람이 멈추지 않는 때일수록 오직 주님만을 바라보게 하여 주옵소서. 악한 마귀는 때를 만난 듯 저희를 넘어뜨리려고 온갖 수단과 방법을 동원하여 미혹하고 있나이다. 사탄마귀의 궤계에 넘어지지 않도록 주님의 능력의 오른팔로 저희를 붙들어 주시고, 주님의 언약의 말씀을 굳게 붙들고 믿음의 길에서 승리하는 저희들 되게 하여 주시옵소서. 구원을 선물로 주신 주님의 은혜를 값없이 취급해 버리는 죄를 범치 않게 하시고, 주님의 권고하심을 받들어 두렵고 떨림으로 구원을 이루어 가는 저희들 되게 하여 주옵소서.

이 시간에도 은혜로 충만하게 하시고 성령을 충만히 부어 주시옵소서. 하나님의 은혜가 없이는 하루도 살 수 없는 나약한 우리들임을 고백하오니 늘 믿음 안에서 감사하는 삶을 살게 하여 주시옵시고 소망 가운데 주님의 이름을 증거하는 증인의 삶을 살도록 성령으로 충만케 하여 주시옵소서.

이 시간 단 위에 세우신 사자를 붙들어 주시고 주님의 말씀을 전하실 때 그 입술을 주장하사 광야에서 외친 세례 요한의 말씀과 같이 많은 사람의 심금을 울리며 능력이 나타나게 하옵소서. 정성껏 준비한 찬양과 헌물을 기쁘게 받으시고 예배를 통한 회복의 은혜를 주시옵소서. 소망의 주가 되시는 예수님의 이름으로 간절히 기도하옵나이다. 아멘.

6월 _넷째주

주일 낮예배 대표기도문 3

우리에게 구원을 허락하신 하나님!
주님의 참 사랑과 은혜에 감사합니다. 오늘 거룩한 주일 주의 자녀 된 우리가 주님의 전에 나아와 예배를 드립니다. 온전히 하나님께만 영광을 돌리는 거룩한 시간이 되게 하여 주옵소서.

생명의 주님! 지난 한 주간을 돌이켜 보건대, 하나님께서는 우리를 사랑하셔서 지키고 따라야 하는 말씀을 주셨으나 말씀대로 살지를 못했습니다. 입술로는 주님의 십자가의 길을 간다고 하면서도 저희는 넓은 세상을 향하여 욕심을 좇았사오니 이 모든 것을 용서하여 주옵소서.

이 시간 강과 같은 평화로 채우시고, 저희의 드리는 예배가 단순히 습관적인 행위가 되지 않게 하여 주시옵소서. 주의 영이 저희 가슴 중심에 거하시기를 원합니다. 의와 진리로 지으심을 받은 새 사람을 입게 되는 변화를 이루게 하여 주시옵소서. 오늘도 연약한 우리들이 지친 모습으로 아버지를 찾아 나왔사오니, 그리스도의 피로 회복시켜 주시고, 진리를 볼 수 있는 눈과, 주님의 음성을 들을 수 있는 귀와, 오묘하신 비밀을 알 수 있는 신령한 은사를 주셔서 우리들의 믿음을 보전하게 하옵소서.

저희 마음의 정원에 주님의 마음으로 가득 심어 성령님께서 주시는 열매를 맺게 하여 주옵소서. 불꽃 같은 눈동자로 우리의 일거수일투족을 감찰하시는 주님 앞에 저희가 마지막 날에 서는 때를 생각하며 경건하고 거룩하게 살게 하여 주옵소서.

은혜의 주님! 때로는 무미하고 권태로운 인생에게 그리스도로 말미암아 주어지는 변화 속에서 새로운 삶의 기쁨을 회복하게 하옵소서. 매일 십자가, 매일 부활, 매일 축제의 삶을 통해 보다 차원 높은 신앙인이 되게 하옵소서. 영육 간에 누리는 성도의 복된 삶이 자신만의 것으로 머무는 데 그치지 않게 하옵소서. 아직도 어두운 밤을 헤매는 수많은 동족에게 복음의 빛으로 비추게 하시고, 억눌린 이웃과 가난한 형제들에게 나누는 삶으로 이어지게 하옵소서.

교회와 예배를 위하여 몸을 드리는 일꾼들을 주님의 한결같은 은혜로 채워 주시고, 주님을 위해서 일하는 것이 얼마나 복된 삶인지 피부 깊숙이 체험하게 하여 주옵소서. 오늘도 많은 처소에서 주께 예배하는 모든 자들에게 한없는 사랑으로 함께하여 주옵소서.

이 시간 우리에게 주님의 말씀을 선포하실 목사님을 주장하사 우리에게 영혼의 만나를 내려 주시옵소서. 오늘 드리는 예배를 통하여 은혜의 생수의 강이 넘치게 하옵소서. 우리를 변함없이 사랑하시는 예수님의 이름으로 간절히 기도하옵나이다. 아멘.

6월 _넷째주

주일 오후(저녁)예배 대표기도문

우리와 늘 동행해 주시며 함께하시는 하나님!
오늘 우리를 성회로 모이게 하신 은혜 감사합니다. 천사도 흠모하는 자녀된 직분을 우리에게 허락하신 은혜 감사합니다.

용서의 하나님! 저희들이 지난 일주일 동안도 우리의 연약함으로 하나님 앞에 합당치 못한 삶을 살았사오니 이 허물과 죄악을 용서하여 주시고, 이 시간 깨끗하고 정결된 심령 가지고 하나님 앞에 영광 돌리는 귀한 예배가 될 수 있도록 주여 인도하여 주시기를 원합니다.
복되고 형통하게 하시는 하나님! 하나님의 말씀을 사랑하게 하시고, 생명을 얻되 더욱 부요하게 해 주시는 은혜를 사모하게 하옵소서. 심령을 달게 해 주는 말씀을 순금보다도 더 사랑하는 저희 되기를 원합니다. 저희의 메마른 심령이 성령님의 단비와도 같은 역사로 사막에서 꽃이 피는 것을 보게 하시고, 생수가 흘러넘침을 누리게 하여 주옵소서.
주님, 믿음이 적은 저희에게 참 믿음을 주시기를 원합니다. 말씀 위에 굳게 세워 주시고, 믿음의 주요 온전케 하시는 이인 주님을 바라보게 하시옵소서. 우리가 믿음으로 승리하는 삶을 주시며, 오직 십자가만 붙들고 승리케 하옵소서. 주님의 나라를 이 땅에 이루어 나아가는 사명을 기쁨으로 감당케 하옵소서.

하나님! 고난 중에도 기쁨을 잃어버리지 않게 하시고, 소망 중에 승리하게 성령을 충만케 하셔서 기도 생활과 말씀 생활과 전도 생활에 승리하는 삶으로 우리의 생활 가운데, 성령의 열매들로 충만케 하여 주옵소서. 입술의 찬양이 끊어지지 않게 하시며, 기도에 감사와 평강이 넘치게 하옵소서. 저희들의 삶을 간섭하시되 필요에 따라 성령의 은혜를 충만히 공급하여 주옵소서.

주야로 우리를 지켜 주시는 주님! 이 시간 예배드리는 모든 성도들과 함께하여 주옵소서. 세상에 시달리며 근심과 실의에 빠져있는 성도들이 있습니다. 그들의 문제가 무엇인지 주님께서는 아시오니 모든 문제들을 해결해 주옵소서. 성도들이 무거운 짐을 다 주님 앞에 내려놓고 마음껏 주님을 찬양할 수 있도록 도와주옵소서.
주님의 몸 된 교회를 위하여 몸을 드려 헌신하는 이들이 있습니다. 저들이 힘을 다하여 충성할 때 주님의 음성을 듣게 하시고, 주님이 책임져 주시는 강건한 삶이 되게 하여 주옵소서.

이 시간 단 위에 서신목사님을 붙들어 주사 말씀 한마디 한마디마다 은혜의 단비를 내려 주셔서 듣는 저희들의 귀한 영의 양식이 되게 하여 주옵소서. 착하고 충성된 종에게 상급을 주시는 예수님의 이름으로 간절히 기도하옵나이다. 아멘.

6월 _넷째주

주중(삼일·금요)예배 대표기도문

사랑과 은혜의 주님!
주님을 찬양하게 하시니 감사합니다. 이 시간 성령을 보내셔서 주님이 기뻐 받으시는 향기로운 기도회가 되도록 인도하여 주옵소서. 이 시간 세상적인 걱정이나 두려움은 모두 사라지게 하시고 한나와 같이 기도에 취할 수 있는 복된 시간이 되게 하여 주옵소서.

하나님께서는 우리를 아들과 딸로 세우셨는데 지난 삼일 동안도 우리는 하나님의 자녀답게 살지 못했으니 주님, 이 시간도 불쌍히 여겨 주셔서 주님의 피로 저들의 심령에 죄를 씻어주시기를 원합니다. 이제 우리에게 새로운 은혜를 내려 주시어, 살아계신 하나님의 임재를 느끼게 하여 주옵소서. 이 시간 주님의 전에서 찬송을 부르고 기도하며, 예배드릴 때에 주님의 은혜와 사랑으로 가득 덮어지게 하시고 진리의 말씀으로 가득 채워 주시옵소서.

사랑의 주님! 이제 6월 한 달도 다 지나가고 있습니다. 새해를 맞으며 좀 더 잘해 보겠다고 다짐하며 각오한 일들이 엊그제 같은데 벌써 6개월이 흘렀습니다. 그러나 저희들 자신을 돌아보니 잎만 무성했을 뿐 열매 맺은 것이 별로 없나이다. 남은 6개월도 열매 없는 무화과 나무처럼 잎만 무성한 신앙생활이 되지 않게 하시옵고, 주님께 한 광주리 가득 담아 드릴 수 있는 열매 맺는 신앙생활이 되게 인도하여 주시옵소서.

은혜의 주님! 저희들이 주님께 충성치 못한 일들이 있었다면 더욱 충성할 수 있게 하시옵고, 헌신하고자 하는 믿음의 결단이 약했다면 더욱 헌신할 수 있게 하셔서, 사나 죽으나 주님을 위해서 충성과 헌신을 다할 수 있는 영광된 삶을 이루게 하여 주시옵소서. 그리하여 믿음의 좋은 소문을, 그리고 믿음의 역사를 많이 일으킬 수 있는 저희들 되게 하여 주옵소서.
이 시간 주님의 말씀의 거울로 저희를 비추시고 영혼을 가르치사 저희들의 삶 전체가 하나님 아버지를 향한 삶이 되게 하시고, 주님을 저희의 희망과 위로로 삼게 하옵소서.

하나님 아버지! 이 제단에 꿇어 엎드린 사랑하는 성도들을 위하여 간구하오니 주님께서 그들의 간구를 들어 응답하여 주시옵소서. 먼저 하나님의 말씀대로 살아가는 믿음을 허락하시고 생활 속에서 삶 전체를 통하여 주님의 영광을 드러내는 살아있는 믿음을 허락하여 주옵소서.
이 시간 단 위에 세워주신 목사님께 성령의 두루마기를 입혀 주셔서 말씀으로 새로운 은혜를 깨닫고 문제를 해결 받는 시간이 되게 하여 주시옵소서. 푸른 초장과 잔잔한 물가로 인도하시는 선한 목자되신 예수님의 이름으로 간절히 기도하옵나이다. 아멘.

7월 _첫째주

주일 낮예배 대표기도문 1

사랑이 많으신 하나님!
우리에게 전능하신 하나님의 자녀가 되는 권세를 주심에 감사합니다. 이 날을 주님이 정한 거룩한 날로 알아 주님의 전에 나아와 경배하게 하심을 감사합니다. 우리가 주 앞에 엎드려 경배하오니 주님, 우리의 예배를 받아 주옵소서.

우리의 생사화복을 주장하시는 하나님! 오늘 평안하다고 지난날 어려웠던 때를 잊었으며 내가 배부르다고 배고픈 사람을 외면했습니다. 용서의 은총을 베푸사 십자가 보혈의 능력으로 정결한 몸과 마음으로 거듭나게 하여 주옵소서. 이후로는 자신의 모든 것을 다 주고 또 주고도 여전히 사랑하여 주시는 주님처럼 살게 하여 주옵소서.

이 시간 드리는 예배가 신령과 진정으로 드려지는 귀한 예배이기를 원하오니 주님의 영이 임재하셔서 이끌어 받아 주시고, 우리에게 은혜 충만하게 함께하여 주옵소서. 우리가 마음의 그릇을 비우고 성령의 감동에 따라 진리로 심령을 채우기에 부족함이 없도록 인도하여 주옵소서.

자비하신 주님! 우리에게 사랑의 본을 보이신 주님처럼 우리가 사랑을 실천할 수 있도록 축복하여 주옵소서. 믿지 않는 자들을 권면하고, 실의에 빠진 사람들에게 위로를 주고, 상처 입은 영혼들을 주님의 품으로 이끌어 올 수 있도록 믿음을 더하여 주옵소서. 쓸모없는 우리를 주님의 사역에 순종하게 하심으로 주님의 나라가 이 땅에 속히 이루어지기를 원하오니, 우리의 기도를 들어 주옵소서.

7월에는 교회 안에 많은 행사들이 있습니다. 여름성경학교와 수련회 등의 여름 행사들을 주님, 주관하여 주옵소서. 큰 부흥의 계기가 되게 하시고, 교회가 하나되는 아름다움을 경험할 수 있는 복된 시간들이 되도록 축복하여 주옵소서. 이번 행사들을 통하여 교회가 살아 움직이게 하시고, 지역사회에 필요한 것들을 공급할 수 있는 교회되게 하여 주옵소서.

이 시간 생명의 말씀인 떡을 나누고 증거하기 위하여 목사님께서 단 위에 섰사오니 하나님의 은혜로 구원의 복음, 생명의 떡을 힘있게 선포할 수 있도록 이끌어 주옵소서. 그 말씀을 받아 먹는 성도들이 다시 힘을 얻게 하시고 하나님의 자녀로 우뚝 서게 하시며, 세상을 비추이는 빛되게 하옵소서. 주님의 몸 된 교회에 몸바쳐 충성하는 일꾼들을 붙잡아 주시고, 저들의 수고가 더해질 때마다 신령한 주님의 은혜를 맛보게 하옵소서. 소망의 근원이시며 사랑의 능력되시는 예수님의 이름으로 간절히 기도하옵나이다. 아멘.

7월 _첫째주

주일 낮예배 대표기도문 2

전능하신 하나님!
오늘도 우리를 성회로 모이게 하신 은혜에 감사합니다. 한 주일 동안도 주님께서 안보하시고 이 귀한 하나님 앞에 경배하게 하시니 감사합니다. 어두움 속에 있던 저희들에게 진리의 빛을 밝히심으로써 바른길로 인도하신 하나님, 이 시간 찬양과 영광을 받으시옵소서.

위로의 주님! 이 시간 주님 앞에 고백합니다. 주님께서 우리를 사랑하여 주심같이 저희는 주님을 사랑하지 못하였음을 고백합니다. 이웃과 민족도 사랑하지 못했습니다. 우리의 죄를 용서하여 주옵소서.

능력의 주님! 이 거룩한 날에, 때를 따라 은혜의 단비를 내려 주시고 늘 보살펴 주시는 주님의 사랑을 생각하며, 또한 맥추기를 허락하셔서 풍성한 열매를 채우시고 저희를 궁핍에 처하지 않도록 인도하신 것을 감사해서 감사예물을 드리오니 기쁘게 받아 주시옵시고, 그 바치는 손길마다 축복하여 주시며, 그 바치는 심령에 은혜의 단비를 내려 주시옵소서. 저희들이 이 시간 형식적으로 물질만 바치는 것이 아니라, 저희의 온 삶을 다 바쳐 주님을 기쁘시게 하는 은혜의 시간이 되게 하여 주시옵소서.

사랑의 주님! 이 기쁜 감사 주일에 마음의 근심과 고통이 있어 주님께 감사드리지 못하는 심령들도 있을 줄 압니다. 주님께서 저들의 상한 심령을 위로하여 주시옵고, 주님 주시는 평안으로 안정을 되찾고, 주님께 감사하는 복된 삶을 살 수 있도록 축복하여 주옵소서.

은혜의 주님! 주님의 몸 된 교회를 위하여 기도드립니다. 우리의 교회가 주님의 몸으로 합당하도록 은혜를 더하여 주옵소서. 주님의 삶을 본받고 따르는 교회가 되어 세상을 정화시키는 소금의 역할을 감당하게 하옵소서. 그리하여 거친 세파에서 방황하는 심령들이 이 제단을 통하여 주님의 사랑을 깨닫고 진리의 말씀으로 인도되어 새로운 삶을 살아가게 하시며, 믿음과 소망과 사랑으로 가득 차서 하나님을 경외하고 이웃을 사랑하게 하여 주옵소서.
성도의 삶으로 인도하시어 우리로 세상을 이길 수 있는 힘을 허락하여 주옵소서.

이 시간 말씀을 들고 서신 목사님에게 능력을 7배나 더하셔서 능력의 말씀을 선포하시고, 말씀을 듣는 모든 성도들이 말씀을 깨닫게 하시며 주님을 만나는 시간이 되게 하옵소서. 이 예배를 위하여 하나님을 찬양하는 찬양대를 특별히 축복하여 주시옵고, 여러 가지 모습으로 봉사하는 손길들을 축복하여 주옵소서. 저희들의 죄를 대속해 주시사 구원의 기쁨을 주신 예수님의 이름으로 간절히 기도하옵나이다. 아멘.

7월 _첫째주

주일 낮예배 대표기도문 3

살아계신 여호와 우리 하나님!
약할 때 강함을 주시고 우리의 목자가 되시는 여호와 하나님께 영광을 돌립니다. 저희들의 삶에 풍성한 은혜로 함께해 주시는 것을 감사합니다. 오늘도 주님 앞에 엎드리오니 경배를 받으시옵소서. 언제나 우리를 사랑하시고 보살펴 주시는 하나님의 은혜로운 손길을 알고 느끼게 하시고, 우리의 영혼이 오직 하나님의 영광을 위하여 찬양하고 감사하며 영광을 돌릴 수 있도록 함께 하여 주옵소서.

우리를 성장케 하시는 하나님! 지난 한 주간을 되돌아 볼 때 저희의 이웃을 미워하고 가난한 자들을 돌아보는 것에 인색했으며 교회의 성도들을 위하여 기도하는 것에도 게을렀고 사랑을 나누기에도 부족했습니다.

주님! 저희에게 긍휼을 베푸사 용서하여 주시옵소서.
주님을 섬기고 말씀을 사랑하고 상한 영혼들을 섬기며 위하여 기도할 수 있는 저희가 되게 도와주시옵소서. 저희에게 작은 일에도 감사할 수 있는 믿음의 눈을 주시고 고난 중에도 주님께 소망을 둘 수 있게 하옵소서. 그래서 상황에 따라 흔들리지 않으며 시냇가에 심은 나무처럼 든든히 뿌리를 내리고 시절을 따라 과실을 맺는 신자가 되게 하여 주옵소서. 이제는 매사를 소망의 눈으로 주님을 바라보게 하시며 언제든지 주님이 주시는 평안을 누리며 살 수 있도록 우리의 마음을 다스려 주옵소서.

은혜의 하나님! 우리 시대가 주님의 손에 달려 있음을 믿사오니 이 나라 이 민족을 긍휼히 여겨 주옵소서. 우리로 주님의 말씀에 순종하게 하시기를 원하오니 우리의 기도를 들어 응답해 주시기를 원합니다. 예배가 살아있는 나라 되게 하시고, 날마다 하나님의 백성들이 늘어가는 나라가 되게 하시며, 삶의 희망과 용기를 주며 위로를 베풀 수 있는 복된 민족이 되도록 축복하여 주옵소서.
정의가 이 땅 가운데 넘쳐나길 원하오니 주님께서 이루어 주옵소서. 우리에게 성숙하고 참된 신앙을 허락하셔서 언제 어디서나 주님의 십자가 군병들로 담대히 선한 싸움을 싸워 나갈 수 있게 인도하여 주옵소서.

이 시간 주님의 계시된 말씀을 주실 때 목사님을 친히 붙드시고 그 입술을 주장하셔서 듣는 자로 하여금 주님의 음성을 친히 듣는 것 같게 하시고, 메마른 심령에 스며들어 단비 같은 말씀이 되게 하시옵소서. 성가대에게 복을 내려 주시고 그들의 찬양을 흠향하여 주옵소서. 우리를 죄악에서 구원하신 예수님의 이름으로 간절히 기도하옵나이다. 아멘.

7월 _첫째주

주일 오후(저녁)예배 대표기도문

구원의 하나님!
때를 따라 은혜의 단비를 내려주시고 보살펴 주시는 주님의 사랑을 찬양하며 감사드립니다. 이 시간 주님의 잔에서 찬송을 드리고 기도하는 것을 감사합니다. 오늘도 영과 진리로 예배하는 자를 찾으시는 주님! 우리들로 하여금 아버지께서 받으시기에 합당한 예배가 되게 인도하여 주옵소서.

은혜의 주님! 지난날들을 되돌아 보면 허물이 가득한 죄인이 여기 섰습니다. 주님의 말씀으로 날마다 무장을 하지만 우리가 달라지지 않은 모습으로 여기에 있사오니 우리를 긍휼히 여기사 용서하여 주옵소서. 올해의 남은 날 동안 주님의 주권을 인정하고 살아갈 수 있도록 축복하여 주옵소서.

하나님 아버지! 세상이 어둡다고 탓하지 않게 하시고, 세상의 죄악과 부딪치는 어려움으로 하나님을 원망하지 않도록 축복하여 주옵소서. 섬기는 본분을 지키게 하시고 성도다운 삶의 자세로 우리의 자리를 지키게 하여 주옵소서.
우리의 의지와 노력으로는 할 수 없는 성품이 변화되기를 원하오니 우리의 심령 위에 뜨거운 성령으로 채워 주셔서 우리의 삶이 주님께 드려지는 예배가 되게 하여 주옵소서.

믿음의 주시요 온전케 하시는 주님! 저희에게 든든한 믿음, 새로운 믿음의 소유자들이 되게 하여 주시옵소서. 이제는 성부 성자 성령으로 역사하시는 하나님을 저희가 깨닫고, 진리 위에 바로 서서 승리하는 생활을 하게 하옵소서. 무엇보다도 이 민족이 구원을 받고 이 땅 위에 주 믿는 성도들이 넘쳐나게 하시옵소서. 어디에서든지 주님을 찬양하는 예배를 드리는 소리가 그치지 않게 하여 주시옵소서. 저희들이 세상의 빛이 되게 하시고 소망의 등대가 되게 하여 주시옵소서.
우리에게 독수리의 날개치는 힘을 주시고, 온전히 아버지의 영광만을 위하여 사는 삶이 되게 하여 주옵소서. 십자가의 복음을 전하며 하나님의 사랑을 끊임없이 증거하는 귀한 자녀들로 삼아 주옵소서. 우리의 일생에 주님께서 동행하여 주시며, 순간마다 인도하시고 지도하시며, 온 생애를 생명으로 채워 주옵소서.

이 시간 주님의 말씀을 선포하시는 목사님을 기억하시고 성령의 능력으로 붙들어 주셔서, 힘있고 권세있는 말씀만 증거케 하시고 목마른 영혼마다 생수가 되는 은혜의 말씀이 되게 하여 주시옵소서. 이 예배를 위하여 수고하는 손길들 위에 함께하사 축복하시고 하늘에 보화가 쌓이는 복을 허락하여 주옵소서. 복의 근원되시는 우리 구주 예수 그리스도의 이름으로 간절히 기도하옵나이다. 아멘.

7월 _첫째주

주중(삼일·금요)예배 대표기도문

구원의 하나님!
때를 따라 은혜의 단비를 내려 주시는 은혜에 감사합니다. 눈동자처럼 우리를 보호하시는 주님의 은혜에 찬양합니다. 어두움 속에 있던 저희들에게 진리의 빛을 밝히심으로써 바른길을 걸어가게 하신 은혜에 감사합니다. 지난 삼일간 살아온 것도 주님의 은혜요, 사랑과 자비이심을 고백합니다. 그러나 인도하시는 주님의 은혜를 망각하고 삶의 여러 가지 모습 속에서 흔들리는 저희들이었고, 변질되는 저희들이었습니다. 이 시간 주님께 회개하오니 우리를 긍휼히 여기사 용서하여 주옵소서.

하나님! 벌써 한 해의 절반을 지내고 이곳에 섰습니다. 우리가 새해를 시작할 때에 주님 앞에 했던 각오들을 되돌아 봅니다. 영원부터 영원까지 계실 주님 앞에 우리의 부끄러움을 고백하오니 우리의 뜻을 다시 세우시고 우리가 그 뜻으로 인하여 세상을 이기게 하여 주옵소서. 올해의 남은 달들을 주님의 풍성하신 은혜로 채워 주시기를 원합니다. 늘 사랑으로 동행하여 주시고, 우리를 궁핍하지 않게 도와주옵소서.
이 시간 주님 앞에 겸손히 머리 숙여 기도하오니, 우리를 긍휼히 여기시고 육신에 필요한 모든 것들뿐 아니라 경건생활에 있어야 할 것도 충만하게 채워 주시기를 원합니다. 저희는 주님이 기르시는 양이오니 주 안에서 평강을 얻기를 원합니다. 주님의 평강으로 안위하시고 굳은 마음으로 세워 주옵소서.

자비하신 주님! 우리는 주님을 닮아가는 경건한 하나님의 사람이 되기를 소망합니다. 어떤 유혹 앞에서도 세상과 타협하여 물들지 않고, 세상 한가운데 있으면서도 영적인 강건함을 잃지 않는 예수 그리스도의 참 제자 되기를 소망합니다. 세상을 닮기보다 하늘에 계신 우리 아버지를 닮기 원합니다. 주님, 우리로 하여금 성령에 사로잡힌 하나님의 사람이 되게 하여 주옵소서.

이 시간 게으르고 해이해진 심령이 회복되는 시간이 될 수 있도록 도와주시고, 이 시간도 병마와 싸우며 고통 속에 있는 성도들을 만왕의 왕이시며 만병의 의사이신 아버지께서 위로하시고 친히 고치시사 속히 자리에서 일어나 건강한 삶으로 회복되는 지체들이 되게 하여 주옵소서.

말씀이 육신이 되어 이 세상에 오신 주님! 목사님이 주님의 말씀을 선포하실 때에 어두운 권세, 어두움의 영들이 말씀을 방해하지 못하게 하시고, 옥토의 마음밭에 떨어져 100배, 60배, 30배의 결실을 맺어 예수 그리스도의 제자로 승리하며 살게 하옵소서. 이 모든 말씀을 십자가에 죽으시고 부활하셔서 영원히 우리와 함께 계시는 예수님의 이름으로 간절히 기도하옵나이다. 아멘.

7월 _둘째주

주일 낮예배 대표기도문 1

구원의 하나님!
어두움 속에 있던 저희들에게 진리의 빛을 밝히심으로써 바른길로 인도하시니 감사드립니다. 주님만 찬양 받으시고 영광 받으시옵소서. 오늘 드리는 예배가 하나님의 크신 사랑을 체험하는 시간이 되기를 원합니다. 우리의 입에서 감사 찬송이 끊이지 않게 하시고, 날마다 구름기둥과 불기둥으로 인도하시는 하나님을 의지하게 하옵소서.
진노의 자식이었던 우리들을 하늘의 유업을 이을 하나님의 자녀로 삼아 주셨는데, 우리는 하나님께서 베푸신 그 자비와 사랑을 잊어버린 채 세상의 어두움과 부패 속에서 그 빛과 맛을 잃은 소금처럼 살았습니다. 주여, 우리의 믿음과 무지를 용서하여 주옵소서. 이 시간 예배를 통하여 소금의 참 맛을 찾게 하시고, 빛을 등경 위로 옮기게 하여 주시옵소서.

은혜의 주님! 예배시간에 참여한 많은 성도들이 다 함께 은혜 받길 원합니다. 마른 땅에 이른 비와 늦은 비로 적셔 주시는 주님의 넘치는 능력으로 이 시간도 심령 가득히 채워 주시옵소서. 험한 세상 속에서 강퍅해진 성도들의 영혼을 성령의 단비로 촉촉이 적셔 주시옵소서. 이웃을 돌아보고 힘든 영혼들을 서로 세워 줄 수 있는 아름다운 믿음들을 주시옵소서.

자비하신 주님! 저희들이 모두 세상과 성별된 것에만 만족할 것이 아니라, 그들을 생명이신 주님 앞으로 건져낼 수 있는 구명자의 역할을 감당할 수 있도록 지혜를 주시기를 원합니다. 주께서 주신 이 자유와 평화를 지킬 수 있게 하시며, 더 나아가 하나님의 나라를 우리의 몸으로 만들 수 있도록 허락하여 주옵소서. 우리의 작은 노력을 통하여 주의 나라가 속히 임하게 하여 주시옵소서.

우리가 세상에서 빛과 소금되기를 원하시는 주님, 저희에게 치유의 은혜를 허락해 주옵소서. 지치고 상한 심령을 치유하시고 깨어진 관계를 회복시켜 주옵소서. 불화하는 가정에 평화를, 상처가 있는 공동체에 하나됨의 은혜를 허락해 주시길 원합니다. 지친 엘리야를 어루만지신 하나님, 삶에 지치고 곤한 우리의 마음과 영혼을 어루만져 주시고, 하나님의 품에서 안식과 쉼을 얻게 하여 주옵소서.

이 시간 말씀을 전하시는 목사님께 성령의 능력으로 붙들어 주셔서 주님 말씀이 선포될 때 말씀을 듣는 우리 모두가 그 말씀을 통하여 험한 세상을 이길 굳세고 담대한 힘을 얻고 우리 삶 속에서 아름다운 열매를 맺게 하여 주옵소서. 저희를 죄악에서 구원하여 주신 예수님의 이름으로 간절히 기도하옵나이다. 아멘.

7월 _둘째주

주일 낮예배 대표기도문 2

영원하신 하나님!
우리에게 영원한 생명을 허락하신 은혜에 감사합니다. 저희는 부족하나 부요하신 주님을 아버지로 모시게 하신 은혜를 감사합니다. 오늘 귀한 주의 날 이렇게 주님 앞에 나왔사오니 우리의 몸과 마음을 받으시고 이 예배가 산 제사로 드려지게 하옵소서.

자비하신 주님! 지난 반년 동안도 주님께서 저희들을 사랑하여 주심으로 시시때때로 보호하여 주시고 은혜를 베풀어 주셨사오나, 저희의 마음은 교만하여 주님께 감사하지 못하고 나 스스로를 자랑하는 데 온 힘을 쏟았나이다. 주님의 그 크신 긍휼을 바라보며 회개하오니 용서하여 주시옵소서. 이제는 주님의 은혜 앞에서 더럽고 교만한 마음을 갖지 말게 하시고, 마음을 잘 다스려 성령을 거스르지 아니하며, 주님의 뜻을 높이는 삶이 될 수 있도록 인도하여 주시옵소서.

은혜의 주님! 새롭게 거듭나는 삶으로 주님의 인도하시는 길로 우리가 순종할 수 있도록 축복하여 주옵소서. 우리의 마음을 사로잡아 주셔서, 마음을 쏟고 영혼을 쏟으며 회개하지 아니하고는 견딜 수 없는 마음을 주시고 주님의 자녀로서 맡은 바 본분을 다할 수 있는 저희들이 되게 하여 주옵소서. 마지막 추수 때가 되어 악한 마귀들이 세력을 떨치고 있는 이때에 늘 깨어 기도하며 진리로 무장하고 주님의 말씀을 방패삼아, 악한 세력들을 물리치고 승전가를 부르면서 전진할 수 있는 굳건한 믿음이 되게 하여 주옵소서.

주님의 몸 된 교회를 섬기기 위하여 세우신 기관마다 주님이 친히 붙드시고, 몸을 드리고 순종하는 일꾼들에게 새 능력을 부어 주시옵소서. 성령의 역사하심으로 새로운 능력을 받아 주님의 일을 잘 감당할 수 있게 하옵소서. 주님의 일을 하는 기쁨을 주시고 열매 맺게 하시는 주님의 손길을 느끼게 하여 주시기를 원합니다. 세밀하고 작은 것까지라도 보살피시는 주님 안에 거하게 하셔서 주님께 영광 돌리게 하옵소서.

우리가 하나님께 예배를 드리기 위해 주님께 나올 때 기쁨으로 나아오게 하시며, 하나님께 예물을 드리는 손길 또한 복을 주시되 차고 넘치는 복을 허락하여 주시고, 하나님의 사역을 위하여 봉사하는 손길들 위에 복을 주시되 천국의 보화가 쌓이게 하여 주옵소서.

이 시간 목사님이 말씀을 선포하실 때 마음에 찔림을 받게 하시며 순종하는 자리에까지 나아가게 하시고, 이 시간에 드리는 예배의 감동이 우리의 모든 삶 가운데 지속되게 하옵소서. 우리에게 가장 좋은 것을 주시는 예수님의 이름으로 간절히 기도하옵나이다. 아멘.

7월 _둘째주

주일 낮예배 대표기도문 3

사랑의 주 하나님!
우리의 죄악으로 죽어야 마땅한 우리를 주님의 사랑과 희생으로 생명을 주심을 감사드립니다. 오늘 거룩한 이 날 축복을 기다리며 예배를 드리도록 인도하심을 감사드립니다. 저희가 오늘도 주님 앞에 모였사오니 저희에게 귀한 은혜로 동행하시고 축복하여 주옵소서.

사랑이 많으신 주님! 저희들은 오늘도 주님 앞에 나올 때 허물과 죄악의 짐을 지고 주님 앞에 나왔습니다. 이 시간 십자가의 은혜를 통하여 씻어 주시고 새롭게 변화시켜 주시옵소서.

은혜의 주님! 이 시간 하늘문을 여시고 저희들에게 믿음 위에 믿음을 더하여 주옵소서. 우리의 말이나 행동 속에서 언제나 예수 그리스도의 이름만 빛내며 하나님의 영광만을 위해 살 수 있는 저희들 되게 하옵소서. 저희를 위하여 피 흘리심으로 구속하신 그리스도를 기억하며 하나님 나라의 영광을 위하여 믿지 않는 우리의 이웃을 전도하게 하시고, 주님의 영광을 위하여 우리의 삶의 자세가 새롭게 변화되게 하시고, 우리의 마음이 온전히 하나님을 바라볼 수 있도록 성령님께서 항상 동행하여 주옵소서.

우리 교회가 이 여름에 계획하고 있는 일이 많이 있사오니 계획하는 모든 일이 주님의 영광을 나타낼 수 있게 하시고, 주님의 사랑을 전하고 증거하며 열매들로 풍성한 계획들이 되게 하여 주옵소서.

어린이여름성경학교와 중고등부의 수련회, 청년회의 수련회와 각 기관들의 수련회가 있습니다. 큰 은혜로 함께하여 주옵소서. 성령께서 주장하시는 복된 행사들이 되길 소원합니다. 성령으로 무장하여 하나님의 일을 감당하는 계기가 될 수 있도록 은혜를 부어 주옵소서. 이 나라와 이 민족과 주의 교회를 어떻게 섬겨야 할지를 구할 수 있는 시간이 되게 하시며, 믿음으로 새로워지는 계기가 되도록 인도하여 주옵소서.

오늘도 주님의 전에 나와서 주님의 도우심을 간절히 바라는 심령들에게 성령의 은혜를 충만하게 하셔서, 상한 심령을 싸매어 주시고, 생수의 강이 배에서 흘러넘치는 참 기쁨과 즐거움의 시간이 되게 하여 주시옵소서.

이 시간 말씀을 전하시기 위하여 단 위에 서신 목사님을 기억하시고, 성령의 능력으로 붙들어 주셔서 갈급한 심령으로 말씀을 사모하는 모든 성도들이 새로운 확신과 소망이 넘치는 시간이 되게 하여 주옵소서. 이 시간에 드리는 예배의 감동이 우리의 모든 삶 가운데 지속되게 하옵소서. 우리에게 가장 좋은 것을 주시는 예수님의 이름으로 간절히 기도하옵나이다. 아멘.

7월 _둘째주

주일 오후(저녁)예배 대표기도문

은혜로우신 주님!
우리를 향하신 주님의 인자하심에 감사합니다. 이 시간 찬송과 영광과 존귀를 주님께 드리려고 이 자리에 모였나이다. 우리를 성결케 하사 예배드리기에 합당한 심령이 되게 하시고 저희가 드리는 예배를 받아 주옵소서.
사죄하여 주시는 하나님! 하나님의 거룩하신 뜻에 합당하게 살아오지 못한 부족한 저희의 허물과 죄를 고백합니다. 하나님의 회복시키는 은총이 함께하사 죄를 용서받고, 오직 믿음으로 이기고 담대하게 승리의 생활 하게 하옵소서.

사랑의 주님! 이 귀한 날에 주님께 감사를 드리고 싶어도 마음에 근심과 고통이 있어서 주님께 감사드리지 못하는 심령들이 있습니까? 주님께서 저들의 상한 심령들을 위로하여 주옵소서. 주님이 주시는 평안으로 안정을 되찾게 하시고 주님께 감사하는 복된 삶을 살 수 있도록 축복하여 주시기를 원합니다. 우리에게 주님의 사랑을 실천할 수 있도록 우리를 보내주옵소서. 우리가 그들을 주님의 사랑으로 감싸 안을 수 있도록 우리의 마음을 긍휼히 여기는 마음으로 변화시켜 주옵소서.

자비하신 주님! 저희로 하나님의 나라를 위하여 헌신할 수 있는 복을 허락하여 주시고 그것으로 인하여 저희에게 크신 은혜로 함께하여 주옵소서. 저희의 발길로 인하여 하나님의 나라가 확장되게 하시고, 저희의 입술로 인하여 주님이 증거될 수 있도록 함께하여 주시옵소서. 저희에게 주님의 증인이 될 수 있는 권능을 허락하사 저희로 세상에서 주님의 증인이 될 수 있는 복을 허락하여 주시옵소서. 하나님의 백성으로 거룩하게 살아갈 수 있는 복을 더하여 주시고, 저희 속에 성령으로 충만하게 채워 주셔서 우리의 삶이 하나님의 영광을 나타내는 삶이 되게 하여 주옵소서.

살아계신 하나님! 이 예배를 위하여 섬기는 많은 예배위원들을 기억하사 축복하시고, 저들의 손길로 인하여 가정에 복을 주셔서 날마다 주님을 자랑하는 귀한 복을 허락하여 주옵소서. 아름다운 찬양으로 하나님께 드리는 예배를 빛나게 하는 성가대 위에 또한 축복하사 더욱 공교히 찬양할 수 있도록 은혜를 더하여 주시고, 하나님을 찬양하는 것을 즐거워하는 저희들이 되게 하여 주옵소서.

이 시간 목사님이 증거하는 하나님의 말씀이 날선 검이 되어 우리의 심령 골수를 쪼개어 영혼과 육체를 치료하게 하시고, 성도들의 모든 기도의 제목들이 응답받는 복된 시간이 되게 하여 주옵소서. 죄없이 돌아가신 예수님의 이름으로 간절히 기도하옵나이다. 아멘.

7월 _둘째주

주중(삼일·금요)예배 대표기도문

거룩하신 하나님!
만세 전에 우리를 택하시고 때를 따라 필요를 채우시는 한량없는 은혜에 감사와 경배를 드립니다. 우리에게 도움이 되시는 하나님을 찬양합니다. 지난 삼일 동안도 저희들의 삶이 하나님 앞에 잘못과 허물진 것이 너무나도 많사온데 주님 십자가 보혈로 깨끗이 씻어 정하게 하시고, 온전한 심령으로 하나님 앞에 경배드릴 수 있도록 인도하여 주시니 감사드립니다.

은혜의 주님! 저희의 입술을 주장하사 주님의 거룩한 백성이 되게 하시고, 저희 부족함과 교만과 믿음 없음을 고백하오니 채워 주시고, 저희의 교만을 주님의 거룩하심으로 낮아지게 하여 주시옵소서. 또한 저희의 믿음 없음을 용서하시고 주님을 절대적으로 신뢰하고 주님만을 의지하도록 귀하신 은혜와 축복으로 함께하여 주시옵소서.

또한 이 저녁에 주님께 구할 것은 믿지 않는 영혼들을 위해서 기도합니다. 그들의 영혼을 긍휼히 여겨 주시옵소서. 주님의 사랑을 맛보게 하심으로 주님의 사랑이 얼마나 크고 기쁜 것인지 알게 하여 주시옵소서. 주님의 사랑으로 삶의 방향이 바뀌게 하시고 주님의 사랑으로 성품이 변화되게 하시고, 귀한 주의 성도가 될 수 있는 귀한 복을 허락하여 주시옵소서.

이 험한 세상에 주님의 지체된 저희 교회들이 복음의 증인으로서의 역할을 감당할 수 있도록 축복하여 주시고, 주님이 가신 길을 따르는 역사에 동참하도록 축복하여 주옵소서. 우리가 믿음의 본을 보임으로 처음 믿는 지체부터 정체되어 있는 지체까지 주님의 은혜를 사모하며 찬양할 수 있도록 은혜를 더하여 주옵소서. 이 기도회가 주님께 드려지는 역사가 있게 하여 주옵소서.

하나님 아버지! 우리가 세상으로 나아가기 전 하나님의 말씀으로 무장하게 하시고, 좌로나 우로나 조금도 치우치지 않고 말씀의 잣대를 따라 살아갈 수 있는 능력을 입혀 주옵소서. 세상이 요구하는 사람이 아니라 하나님의 요구를 따라 살아가는 성도가 되게 하시고, 사람을 기쁘게 하기보다 하나님을 기쁘게 하는 자로 든든히 서게 하옵소서.

이 시간 목사님을 통하여 선포되는 말씀이 우리의 잠자는 심령을 깨워 주시고 병든 육체가 강건해지며 우리가 주님께 드리는 모든 기도의 제목들이 말씀의 날선 검에 의하여 응답되고 치유되고 회복되어 새롭게 되는 역사가 있게 하여 주옵소서. 우리를 가장 행복하게 하시는 예수님의 이름으로 간절히 기도하옵나이다. 아멘.

7월 _셋째주

주일 낮예배 대표기도문 1

사랑의 하나님!
우리가 세상에서 주님 원하시는 삶으로 살지 못하였으나 주님의 보혈로 귀한 예배를 드리게 하시니 감사합니다. 우리의 입술에 감사의 열매가 맺히게 하시니 감사합니다.
더운 날씨와 계속되는 폭우 속에도 주님의 전을 사모하는 마음을 허락하심을 감사합니다. 삶의 긴박함 때문에 가졌던 온갖 추하고 어긋난 생각들을 이 시간 깨끗이 회개하게 하시고, 넉넉한 여유와 은총으로 찾아오시는 하나님과 행복한 대화를 나누는 예배가 되게 하시고, 오직 저희 마음속에 주님만 계시는 시간이 되게 하여 주옵소서.

주 하나님! 주님의 전에 나아와 예배를 드리는 것이 축복의 근원이라 하셨으니 우리에게 주님을 사랑하는 복을 허락하여 주옵소서. 주님 주시는 힘으로 세상을 이기게 하시고, 우리에게 주님의 사역에 선한 일꾼으로 쓰임 받게 하여 주옵소서.

은혜의 주님! 우리가 이 세상을 살아가는 동안에 시험과 환란을 통해서라도 주님을 망각하는 일이 없도록 깨닫게 하여 주시고, 영적으로 건강하게 하여 주사 육체적인 건강이 전부가 아님을 깨닫게 하여 주옵소서. 또한 물질의 축복이 전부가 아님을 깨닫게 하여 주옵소서. 믿음으로 부요케 하여 주시고, 주님을 아는 지식으로 충만하게 하여 주셔서 지혜롭고 겸손하게 하시며, 높아질수록 낮아지고 가질수록 사랑을 베풀 수 있는 우리가 되게 하여 주옵소서.

주의 몸 된 교회를 위하여 기도하오니 우리의 교회가 주님의 몸으로 합당하도록 은혜를 더하여 주옵소서. 세상에서 구원의 방주 역할을 능히 감당할 수 있게 하셔서 꺼져가는 진리의 햇불을 다시금 태우는 교회가 되게 하여 주옵소서. 주님의 삶을 본받고 따르는 교회가 되어 세상을 정화시키는 소금의 역할을 감당하게 하옵소서. 그리하여 거친 세파에서 방황하는 심령들이 이 제단을 통하여 주님의 사랑을 깨닫고 진리의 말씀으로 인도되어 새로운 삶을 살아가게 하시며 믿음과 소망과 사랑으로 가득 차서 하나님을 경외하고 이웃을 사랑하게 하여 주옵소서.

이 시간 저희들이 말씀을 들을 때 성령님의 도우심으로 말씀을 통해 진한 감동과 우리의 결심이 삶의 현장에서 실현되고 성령의 열매를 맺도록 도와주옵소서. 날마다 은혜로운 찬양으로 예배를 돕는 성가대 위에도 큰 사랑으로 덧입혀 주옵소서. 우리를 죄에서 구원하시기 위해 모든 것을 아낌없이 내어놓으신 우리 구주 예수 그리스도의 이름으로 간절히 기도하옵나이다. 아멘.

7월 _셋째주

주일 낮예배 대표기도문 2

사랑과 은혜가 충만하신 하나님!
오늘도 주님의 이름으로 이 전에 불러 주시고 주님의 말씀을 듣도록 허락하신 하나님께 감사와 찬송과 영광을 돌립니다. 오늘도 저희는 구원의 잔을 들고 은혜의 하나님을, 귀하신 여호와를 소리 높여 부르기를 원합니다. 우리의 예배를 기쁘게 받아 주옵소서.

은혜로우신 하나님! 지난 한 주간도 의의 병기로 저희의 몸을 사용하지 못하고 불의의 병기로 사용했던 것을 용서하여 주시옵소서. 이 시간 하나님의 은혜를 베푸사 저희를 변화시켜 주시고, 저희의 몸으로 주님께 영광 돌리는 생활을 이루게 하옵소서.

하나님 아버지! 참으로 살기 어렵고 신앙 지키기에 어려운 이 시대에, 저희들을 말씀과 성령으로 붙잡아 주셔서 믿음으로 승리하게 하여 주시옵소서. 악한 세상에서 먼저 믿은 저희들이 믿음의 본이 되게 하시고, 믿음의 덕을 세워 주시어서 세상의 빛이 되며 소금이 되는 삶이 되게 하여 주시옵소서.
성도들이 오직 하나님만을 섬기고 오직 하나님을 위해 봉사하게 하여 주시옵소서. 선한 눈이 되게 하시고, 감사의 입술이 되게 하시며,

복된 귀가 되게 하셔서 성결한 삶이 지속되도록 이끌어 주시옵소서. 이 시간 주의 영이 냉랭한 우리의 가슴에 뜨거움을 주시고 주의 말씀으로 빈 속을 채우며 주의 위로로 힘을 얻어 하나님의 은혜가 우리의 심령 속에 충만하게 하여 주옵소서.

하나님 아버지! 이 나라의 통치와 정사를 맡은 모든 이들에게 순수한 마음과 주님의 말씀을 두려워하는 마음을 허락해 주옵소서. 그리하여 이 땅에 불의와 부정이 사라지고, 남북으로 갈라진 이 나라가 주님의 복음으로 통일되는 놀라운 역사가 일어나게 하옵소서.
성도들 중에 가정과 사업과 질병과 경제 문제로 인하여 매우 힘든 나날을 보내고 있는 성도들이 있사오니, 주님만이 구원이 되심을 믿고 의지하는 손길들에게 주님의 선하신 뜻대로 감사할 수 있는 삶을 이끌어 주시기 원합니다.
오늘도 주님의 교회와 예배를 위해서 몸을 드려 충성하는 손길들이 있습니다. 주님 앞에 충성과 헌신의 농도가 깊어지는 만큼 성령의 큰 능력을 받게 하시고, 생활 속에서도 감사의 조건들이 넘쳐나는 복된 삶으로 이끌어 주시옵소서.

이 시간 단 위에 세우신 목사님께 크신 능력을 주시고 말씀을 전하실 때 성령의 능력을 더하여 주셔서 위로와 회복의 시간이 되게 하옵소서. 이 시간 저희 성도들이 귀가 열려 말씀을 깨닫게 하시고 행동으로 변화되는 삶을 살게 하옵소서. 오직 근원 주 되신 예수님의 이름으로 간절히 기도하옵나이다. 아멘.

7월 _셋째주

주일 낮예배 대표기도문 3

인도하시는 하나님!
우리의 불의를 인하여 멸하지 아니하시고 긍휼히 여기시고 용서하신 은혜에 감사합니다. 지난 한 주간도 눈동자처럼 보호하시다가 하나님의 전에 나아와 예배를 드리게 하시니 감사합니다. 저희의 예배를 기쁘게 흠향하여 주시옵소서.

긍휼의 하나님! 저희의 연약한 육신으로 인하여 주님의 사랑을 실천하지 못하였고, 마음이 약하여 유혹에 빠지고, 의지가 약하여 선한 일을 이루지 못하였음을 고백합니다. 이 허물과 죄악을 용서하여 주시옵소서.

자비로우신 하나님! 이 시간 말씀을 통하여 큰 은혜를 받기 원합니다. 행여나 세상 염려와 근심 때문에 말씀의 통로가 막히지 않도록 우리들의 마음을 활짝 열어 주시고, 한 영혼도 은혜에서 소외되지 않기를 원합니다.
어린 생명부터 노년에 이르기까지 모든 성도들이 예배를 통하여 주님을 만나게 하옵소서. 그래서 구원의 확신을 견고히 하고 부르심을 따라 살기로 결단하는 소중한 시간이 되게 하여 주시옵소서.

온전케 하시는 주님! 비록 저희가 경제적으로 어려운 때에 살고 있지만 이런 때일수록 더욱 힘써서 믿음을 나타내는 삶을 살기를 원합니다. 생활이 어렵다고 해서 마땅히 주님께 드리고 헌신하며, 봉사하는 모습들이 사라지지 않게 하시고, 신앙의 선진들이 온갖 박해 속에서도 주님을 만난 감격 때문에 주님을 위해 능욕받는 것도 세상의 보화보다 더 귀하게 여겼듯이 저희들도 선진들의 믿음을 본받게 하시고, 즐겨 헌신하는 자에게 영광의 면류관을 예비하고 계신 주님의 상급을 바라보는 저희들 되게 하시옵소서.

이 시간 주님을 사모하는 저희들에게 생명의 역사가 넘쳐나기를 원합니다. 상하고 찢긴 심령들이 위로받고 소망을 얻게 하시고 육신의 질병으로 고난받는 성도가 치료함을 얻게 하시며 곤궁한 자가 부요와 형통을 얻게 하여 주시옵소서.

이 시간 말씀을 선포하실 목사님에게 함께하셔서 선포하실 말씀이 우리 삶의 길이요 빛이요 목표가 되게 하시고 말씀의 능력으로 내일부터 시작되는 생활의 예배가 승리하게 하옵소서. 성가대가 주님께 찬양할 때 기쁘게 받아 주시고 청중들 모두에게 은혜로운 시간이 되게 하여 주옵소서. 모든 성가대원이 찬양 가운데 역사하시는 성령의 인도를 받아 축복의 통로로 살게 하여 주옵소서. 말씀이 성육신하신 예수님의 이름으로 간절히 기도하옵나이다. 아멘.

7월 _셋째주

주일 오후(저녁)예배 대표기도문

전능하신 하나님!
거룩한 주일과 주님께 찬양드릴 수 있는 귀한 기회를 허락하심에 감사합니다. 우리에게 산 소망으로 함께하시니 감사합니다. 우리가 드리는 예배를 기쁘게 받아 주시고, 우리에게 성령으로 충만하게 하셔서 은혜를 받을 수 있도록 축복하여 주옵소서.

긍휼이 풍성하신 주님! 이 시간 지난 한 주간 지었던 우리의 모든 죄를 용서하여 주시옵소서. 이 시간 한 주간 동안 아쉬웠던 경건의 삶을 회복하게 하시고, 주님의 참 자녀로 인격이 갖추어지게 하시며, 맡은 일을 성실히 이행하고 책임을 다하여 이 여름을 알차게 살아갈 수 있는 인격과 믿음을 심어 주옵소서.
부족함 없도록 채워주신 주님! 저희의 심령에 장맛비와 같은 은혜의 비를 내리셔서, 그 비를 심령 깊숙이 충만하게 받아들이게 하시고, 저희의 믿음 또한 무성하게 자라게 하여 주시옵소서.

은혜의 주님! 주님의 형상으로 우리들을 빚어 주시기를 간절히 원합니다. 주님 안에서만 살며 주님의 성품을 갖고 주님같이 살게 하여 주옵소서. 쓰임 받기를 간구하는 자녀들을 인도하셔서 쓰임 받는 길로 이끄시고, 구하기 전에 바치고 싶은 열망으로 차 있는 자녀들을 축복하셔서 더 많이 바칠 수 있도록 복을 허락하여 주옵소서. 연약하고 미련한 우리들을 강하고 지혜롭게 만들어 주시는 한없는 사랑과 은혜에 감사와 찬양을 드립니다. 그리스도의 지식과 은총 속에 날마다 자라서 하늘의 비밀을 깨닫게 하여 주옵소서.

많은 사람들이 휴가 계획을 세웁니다. 올해의 휴가는 무엇보다도 보람있는 계획들이 세워질 수 있도록 인도하여 주옵소서. 편안한 휴식뿐 아니라, 주위의 이웃도 돌아볼 수 있는, 가난한 자를 품을 수 있는, 하나님의 뜻을 행할 수 있는 귀한 시간이 되도록 인도하여 주옵소서.

오늘 주님께 참 예배를 드리기를 원하면서도 세상의 온갖 염려와 근심으로 인하여 무거운 마음으로 예배를 드리는 성도가 있는 줄로 압니다. 저들의 답답한 마음들이 예배를 드리는 동안 주님의 평안으로 채워지게 하시고, 주님의 말씀으로 위로받게 하시며, 신앙의 힘을 얻어서 소망이 넘치는 생활이 되게 하여 주옵소서.

이 시간 하나님의 말씀을 듣고 단 위에 서신 목사님께 함께하사 우리에게 하나님의 말씀을 증거하실 때에 우리의 영혼에 하나님의 성령의 빛이 비치게 하여 주시고 그 빛으로 인하여 어두움을 이길 수 있는 권세를 허락하여 주옵소서. 평화의 왕으로 오신 예수님의 이름으로 간절히 기도하옵나이다. 아멘.

7월 _셋째주

주중(삼일·금요)예배 대표기도문

공의로우신 하나님!
우리의 삶에 주님의 공의가 나타나게 하심을 감사합니다. 우리의 삶이 주님께 드려지는 예배가 되게 하여 주옵소서. 우리가 입술로 주님의 공의를 증거하며 우리의 삶이 성도된 자의 본을 보일 수 있도록 믿음을 더하여 주옵소서.

사랑이 많으신 하나님! 패역하고 죄 많은 세상에서 속된 환경에 이지러지고 허약해진 심령들이 모여 거룩하신 주님께 머리를 숙입니다. 우리의 갈급한 심령에 성령의 단비를 허락하여 주시고, 허약해진 믿음의 심지를 돋워 주옵소서. 우리를 소생시켜 주사 우리의 마음의 잔에 성령의 생수가 넘치도록 축복하여 주옵소서.

주 하나님! 이 시간 우리의 마비된 눈을 밝히사 신령한 것을 보게 하시고, 마비된 양심을 고치사 깨끗하고 청결하게 하시며 진실치 못한 마음을 바로잡아 주옵소서. 우리로 육신적인 모든 삶을 버리고 죄를 떠나 살기에 즐거워하게 하시고, 죄의 모습을 볼 때 유혹을 받지 않고 오히려 혐오하고 증오하게 하시며, 말씀의 능력 안에서 승리하게 하여 주옵소서.

은혜로우신 주님! 오늘도 이 전에 나와서 주님 앞에 예배드리기를 원하는 저희들 가운데 삶에 지치고 시달린 심령도 있을 줄 압니다. 원치 않는 질병으로 인하여 고통에 신음하는 심령들이 있을 줄도 압니다. 힘든 일이나 직장생활로 힘겨워하는 심령들도 있을 줄로 압니다. 여러 모양으로 고달픈 삶을 살고 있는 저들의 심령을 든든한 믿음으로 함께하여 주시고, 은혜로 충만하게 동행하여 주옵소서. 무슨 일을 만나든지 주님의 사랑을 기억하게 하시고 능력을 주시는 주님을 바라보며 승리하는 삶으로 인도하여 주옵소서.

새롭게 하시는 주님! 계절적으로 무더운 여름 날씨이기에 육신이 지치고 피곤하여 신앙생활에 게을러지기 쉬운 가운데 있사오니, 게을러지지 않고 오히려 더욱 열심있는 신앙생활이 이루어질 수 있도록 축복하여 주옵소서.
이 시간 하나님의 말씀을 듣고 서신 목사님을 성령 충만으로 채우시사 우리의 삶을 변화시키며 계절이 희망으로 바뀌는 복된 말씀이 선포되도록 인도하여 주옵소서. 우리의 믿음의 승리를 보일 수 있는 복된 말씀을 주옵소서.

이 시간에 찬양대원들을 세워 주셨사오니 저들의 찬양으로 영광을 받으시고 이 자리는 은혜로 가득하게 하여 주시옵소서. 오늘도 십자가를 바라보는 자에게 은혜 베푸시는 우리 구주 예수 그리스도의 이름으로 간절히 기도하옵나이다. 아멘.

7월 _넷째주

주일 낮예배 대표기도문 1

저희를 불러 주신 하나님!
우리에게 주님의 전으로 나아올 수 있는 믿음을 허락하신 은혜에 감사합니다. 귀한 시간에 주님께 찬양하고 기도하게 하시니 감사합니다. 우리의 입술과 우리의 생각과 마음의 묵상이 온전히 주님께 열납되기를 원합니다. 우리의 예배를 기쁘게 받아 주옵소서.

우리의 연약함을 아시는 주님! 우리가 일주일 동안 주님의 이름을 더럽히고 다시 주님께 왔습니다. 우리를 용서하여 주옵소서. 교만하고 허영과 이기심으로 가득한 우리를 주님, 용서하여 주옵소서.

위로와 자비의 하나님! 저희의 피곤한 삶에 이 예배를 통하여 저희의 마음이 강건하게 하여 주옵소서. 분주한 삶 속에서 귀하게 얻은 시간이오니 저희의 심령에 평강을 허락하여 주시옵소서. 세속화 된 세상에서 구별하여 성결케 하시고 불러 주셔서 함께 하시는 은혜에 감사합니다. 저희에게 말씀으로 심령을 가득 채우셔서, 주님의 말씀을 먹고 사는 것이 인생의 최대 행복이 되게 하여 주시옵소서.

거룩하신 하나님! 저희로 하여금 주님의 참된 자녀가 되게 하여 주시옵소서. 세상적인 욕심을 벗어버리고 주님의 나라만을 바라보게 하시옵소서. 성령님의 뜻을 따라 사랑으로 서로 종노릇하며 사랑과 희락의 열매를 맺게 하여 주옵소서.

은혜가 충만하신 주님! 저희들이 주님의 사랑을 실천할 수 있도록 축복하여 주시고, 우리의 삶 속에 주님의 향기가 배어 나올 수 있도록 축복하여 주옵소서. 우리의 삶이 주님께 드려지는 산 제사가 되기를 원하오니 우리의 기도를 들어 응답하시고, 주님 앞에 설 때마다 거룩함이 회복되게 하시며, 세속의 종으로서가 아닌 주님의 충성스러운 종으로 살기에 부족함이 없는 인생이 되게 하여 주옵소서.

저희 상한 심령들 위에 위로가 되시는 주님! 우리가 세상에서 많은 상처를 입었사오니 우리를 긍휼히 여기사 우리의 상한 심령을 치유하여 주시기를 원합니다. 무거운 짐을 지고 힘겨워하는 많은 지체들을 돌아보게 하시고 우리가 기도로 힘쓰고 권면할 수 있도록 성령의 능력으로 동행하여 주옵소서.

이 시간 주님의 말씀을 선포하는 목사님을 도우셔서 우리를 향하신 하나님의 뜻을 바로 깨닫는 은혜의 시간이 되게 하여 주옵소서. 하나님의 영광을 위해 사셨던 예수님의 이름으로 간절히 기도하옵나이다. 아멘.

7월 _넷째주

주일 낮예배 대표기도문 2

은혜가 충만하신 하나님!
아무 쓸모없는 저희들을 가장 큰 영광의 자녀로 삼으시고 택한 백성으로서의 권리를 허락해 주시니 감사합니다. 각기 모습이 다르고 성품도 다르지만, 한 가지 일치하는 것은 하나님을 알고 경외하는 믿음을 가졌다는 것입니다. 하나님께서 이것을 소중히 여기사 저희를 부르셨으니 저희들도 이 믿음 하나만으로 하나님과 관계를 맺어 자녀로서의 삶을 살게 하여 주시옵소서.

자비로우신 주님! 우리가 세상에 지쳐 죄의 종으로 살아 주님의 자녀된 영광의 모습을 잃어버리고 살았음을 고백합니다. 우리에게 늘 비추어 주시던 주님의 구원의 빛으로 나아왔사오니 우리를 용서하여 주옵소서. 우리의 어리석음을 고백합니다. 우리를 용서하시는 주님의 사랑으로 다시 소망을 얻어 세상을 이기게 하여 주옵소서. 삶 속에서 우리에게 옳은 길로 인도하시는 주님의 음성에 순종함으로 승리의 길을 걷게 하여 주옵소서.

거룩하신 하나님! 저희가 믿음의 지팡이를 들게 하사 저희 앞에 있는 홍해와 같은 역경이 모두 갈라지게 하시며, 뒤에서 누르는 모든 억압들도 제거하시사 저희에게 주님께서 주시는 안식과 형통함을 허락하여 주옵소서. 우리의 연약함을 강하고 담대하게 하시고 우리의 작음을 주님께서 크게 하사 주님의 거룩하심을 나타내는 십자가의 군병이 될 수 있도록 은혜로 더하여 주옵소서.

오늘 저희들을 주목하시는 하나님을 바라보게 하시고, 훈계하시는 그 음성을 듣게 하시옵소서. 그래서 그 가르침 앞에서 아브라함의 하나님께 절대 순종하는 믿음을 배우게 하여 주옵소서.

하나님 아버지! 우리가 믿음에서 떠나 미움으로 가득 차 있으며 맡은 일에 태만하여 절망과 낙심에 잠겨 있을 때마다 주님께서 저희 등 뒤에서 밀어주신 것을 기억합니다. 우리의 삶을 온전히 주님께서 주장하시도록, 우리가 주님을 온전히 의지할 수 있도록 축복으로 함께하여 주옵소서. 새로 거듭나게 하시고 우리 가운데 그리스도의 형상을 닮아갈 수 있도록 축복으로 동행하여 주옵소서.

오늘도 말씀을 듣는 가운데 영적인 현실을 바로 볼 수 있는 눈이 열려지게 하시고 주님의 십자가의 아픔을 경험하는 시간이 되게 하시며 지금도 여전히 사랑을 쏟고 계시는 주님의 사랑을 체험하게 하여 주옵소서. 이 땅 위에 하나님의 거룩하신 뜻이 교회를 통하여 이루어지기를 원하오며 주 예수님의 이름으로 간절히 기도하옵나이다. 아멘.

7월 _넷째주

주일 낮예배 대표기도문 3

사랑과 구원의 하나님!
외모로 사람을 취하지 않으시고 중심을 보시는 신실하신 하나님 앞에 감사와 경배를 드립니다. 지난 한 주간도 주님께 받은 귀한 은혜 속에 승리하게 하시니 감사합니다. 우리의 부족한 예배를 완벽하게 하심으로 하나님께 영광 돌리게 하여 주시옵소서. 우리에게 신령한 꿀을 먹이려 불러 주신 은혜에 감사합니다. 우리의 몸이 자라는 것 같이 영적으로 성장할 수 있도록 함께하여 주시옵소서.

사랑의 하나님! 우리의 죄로 인해 우리를 정죄하지 마시고, 우리를 불쌍히 여기사 저희 죄를 사하여 주시옵소서. 저희들이 의지할 것은 주님의 값없는 사랑뿐인 줄 믿습니다. 그 사랑 안에서 사랑의 왕이신 주님을 진정으로 섬기는 삶이 되게 하여 주옵소서. 저희들의 갈 길은 오직 주님께서 보이신 영생의 길밖에 없음을 깨달아 알게 하여 주옵소서.

이 시간 저희가 마음과 뜻과 정성을 다해 신령한 예배를 드리게 하여 주시옵소서. 오늘 이 귀한 예배를 통하여 하나님을 만나게 하시고, 믿음을 얻게 하시며, 말씀으로 새롭게 되도록 축복하여 주시옵소서. 비록 거짓과 위선이 가득하고 모순이 가득한 세상이라 할지라도 그리스도인들이 빛이 되고 소금이 됨으로 세상을 변화시킬 수 있는 은혜를 허락하여 주시옵소서. 저희에게 주님의 뜻을 분별할 수 있는 지혜를 주시옵고, 순종의 삶을 위해 주님의 뜻이 무엇인지 알게 하여 주시옵소서. 하나님 앞에서 진실한 신앙의 열매를 맺는 축복된 백성이 되게 하여 주옵소서.

회복하시는 하나님! 우리가 이제는 모든 여름 행사를 마무리해 가는 중에 있사오니 이번 여름의 행사들을 통하여 하나님을 향한 우리의 첫사랑을 회복할 수 있도록 축복하여 주옵소서. 교회의 각 기관들을 주님의 오른팔로 강하게 붙드시기를 원합니다. 비전을 잃은 시대에 세속의 관점을 좇아 불경건한 마음이 없게 하시고 더욱 힘써 활발하게 움직일 수 있는 교회가 되게 하여 주옵소서.

오늘도 목마른 사슴 같은 심령으로 주님 앞에 나왔사오니 우리 교회 목사님에게 하늘의 능력을 베풀어 주셔서 이 시간 선포되는 하나님의 말씀을 통하여 우리의 심령에 은혜의 단비를 내려 주옵소서. 또한 예배를 섬기는 모든 영혼 위에 주님께서 늘 동행하시는 복을 주시기를 원합니다. 우리의 모든 죄를 대속하시고 사랑으로 용서하신 예수님의 이름으로 간절히 기도하옵나이다. 아멘.

7월 _넷째주

주일 오후(저녁)예배 대표기도문

사랑이 많으신 하나님!
오늘도 우리를 성회로 모이게 하신 은혜에 감사합니다. 보잘것없는 저희들이지만 이 시간 주님의 전에 겸손히 무릎 꿇고 머리 숙여 예배를 드리게 하시니 감사합니다. 우리의 예배를 기쁘게 받아 주옵소서.

은혜의 주님! 주님의 궤도를 벗어난 우리를 용서하여 주옵소서. 우리의 입술도 정죄하던 이웃을 위해 기도하게 하시기를 원합니다. 이 시간 우리의 영혼을 어루만지사 새롭게 하시고 잘못된 마음을 고쳐 주옵소서.

하나님 아버지! 우리에게 주시는 말씀을 통하여 우리의 가슴이 뜨거워지게 하시고, 우리의 영이 밝아지게 하옵소서. 우리의 손과 발이 새로워져 하나님의 역사 속에 하나님의 뜻을 성취해 드리는 힘 있고 올바른 새로운 일꾼들이 되게 하여 주옵소서. 이 시간에도 상한 심령을 겸손히 주님 앞에 내어 놓는 성도들의 믿음 위에 하나님, 신령하신 은혜로 채워 주옵소서. 믿음으로 현실을 극복하며 인내하는 소망으로 위엣것을 사모하면서 영원한 생명에 기쁨으로 감동케 하옵소서.

이 예배를 통하여 주님의 말씀을 듣고 하나님을 믿는 자는 영생을 얻었고 심판에 이르지 아니하나니 사망에서 생명으로 옮겨졌느니라라는 축복의 소유자가 모두 다 될 수 있게 하여 주옵소서. 하나님의 성전 안에는 빈부귀천도, 명예나 권세도 그리스도의 사랑의 용광로 속에서 다 녹아지고 오직 나와 같이 사랑하는 마음만 있게 하여 주옵소서.

사랑의 주님! 이 시간 특별히 참석하지 못한 성도님들을 위해서 기도드립니다. 어느 곳에 있든지 이곳을 기억하게 하시고 잠시라도 주님께 기도할 수 있는 은혜를 허락하여 주옵소서. 이 세대는 주님을 멀리하도록 이끌고 있지만 담대하게 우리가 세상을 뿌리치고 주님의 전으로 나올 수 있도록 축복하여 주옵소서. 이곳에 나오지 못한 많은 심령들 위에도 주님 크신 은혜와 축복으로 함께하셔서 주님의 사랑에 순종하는 역사가 있게 하여 주옵소서. 주님 닮기를 원하여 몸을 드리며 봉사하는 일꾼들의 땀방울로 교회가 튼튼해지고 구원받는 숫자가 날마다 더해지는 축복이 있게 하옵소서.

이 시간 주님의 말씀을 듣고 단 위에 서시는 목사님을 성령님께서 붙들어 주셔서 선포되는 입술이 복되게 하시며 아멘으로 받은 저희들의 귀가 복되게 하여 주옵소서. 우리를 불쌍히 여기시고 구원하여 주신 예수님의 이름으로 간절히 기도하옵나이다. 아멘.

7월 _넷째주

주중(삼일·금요)예배 대표기도문

은혜가 충만하신 하나님!
지난 삼일 동안도 주님의 십자가의 은혜 속에서 평안함과 안식을 누리면서 지내게 하시다가 이 시간 주님을 가까이 하는 기도회 시간을 갖게 하여 주심을 감사드립니다. 이 시간을 통하여 우리를 흑암의 권세에서 건져내사 빛과 생명의 자리로 옮기신 주님의 구속의 은혜를 마음껏 찬양하고 영광 돌리게 하여 주옵소서. 우리에게 하나님의 보호하심을 날마다 상고하게 하심으로 하나님을 위해서 헌신하게 하여 주옵소서. 오직 주님만을 사랑한다고 고백하는 삶이 되게 하여 주옵소서.

거룩하신 하나님! 우리의 부끄러운 삶을 고백합니다. 우리가 하나님의 사랑 안에 거한다 하면서도 우리의 죄로 인하여 하나님의 사랑을 부인하는 때가 많사오니 하나님의 강권하시는 은혜로 거룩하게 하여 주옵소서. 오직 여호와를 신뢰함으로 우리의 마음이 청결케 하시기를 원하오며, 우리의 마음이 깨끗하게 됨으로 하나님의 성호를 찬양하도록 축복하여 주옵소서. 우리로 하나님과 상관없는 사람들이 되지 않게 하시고 모든 것들이 하나님의 울타리 안에 거하게 하여 주옵소서.

은혜로우신 하나님! 예배하는 성도들 축복하시어 좌로나 우로나 치우치지 않게 하시고, 주님의 율례와 말씀을 붙들게 하심으로 어디를 가든지 무엇을 하든지 어느 곳에 있든지 형통하게 하여 주시옵소서. 삶의 위기를 만날 때마다 지혜를 주셔서 기회로 선용하게 하시며, 어려움을 만날 때마다 하나님을 기억하여 의뢰하게 하옵소서.

땀 흘려 얻는 저희들의 산업이 분깃이 되게 하시고, 소득이 되게 하옵소서. 경영을 주님 앞에 맡김으로 이루어지는 은혜를 체험하게 하옵소서. 예수님으로 말미암아 누리게 된 구원의 은총이 저희에게 얼마나 큰 희락이 되는지 깨닫게 하옵소서. 그 기쁨이 넘쳐 세상을 다시 보게 하시고, 주님을 평화롭게 해 드리는 삶을 살게 하여 주옵소서.

날씨가 많이 무더워졌습니다. 교회 안에 계신 많은 어르신들이 무더운 날씨로 인하여 건강을 잃지 않게 하시며, 이 여름을 이길 수 있는 건강을 허락하여 주옵소서. 무엇보다도 신앙의 건강을 허락하시길 원합니다. 바른 믿음을 가지고 바르게 살게 하시며 하나님의 백성으로 사는 삶을 느낄 수 있도록 허락하여 주옵소서. 오늘 예배가 주의 백성으로 무장하는 시간이 되길 원합니다.

이 시간 말씀을 전하는 목사님 영육 간에 강건함을 주시고 성령님의 강권적인 역사가 일어나 성도들의 삶이 변화되고 거듭나는 영적인 생명을 살리는 말씀되게 하옵소서. 영원한 생명을 주신 예수님의 이름으로 간절히 기도하옵나이다. 아멘.

8월 _첫째주

주일 낮예배 대표기도문 1

새 힘을 주시는 능력의 하나님!
지난 한 주간도 저희들을 주님의 은혜로 지켜 보호하여 주시고 오늘 이렇게 주님의 백성들이 한 자리에 모여 주님 앞에 찬양하며 예배할 수 있도록 이끌어 주신 은혜를 감사합니다.
믿음의 행위가 나태해지기 쉬운 계절이지만 주님께서 불꽃 같은 눈동자로 저희들을 지켜 주시고 믿음의 뜨거움이 쉬지 않도록 인도하여 주셔서 오늘도 뜨거운 마음으로 예배할 수 있게 하시니 감사합니다. 이 시간 신령과 진정으로 예배하게 하시고, 찬양으로 예배를 시작했으니 영광의 노래로 마치게 하옵소서.

은혜가 충만하신 주님! 지난 일주일 동안의 생활을 저희들이 돌이키어 볼 때에 참으로 주님 앞에 허물과 죄악과 부끄러운 것뿐입니다. 주님, 이 허물과 죄악을 용서하여 주시옵소서.
사랑의 하나님! 이 시간 말씀과 기도 가운데 주님과의 만남이 이루어져서 주님을 닮은 모습으로 사랑과 화해와 용서와 겸손으로 변화되는 저희들 되게 하여 주옵소서. 우리로 성도의 본분을 잘 감당하게 하시고 우리의 삶이 하나님께 드려질 수 있도록 축복하여 주시옵소서. 우리가 하나님 제일주의로 살게 하시고, 그렇게 살 때 우리의 삶이 더욱 풍요로워질 수 있도록 하여 주시옵소서. 언제든지 피곤치 않는 삶이 되게 하여 주시고, 달음박질하여도 향방 없는 자와 같지 않고, 오직 우리의 방향이 되시는 그리스도만을 향하여 나아가게 하여 주옵소서.

능력의 주님! 주님의 몸 된 교회를 기억하여 주옵소서. 주님의 크신 뜻과 계획이 계셔서 이곳에 교회를 세우셨음을 믿사오니 이 교회를 통하여 이 지역이 복음화 되기를 원합니다. 주님의 뜨거운 사랑을 나타낼 수 있는 주님의 교회가 되기를 원합니다. 삶이 소망을 잃은 자들에게 이 교회를 통하여 소망되시는 주님을 체험하게 하여 주옵소서. 삶에 평안을 잃은 자들에게 이 교회를 통하여 평안이 되시는 주님을 체험하는 귀한 역사가 있게 하여 주옵소서. 그리하여 저들이 주님의 사랑을 증거하는 귀한 주님의 증인들이 되게 하여 주옵소서.

이 시간 주님의 말씀을 듣고 단 위에 서신 목사님을 성령님의 능력으로 강하게 붙드셔서 선포하시는 말씀이 나태해진 저희의 심령에 불을 붙이는 말씀이 되게 하여 주옵소서. 생명력이 넘치는 시간이 되게 하시고 영혼이 살아 움직이는 시간이 되게 하여 주옵소서. 상한 심령을 위로하시는 예수님의 이름으로 간절히 기도하옵나이다. 아멘.

8월 _첫째주

주일 낮예배 대표기도문 2

전지전능하신 하나님!
감사와 찬송을 돌립니다. 세상을 사는 우리의 인생을 돌아보사 구원을 베푸시고 주님의 사랑 아래 보호하여 주시니 감사드립니다. 슬픔을 기쁨으로 바꾸시고 괴로움을 희락으로 바꾸시는 주님의 은혜를 사모하여 주님의 전으로 나아왔사오니 우리에게 축복하여 주시고 주님의 거룩한 백성이 되게 하여 주옵소서.

사랑의 하나님! 주님을 믿고 사랑한다고 하면서도 주님을 위하여 살지 못했음을 고백합니다. 주님 앞에 엎드려 용서를 구합니다. 거칠고 마른 심령 위에 은혜의 단비를 내려 주옵소서. 주님을 따르는 자들은 자기를 부인하고 제 십자가를 져야 한다는 말씀처럼 저희도 주님의 참 제자가 되게 하여 주옵소서.

복을 주시는 하나님! 이 시간 세상의 고달픔에 지쳐 고단한 심령으로 주님 앞에 나온 저희에게 위로의 영으로 오시옵소서. 저희 모두 성령 충만한 사람이 되어 험한 세상을 이겨내는 하나님의 능력있는 자녀로 살아갈 수 있도록 은혜를 허락하여 주시고, 모든 성도들이 하늘의 신령한 복과 땅의 기름진 복으로 만족하게 하옵소서. 저희의 찬양과 경배로 한 목소리로 표현하는 예배를 드릴 때 은혜를 내려 주시고, 저희 교회 권속들이 겸손히 하나님을 섬기게 하시며, 말씀에 순종하도록 이끌어 주시옵소서.

거룩하신 하나님! 이 험한 세상에서 세상의 사람들에게 복음을 전할 때 강건한 믿음을 주사 낙심하지 않게 하시며 어려운 일을 당할 때마다 주님의 십자가를 더 굳세게 붙잡아 조금도 흔들림이 없게 하여 주옵소서. 슬픔과 고통 중에 있는 심령들에게 위로와 평안을 허락하사 더욱더 주님을 사모할 수 있도록 인도하여 주옵소서.

하나님, 이 땅 가운데 필요한 것이 주의 은혜임을 기억합니다. 하나님, 은혜를 부어 주옵소서. 죄를 사하는 은혜를 허락하시고, 이 나라가 회복되는 은혜를 경험하도록 인도하여 주옵소서. 정의가 승리하게 하시고, 의를 위하여 자신의 몸을 바치는 자들이 일어나도록 인도하여 주옵소서.

이 시간 목사님을 통해 선포되는 말씀을 하나님의 음성으로 듣고 깨닫는 바를 삶의 자리에서 순종하게 하시고, 우리 모두에게 복된 시간으로 이어지게 도우시며 인도하여 주옵소서. 이 시간 선포되는 하나님의 말씀을 통하여 우리 자신의 죄를 회개하고 심령이 치유되고 회복되게 하옵소서. 우리를 죄에서 구원하신 예수님의 이름으로 간절히 기도하옵나이다. 아멘.

8월 _첫째주

주일 낮예배 대표기도문 3

영광과 존귀의 관을 쓰신 거룩하신 주님!
우리로 하나님의 거룩하심을 찬양하며 하나님의 은혜를 사모하여 나아오게 하신 은혜에 감사합니다. 우리의 입술이 오직 하나님을 찬양하기를 원하오니, 우리를 도와주사 우리로 하나님의 거룩한 백성으로서의 입술을 갖게 하여 주시옵소서. 날마다 감사와 찬양이 끊이지 아니하는 입술이 되게 하여 주시옵소서.

세상의 빛과 소금이 되라고 말씀하신 주님! 지난 주간 저희는 세상에서 빛을 발하기보다는 오히려 어두움에 휩싸이고 불의와 부패 앞에 무기력했음을 고백합니다. 주님의 긍휼을 베푸사 잘못된 저희들의 행위를 용서하여 주옵소서. 말씀에 순종할 수 있는 믿음과 말씀대로 실천할 수 있는 능력을 허락하여 주옵소서.

은혜의 주님! 우리가 영으로 예배드리게 하시고 우리의 예배를 기쁘게 받으시기를 원합니다. 동행하시는 주님의 은혜를 알 수 있도록 축복하여 주옵소서. 이 시간 우리의 마음을 지켜 주옵소서. 하나님은 거룩하시오니 죄 많고 속된 이 세상에서 더러워진 우리의 마음과 영혼을 이 시간 성결하게 하여 주옵소서.

주님의 성결의 힘으로 우리의 삶이 예배로 드려질 수 있도록 축복하여 주옵소서. 우리가 가슴을 열고 주님의 사랑을 전하기 원하오니 우리의 모든 것들을 주님의 도구로 쓰기를 원합니다.

하나님, 교회를 위하여 달음질하던 발걸음이 뒤처지지 않게 하시고 어쩔 수 없음을 핑계 삼는 식어가는 열정들이 되지 않게 하여 주옵소서. 이 세상은 주님을 가까이하지 못하도록 우리를 묶고 있는 족쇄들이 너무나 많습니다. 강함과 용기를 잃지 않게 하셔서, 늘 주님을 신뢰하는 복된 삶을 살게 하여 주옵소서.

사랑의 하나님! 교회에 속한 모든 가정들을 위해 기도합니다. 주의 사랑이 충만하게 넘쳐나는 가정이 되길 원합니다. 집안의 가장들을 붙드셔서 믿음의 대표자로 본을 보일 수 있도록 인도하시어, 온 가족이 힘 있게 주를 섬길 수 있는 은혜가 있게 하여 주옵소서. 남편은 아내를 사랑하게 하시며, 아내는 남편을 따르고 존경하게 하시고, 자녀들을 사랑으로 양육할 수 있도록 인도하여 주옵소서.

이 시간 세우신 말씀의 사자에게 성령으로 기름 부으사 하늘 만나로 우리 마음과 영혼을 풍족하게 채워 주옵소서. 찬양대의 찬양과 성도들의 경배를 받으시고 저희들의 수고를 기억하사 상급이 넘치게 하옵소서. 우리를 거룩한 하나님의 사람으로 만들어 가시는 예수님의 이름으로 간절히 기도하옵나이다. 아멘.

8월 _첫째주

주일 오후(저녁)예배 대표기도문

우리를 사랑하시는 주님!
우리의 부족함을 채워주시고 우리의 연약함을 주님의 담대함으로 강하게 하신 주님을 감사합니다. 우리의 죄로 인해 멸망 받아 마땅한 죄인들을 주님의 사랑으로 독생자를 통한 대속의 은총을 베푸시고 희망이 없던 저희들이 이 은혜를 통하여 소망의 삶을 누리게 하신 하나님께 영광과 찬양과 감사함으로 경배드리오니 영광을 받으시옵소서.

주님, 지난 한 주간 동안 저희들의 삶을 고백합니다. 우리의 형제와 이웃들에게 무례히 행하고 미워했던 것을 자복합니다. 우리가 하나님과 여러 이웃들에게 얼마나 많은 허물을 범하였으며 마음을 아프게 했는지를 깨달아 알고 주님의 은혜를 구할 수 있게 하여 주옵소서.

은혜로우신 하나님! 우리의 어지러운 마음을 깨끗하게 하시고, 우리의 심정을 정리하사 우리의 삶을 하나님의 비전의 확신으로 바꿔주시기를 원하오며 우리의 삶의 자세가 바른길을 향하여 달려가는 귀한 역사가 일어나게 하여 주시옵소서. 주님이 주시는 기쁨으로 날마다 우리를 그리스도의 의와 일치하게 하시며, 거룩하신 주님의 영광을 드러내는 일에 모두가 온 정열을 쏟게 하여 주옵소서.

위로와 소망의 하나님! 택함 받은 자녀로서 그 어떤 시련이 닥쳐 온다 할지라도 언제나 주님의 크신 사랑과 능력을 신뢰하며 살아갈 수 있도록 하시고, 주님의 사랑의 능력으로 하나님을 날마다 찬양하는 저희들이 되게 하여 주옵소서. 힘겨운 우리의 삶을 고백합니다. 우리의 삶의 주관자가 되시는 주님께 온전히 의지할 수 있도록 은혜를 더하여 주옵소서. 우리의 연약함에 소망을 주시고 강하고 담대하게 하여 주옵소서. 우리가 주님의 나라를 바라보는 믿음으로 세상을 이길 수 있도록 축복하여 주옵소서.

교회에 속한 여러 기관들을 기억하시고, 어려운 때일수록 교회 일을 감당하기 벅차할까 염려되오니 주님의 교회를 위하여 더욱 온전히, 힘차게 맡겨진 사명을 잘 감당할 수 있도록 새 힘과 새 능력을 부어 주옵소서.

이 시간 주님의 말씀을 선포하실 목사님을 위해 기도드립니다. 우리에게 주님의 말씀을 선포하실 때에 우리의 심령이 고운 옥토가 되게 하시어 말씀의 씨가 심겨질 때 주의 능력이 역사하셔서 많은 열매를 맺게 하여 주옵소서. 우리를 이 세상에 선교사로 파송하신 예수님의 이름으로 간절히 기도하옵나이다. 아멘.

8월 _첫째주

주중(삼일·금요)예배 대표기도문

전능하신 하나님!
지난 삼일 동안도 주님의 사랑과 은혜와 보호 속에 살게 하시고 다시금 이 시간 주님의 거룩하신 임재 앞에 기도하게 하시니 그 은혜와 사랑에 무한한 감사와 영광을 돌립니다. 이 시간 저희들이 드리는 예배가 영과 진리로 드리는 예배가 되게 하시고, 주님께서 영광을 크게 받으시옵소서.
씻기시고 태우시는 주님! 우리의 죄를 소멸해 주시는 은혜를 간절히 구합니다. 없어져야 할 것들이 완전히 없어지는 시간이 되기를 원합니다. 정결한 새 사람으로 변화되게 하여 주시옵소서.

은혜의 주님! 저희들이 바울처럼 주님만을 바라보며 믿음을 지키는 삶이 되게 하여 주시옵소서. 주님의 귀한 몸이 십자가에서 죽으심으로 우리에게 생명을 주셨사오니, 오늘 저희들도 자신을 깨뜨려 주님의 말씀에 순종하는 삶을 살게 하시고, 갈한 심령들이 주님의 말씀으로 영원히 목마르지 아니할 생수를 마실 수 있도록 십자가의 복음을 전하게 하여 주시옵소서. 우리의 모든 삶이 오직 하나님을 위한 귀한 성도의 삶이기를 원하오며, 우리의 삶이 하나님께 산 제사로 드려지기를 원하오니 우리에게 도움의 손길을 허락하시기를 원합니다.

하나님 아버지! 이 시간 주님 앞에 겸손히 엎드려 그리스도의 의를 믿음으로 깊은 지혜와 명철을 얻기 원합니다. 언제, 어디에 있든지 유익한 것을 얻기 위하여 노력하며, 선하고 좋은 것들만을 본받기 위해 애쓰게 하여 주옵소서. 주님을 섬기기 위해 세상에서 부름 받았사오니, 우리를 인도하시고 주님 명령하시는 작은 부분이라도 충성되게 잘 지켜 나가도록 도와주옵소서.

하나님 아버지! 아직도 사탄은 성도를 넘어뜨리려고 온갖 것을 총동원하여 몸부림치고 있나이다. 십자가 신앙으로 강하게 무장함으로써 마귀의 궤계를 능히 물리칠 수 있도록 하여 주옵소서. 이 시대를 정복하는 십자가의 군병이 되게 하옵소서. 이곳에 하나님께서 허락하신 성전을 세우셨으니 우리로 하나님의 은혜를 나누며 교제하는 귀한 장이 되게 하시고, 우리의 모든 것이 하나님을 찬양하며 하나님의 성호를 찬양할 수 있는 귀한 성도들 될 수 있도록 축복하여 주옵소서.

이 시간 예배 가운데 함께 하시며, 우리에게 귀한 말씀 주실 목사님을 성령으로 충만케 채워 주셔서 우리의 잃어버린 신앙을 회복하는 역사가 있게 하여 주옵소서. 사랑이 많으신 우리 구주 예수 그리스도의 이름으로 간절히 기도하옵나이다. 아멘.

8월 _둘째주

주일 낮예배 대표기도문 1

은혜가 풍성하신 사랑의 하나님!
거룩한 성일을 기억하시고, 우리에게 성회로 모여 하나님을 찬양할 수 있는 복을 허락하신 은혜에 감사합니다. 저희의 찬양과 감사와 경배를 받으시옵고, 사랑과 능력의 주님을 찬양하오니 영광을 받으시옵소서.
사랑의 하나님! 이 시간 경건하게 주님의 품에 안기기를 바라는 우리를 불쌍히 여기사 긍휼을 베풀어 주시옵소서. 우리의 욕심으로 인하여 감사하지 못한 우리를 용서하여 주옵소서. 우리의 추한 입술을 열어 찬양하지 못한 것을 용서하여 주시고, 우리의 더러운 죄로 인하여 주님의 영광이 가려진 것을 용서하여 주옵소서.
우리에게 더러운 죄를 벗게 하여 주시고, 우리로 하나님의 영광에 참여하게 하시며, 하나님의 영광의 빛으로 나아갈 수 있도록 함께하여 주옵소서.

저희의 모든 기쁨의 근원이 되시는 주님! 저희가 뜻을 모아 정성껏 드리는 이 예배를 받아 주시고 주님의 능력으로 새롭게 하여 주시옵소서. 이 시간을 통하여 우리가 하나님을 만나는 거룩한 경험을 가져 진리에 대한 이해를 깊게 할 수 있도록 도우시고, 진실과 평화를 마음속에 간직하는 자들이 되게 하여 주옵소서.

하나님 아버지! 우리에게 안일함을 떨쳐 버리는 용기를 주옵소서. 정체된 삶을 운명으로 받아들이지 않게 하시고 하나님이 함께하시면 가나안에 들어설 수 있다는 믿음으로 세상을 향해 담대하게 나아가게 하옵소서. 때로는 불편하고 힘들지만 새로운 도약을 위해 몸부림치게 하시고, 더 나은 내일을 기대하는 꿈이 사라지지 않게 하여 주옵소서.

나약함을 당연하게 받아들이는 병든 마음을 고치시고 하나님께서 주시는 힘을 의지하게 하옵소서. 우리를 더 강한 그리스도의 군사로 훈련하시고 세우시기를 원합니다. 그리스도의 온유한 성품을 닮아가면서도 험한 세파를 향해 돌진할 수 있는 강력한 도전 정신을 주시고 순종의 도를 따르면서도 요단강과 홍해를 향해 발을 내딛는 용감무쌍한 개척 정신도 주시옵고, 우리를 늘 주 안에 거하게 하사 주님이 원하시는 삶을 살게 하여 주옵소서.

이 시간 말씀을 전하시는 목사님을 붙들어 주시고, 주님의 말씀을 사모함으로 듣는 저희 모두에게 신령한 귀를 열어 주시사 진리의 말씀을 듣게 하시고, 마음을 비워 겸손케 하시사 은혜받아 간직할 수 있게 하여 주옵소서. 예배를 돕는 손길들을 기억하사 축복하시고 저희들의 수고와 헌신이 헛되지 않게 하시고 주님을 만나는 그날까지 계속적으로 헌신하며 봉사하는 복된 자들이 되게 함께하여 주옵소서. 우리를 구원하신 예수님의 이름으로 간절히 기도하옵나이다. 아멘.

8월 _둘째주

주일 낮예배 대표기도문 2

하나님을 섬기도록 성도의 능력이 되시는 하나님!
우리를 도우시사 우리로 더욱 하나님을 사랑하게 하시니 감사합니다. 주의 이름을 의지하여 이 예배를 드리오니 우리의 마음과 정성을 받으시옵소서.
긍휼의 하나님! 지난 한 주간도 세상에 대하여 무기력했던 순간들을 회개하오니 용서하여 주시옵소서. 한 주간을 말씀을 의지하여 믿음으로 살겠노라고 결단하오니 능력을 주시옵소서.

은혜의 주님! 우리를 지도하여 주시고 감동하게 하시는 성령님께서 이 시간 오셔서 우리가 신령한 예배를 드리게 하옵소서. 우리의 예배가 하나님께 영광이 되고 우리에게 은혜와 축복이 되게 하옵소서. 우리의 찬송으로 영광을 받으시고 우리의 감사로 축복을 약속하여 주옵소서. 우리의 마음을 순결하게 하시어 하나님을 보게 하시고 하늘 나라의 신령한 비밀을 알게 하여 주옵소서.
이 시간 하나님의 뜻이 이 땅에 이루어지기를 사모하는 저희들이 모였습니다. 전도하는 헌신과 신앙고백을 통하여 하나님의 구속의 뜻을 이루어 드리기에 부족함이 없도록 축복하여 주시옵소서. 저희의 심령에 먼저 하나님의 나라가 이루어지게 하시며, 주의 성령의 도우심으로 기쁨으로 말씀을 받게 하시고 말씀에 순종하여 살아갈 수 있도록 축복하여 주시옵소서. 저희의 심령에 믿음과 소망과 사랑이 자라나게 하여 주시옵소서.

하나님 아버지! 저희들의 신앙이 형식과 습관에 빠지지 않도록 도와주시며, 저희의 믿음이 이기적인 욕심에 사로잡히지 않도록 보호하여 주옵소서. 또한 저희들의 삶이 세상에 물들지 않도록 인도하여 주시기를 원합니다. 그래서 우리의 삶이 생명력 있는 삶이 되게 하시고 우리의 신앙이 깨어 있는 신앙이 되게 하셔서 사탄과의 영적 전쟁에서 날마다 승리하게 하여 주옵소서.
경제가 어려워지면서 근심하지 않는 가정이 없고, 미래에 대한 계획도 불투명해 우리의 삶의 무게가 무거워 감당할 수 없을 때가 많사오니 우리에게 주님의 권능으로 새 힘을 허락하여 주옵소서. 우리의 모든 것들이 주님의 영으로 능력 있게 하여 주옵소서.

이 시간 저희에게 귀한 목사님을 허락하셨사오니 저희에게 주님의 말씀을 전하실 때에 주님께서 저희에게 향하신 뜻이 무엇인지 알게 하시고, 저희의 약하고 상한 심령을 강하게 하시고, 치유하시는 은혜가 있게 하옵소서. 이 예배를 위하여 주님을 사모하는 모든 심령들의 마음을 보시고 저희에게 귀한 복을 허락하여 주옵소서. 우리를 죄와 사망에서 구원하신 예수님의 이름으로 간절히 기도하옵나이다. 아멘.

8월 _둘째주

주일 낮예배 대표기도문 3

거룩하고 자비로우신 하나님!
부족한 우리에게 전능하신 하나님의 자녀가 되는 권세를 주심에 감사합니다. 이날이 주님이 정한 거룩한 날임을 알아 주님의 전에 나아와 경배하게 하심을 감사합니다. 우리의 예배를 기쁘게 받아 주시고, 저희 모두에게 하늘의 축복과 있어야 할 은혜를 가득히 내려 주옵소서.

은혜가 충만하신 주님! 우리가 일주일 동안 주님의 이름을 더럽히고 다시 주님께 왔습니다. 우리를 용서하여 주옵소서. 교만하고 허영과 이기심으로 가득한 우리를 주님 용서하여 주옵소서. 우리의 삶이 주님께 드려지는 산 제사가 되기를 원하오니 우리의 기도를 들어 응답하여 주옵소서.

하나님 아버지! 우리에게 다시 새로운 힘을 허락하사 주님을 위해 우리의 삶을 드리며 그 드린 기쁨으로 충만하도록 인도하여 주시옵소서. 모든 삶의 여정을 친히 주장하사 우리가 온전히 하나님께 영광을 돌려 드릴 수 있는 길을 가게 하시고, 날마다 바른길로 인도하여 주시옵소서. 오직 주님을 위하여 삶을 달려갈 수 있는 우리가 될 수 있도록 은혜 충만케 하여 주시옵소서.

예배를 드리는 귀한 이 시간 이 성전에 성령으로 충만하게 하여 주시옵소서. 주님의 새로운 은혜를 체험함으로 귀한 시간이 되게 하여 주옵소서. 교회의 역할을 잘 감당할 수 있도록 축복하여 주시고, 주님의 은혜로 날마다 세상에서 주님의 귀한 사명을 잘 감당하게 하여 주옵소서. 우리의 발길이 전도하는 발길이 되게 하시고, 우리의 손길이 봉사하는 손길이 되게 하여 주옵소서. 우리의 모든 것들이 주님의 도구로 쓰여지기를 원하오니 우리의 기도를 들어 응답해 주옵소서.

은혜의 주님! 오늘 주님께 참 예배를 드리기를 원하면서도 세상의 온갖 염려와 근심으로 인하여 무거운 마음으로 예배를 드리는 성도가 있는 줄로 압니다. 저들의 답답한 마음들이 예배를 드리는 동안 주님의 평안으로 채워지게 하시고, 주님의 말씀으로 위로 받게 하시며, 신앙의 힘을 얻어서 소망이 넘치는 생활이 되게 하여 주옵소서.

이 시간 목사님께서 말씀 증거하실 때에 저희 각자에게 필요한 음성으로 각각 한 사람에게 찾아와 말씀하여 주시는 성령의 은혜를 허락하여 주셔서 이 시간 예배의 자리가 주님의 크신 사랑과 은혜를 경험하는 자리가 될 수 있도록 도와주시옵소서. 찬양대가 저희들의 마음을 담아 이 시간 찬양을 드리오니 그 찬양을 받아 주옵소서. 이 모든 말씀 살아서 역사하시는 예수님의 이름으로 간절히 기도하옵나이다. 아멘.

8월 _둘째주

주일 오후(저녁)예배 대표기도문

능력의 주 하나님!
지난 한 주간도 주님의 은혜로 지켜 보호하시고, 오늘 이렇게 주의 백성들이 함께 모여 주님 앞에 예배드릴 수 있도록 이끌어 주신 은혜를 감사드립니다. 특별히 우리에게 주님을 경외하고 의지하는 지혜를 주셔서 감사합니다. 우리의 예배를 받으시는 하나님, 이 예배가 우리의 모든 것을 드리는 거룩한 시간이 되게 하옵소서.

긍휼의 하나님! 우리의 참담했던 일을 고백합니다. 기도해야 하는 시간에 기도하지 않았고, 참고 기다려야 하는 시간에 분노했던 죄를 용서하여 주시옵소서. 우리의 타락한 죄성을 용서하시어 깨끗한 심령으로 정결하게 하시고 우리의 타락한 영혼을 맑게 하여 주시옵소서. 오늘 이 예배를 통하여 우리의 회개로 주님과 연합하는 귀한 시간이 있게 하시고 우리의 삶 속에서 친히 간섭하시는 주님을 만날 수 있도록 축복하여 주시옵소서. 오직 주님만을 바라보고 살게 하시고, 날마다 하루하루를 주님과 동행하는 임마누엘의 삶이 되게 하옵소서.

사랑의 하나님! 이제 하나님의 은혜를 깨달은 자녀로서 아버지가 원하시는 합당한 삶을 살기 원합니다. 진리 안에서 성숙한 삶을 통하여 거룩하신 하나님께 우리의 삶을 예물로 드릴 수 있는 진실한 자녀가 되게 하옵소서. 우리의 삶을 통하여 하나님의 사랑이 이 땅 위에 선포되고 확산되는 데 필요한 도구가 되게 하옵소서.
하나님의 가르침을 받은 자녀로서 부족함이 없는 삶을 살게 하시고, 우리가 섬기는 주님의 교회가 밝고 따뜻한 사랑을 이웃에 전하는 교회가 되게 하옵소서. 저희가 가슴을 열고 주님의 사랑을 전하기 원하오니 저희의 모든 것들을 주님의 도구로 쓰시기를 원합니다.

빈자리가 많이 있사오니 저들의 영혼을 주님 친히 인도하사 주님의 전으로 발걸음을 재촉하도록 축복하여 주옵소서. 저들이 어디에 있든지 이 자리를 기억하게 하시고 주님께 나아오는 것을 즐겁게 할 수 있는 귀한 믿음을 더하여 주옵소서. 저들이 강함과 용기를 잃지 않게 하셔서 늘 주님을 신뢰하는 복된 삶을 살아갈 수 있도록 축복하여 주옵소서.

이 시간 우리에게 목사님을 허락하셨사오니 주님의 능력이 함께하사 폭포수 같은 은혜가 우리 심령 위에 채워지게 하옵소서. 말씀의 은혜가 우리 모두에게 전해져 우리의 배에서 생수의 강이 넘쳐흐르게 하옵시고, 말씀의 깊이와 은혜를 깨닫게 하옵소서. 온유함으로 세상을 정복하신 예수님의 이름으로 간절히 기도하옵나이다. 아멘.

8월 _둘째주

주중(삼일・금요)예배 대표기도문

우리를 사망에서 영원한 생명의 자리로 옮기신 주님!
지난 삼일 동안에도 우리를 보호해 주셨다가 다시 만민의 기도하는 집으로 와서 엎드려 기도하게 하시니 감사합니다. 우리가 드리는 예배를 하나님 기쁘게 받으시옵소서.
은혜의 주 하나님! 지난 삼일간의 생활을 돌이켜 보면 구원받은 성도답게 구별된 삶을 살지 못하고 오히려 세상에 마음을 빼앗겨 살아감으로 하나님의 영광을 가리울 때가 많았습니다. 저희들의 삶이 언제나 주님의 뜻을 따라 성별될 수 있도록 성령님께서 저희의 마음을 다스려 주옵소서.

하나님 아버지! 성도들이 합심하여 드리는 찬양 중에 함께 하시고, 기도 중에 응답하시며, 말씀 중에 은혜가 임하게 하옵소서. 주님이 철저히 간섭해 주셔서 이제 우리가 새로운 자세로 변화되는 시간을 맞게 하시고, 우리가 진리 안에서 사는 사람 되게 하옵소서. 예수님을 닮아가는 삶이 되게 하시고, 연약해질 때마다 기도할 수 있게 하여 주옵소서.
이 시간 성령님의 은혜로 우리의 마음을 채우시며 사랑과 기쁨과 평화와 인내와 관용과 믿음과 온유와 절제로 우리의 마음을 가꾸게 도와주옵소서. 우리들의 참된 신앙생활과 주의 놀라운 은혜로 구원을 얻는 생명들이 날로 늘게 하시고, 새 생명의 역사가 일어나게 하여 주옵소서.

구주가 되시는 하나님! 하늘의 신령한 복으로 저희 교회의 성도들을 축복해 주시고, 저희에게 믿음을 주셔서 더 이상 흔들리지 않게 하옵소서. 죄에서 떠나 하나님을 믿는 믿음 안에서 머무르게 하시고, 주님을 향한 저희의 마음을 뜨겁게 하시며, 믿음으로 이기는 복을 누리게 하옵소서. 이제부터는 주님의 인도하심 안에서 살게 하시고, 주님의 은혜로 날마다 승리의 기쁨을 누리는 저희 교회의 성도들이 되게 하여 주옵소서.

이 시간 예배를 수종 드는 귀한 일꾼들이 많이 있습니다. 또한 숨어 봉사하는 일꾼들도 많이 있습니다. 모든 이들에게 하늘의 상급이 큼을 보여 주시옵소서. 또한 찬양대의 찬양을 받으시고 이 시간 우리 모두에게 한없는 은혜를 내려 주옵소서.

이 시간 말씀을 증거하시는 목사님께 성령이 함께하셔서 말씀을 성령의 창과 검으로 그 좌우를 지키시며 성령의 두루마기를 입히사 불같은 말씀이 되게 하시고 영혼의 흡족한 말씀이 되게 하시며 진리의 말씀이 생수가 되어 허전했던 심령을 시원하게 해 주는 은혜를 입게 하옵소서. 기도의 본을 보이신 예수님의 이름으로 간절히 기도하옵나이다. 아멘.

8월 _셋째주

주일 낮예배 대표기도문 1

진리의 하나님!
우리에게 주님의 사랑 안에서 자유케 하시는 은혜에 감사합니다. 귀하신 주님의 사랑을 받게 하시니 감사합니다. 주님의 자녀로 이 세상을 살아가게 하시니 감사합니다. 주님으로 인해 복 있는 삶을 영위하게 하시니 감사합니다. 귀하신 주님께 영광과 찬송과 존귀를 돌립니다.

용서의 주 하나님! 지난 한 주간도 저희는 이 세상의 삶에 취하여 살면서 주님의 자녀답지 못한 삶을 살아왔음을 고백합니다. 이 시간 주님의 말씀을 따라 살기보다는 세상의 욕심을 채우려고 더 노력했음을 고백하오니 용서하여 주옵소서. 이 귀한 예배를 통하여 하나님의 크신 사랑을 더욱 체험하도록 도와주옵소서.
우리의 마음에 소망을 심어 주시고 한 사람 한 사람에게 각기 필요한 말씀을 들려주옵소서. 우리의 귀를 열어 주시어 주님의 말씀을 듣게 하시고 우리의 마음을 열어 주님의 말씀 앞에 결단할 수 있도록 축복해 주시기를 원합니다. 드리는 예배가 하나님께는 영광이 되고 우리에게는 은혜가 되게 하여 주옵소서.

오늘 이 시간 이 예배를 통하여 우리의 삶에 생명의 길이 환하게 보이게 하시고 기쁨이 충만한 은혜를 받게 하옵소서. 말씀을 통하여 심령이 뜨거워지게 하시고 저희의 생각과 마음이 고침을 받게 하옵소서. 주님, 이 자리가 은총의 자리임을 믿습니다. 이 자리에 앉아 있는 주님의 백성들을 거룩하고 성결하게 하시며, 어떠한 어려움에도 흔들리지 않게 하시고 소망 가운데 굳건한 믿음으로 살아갈 수 있게 하여 주옵소서.

사랑 많으신 하나님, 교회가 고난 중에 있는 사람들에게 평안을 전할 수 있게 하시고, 고통 가운데 있는 영혼이 놓임을 얻어 참 자유를 맛보게 하여 주옵소서. 우리의 이웃, 또는 믿지 않는 가족을 위해 이 시간 기도하오니 주님, 저들을 구원하여 주옵소서. 그들의 영혼을 불쌍히 여기사 영혼이 해방될 수 있는 은혜를 허락하여 주옵소서. 우리가 그들에게 주님의 사랑을 실천함으로 그들을 전도할 수 있는 믿음을 더하여 주옵소서.

예배를 돕는 손길들이 있습니다. 몸을 깨뜨려 주님 앞에 헌신할 때마다 주님을 높이는 삶이 되게 하시고, 하늘의 상급이 넘쳐나게 하옵소서. 이 시간 기름 부어 세우신 목사님을 성령의 권능으로 충만케 하시옵고, 예배를 통하여 주시는 말씀을 마음판에 새기게 하시고, 그 말씀으로 우리를 영원한 생명의 나라로 인도하여 주시옵소서. 경건한 삶의 본을 보이신 예수님의 이름으로 간절히 기도하옵나이다. 아멘.

8월 _셋째주

주일 낮예배 대표기도문 2

여호와 주 하나님!
거룩하신 하나님께 나아와 예배드리게 하시니 감사합니다. 이 귀한 시간에 주님의 은혜가 충만하도록 축복하시기를 원합니다. 우리의 예배를 기쁘게 받아 주옵소서.
오늘 이 귀한 제단에서 저희 모두가 일제히 엎드려 해방의 감격을 누리도록 허락하신 하나님께 영광과 감사를 드립니다. 기쁨을 맛본 지가 벌써 반세기가 흘렀습니다. 이제는 희년의 광복을 주님께 감사하나이다.

사랑이 많으신 하나님! 조국의 광복을 위해 싸웠던 수많은 선조들의 피땀이 스며있는 광복절을 지내며 우리 역시 조국의 평안을 위해 날마다 깨어 있는 삶을 살게 하옵소서.
우리 가슴에서 태극기를 꺼낼 때마다 하나님의 은혜를 잊지 않게 하시고, 국내와 국외에서 조국의 해방을 위해 싸웠던 순국열사들의 숭고한 정신을 이어받아 조국을 굳건하게 세워 나가는 후손들이 되게 하옵소서.

무엇보다도 이 백성들이 과거의 고난과 서러움을 잊지 말게 하시고,

이를 거울삼아 근신하고 경계함으로써 결코 같은 죄를 다시는 범하지 말게 하여 주옵소서. 같은 고난으로 고통을 받지 않도록 은혜를 허락하여 주옵소서. 이 시대를 살아가는 우리들에게 바른 삶의 모습을 허락하시길 원합니다. 날마다 삶의 모습을 보며 좌절하지 않게 하시고 하나님의 뜻을 이루며 산 기쁨을 누리게 하여 주옵소서.

하나님 아버지! 나라와 민족, 사회와 이웃을 위하여 기도드립니다. 우리가 살아가는 이 나라를 지켜 주옵소서. 아직도 남북이 분단된 채 서로 다른 사상과 이념을 가지고 살아가고 있습니다. 반드시 민족의 통일이 이뤄지게 하시고, 이산의 아픔이 치유됨으로 응어리졌던 가슴의 한이 눈 녹듯 없어지는 기쁨이 있게 하옵소서.
은혜의 주님! 저희가 드리는 이 광복절 기념 예배를 흠향하시고, 이 예배 중에 성령이 운행하셔서 마음에 근심 있는 심령에게는 기쁨을 주시고, 절망에 빠진 심령에게는 소망을 주셔서 주님 안에서 항상 기뻐할 수 있는 은총을 허락하여 주시옵소서.

오늘도 말씀을 전하여 주실 목사님을 기억하시고, 성령의 능력으로 함께해 주시옵소서. 선포하시는 말씀을 능력 있게 하셔서 성령의 권능을 쏟아 내는 말씀이 되게 하시고, 저희 모두가 주님의 말씀을 경청할 때에 복의 근원이 되시는 주님을 다시 한번 만나는 시간이 되게 하여 주옵소서. 복된 만남을 허락하신 우리 구주 예수 그리스도의 이름으로 간절히 기도하옵나이다. 아멘.

8월 _셋째주

주일 낮예배 대표기도문 3

전능하신 하나님!
우리의 연약함을 강하게 하시는 주님의 은혜를 감사합니다. 하나님의 말씀을 의지하여 우리가 세상을 이기는 힘을 허락하신 은혜에 감사합니다. 하나님의 전으로 나아와 우리의 연약함을 고백하게 하심을 감사합니다. 이 시간 삼위일체되시는 하나님께 드리는 예배가 향기 넘치는 산 제사가 되게 하여 주옵소서.

하나님, 지난 일주일을 뒤돌아 봅니다. 우리의 주홍 같은 죄들을 오직 주의 보혈로 씻으사 깨끗하게 하여 주시옵소서. 우리는 아직도 죄의 속성에서 벗어나지 못하고 주님의 성호를 더럽히는 추악한 일을 서슴지 않음을 고백합니다. 주님의 보혈을 의지하여 주를 향한 우리의 믿음을 지키게 하옵소서.

긍휼이 풍성하신 하나님! 주님의 보혈을 의지해서 나왔사오니 이 시간이 복되게 하옵소서. 우리로 하여금 죄에 대해서는 매일매일 죽게 하사 예수 그리스도의 부활의 기쁨 속에서 주님과 함께 살게 하옵소서. 주님의 승리를 통하여 영생을 주셨사오니 저희들이 영생의 소망을 붙잡고 살아가게 하옵소서.

하나님 아버지! 저희들이 하나님의 말씀으로 그리스도를 아는 지식이 더욱 자라나길 원합니다. 말씀과 기도로 우리를 거룩하게 하시는 주님! 우리가 날마다 주님의 형상을 닮아 예수 그리스도를 드러낼 수 있는 참된 제자가 되게 하옵소서. 주님의 말씀으로 우리의 생각을 교정하시고, 진리의 성령으로 잘못된 태도를 고쳐 주옵소서. 주님 앞에서, 사람들 앞에서 부끄럽지 않은 믿음의 사람으로 서게 하옵소서.

하나님! 교회에 속한 여러 기관들이 있습니다. 연약해지는 기관이 없게 하시고 풍요로운 열매를 거두는 귀하고 복된 기관들이 되게 하여 주옵소서.
오늘도 주님께 예배드리는 이 시간에 보이지 않는 많은 성도님들이 있습니다. 어떤 이유로 주님의 전에 나오지 않았는지 저희는 알 수 없사오나 주님께서 저들의 사정을 아시오니 긍휼히 여겨 주옵소서. 또한 이 시간 주님께 드리는 거룩한 예배를 위하여 돕는 손길들이 있사오니 주님께서 우리에게 함께 하사 하늘의 신령한 비밀들을 알게 하시고 하늘의 축복으로 동행하여 주옵소서.

이 시간 세우신 주님의 사자를 붙드셔서 선포되어지는 하나님의 말씀을 통하여 우리의 주린 영혼이 살찌게 하시며, 낙심한 영혼이 위로를 얻게 하시며 독수리의 날개 치며 올라감 같은 새 힘을 얻게 하옵소서. 우리에게 영생의 소망을 주신 예수님의 이름으로 간절히 기도하옵나이다. 아멘.

8월 _셋째주

주일 오후(저녁)예배 대표기도문

위로하시는 하나님!
이 저녁 우리에게 허락하신 주님의 귀한 은혜에 감사합니다. 하루 종일의 찌는 더위에 지치지 않게 하시고 주님의 말씀을 사모하여 나아오게 하신 은혜에 감사합니다. 우리가 전심으로 감사와 찬양을 드립니다. 죽어야 마땅할 저희들을 살려 주시고 좌절할 수밖에 없는 상황 가운데서도 산 소망을 주시니 감사합니다.

이 시간 우리가 드리는 예배가 참으로 하나님의 은혜와 사랑에 감격하여 드리는 기쁨의 산 제사가 되게 하여 주옵소서. 하나님의 나라가 가까운 줄을 알고 있으면서도 제 뜻대로 살아가는 어리석은 죄인들을 용서하여 주옵소서. 늘 깨어 기도할 수 있는 믿음을 허락하여 주옵소서.

은혜의 하나님! 하나님 앞에 이 시간 주신 말씀으로 성도로서 나아가야 할 이치를 깨닫는 예배가 되게 하옵소서. 성령님의 은혜를 이 시간도 흡족히 부어 주옵소서. 그리스도인으로, 하나님의 사람으로 온전히 합한 사람들이 되어서 그리스도의 영광을 위하여 살 수 있는 귀한 생애가 되게 하옵소서.

위로의 능력이 크신 하나님께서 살리시는 능력으로 저희들을 세우시고 주님의 이름을 위하여 걷게 하옵소서. 하나님의 말씀 안에서 하나님의 뜻을 다시 한번 되새기게 하옵소서. 하나님께 기도 중에 우리의 할 바를 재확인하게 하옵소서.

하나님 아버지! 세월이 흐를수록 사람들 마음이 심히 강퍅해지고 있습니다. 복음을 들으려고 하지도 않고 알리려고 하지도 않습니다. 그러나 "할 수 있거든이 무슨 말이냐? 믿는 자에게 능치 못함이 없느니라."는 주님의 말씀에 확신을 가지고 끝까지 영혼 구원을 위해 힘쓰는 우리가 될 수 있도록 축복해 주옵소서.

선한 목자 되시는 주님! 오늘도 세상에서 좌절하고 고통 받는 주의 백성들을 긍휼히 여기시기를 원합니다. 캄캄한 인생의 밤길에서 야곱에게 찾아오신 하나님께서 오늘도 주의 백성들에게 찾아오사 새 믿음과 용기와 확신을 주옵소서.
우리의 힘으로는 광야와 같은 인생의 길을 홀로 갈 수 없사오니, 전능하신 주님의 손길로 우리를 붙들어 주옵소서.

이 시간 말씀을 전하여 주실 목사님께 기름 부어 주셔서, 선포되는 말씀이 저희의 굳은 심령을 찔러 쪼개어, 치료와 위로와 변화가 임하는 하나님의 능력의 말씀이 되게 하시옵소서. 우리의 모든 죄를 대속하시고 사랑으로 용서하신 예수님의 이름으로 간절히 기도하옵나이다. 아멘.

8월 _셋째주

주중(삼일.금요)예배 대표기도문

믿음과 산 제사를 받으시는 주님!
지난 삼일 동안 저희들을 지켜 주시고 소망 가운데 살게 하시다 주님의 전으로 인도하여 주시니 감사드립니다. 죽을 수밖에 없는 우리에게 귀한 믿음을 허락하신 은혜에 감사합니다. 주님만을 의지하고 나온 저희들입니다. 오늘 이 기도회를 통하여 우리의 영혼이 고침을 받고 소생되며 능력 받는 시간이 되게 하여 주옵소서.

자비의 하나님! 저희의 그릇됨을 용서하여 주시고, 악하고 더러운 모든 허물을 성령의 불로 태우셔서 저희를 깨끗하게 하시고 정결케 하여 주옵소서. 우리에게 주님의 거룩한 백성으로서의 삶을 살아갈 수 있도록 축복하시기를 원합니다.
주님의 일을 귀하게 여기며 주님의 일로 분주해지는 우리가 되게 하시고, 주님 앞에 충성하는 귀한 일꾼이 되게 하여 주옵소서. 늘 동행하시는 성령의 감동을 따라 감사와 기도가 끊이지 않는 주님의 자녀들이 되기를 원합니다. 저희의 생활이 예배가 되도록 인도하시며 저희의 삶 가운데서 하나님의 나라가 이루어지게 역사하여 주옵소서.

은혜의 하나님! 저희의 마음이 성령의 전이 되게 하시고, 저희가 움직이는 교회가 되게 하셔서서 범사에 하나님을 인정하고 찬미하는 믿음의 역사가 있도록 축복하여 주옵소서. 저희의 마음이 순결하게 하시고, 하나님이 아니고서는 채울 수 없사오니 아버지의 사랑을 늘 갈급하도록 축복하여 주옵소서. 청결한 마음이 되게 하시고, 의에 주리고 목마른 자들이 되어 하늘나라의 기쁨으로 행복을 보장받게 하여 주옵소서. 먹고 마시는 것으로만 즐거워하지 않게 하시고, 하나님의 나라가 이 땅에 이루어져 가는 것으로 기뻐할 수 있는 주님의 마음을 주시옵소서.

긍휼의 하나님! 오늘도 복된 이 자리에 미참한 성도들이 있습니다. 우리를 긍휼히 여겨 주옵소서. 어려운 때일수록 세상의 지혜나 처세술을 따라 분주히 움직이는 성도들이 되지 않게 하시고 주님께 간구하고 기도하는 일에 열정을 쏟음으로써 주님의 음성 듣기를 즐겨하는 성도들이 되게 하여 주옵소서.

이 시간 말씀을 전하여 주실 목사님께 능력의 장 중에 붙들어 주셔서 선포되는 말씀이 달고 오묘한 말씀으로 꿀과 같이 흘러내려 우리의 심령이 주님 안에서 새롭게 도전 받게 하시고, 그 말씀을 듣고 순종의 열매를 맺게 하옵소서. 온유함으로 세상을 정복하신 예수님의 이름으로 간절히 기도하옵나이다. 아멘.

8월 _넷째주

주일 낮예배 대표기도문 1

구속의 은혜를 주신 하나님!
우리의 연약함을 아시는 주님께서 우리를 긍휼히 여기사 주님의 전으로 불러주신 은혜에 감사합니다. 우리에게 주님의 자녀로 이 세상을 이기고 살아가게 하시는 은혜를 주시니 감사합니다.
우리를 주님의 사랑으로 한 주간을 살게 하시고 다시 주님의 전으로 나아와 은혜를 간구하게 하시니 감사합니다. 예배를 받으시는 주 여호와여, 참된 믿음과 거룩한 소망으로 주님 앞으로 나아왔사오니 주님께서 받으시는 산 제물이 되게 하옵소서. 하나님께 거룩한 예배를 드리게 인도하여 주시옵소서.

주 하나님! 이 시간 우리에게 믿음을 더하여 주시고, 언제 어디서나 온전한 몸으로 하나님을 향하여 힘 있는 전진만 있게 하여 주시옵소서. 우리가 이 세상에서 살 때에 그리스도인으로서의 온전한 삶을 살게 하여 주시옵소서. 세상의 어두움을 밝히는 빛이 되게 하시고, 그리스도의 향기를 아름답게 풍김으로 말미암아 이 세상이 아름다워지게 하여 주옵소서.

은혜의 주님! 우리 교회가 금년에도 많은 행사들을 치루고 있습니다. 모든 행사마다 열매가 나타나게 하시고, 주님 앞에 향기가 될 수 있도록 하여 주옵소서. 또한 저희 교회가 천하보다 귀한 영혼을 주님의 능력으로 살려내기 위하여 전도에 힘쓰고 있습니다. 아직도 더위가 가시지 않아 전도하기에 많은 어려움이 따르고 있지만 복음을 들고 산을 넘는 자들의 발길을 아름답게 보시는 주님을 생각하며 용기를 얻게 하여 주옵소서.

우리를 구원하신 주님! 이 시간 삶의 어려운 문제들을 가지고 주님의 전으로 나아온 성도들이 있는 줄 압니다. 우리의 기도를 들어 응답해 주옵소서. 우리의 문제를 주님 친히 안으시고 저들을 자유케 하시기를 원합니다.
이 시간 기도하는 모든 심령들 위에 주님 친히 강림하사 저 심령들이 주님의 은혜를 충만히 입어 새 힘으로 세상을 이길 수 있도록 축복하여 주옵소서. 저희 모두가 기쁨으로 찬양하며 예배드리게 하여 주옵소서. 우리의 삶이 예배로 드려지기를 원하오니 우리를 긍휼히 여겨 주옵소서.

이 시간 주님의 복된 말씀을 증거하시기 위하여 단 위에 세우신 목사님을 더 큰 능력으로 붙드시고, 그 말씀을 듣는 저희 모두가 항상 마음속 되새기며 생활의 동력으로 삼을 수 있는 축복의 말씀이 되게 하시옵소서. 우리를 사망에서 생명으로 옮기신 예수님의 이름으로 간절히 기도하옵나이다. 아멘.

8월 _넷째주

주일 낮예배 대표기도문 2

저희들을 구원하시고 진리로 자유케 하신 하나님!
저희를 택하여 구원 받게 하시고 영생의 축복을 누리며 거룩한 주님의 자녀로 살게 하심을 감사드립니다. 이 시간 저희들이 거룩한 성전에 모여 신령과 진정으로 예배드리려고 하오니 예배를 받아 주시옵소서.

용서의 하나님! 저희의 지난 죄들을 사하여 주시기를 원합니다. 세상에 지친 저희들이 수고와 고생의 짐을 내려놓습니다. 저희의 죄와 불신앙적인 모습들을 회개하오니 부족한 죄인들을 주님의 보혈로 씻어주시고 정결하게 하여 주옵소서. 진정으로 영과 육이 소생할 수 있는 은혜를 주옵소서.

은혜의 하나님! 저희의 더러운 허물을 가리어 주시사, 하나님의 영광을 찬양하며 예물로 감사드리며 귀한 말씀을 받으면서 은혜를 받게 하시고 하나님이 기뻐하시는 예배를 드리게 하시옵소서. 행여나 교만하게 행한 것이 있으면 용서하시고 온전한 마음으로 주님을 위해 헌신할 수 있도록 축복하여 주시옵소서.

사랑의 하나님! 제자들의 발을 친히 씻겨주신 예수님을 본받아 십자가의 사랑을 실천할 수 있는 저희가 되게 하여 주시옵소서. 이웃을 십자가의 사랑으로 품는 저희가 되게 하시고 저희로 성도의 본분을 지킬 수 있는 복을 허락하여 주시옵소서. 그러므로 저희가 하나님의 영광의 빛 가운데 거하게 하시고 저희의 삶이 제사로 드려지는 역사가 일어나게 하여 주시옵소서.

오곡백과가 무르익는 가을이 오고 있습니다. 저희들의 신앙도 열매 맺는 계절이 되게 하시고, 사람에게 인정 받는 믿음보다 주님께 인정 받는 믿음이 되게 하여 주시옵소서. 이 자리에 참석하지 못한 성도들을 긍휼히 여기시옵고, 어디에 있든지 하나님과 멀어지는 자리가 되지 말게 하시옵고, 믿음을 지킬 수 있는 자리가 되게 하여 주시옵소서.

이 시간 말씀을 전하시는 목사님께 성령의 두루마기를 입혀 주셔서 듣는 저희에게 믿음의 마음으로 말씀을 듣게 하시고, 말씀이 심령에 새겨짐으로 늘 살아가는 데 힘이 되고 위로가 되는 말씀으로 삶의 귀한 잣대가 되는 말씀이 되게 하여 주옵소서. 또한 예배를 주관하는 예배위원들과 수종을 드는 모든 손길들 위에도 성령님께서 함께 하시기를 원합니다. 저들의 봉사를 축복하시고 자자손손 주님의 말씀으로 세상을 이길 수 있도록 축복하여 주옵소서. 저희를 사망에서 생명으로 옮기신 예수님의 이름으로 간절히 기도하옵나이다. 아멘.

8월 _넷째주

주일 낮예배 대표기도문 3

구원의 주 하나님!
우리를 사랑하사 주님의 전으로 인도하신 은혜를 감사합니다. 어제나 오늘이나 동일하신 사랑으로 우리를 지켜 주시는 하나님의 은혜를 감사합니다.
예배를 받으시는 하나님, 이 좋은 시간에 하늘의 하나님께는 영광을, 저희의 심령에는 평화를 주시옵소서. 이미 찬양으로 시작된 예배가 성령님의 인도하심에 따라 진정으로 드리는 복된 시간이 되게 하옵소서.

용서의 하나님! 지난 한 주간 우리의 허물을 도말하여 주시기를 원합니다. 지난 한 주간 우리의 불의함을 용서하여 주시기를 원합니다. 죄 많고 속된 세상에서 더러워진 우리의 마음과 영혼을 이 시간 머리 들기 전에 성결케 하여 주옵소서.

자비가 풍성하신 사랑의 하나님! 저희의 예배를 믿음 있는 아벨의 제사처럼 기쁘게 받아 주시고, 이삭을 드린 아브라함의 믿음처럼 하나님을 경외함으로 드리는 예배가 되게 인도하여 주옵소서. 구원함을 얻은 저희들이 세상과 구별되어 성결하게 하시고, 세상 속에 빛의 역할을 감당하여 선교적 사명을 감당하되 하나님의 부르심의 소명을 따라 충성함으로 감당할 수 있는 믿음을 더하여 주옵소서. 저희의 믿음의 열매를 허락하시사 이웃들에게 복음을 증거할 수 있도록 인도하셔서 구원받은 사람들이 날마다 더하여지게 하옵소서.

하나님 아버지! 오늘 이 시간에 우리의 강퍅한 마음을 그리스도의 마음으로 변화시켜 주시어 주님의 죽기까지 낮추신 그 겸손과 순종을 배우게 하옵소서. 그리하여 낮아짐으로 높아지고 겸손함으로 하나님께 높임을 받는 제자의 삶을 살게 하옵소서. 우리가 세상의 썩어질 것을 구하지 않게 하시고, 그리스도 예수를 아는 지식이 가장 고상한 줄 알아 푯대를 향하여 하나님이 부르신 부름의 상을 위하여 좇아가게 하옵소서.

거룩하신 하나님! 오늘 예배가 주께 드리는 향기로운 제물 되길 원합니다. 아브라함이 이삭을 번제단에 드렸던 그 심령이 되게 하시고, 솔로몬이 손을 들고 주께 구한 그 심령이 되게 하여 주옵소서. 이 시간 목사님이 하나님의 말씀을 선포하실 때에 성령의 권능으로 임하시고 전하시는 그 말씀이 우리 성도들의 심령에 큰 은혜로 역사하도록 축복하여 주옵소서. 우리 성도들이 목사님이 전하시는 말씀을 통하여 신앙이 더욱 새로워지고 말씀을 통하여 질병이 떠나가고 모든 문제가 해결되며 험난한 이 세상을 이길 큰 믿음을 얻게 하여 주옵소서. 우리의 영원한 대장되시는 예수님의 이름으로 간절히 기도하옵나이다. 아멘.

8월 _넷째주

주일 오후(저녁)예배 대표기도문

거룩하신 하나님!
지난 한 주간도 주님의 은혜로 지켜 보호하시고, 오늘 이렇게 주의 백성들이 함께 모여 주님 앞에 예배드릴 수 있도록 이끌어 주신 은혜를 감사드립니다. 이 시간 저희들이 거룩한 예배당에 모여 신령과 진정으로 예배드리고자 하오니 주님의 의가 충만히 나타나는 시간이 되게 하시옵소서.

용서의 하나님! 지난 한 주간을 돌이켜 봅니다. 저희들이 회개하지 못하는 마음과 중단된 기도, 인색해진 감사의 생활, 그리고 지키지 못한 제자리, 다하지 못한 책임을 이행할 수 있도록 우리를 회복시키시고 소생시켜 주시기를 원합니다. 십자가의 보혈로 속량하시고 그 크신 사랑으로 새롭게 하여 주옵소서.

은혜의 주님! 오늘 이 시간 우리가 주님의 보혈의 능력을 의지하고 나왔사오니 주님의 보혈로 우리의 썩어진 영혼이 소생되게 하시고 하나님의 마음을 기쁘시게 하여 드리는 귀한 시간이 되도록 축복하여 주시옵소서. 예배드리는 이 시간 세상이 줄 수 없는 신령한 은혜로 저희와 함께 하옵소서. 위로하시는 성령님의 충만하신 은총을 허락하여 주시고, 참된 안식의 축복을 누리게 하여 주옵소서.

하나님 아버지! 주님께서 세우신 일꾼들을 기억하시고, 자칫 열심이 식어지기 쉬운 이때에 넘어지는 믿음이 되지 않게 하시고 더욱 분발하여 주님의 상급을 바라보고 헌신과 충성을 다하는 복된 신앙이 될 수 있도록 함께 하옵소서. 또한 가까운 우리의 이웃에게 주님의 사랑을 증거할 수 있는 저희들이 되게 하여 주옵소서. 사랑의 하나님, 우리의 마음에 주님의 사랑이 넘쳐나게 하시고 주님의 은혜가 충만할 수 있도록 축복하여 주옵소서.

우리를 주님의 신실한 증인 삼으신 주님! 열방을 예배하는 자들로 부르시고 우리를 하나님의 도구로 사용하시니 참으로 감사합니다. 오대양 육대주에서 복음을 위해 수고하고 헌신하는 모든 선교사님들에게 성령의 권능을 더해 주옵소서. 그들의 발걸음이 닿는 곳에 성령의 일하심이 드러나게 하시고, 그들의 손길이 닿는 곳마다 하나님의 기적이 나타나게 하옵소서.

이 시간 말씀을 전하시는 목사님을 기억하시고, 모든 성도들에게 생명의 말씀이 되게 하여 주옵소서. 이 예배에 헌신하는 손길들을 기억하시고 그 손길들이 닿는 곳마다 채워짐의 역사가 일어나도록 축복하여 주옵소서. 사랑을 몸소 실천하신 예수님의 이름으로 간절히 기도하옵나이다. 아멘.

8월 _넷째주

주중(삼일·금요)예배 대표기도문

은혜가 충만하신 하나님!
우리의 삶을 인도하시고 지켜 주시니 감사와 영광을 돌립니다. 오늘 이 밤도 저희들이 신령과 진정으로 예배드리기를 원합니다. 우리의 찬송과 기도를 받으시고 우리가 드리는 예배가 하나님께는 영광이요, 저희 모두에게는 은혜가 되게 하옵소서.
하나님, 불의한 저희들의 작은 믿음을 의롭게 여겨주심을 감사합니다. 우리에게 큰 믿음을 더하여 주옵소서. 이 시간 우리를 새롭게 하여 주사 마음도 새롭게 하시고 우리의 삶 또한 날마다 새롭게 하여 주옵소서.

하나님 아버지! 이 시간 하나님의 영광이 임하는 예배의 회복이 있기를 원합니다. 어떤 모양으로 하나님께 예배드리든지, 예배할 때마다 주님의 임재가 있기를 원합니다. 그러므로 주님의 자녀로서 예배를 등진 삶이 되지 않게 하시옵고, 늘 예배와 동행하는 삶이 되게 하여 주시옵소서.

사랑의 주님! 우리로 하여금 주님의 성품을 닮아 사랑하게 하옵소서. 우리의 이웃들에게 주님의 자녀로서 본을 보이게 하여 주옵소서. 날마다 주님을 닮게 하여 주시기를 원합니다. 날마다 저희 가운데 성령의 열매가 맺혀지게 하여 주옵소서. 순종하게 하시며 친절과 봉사로 주님의 자녀가 되게 하여 주옵소서. 십자가에서 고난을 받으사 우리가 구속을 받았사오니 우리가 우리의 삶 속에서 복음을 전하게 하옵소서.

하나님 아버지! 이 시간도 세상의 염려보다 주님의 몸 된 교회를 위하여 거룩한 염려를 하고 있는 주님의 사랑하는 귀한 종들을 기억하시고, 몸을 드리는 저들의 헌신과 충성을 통해서 주님의 나라가 확장되며 복음이 전파되고 교회가 든든히 서 갈 수 있도록 축복하여 주옵소서. 오늘도 예배를 섬기는 성도들이 있습니다. 저희의 수고를 주께서 기억하시고, 심는 대로 거두는 축복이 항상 있게 하옵소서. 이 시간 육신의 병으로 고통 받는 자 있습니까? 삶의 고통에 상처 받은 자 있습니까? 주님의 말씀을 듣는 순간 육신의 병이 치료되게 하시고, 상처 받은 영혼이 위로와 쉼을 얻을 수 있도록 하여 주시옵소서.

이 시간 말씀을 들고 단 위에 서시는 목사님을 능력으로 붙들어 주셔서 말씀을 증거하실 때 영력을 7배나 더하시기를 원합니다. 말씀을 듣는 성도들의 귀를 열어 주셔서 믿음으로 말씀을 받아 하늘의 신령한 복을 충만히 누리게 하옵소서. 부활로써 죽음을 이기신 우리 구주 예수 그리스도의 이름으로 간절히 기도하옵나이다. 아멘.

9월 _첫째주

주일 낮예배 대표기도문 1

우리의 힘이 되시는 여호와 하나님!
오늘 이 거룩한 성회에 모이게 하심을 감사합니다. 여호와의 거룩한 날에 주님을 찬양하며 기도하고 예배를 드리게 하시니 감사합니다. 귀하신 주님께 감사와 찬송과 영광을 돌립니다.
용서의 하나님! 한 주일 동안도 세상에 나가 살 때 언어심사 간에 하나님 앞에 크게 범죄하였나이다. 이 시간도 주님 흘리신 보혈의 능력으로 씻어 정결케 하시고 이제 우리 안에 그리스도의 영으로 충만케 하셔서 이제 남은 때는 기쁨으로 감사함으로 예수님의 이름으로 승리하는 삶을 살아가게 축복하여 주시옵소서.

은혜의 주님! 이 시간 죄악된 세상에 오염되어 강퍅해진 우리들의 마음을 녹이시고 진정한 간구의 영으로 가득케 하셔서 잃어버린 소망과 기쁨을 되찾게 하시고 소멸시켜 버린 은혜의 능력을 회복하는 시간이 되게 하여 주시옵소서. 저희 성도들 가운데 질병으로 고생하는 성도가 있사오니 하나님께서 치료의 손을 베풀어 주셔서 완치하여 하나님께 영광 돌리는 삶을 살게 하여 주시옵소서.
저희들 영육 간에 풍성한 축복을 주시고 생활의 어려운 문제를 놓고 기도하는 가정마다 하나님께서 그 기도를 응답하여 주셔서 모든 것이 합력하여 선을 이룰 수 있도록 주님 함께해 주시기를 간절히 바라옵고 기도합니다.

하나님 아버지! 이 은혜로운 자리에 육신의 일에 얽매여서 참석하지 못하는 성도들이 있습니다. 육신적인 일에 우선권을 두고 사는 성도들을 긍휼히 여기시고 하나님을 재물과 겸하여 섬길 수 없음을 깨달아 하나님께 영광을 돌리며 사는 복된 삶으로 이끌어 주옵소서. 또한 참석하고 싶어도 어쩔 수 없이 참석하지 못한 성도들이 있습니다. 어디에서 무엇을 하든지, 이 자리에 역사하시는 주의 성령께서 저들의 심령 속에도 임재하여 주옵소서.

능력의 주님! 주께서 친히 세우신 교회를 위해서 기도드립니다. 이 교회에 마음과 뜻과 정성을 다하여 주님께 예배하는 백성들이 넘쳐나게 하시고, 주님께 대한 헌신과 봉사가 살아 있는 교회가 되게 하여 주옵소서. 무엇보다 죄 많은 이 세상을 향해서 십자가의 복음을 담대히 증거할 수 있도록 축복하여 주옵소서. 그 어떤 영혼이라도 주님의 능력으로 새로워지고 변화 받는 축복의 동산이 되게 하여 주옵소서.

이 시간 예배 가운데 함께하시며, 우리에게 귀한 말씀을 주실 목사님을 성령으로 충만케 채워 주시고, 우리에게 잃어버린 신앙을 회복하는 역사가 있게 하옵소서. 말씀의 주인이신 예수님의 이름으로 간절히 기도하옵나이다. 아멘.

9월 _첫째주

주일 낮예배 대표기도문 2

능력의 주님!

우리를 죄악에서 구원하사 하나님을 예배하며 찬양할 수 있도록 인도하여 주심을 감사드립니다. 이 시간 우리의 예배와 함께 하셔서 영광을 받아 주옵소서. 우리들이 입술로는 주님의 자녀라고 고백하면서 우리의 삶 속에는 아직도 죄의 잡초들이 무성하게 자라고 있음을 고백합니다. 이런 우리의 삶 속에 오셔서 죄의 요소들을 제거시켜 주시고, 주님과의 복된 교제가 늘 이어지는 생활이 되도록 인도하여 주시옵소서.

은혜의 주님! 오늘 이 시간 이 예배를 통하여 무엇보다도 저희들의 잘못된 사고방식과 잘못된 신앙관을 고치고, 주님의 자녀에 합당한 믿음을 가지도록 거듭나는 시간이 되게 하여 주옵소서. 주께서 말씀 중에 역사하셔서 우리의 사악한 심령을 도말하시고, 정케하사, 오직 주님을 사모하는 마음이 가득 차게 하여 주옵소서.

우리 대신 십자가를 지신 주님의 사랑을 알게 하시고 우리로 그 사랑을 실천하게 하여 주옵소서. 믿지 않는 우리의 이웃을 돌아보게 하시고, 우리로 하나님의 역사하심에 순종할 수 있는 자가 되게 하여 주옵소서. 우리의 예배를 통하여 하나님의 선하신 계획이 이루어지게 하시고, 저희 모두가 구원과 소망이 넘치는 복된 시간이 되게 하옵소서.

하나님 아버지! 나라와 민족을 위해 기도합니다. 이 나라가 하나님의 진리를 깨닫게 하옵소서. 믿는 자들 모두가 이 시대를 위해 기도하게 하옵소서. 기도하는 백성이 나라를 온전히 세우는 줄 믿습니다. 대통령을 축복하여 주시고, 그의 재임 기간에 더욱 견고한 나라가 될 수 있게 하옵소서. 이 나라가 오직 하나님의 나라와 의를 구하는 나라, 예배가 살아 있는 나라, 하나님을 늘 찬양하는 나라가 되게 하여 주옵소서.

오늘도 마음을 다하여 예배를 돕는 손길들을 기억하시고, 저들의 헌신과 봉사를 통하여 이 예배가 주님께 더욱 큰 영광 돌리는 예배가 되게 하여 주옵소서. 하늘에 크신 상급이 예비되어 있는 줄 믿사오니, 푸른 초장과 맑은 물가로 인도함 받는 우리 모두가 되도록 인도하여 주옵소서.

이 시간 말씀을 전하시는 목사님 위에 축복하셔서 우리에게 주시는 신령한 말씀들이 꿀송이 같은 귀한 생명의 만나가 되게 하여 주옵소서. 우리의 심령을 고치는 말씀이 되게 하시고, 우리의 삶의 지표가 되게 하여 주옵소서.

귀한 말씀으로 세상을 이기는 권세를 허락하여 주옵소서. 말씀으로 성육신하신 우리 구주 예수 그리스도의 이름으로 간절히 기도하옵나이다. 아멘.

9월 _첫째주

주일 낮예배 대표기도문 3

생명 되시는 주님!
우리에게 주님의 전으로 나아올 수 있는 믿음을 허락하신 은혜에 감사합니다. 주일을 맞아 주님께 예배드리게 하시니 감사합니다. 우리가 드리는 이 예배가 기뻐 받으시는 산 제사가 되게 하옵소서.
은혜로우신 주님! 심령이 청결한 자가 주님을 볼 것이라 말씀하셨으나, 지금 저희들의 마음은 소욕과 헛된 욕망에 사로잡혀 있음을 고백합니다. 주님의 성령으로 이 마음을 정결케 하여 주시고, 죄악을 소멸하여 깨끗하게 하여 주옵소서. 우리의 심령이 언제나 주의 선하심과 의로움으로 가득하게 하옵소서.

은혜의 하나님! 약하고 소외된 이들을 위해서 기도드립니다. 사회의 약한 자들 즉, 무의탁 노인과 소년소녀가장들, 장애인들 그리고 어두움 속에서 외로워 하는 그들에게 다가서는 이웃이 있게 하옵소서. 이 땅에 지역 때문에, 계층 때문에, 수입 때문에, 또는 다른 이유로 차별을 받는 자들이 없게 하시고, 선한 사마리아인처럼 그들의 편에 설 수 있는 교회와 성도들이 되게 하시고, 실직당하고 해직된 자들, 고향을 잃은 사람들에게 먼저 다가가 그들의 고통을 함께 아파하고 나누는 저희들이 되게 하여 주옵소서.

하나님 아버지! 더 큰 믿음의 용기를 가지고 살아가야 하는 때인 것을 뼛속 깊숙이 절감합니다. 세상의 시련이 엄습해 올 때 두려워하거나 허약해지는 우리가 되지 않게 하시고 더욱 믿는 자의 사명을 다하게 하시어서 주님의 백성다운 모습으로 살아가기에 부족함이 없도록 도와주옵소서. 세상을 거슬러 이길 수 있는 힘을 주옵소서. 세상을 살아갈 때에 하나님의 자녀라는 자신감으로 살아가게 하시며, 오히려 세상을 변화시킬 수 있는 주도적인 힘을 허락하여 주옵소서. 아직 믿지 않는 많은 영혼들이 주께 돌아오도록 복음 들고 나가는 자들 되게 하여 주옵소서.

주님은 선하시며 환난 날에 산성이 되시오니 저희 앞에 있는 큰 산 같은 고난도 주님의 능력과 은혜로 평지같이 되게 하시고, 저희가 고난을 당할 때 잠시 근심하게 되지만 끝내는 크게 기뻐하게 하실 줄 믿습니다. 이 어렵고 힘든 때에 교회는 주님의 향기를 잃지 않게 하시고, 더욱 힘써 그리스도의 향내를 나타내는 데 마음이 하나가 될 수 있도록 이끌어 주옵소서.

이 시간 우리의 메마른 영혼을 위해 말씀으로 먹이시는 주님의 사자에게 권세와 능력을 더하셔서 하나님의 말씀을 통해 우리의 생각이 새롭게 되고 주님의 생각으로 변화되는 은총을 허락하여 주옵소서. 우리 생각의 주인 되시는 예수님의 이름으로 간절히 기도하옵나이다. 아멘.

9월 _첫째주

주일 오후(저녁)예배 대표기도문

인도하시는 하나님!
주님의 은혜와 사랑을 감사하며 경배와 찬송을 드립니다. 부족하고 죄 많은 인생이지만 오늘 주님 앞에 예배하는 모든 주의 백성들과 함께 한마음으로 주께 기도하오니 우리의 기도가 하늘문을 여는 귀하고 빛나는 천국의 열쇠가 되게 하여 주옵소서.

용서의 하나님! 천국에 소망을 두고 주님을 위해 일해야 할 저희들이오나 오히려 세속의 분주함 때문에 주님의 일에 소홀히 했던 저희들이었습니다. 이 허물을 용서하여 주시고, 이제 주님의 일을 귀하게 여기며 주님의 일로 분주해지는 저희들이 되게 하여 주옵소서. 주님의 사랑으로 세상을 이길 수 있도록 은혜를 더하여 주옵소서. 귀하신 주님을 찬양합니다. 어린아이가 부모 없이는 성장할 수 없는 것과 같이 저희도 주님을 떠나서는 살아갈 수 없다는 사실을 알도록 우리를 순전하게 하옵소서. 온전히 주님을 의지할 수 있도록 축복을 더하여 주옵소서.

은혜의 주님! 우리에게 더욱 강력한 영성을 갖게 하심으로 이 사회가 지탱되는 푯대가 되게 하여 주옵소서. 주님을 믿는 모든 그리스도인들이 이 사회의 빛과 소금의 역할을 감당하기에 부족함이 없는 귀한 영혼들이 되게 하여 주옵소서. 이 땅의 교회들 또한 주님의 사랑을 소외된 이 사회에 골고루 나누어 줄 수 있는 귀한 사명을 감당하기에 부족함이 없도록 채워주시기를 원합니다.

교회의 바른 역할이 무엇인지 생각하게 하시고, 이 땅 가운데 참된 교회로 세워질 수 있도록 인도하여 주옵소서. 온 교회 모든 성도들이 하나되어 하나님의 나라를 보일 수 있도록 인도하여 주옵소서. 주의 은혜가 필요합니다. 주님, 긍휼히 여기시며 우리를 돌보아 주옵소서.

귀하신 주님께서 우리를 섬김의 종으로 삼아 주신 은혜를 감사합니다. 우리의 기도를 들어 응답해 주시고, 죄악으로 인하여 시들어버린 주님과의 관계가 다시금 향기나는 꽃으로 피어 새로운 기쁨이 넘치는 귀한 시간이 되도록 축복하여 주옵소서.

우리가 하나님께 예배를 드리기 위해 주님께 나올 때 기쁨으로 나아오게 하시며, 하나님께 예물을 드리는 손길 또한 복을 주시되 차고 넘치는 복을 허락하여 주시고, 하나님의 사역을 위하여 봉사하는 손길들 위에 복을 주시되 천국에 보화가 쌓이게 하여 주옵소서.

이제 말씀 전하실 목사님께 큰 능력을 주시고 선포되는 말씀을 통해 귀한 구원의 확신을 갖게 하시며 우리의 삶 구석구석에 적용되게 하옵소서. 참된 교사의 본이 되시는 예수님의 이름으로 간절히 기도하옵나이다. 아멘.

9월 _첫째주

주중(삼일·금요)예배 대표기도문

사랑과 은혜의 주님!
주님의 영원하신 나라를 기대하며 기도회로 모이게 하신 은혜에 감사합니다. 이 시간 우리의 모든 삶을 전폭적으로 드리며 그 은혜에 감사하는 시간이 되게 하여 주옵소서.

거룩하신 하나님! 주님의 전에 나아와 영과 진리 안에서 예배드리려고 하오니 우리의 죄악이 크고 중함을 느낍니다. 약한 때에 악함에 물들어 주님의 빛을 드러내지 못하였고, 불신앙의 사람들과 서로 짝하며 믿음의 길을 잃어버렸습니다. 주님의 백성으로서 저희들은 아무것도 남아있지 않은 모습이오니 자비로우시고 인자하심이 풍부하신 주님께서 우리의 못난 모습을 불쌍히 여기시고 용서하여 주옵소서. 우리의 마음이 깨끗하여져서 우리 입으로, 우리 마음으로, 영으로 주님을 찬양하게 하옵소서.

우리의 기도를 들어 응답해 주옵소서. 이 시간 육신의 고통을 가지고 주님의 전으로 나아온 심령들이 있사오니 주님의 치료하시는 광선으로 치료하여 주시고, 마음의 상처를 가지고 나아온 심령들도 있사오니 주님의 사랑으로 어루만져 주옵소서. 하나님의 사랑 안에서 주님의 섭리를 알게 하여 주옵소서.
전능하신 하나님! 저희들의 가족 중에 아직도 주님을 영접하지 못하고 죄악 속에서 사는 형제자매들이 많이 있사옵나이다. 이 시간 저희들이 한마음으로 기도하오니 성도들의 모든 가족들이 하나님을 영접하여 영생을 얻게 하시고, 저들의 가정이 구원의 방주가 되는 놀라운 은총을 내려 주옵소서.

주님! 이 시간도 우리의 따뜻한 손길을 기다리며 뜨거운 사랑을 원하고 있는 심령들이 있습니다. 저들의 기다림을 외면하지 않는 저희들이 되게 하시고 저들의 고통과 외로움에 힘써 동참할 수 있는 사랑을 주옵소서.

교회를 위해 헌신하는 제직들을 기억하시고, 신앙의 선진들처럼 어떤 환경에서도 주님 앞에서 받게 될 상급을 바라보고 충성하는 일꾼들이 되게 하여 주옵소서. 또한 이 예배를 위하여 돕는 손길들을 기억하사 축복하여 주옵소서. 주님의 크신 은혜가 늘 함께 동행하시기를 원합니다.

이 시간 목사님을 통하여 말씀을 들을 때 하나님이 역사하셔서 우리가 주님의 말씀으로 새 힘과 위로와 치유가 있게 하옵소서. 오늘 드리는 예배를 승리케 하심으로 한 주간도 말씀을 붙들고 기도하며 생활예배로 영광 돌리게 하시옵소서. 한 주간의 삶이 주 앞에 영광이요 우리에게 은혜의 시간들이 되게 하옵소서. 우리의 왕이시며 주인되신 예수님의 이름으로 간절히 기도하옵나이다. 아멘.

9월 _둘째주

주일 낮예배 대표기도문 1

새롭게 하시는 주님!
우리의 삶을 일주일 동안 친히 주관하시고 우리를 주님의 거룩한 성전으로 불러주신 은혜를 감사합니다. 우리를 주님께 예배드리기에 합당한 자들로 변화시켜 주시고, 우리의 예배를 기쁘게 받아 주옵소서.
은혜로운 주님! 저희들이 주님의 사랑은 항상 구하면서도 이웃에게 사랑을 베풀기에 소홀했음을 고백합니다. 나의 영생에만 관심을 보였을 뿐 주님께서 천하보다 더 귀하게 여기시는 한 영혼을 향해 전도하는 일조차 망각하고 있었습니다. 너무도 이기적인 잘못을 저질렀음을 고백하오니 용서하여 주시고, 이 잘못된 태도를 고칠 수 있도록 성령의 능력으로 동행하여 주옵소서.

능력의 주님! 저희들이 세상의 시련이 엄습할 때 두려워하거나 낙심하지 말게 하시고, 주님만을 바라보게 하시옵소서. 구원을 선물로 주신 주님의 은혜를 값없이 취급해 버리는 죄를 범치 않게 하시고, 주님의 권고하심을 받들어 두렵고 떨림으로 구원을 이루어 가는 저희들 되게 하여 주시옵소서.
오늘도 생명의 말씀을 붙잡기 위하여 이 시간 참석한 모든 성도들에게 주님의 신령한 은혜를 맛보게 하시고, 기쁨이 샘솟듯하는 시간이 되게 하시옵소서.

거룩하신 하나님! 이 땅 위에 흩어져 주님 나라의 확장을 위해 헌신하는 많은 선교사들을 위해서 기도드립니다. 오늘 저희들이 일일이 선교 현장에는 동참하지 못한다 할지라도 기도와 물질로 그분들과 동역하게 하시며, 주님의 나라가 이 땅에 이루어지기까지 이 같은 관심과 열정이 식어지지 않게 하옵소서.
지금도 처처에서 상한 영의 탄식소리가 들려옵니다. 빛을 잃은 많은 사람들이 길을 잃고 헤매고 있습니다. 죽어가는 영혼들에 대한 거룩한 부담을 갖게 해 주시고, 이들의 영혼을 살리는 데 생명 바쳐 헌신하는 저희들 되게 하여 주옵소서.
오늘도 주님께 예배드리는 이 시간에 보이지 않는 많은 성도님들이 있습니다. 어떤 이유로 주님의 전에 나오지 않았는지 저희는 알 수 없사오나 주님께서 저들의 사정을 아시오니 긍휼히 여겨 주옵소서. 또한 이 시간 주님께 드리는 거룩한 예배를 위하여 돕는 손길들이 있사오니 주님께서 우리에게 함께 하사 하늘의 신령한 비밀들을 알게 하시고 하늘의 축복으로 동행하여 주옵소서.

이 시간 귀한 말씀을 증거하실 목사님께 크신 능력을 허락하셔서 그 귀한 말씀이 선포될 때 우리의 심령이 말씀으로 회복되고 상처가 치유되며 새 힘을 얻는 놀라운 시간이 되게 하옵소서. 육신이 되어 이 땅에 오셨던 예수님의 이름으로 간절히 기도하옵나이다. 아멘.

9월 _둘째주

주일 낮예배 대표기도문 2

은혜가 풍성하신 하나님!
우리를 주님 안에서 늘 보호하시는 주님을 찬양합니다. 한 주간을 주님의 거룩하신 은혜로 동행하시고 지켜주신 은혜를 감사합니다. 영화로우신 하나님, 마음을 다하여 하나님을 사랑하고 정성을 다하여 예배하는 시간이 되게 하옵소서.

용서의 주 하나님! 이 시간 우리의 모습 그대로 주님 앞에 내어 놓습니다. 우리의 삶과 생각이 더럽고 악할 때가 많았습니다. 믿음으로 살기보다는 염려했고, 기도하기보다는 근심했습니다. 주님을 실망시킬 때도 한두 번이 아니었음을 고백합니다. 우리의 모든 죄악을 주님의 보혈로 소멸하여 주옵소서.

이 시간 말씀을 들으면서 깨달음이 있기를 원합니다. 신령한 변화가 있기를 원합니다. 주님의 뜻을 따라 순종의 삶을 실천할 수 있는 능력을 받기를 원합니다. 역사하여 주옵소서.

하나님 아버지! 오늘 이 자리에 나온 성도들 가운데 연약해진 심령들이 있습니까? 고통에 시달리는 이들이 있습니까? 주님의 도우심이 절대적으로 필요한 영혼들이 있습니까? 이 시간을 통하여 신앙의 힘을 얻게 하시고, 새 능력을 얻게 하여 주시옵소서. 외로운 마음들이 위로를 받게 하시며, 답답한 심령들이 참 평안을 얻게 하여 주옵소서. 확신과 신뢰의 바탕 위에 내일에 대한 소망이 넘치는 생활이 되게 하여 주옵소서.

사랑의 주님! 우리에게 성도의 귀한 직분을 허락하심을 감사드립니다. 우리가 귀한 직분을 잘 감당할 수 있도록 귀하신 은혜를 더하여 주옵소서. 우리의 입술과 발길이 주님의 말씀을 전하는 귀한 복음의 증인들이 되게 하여 주옵소서. 그리하여 하나님의 나라가 이루어지도록 축복하여 주옵소서. 언제 어느 곳에 있든지 하나님의 자녀임을 기억하게 하시어 죄와 타협하지 않게 하시며, 사탄의 세력을 막으사 주님의 주권을 선포하는 백성 되게 하여 주옵소서.

이 시간 주님의 귀한 말씀을 듣고 단 위에 서신 목사님 위에 주님께서 함께하셔서 저희에게 주시는 신령한 말씀들이 꿀송이 같은 귀한 생명의 만나 되게 하시고, 저희의 심령을 고치는 말씀이 되게 하여 주시옵소서. 저희의 삶의 지표가 되게 하시고, 귀한 말씀으로 세상을 이기는 권세를 허락하여 주시옵소서. 마르지 않는 영원한 기쁨의 근원 되신 예수님의 이름으로 간절히 기도하옵나이다. 아멘.

9월 _둘째주

주일 낮예배 대표기도문 3

자유케 하시는 하나님!
우리가 세상에서 주님 원하시는 삶으로 살지 못하였으나 주님의 보혈로 귀한 예배를 드리게 하시니 감사합니다. 우리의 영혼이 주님 안에서 자유함을 얻게 하시니 감사합니다. 우리의 입술에 감사의 열매가 맺히게 하시니 감사합니다. 살아계신 하나님, 이 시간 예배 순서들을 통하여 하나님께서만 영광을 받으시옵소서.

은혜의 주 하나님! 지난 한 주간을 돌이켜 봅니다. 주님의 용서를 구할 수밖에 없는 삶이었음을 고백합니다. 영적인 일을 우선하기보다는 썩은 양식을 위하여 몸부림쳐야 했던 우리의 모습이었습니다. 세상의 욕심에 눈이 멀고, 이웃을 위해 선한 일을 하지 못하고 오히려 귀찮아했던 저희들이었습니다. 영생하도록 있는 양식을 위해서 일하지 못했던 우리를 불쌍히 여겨 주옵소서. 오늘도 주님 앞에 아뢰는 허물이 다윗의 고백처럼 진정한 것이 되어서 주님의 긍휼과 용서를 받을 수 있게 하여 주옵소서.
우리를 성령으로 강하게 붙드사 기쁨 가운데 주님이 바라시는 길을 갈 수 있도록 은혜로 동행하시기를 원합니다. 주님이 미워하시고 노를 격발하시는 세속적인 욕심과 정욕을 버리고 생명을 위하여 자신을 내어 주신 십자가 희생의 사랑을 본받게 하여 주옵소서. 주님의 영광을 드러내고 주님의 뜻을 따라 살 수 있는 저희들이 되게 하여 주옵소서.

은혜의 주님! 경제적인 어려움 때문에 신앙적으로 넘어지는 성도들이 많습니다. 고통에도 하나님의 뜻이 계신 줄로 믿고, 더욱더 믿음으로 전진할 수 있는 성도들이 되게 하여 주옵소서. 늘 주님을 높이는 생활을 하게 하여 주옵소서. 우리의 삶에서 주님의 향기가 느껴지게 하셔서 주님의 자녀 된 본을 보일 수 있는 우리가 되게 하여 주옵소서. 우리의 삶을 온전히 주장하여 주옵소서.

오늘 세워주신 목사님을 통해 주시는 말씀으로 저희들이 주님의 숨결을 느끼게 하시고 변화되고 새롭게 하시는 주님의 영을 체험하게 하옵소서.
주님의 몸 된 교회를 위하여 몸을 바쳐 충성하는 일꾼들을 기억하시고, 이들의 순종을 통하여 이 교회에 주님의 은혜와 축복이 넘쳐나게 하옵소서. 예배의 주관자 되시는 예수님의 이름으로 간절히 기도하옵나이다. 아멘.

9월 _둘째주

주일 오후(저녁)예배 대표기도문

영원토록 거룩하신 하나님!
우리를 사랑하사 믿음으로 구원을 얻게 하시고 택하여 하나님의 자녀가 되게 하시고 주님의 거룩한 전으로 나아와 예배를 드리게 하시니 감사합니다. 우리가 드리는 예배가 하나님께는 영광이 되고 우리에게는 은혜가 되게 하여 주옵소서.

의로우신 하나님! 우리가 그리스도인을 자처하면서도 세상의 어리석은 자들과 같은 방법으로 살아가고 있지는 않은지 우리의 삶을 되돌아 봅니다. 주님, 저희들의 삶을 새롭게 하여 주옵소서. 우리가 때로는 세상의 이익을 좇아 수단과 방법을 가리지 않았음을 고백합니다. 우리를 복음으로 거듭나게 하시기를 원하오며 우리에게 성결한 삶의 모습을 허락하여 주옵소서.

하나님이 주시는 귀한 은혜로 세상을 이길 수 있는 복을 허락하여 주옵소서. 우리의 삶이 부끄럽지 아니하도록 크신 은혜로 동행하여 주옵소서. 또한 우리로 성도의 본분을 잘 감당하게 하시고 우리의 삶이 하나님께 기뻐하시는 산 제물로 드려질 수 있도록 축복하여 주옵소서.

사랑의 하나님! 이 예배가 하나님의 거룩한 뜻을 온전히 세우는 예배가 되게 하여 주시고, 성령님께서 저들의 마음과 뜻을 온전히 주장하사 아버지만을 향하게 하여 주옵소서. 우리의 마음을 청결하게 하셔서 하나님을 뵐 수 있는 복을 허락하여 주옵소서. 하나님과 호흡하게 하시고 대화하게 하시고 체험할 수 있는 귀한 믿음을 가질 수 있는 복을 허락하여 주옵소서.

하나님 아버지! 세우신 기관과 부서들을 통하여 교회가 더욱 부흥되기를 원합니다. 교회와 이웃을 더욱 잘 섬기며 열심으로 봉사하는 기관들이 될 수 있도록 능력을 더하여 주옵소서. 특히 교회학교를 진리 위에 든든히 서게 하셔서 교회학교를 통해 훈련받는 주의 자녀들이 올바른 주의 일꾼이 되게 하시며 이 세상을 변화시킬 훌륭한 인재들이 될 수 있게 하여 주옵소서. 그래서 그들로 인해 우리 민족의 장래와 교회의 장래에 희망이 있게 하여 주옵소서.
우리의 예배를 위하여 수고하고 헌신하는 귀한 영혼들을 주님 친히 살피시고 저들의 필요를 채워 주시고, 저들의 수고 위에 크신 축복으로 함께하여 주시옵소서.

이 시간 주님의 말씀을 듣고 단 위에 서신 목사님을 도우셔서 전하시는 말씀을 통하여 영육을 아울러 질환들이 치료되게 하시고, 살아가는 큰 지침이 되게 하시며, 말씀으로 늘 승리케 하옵소서. 의를 위해 십자가에서 죽으신 예수님의 이름으로 간절히 기도합니다. 아멘.

9월 _둘째주

주중(삼일・금요)예배 대표기도문

은혜로우신 하나님!
오늘도 주님의 택한 백성들이 주님의 전에 모여 주님을 찬양할 수 있도록 하신 은혜에 감사합니다. 이 시간 마음을 다해 신령과 진정으로 드리오니 우리의 예배를 받아 주옵소서.

사랑이 많으신 하나님! 지난 삼일 동안 저희는 마음과 뜻을 다하여 주님을 섬기지 못했음을 고백합니다. 주님께서 우리를 사랑하신 것과 같이 서로 사랑하지 못했던 것을 겸손히 고백합니다. 주님의 생명이 저희 영혼에 내재하지만 저희 욕망이 주님의 뜻을 거슬렀습니다. 우리를 긍휼히 여기시고 용서하여 주옵소서. 참회하는 심령 속에 주님의 모습을 찾을 수 있도록 축복하여 주옵소서.

복의 근원이 되시는 주님! 오늘 우리로 하여금 진정한 복은 하나님께로부터 옴을 깨닫게 하시고 늘 신령한 복을 사모하며 구하는 자들이 되게 하여 주옵소서. 진주의 가치를 알지 못하는 미련한 짐승처럼 신령한 하늘의 복을 소홀히 하는 어리석은 자들이 되지 않게 하여 주옵소서. 하늘의 복을 소중히 여기고 열심히 구하는 가운데서 야곱이 누린 축복을 저희도 맛보며 살게 하여 주옵소서.

사랑의 주님! 이 시간 우리에게 믿음을 더하여 주시고, 언제 어디서나 온전한 몸으로 하나님을 향하여 힘 있는 전진만 있게 하여 주시옵소서. 우리가 이 세상에서 살 때에 그리스도인으로서의 온전한 삶을 살게 하여 주시옵소서. 세상의 어두움을 밝히는 빛이 되게 하시고, 그리스도의 향기를 아름답게 풍김으로 말미암아 이 세상이 아름다워지게 하여 주옵소서.

아브라함을 죄악과 우상의 도시에서 건져내신 하나님! 오늘 특별히 바라옵기는 사랑하는 성도들이 불건전한 일에 빠지지 않도록 그 발길과 손길을 붙들어 주옵소서. 영적으로 윤택하여지는 은혜를 입게 하시며, 기타 모든 일에도 놀라운 축복을 받게 하여 주옵소서.

하나님 아버지! 황무한 북한 땅을 위해 기도합니다. 하나님, 북한 땅이 살 수 있는 길이 무엇이겠습니까? 오직 주의 은혜밖에는 없음을 고백합니다. 주님, 그 땅을 긍휼히 여겨 주옵소서. 공산정권이 물러가게 하시며, 그 옛날 평양에서 일어났던 성령의 바람이 불같이 일어나게 하여 주옵소서.

이 시간 복된 말씀을 선포하실 목사님 위에 축복하사 주님의 쏟아지는 은혜를 체험하게 하시고, 성령의 능력이 우리에게 강하게 역사하여 주시옵소서. 또한 성가대의 찬양으로 주님 홀로 영광을 받으시고 흠향하여 주옵소서. 우리에게 새 생명을 허락하신 예수님의 이름으로 간절히 기도하옵나이다. 아멘.

9월 _셋째주

주일 낮예배 대표기도문 1

존귀하신 하나님!
우리에게 존귀하신 주님으로 오심을 감사합니다. 우리가 하나님의 형상으로 지음을 받았으니 감사합니다. 우리에게 복을 주시려고 예배드리게 하심을 감사합니다. 이 시간 경배와 찬양을 주님께 드리오니 홀로 영광을 받으시옵소서.

자비하신 주님! 지난 한 주간을 돌아봅니다. 삶에 부딪치는 다양한 상황 속에서 진리의 편에 서기보다는 순간적인 편안함과 만족을 위해 거짓과 위선과 욕심을 내세운 적이 많았습니다. 주님의 뜻대로 살겠다고 다짐하면서도 늘 넘어지는 저희들을 긍휼히 여겨 주시고, 저희의 깨지기 쉬운 양심과 인격을 강건하게 하셔서 주님의 삶을 본받아 사는 모습이 되게 하옵소서.

죄인들을 위하여 낮고 천한 자리를 찾아오신 주님!
저희들이 주님의 겸손을 배우게 하시고 섬기는 자로서의 삶을 살게 하여 주시옵소서. 저희로 그리스도의 몸 된 교회의 지체가 되게 하셨사오니, 믿음의 분량에 따라 지혜롭게 봉사하게 하시옵소서. 늘 하나님의 선하고 온전하신 뜻이 무엇인지 분별하여 저희 뜻이 아닌 주님의 뜻으로 봉사하게 하시옵소서. 각자 하나님이 주신 은사로 맡은 바 직분을 감당하여 이 좋은 추수의 계절에 교회를 섬기는 귀한 모습이 넘쳐나게 하시고 열매 맺는 신앙이 되게 하여 주시옵소서.

사랑의 주님! 가정의 어려운 문제와 경제적인 문제로 고민하며 힘겨워하는 성도들을 기억하시기를 원합니다. 괴로울 때 고난을 이겨내신 주님을 바라보게 하시고, 죽음까지도 물리치신 주님의 능력을 의지하여 새 힘을 얻게 하여 주옵소서. 병마와 싸우며 고통 중에 있는 성도들도 있사오니, 병 낫기를 간구하며 부르짖는 자에게 못 고칠 질병이 전혀 없으신 치료의 하나님께서 깨끗하게 치료하여 주시기를 원합니다. 우리의 삶을 전폭적으로 주님 앞에 맡기고 사는 저희들이 되게 하여 주옵소서.

능력의 주님! 하나님께서 이 교회에 두신 뜻을 생각합니다. 주님의 몸 된 교회를 통해 지역이 복음화 되게 하시고, 주님의 뜨거운 사랑이 흘러넘치게 하옵소서. 우리 교회가 절망하는 자에게 소망을, 흔들리는 자에게는 평안을 주는 교회가 되게 하옵소서. 고달픈 삶에 지친 이들이 교회 뜰을 밟을 때마다 안식과 은총을 경험하기 원합니다. 이 시간 단 위에 세워 주신 주의 사자에게 성령께서 역사하시는 말씀으로, 우리들로 하여금 복음의 능력 있는 전사 되게 하시며 주님의 세상을 열어가는 일꾼 되게 인도하여 주옵소서. 사랑과 자비 자체이신 예수님의 이름으로 간절히 기도하옵나이다. 아멘.

9월 _셋째주

주일 낮예배 대표기도문 2

전능하신 하나님!
주님의 은혜로 한 주간을 살게 하시다가 거룩한 주일을 맞이하여 주님의 전에 나와서 예배하게 하시니 감사합니다. 우리의 예배가 진정으로 하나님께 드려지는 영적인 예배가 되게 하여 주시옵소서.
하나님께서는 진노의 자식이었던 저희를 생명의 유업을 이을 하나님의 자녀로 삼아 주셨는데, 저희는 아버지께서 베푸신 그 자비와 사랑을 잊어버린 채 세상의 어두움과 부패 속에서 그 빛과 맛을 잃은 소금처럼 살았습니다. 주여, 저희의 믿음 없음과 무지를 용서해 주옵소서.

주 하나님! 우리에게 믿음을 더하여 주옵소서. 우리가 날마다 믿음이 자람으로 말미암아 더욱더 하나님을 경외하게 하시고 우리의 모든 것들이 하나님을 향하게 하시고 하나님을 기쁘게 하시기를 원하오니 하나님, 우리에게 믿음에 믿음을 더하여 주옵소서.
저희들이 항상 주님 앞에서 경건한 생활의 모습이 되게 하시고, 저희가 어떤 일을 하든지 먼저 주님을 생각하게 하심으로 주님께 인정받고 칭찬받으며 축복 받을 수 있는 주님의 귀한 자녀가 되게 하여 주시옵소서.

진리의 하나님! 아직도 이 땅에는 주님을 모른 채 죄악의 그늘 속에서 허덕이며 살아가는 영혼들이 있사오니, 저희들에게 영혼을 사랑하고 불쌍히 여기는 마음을 주셔서 빛 되신 주님을 증거하게 하시고, 참 생명 되신 주님을 그들 심령 속에 심게 하셔서 구원의 기쁨을 함께 나누며 주님의 크신 사랑을 서로 나눌 수 있게 하시기를 원합니다. 우리가 주님의 증인이 될 수 있도록 우리에게 말씀의 갑옷을 입게 하시고 성령의 검을 높이 들게 하여 주옵소서.

주님께서 땅 끝까지 이르러 주님의 증인이 되라 하신 명령을 지켜 행할 수 있도록 우리를 축복하여 주옵소서. 수많은 아픔에 휩싸여 있는 이 민족도 속히 주님 앞으로 돌아와 주님 안에서 풍성한 새 생명을 누리는 민족이 되게 하여 주옵소서. 북한 땅을 위해 통회하는 심령들이 되게 하시고, 북의 문이 열릴 때에 살아계신 하나님의 말씀을 들고, 십자가 군병 되어 들어갈 수 있는 은혜를 주옵소서.

예배를 위하여 헌신하는 손길들이 있습니다. 주님, 저들의 손길을 더욱 공교히 하심으로 하나님의 영광이 더욱더 높이 드러나게 하시고 저희의 심령이 온전한 충성으로 결단할 수 있도록 믿음을 더하여 주시되 하나님을 경외하며 예배를 섬기는 것으로 인하여 형통케 되는 복을 허락하여 주옵소서.

이 시간 제단에 세우신 주의 사자에게 성령께서 함께하시는 말씀으로 우리들로 하여금 푸른 초장으로 인도하여 주시며 주의 신실한 전사 되게 하시옵소서. 우리를 위해 십자가를 지신 예수님의 이름으로 기도하옵나이다. 아멘.

9월 _셋째주

주일 낮예배 대표기도문 3

전능하신 하나님!
주님의 은혜에 우리를 거하게 하시는 은혜를 송축합니다. 천한 우리를 주님의 귀한 자녀로 삼으시고 주님께 귀한 예배를 드리게 하신 은혜를 감사합니다. 우리의 찬양을 받으시고 주님 홀로 영광을 받으시옵소서.

거룩하신 하나님! 우리가 주님의 전으로 나아오기 전 우리의 부끄러운 모습을 주님의 정한 세마포로 입혀 주시고, 우리의 죄들이 주님의 십자가 보혈로 씻겼음을 믿사오니 우리가 이제는 죄인의 옷을 입지 않도록 축복하여 주옵소서.

위로와 소망의 하나님! 택함 받은 자녀로서 그 어떤 시련이 닥쳐 온다 할지라도 언제나 주님의 크신 사랑과 능력을 신뢰하며 살아갈 수 있도록 하시고, 주님의 사랑의 능력으로 하나님을 날마다 찬양하는 저희들이 되게 하여 주옵소서.

힘겨운 우리의 삶을 고백합니다. 우리의 삶의 주관자가 되시는 주님께 온전히 의지할 수 있도록 은혜로 더하여 주옵소서. 우리의 연약함에 소망을 주시고 강하고 담대하게 하여 주옵소서. 우리가 주님의 나라를 바라보는 믿음으로 세상을 이길 수 있도록 축복하여 주옵소서.

하나님 아버지! 삶의 문제를 가지고 주님 앞에 나온 성도들을 위하여 기도하오니 가정의 문제, 직장의 문제, 사업의 문제, 자녀의 문제에 이르기까지 해결받게 하옵소서. 미움을 벗고 사랑을 입게 하시고, 불신앙을 벗고 믿음을 입게 하셔서 신앙의 문제까지도 해결되는 복된 은혜가 있게 하옵소서. 저희의 삶이 예배가 되게 하시고, 그리스도의 향기가 되게 하시며, 예수님의 냄새를 풍길 수 있는 삶으로 인도하여 주시옵소서.

사랑의 주님! 교회에 속한 모든 기관들을 은혜로 인도하여 주옵소서. 주일학교, 학생회, 청년회 그리고 장년부에 이르기까지 저마다 속한 기관에서 온전하게 섬기게 하시며, 하나님의 나라와 질서를 세우는 데 앞장서도록 인도하여 주옵소서. 큰 부흥으로 함께하여 주옵소서. 주님의 나라를 사모하며 주님의 일에 봉사하는 손길이 있습니다. 주님께서 새로운 힘과 능력을 허락하심으로 봉사할 때마다 아름다운 봉사의 열매들이 맺히도록 은혜를 더하여 주시옵소서.

이 시간 기름부어 세우신 사자 목사님 성령의 권능으로 충만케 하셔서 말씀이 선포될 때 귀신이 떠나가고 병든 자가 고침 받으며 하나님의 나라가 확장되게 하여 주옵소서. 우리를 억만 죄악에서 구원하신 예수 그리스도의 이름으로 간절히 기도하옵나이다. 아멘.

9월 _셋째주

주일 오후(저녁)예배 대표기도문

찬양과 경배를 받으시기에 합당하신 하나님!
주님께 찬양과 경배를 드리게 하신 은혜에 감사합니다. 어디서나 저희와 함께 계심을 감사합니다. 주님의 선하신 계획대로 이끌어 주신 은혜에 감사합니다. 우리의 예배를 기쁘게 받아 주옵소서.
주님, 우리가 주님의 선하신 계획에 순종하지 않았던 때가 더 많았음을 고백하오니 우리를 긍휼히 여기시기를 원합니다. 우리를 죄에서 건져 귀한 성도로 삼으셨으니 이후로 우리가 죄와 타협하지 않도록 축복하여 주옵소서.

찬양을 즐거이 받으시는 하나님!
우리의 마음속에 있는 악한 생각과 불의와 불경건한 생각들을 제하여 주시고, 의와 경건으로 채워 주셔서 우리 심령이 찬양하기에 합당한 정결한 심령이 되게 하옵소서. 날마다 기도로 주님과 교제함으로 하나님으로부터 오는 신령한 복을 받기에 부족함이 없게 하옵소서. 또한 말씀을 가까이하여 날마다 말씀으로 새 힘을 공급받는 우리들이 되도록 인도하여 주시고, 받은 은혜와 사랑을 세상 속에서 나누게 하옵소서. 주님을 모르는 사람들을 하나님을 찬양하는 자리로 이끌 수 있는 능력도 허락하여 주시옵소서.

사랑의 주님! 산 소망이 끊어진 채 하루하루를 살아가고 있는 사람들을 불쌍히 여겨 주시고 기쁨과 소망이 넘치는 복된 삶으로 인도하여 축복하시기를 원합니다.

무엇보다도 구원의 주님을 만남으로, 주님을 믿고 의지함으로 새 생명과 새 평안을 누리게 하여 주시고, 하늘의 소망을 갖고 사는 복된 삶이 될 수 있도록 이끌어 주시기를 원합니다. 우리의 소망이 오직 주님께 있음을 고백하오니 우리의 삶 속에서 주님의 역사하심에 순종하는 믿음을 더하여 주시고, 우리가 진정한 주님의 뜻이 무엇인지 깨달을 수 있는 귀한 복을 허락하여 주옵소서.

우리의 예배에 여러 가지 모습으로 봉사하는 손길들을 주님의 축복하심으로 인도하시며 날마다 승리하고 형통케 되는 복을 허락하여 주옵소서. 저희 성가대의 찬양을 흠향하시고 하늘문을 여시고 우리에게 은혜의 단비로 적셔질 수 있는 귀한 복을 허락하여 주옵소서.

이 시간 주님의 말씀을 들고 서신 목사님을 붙들어 주셔서 말씀을 증거할 때 우리의 영이 회복되게 하시고, 우리의 문제가 해결되게 하시며, 주님의 사랑을 체험하게 하옵소서. 우리의 죄를 구속하시고 사망의 자리에서 영생의 자리로 옮겨 주신 거룩하신 예수님의 이름으로 간절히 기도하옵나이다. 아멘.

9월 _셋째주

주중(삼일·금요)예배 대표기도문

거룩하신 하나님!
이 시간 우리가 기도회로 모였사오니 우리에게 주님의 은혜를 충만히 내려 주시기를 원합니다. 주님의 구별된 자리로 우리를 불러주신 은혜를 감사합니다. 지난 삼일간 우리가 주님의 보호 아래 늘 충만했음을 고백합니다. 주님의 은혜를 감사합니다.
그러나 우리가 온전히 주님의 뜻대로 살지 못하였음을 고백합니다. 우리가 혹시 주님을 파는 유다와 같이 행동하지는 않았습니까? 우리를 용서하여 주옵소서. 우리의 연약함으로 범죄치 않도록 은혜로 덧입혀 주시고, 우리의 교만함이 주님의 사랑하는 영혼들을 다치지 않게 하시고 그들의 영혼을 위하여 사랑할 수 있도록 축복하여 주옵소서.

은혜로우신 하나님! 하늘이 높아지고 오곡이 무르익는 계절이 옵니다. 저희 인생의 삶도 무르익게 하여 주옵소서. 그 은혜를 감사하며 찬양할 수 있게 하여 주옵소서. 그리하여 더욱 풍성한 삶을 이루도록 축복하여 주시고, 하나님의 은혜와 축복에 한없이 감격하게 하시고, 더욱 주님의 뒤를 좇아 믿음의 길에 전진하게 하여 주옵소서.

사랑의 하나님! 저희 모두에게 성령의 능력과 은사를 충만하게 부어 주셔서 주님의 일에 적극적으로 헌신 봉사할 수 있는 일꾼들이 되게 하여 주시옵소서. 주님을 닮는 저희들이 되게 하셔서 주님을 나타내고 보여주기에 부족함이 없는 주의 사람이 되게 하시옵소서. 우리의 모든 가정들도 그리스도의 영이 지배하고 그리스도의 정신이 살아 있는 가정들이 되게 하여 주시옵소서.

예배를 위해서 기도합니다. 예배로 인하여 저희에게 복을 허락하시되 앞날이 열려 형통케 하시고, 저희의 감사와 찬양으로 인하여 복을 허락하시되 주 하나님이 주시는 새 힘으로 날마다 승리하게 하옵소서.

오늘 이 자리에 여러 가지 모양으로 상한 심령을 가지고 예배에 참석한 성도들이 있는 줄 압니다. 고통을 다루시는 주님께서 상한 심령마다 어루만져 주시고 싸매어 주셔서 치유하시고 회복시키시는 주님의 은혜를 체험할 수 있도록 축복하여 주옵소서.
예배를 위하여 헌신하는 모든 손길들 위에 축복하시고, 저들의 수고로 하늘의 창고에 보화가 쌓일 수 있는 복을 허락하여 주시옵소서.

이 시간 주님의 말씀을 전하시는 목사님 위에 함께하셔서 말씀 듣는 중에 새로운 용기와 기쁨이 심령 깊은 곳에서부터 샘솟듯하게 하여 주시옵소서. 저희는 아무 공로 없사오나 우리를 구원하여 주신 예수 그리스도의 이름 받들어 간절히 기도하옵나이다. 아멘.

9월 _넷째주

주일 낮예배 대표기도문 1

진리와 생명이 되신 하나님!
주님의 은혜와 사랑을 감사드립니다. 거룩한 주님의 날 주님의 전에 나아와 우리의 몸을 드리게 하시니 감사합니다. 우리가 주님을 알 수 있는 믿음을 주셔서 감사합니다. 이 시간 우리가 한마음으로 모여 예배드리게 하시니 영광과 찬양을 주님께 드립니다.
지난 한 주간을 돌이켜 보면 구원받은 성도답게 구별된 삶을 살지 못하고 오히려 세상에 마음을 빼앗겨 살아감으로 하나님의 영광을 가릴 때가 많았습니다. 우리의 죄를 용서하시고 저희들의 삶이 언제나 주님의 뜻을 따라 성별될 수 있도록 성령께서 저희의 마음을 다스려 주옵소서.

의로우신 하나님! 이 시간 우리가 하나님의 크고 넓으신 사랑을 알게 하옵소서. 부모의 사랑을 알지 못하고 방탕하며 부모의 마음을 아프게 하는 패륜아처럼 되지 말고, 아버지의 사랑을 아는 자로서 기쁨과 감사가 있게 하옵소서. 그 사랑을 체험함으로써 이제 우리도 다른 형제와 이웃을 사랑할 수 있는 자들이 되게 도와주시옵소서. 주님이 주신 햇볕으로 열매 맺는 곡식들을 바라보면서, 우리의 믿음도 풍성한 열매를 맺게 되기 원합니다.

고마우신 하나님! 우리에게 매일 주님을 섬길 수 있는 기회를 허락하심에 또한 감사합니다. 우리에게 주어진 일들로 인하여 하나님을 시험하지 않게 하시고 세월을 허송하지 않게 하여 주옵소서. 우리의 작은 힘이 주님 나라의 확장에 도움이 되도록 우리에게 능력을 허락하사 우리로 이웃을 전도하게 하시고 우리로 믿는 자의 본이 될 수 있는 믿음을 더하여 주옵소서.

우리에게 맡겨 주신 사명을 잘 감당하게 하시고, 매일매일 성실함으로 주님의 뒤를 따르게 하시고 우리에게 인내하며 승리하고 절망하지 않도록 주님 동행하여 주옵소서.
우리를 위하여 이곳에 교회를 세우시고 목사님을 세우셨으니 주께서 친히 감찰하시고 우리로 세상에서 빛이 되게 하시고 저희 모든 지체들이 한마음으로 주님의 보좌를 사모하게 하여 주옵소서.

거룩하신 하나님! 또한 저희의 예배를 위하여 돕는 많은 손길들이 있사오니 하나님의 무한하신 은혜로 그 손길들 위에 축복하시고 함께하사 날마다 새롭게 되는 은혜를 허락하여 주시옵소서.

이 시간 주님의 말씀을 들고 단 위에 서신 목사님을 기억하시고 좌절과 절망 속에 있는 성도들이 이 시간 말씀 듣는 중에 새로운 힘과 능력을 공급 받게 하시고 묵은 심령들이 변화되게 하여 주시옵소서. 세상 끝날까지 변치 않고 함께하실 예수님의 이름으로 간절히 기도하옵나이다. 아멘.

9월 _넷째주

주일 낮예배 대표기도문 2

존귀하신 하나님!

감사와 찬송을 주님께 올려 드립니다. 저희들에게 하나님의 특별한 사랑과 은총을 받을 만한 자격이나 공로가 없음에도 불구하고 저희들을 사랑하여 주시고 불러 주시어 하나님을 아버지라 부를 수 있는 특권을 허락하여 주시니 참으로 감사합니다.

지난 한 주간을 돌아보면 우리의 생각과 삶이 하나님을 영화롭게 하기보다 세상 헛된 것에 치우쳐 있었음을 고백합니다. 용서하여 주시고, 저희의 연약한 믿음과 결심을 다시금 굳건하게 해 주옵소서. 그래서 새로운 한 주간을 살아갈 때에는 믿음으로 승리할 수 있도록 인도하여 주옵소서.

오늘 복되고 거룩한 주일을 맞아 하나님께서 베푸신 은혜와 사랑을 다시금 기억하며 예배하기 위해 저희들이 모였습니다. 이 시간 여기 모인 저희들의 마음을 주장하여 주사 한마음과 한뜻으로 예배하는 시간 되게 하여 주옵소서. 그리하여 하나님께 온전한 영광을 돌리게 하옵소서.

능력의 주님! 저희들이 비록 힘들고 시련 많은 시대에 살고 있지만 십자가 군병으로 승리하는 삶을 살기를 원합니다. 최후 승리를 바라보며 달려갈 수 있는 저희들 되게 하시옵고, 무슨 일을 만나든지 주님 증거하기를 주저하지 않는 저희들 되게 하시옵소서.

은혜의 하나님! 이 시간 우리가 성령 안에서 기도하고 찬송하며 말씀을 사모할 때에 은혜 받게 하시며, 의로운 인격을 갖추고 새 사람으로 새날을 살아갈 수 있도록 크신 은총을 내려 주옵소서. 또한 성령의 인도하심 속에서 우리의 신앙도 살찌게 하시고, 주님의 거룩한 뜻을 실현할 수 있는 복된 삶이 되게 하옵소서. 우리의 생각과 계획도 미리 아시는 성령께서 철저하게 이끌어 주시고 주관하여 주시옵기를 원합니다. 저희들의 전 생활 영역이 성령의 역사와 인도하심을 따라 사는 권세 있는 삶이 되게 하여 주옵소서.

이 자리에 같이 모이지 못한 영혼들이 있습니다. 어디에 있든지 주님이 우리에게 주시는 은혜와 동일한 은혜로 그들을 채워 주시기를 원합니다. 기쁠 때나 슬플 때에도 새 생명을 주시는 주님을 의지하는 자녀들이 되게 하여 주옵소서. 이 예배를 통하여 모인 우리가 하나 되게 하시고 교회의 각 지체된 역할을 잘 감당할 수 있도록 축복하여 주옵소서.

이 시간 말씀을 전하시는 목사님에게 성령 충만함을 주셔서 말씀에 생명력 있게 하시며 우리의 영혼이 감동을 얻고 말씀대로 순종하며 사는 저희 모두가 되게 하시옵소서. 오늘도 우리를 도우시는 예수 그리스도의 이름으로 간절히 기도하옵나이다. 아멘.

9월 _넷째주

주일 낮예배 대표기도문 3

거룩하신 하나님!

존귀하신 하나님 앞에 감사 찬양을 돌리며, 영광과 경배를 드립니다. 저희를 거룩하게 하사 거룩한 백성 중에 거하게 하시고 거룩한 성전에서 예배드리게 하심을 감사합니다. 저희를 왕 같은 제사장으로 삼아 주시고 주님 앞에 나올 수 있는 자격과 특권을 허락하신 주님께 감사합니다.

그러나 저희는 온전한 믿음으로 살지 못하고 악한 본성을 따라 제각기 행하다가 나아왔습니다. 주님의 피로 씻어 주시고 모든 불의에서 빛을 발하게 하시고, 썩어 냄새나는 곳에서도 그리스도의 향기를 발하게 하옵소서. 도움을 원하는 곳에 주의 이름으로 손 내밀게 하시고, 이 땅이 아닌 하늘의 생명책에 우리 이름이 기록되기를 기뻐하는 자들이 되게 하옵소서.

하나님께 예배하는 자는 신령과 진정으로 예배하라고 하였사오니, 우리 몸과 마음을 주님께 드리고 산 제사를 드리게 하옵소서. 주님의 전에 나올 때는 상하고 추하고 빈 마음을 가지고 나아왔지만, 이 예배를 통하여 은혜를 받아 깨끗한 마음에 성령 충만을 허락하여 주옵소서. 그리하여 그리스도의 대사가 되게 하시고 주님의 구속 사업에 헌신하는 몸이 되게 하옵소서. "내가 사나 죽으나 그리스도의 것"이라고 한 사도 바울의 말씀과 같이, 주님의 구속 사업에 유익한 종들이 되게 하옵소서.

은혜의 주님! 성령의 은혜와 진리의 말씀이 살아 역사하는 능력을 힘입도록 성령으로 충만케 하옵소서. 우리들의 무딘 마음과 얇은 귀, 우둔한 두뇌를 깨우시고 생명의 만나를 늘 사모하게 하시고 깨달아 알게 하옵소서. 주님이 부활하신 이 복된 주일, 소망을 안고 모여든 저희들에게 새 생명과 새 희망을 불어 넣어 주시옵소서.

오늘 이 자리에 참석한 모든 성도들을 일일이 기억하시고 이 어렵고 힘든 때에 가정가정을 지켜주셔서 어려운 일을 당하지 않도록 도와주시고, 모든 일이 주 안에서 형통하게 하여 주옵소서. 저희는 항상 기도하고 깨어 주님 오실 날을 예비하는 슬기로운 다섯 처녀와 같이 항상 기름과 등불을 예비하는 성도들이 되도록 함께하여 주옵소서.

찬양대의 찬양을 흠향하시고 그 찬양이 하늘 보좌에 상달되게 하옵소서. 이 시간 주님의 사자 목사님을 단 위에 세우셨사오니 영력이 있는 말씀이 되게 하시고, 온 회중이 가슴 뜨겁게 감동함으로 우리 마음들이 그 복음의 말씀으로 가득 채워지는 은총의 시간이 될 수 있도록 함께하여 주시옵소서. 늘 새롭게 하여 주시는 예수님의 이름으로 간절히 기도하옵나이다. 아멘.

9월 _넷째주

주일 오후(저녁)예배 대표기도문

은혜로우신 하나님!
새벽 미명부터 이 시간까지 하나님을 예배하며 구원받은 주의 기쁨을 누리게 하여 주시니 감사합니다. 주의 사랑을 입은 백성들이 주의 행하신 놀라운 일들을 찬양하며 존귀하신 하나님의 성호를 높여 드리기 위하여 찬양 예배로 모였습니다. 이 시간 우리들의 마음이 주님께 향하게 하시고 우리의 눈이 온전히 주님만 바라보게 하옵소서. 신령과 진정으로 예배하는 시간이 되게 하시고 우리 가운데 성령으로 임재하셔서 영광 받아 주시옵소서.

우리의 죄를 주님의 보혈로 거룩하게 하여 주시옵고, 영원토록 주님의 나라를 사모하며 따르는 성도들이 되게 하여 주시옵소서. 원수의 능력을 제어할 권세를 주시옵고, 우리로 하여금 예수님의 보혈의 능력을 믿고 선한 싸움을 싸우게 하옵소서.
이 악하고 어려운 세대를 온전한 신앙인으로 살아가기가 너무나 힘에 겹습니다. 우리를 그대로 버려 두지 마시고 주님의 울타리 안에 거하게 하여 주시고 우리에게 긍휼을 베풀어 주시옵소서.

거룩하신 주님! 비록 우리가 모든 재물을 잃더라도 아버지를 잊어버리는 일이 없게 하시고, 병들고 연약해질지라도 아버지의 뜻을 의심하지 않게 하옵소서. 그리고 세상 사람들에게 버림받아도 하나님께 버림받는 자가 되지 않게 하시며, 천국 가는 날까지 하나님과 동행하게 하옵소서. 또한 나보다 다른 이를 먼저 생각하는 자가 되게 하시며, 높아지기보다는 낮은 자가 되어서 남 섬기는 주님의 도를 본받아 살게 하옵소서.

하나님 아버지! 주님의 교회와 성도들을 사랑하사 이 시대를 분별하여 주님의 영광을 나타내는 복음의 증거자가 되게 하여 주옵소서. 우리의 모습은 약하지만 주님의 능력이 우리를 통하여 역사하심을 믿습니다. 기도와 말씀 안에서 순종하는 자세로 감당하게 하시고, 주님 교회의 모든 성도들이 믿음의 능력으로 살게 하여 주옵소서.

이 시간 찬송 부를 때에도 심령 깊은 곳에서 우러나오는 가락이 되기를 원합니다. 말씀을 들을 때 저희들의 심령을 영적으로 끝없이 기경하고 계시는 주님의 손길을 느끼기를 원합니다. 역사하여 주옵소서.
이 시간 말씀을 전하시는 목사님께 주님이 함께하셔서 말씀 증거 할 때에 온 영혼을 적시게 하여 주시옵고, 감동의 물결이 일어나게 하여 주시옵소서. 우리를 구원해 주신 예수님의 이름으로 간절히 기도하옵나이다. 아멘.

9월 _넷째주

주중(삼일·금요)예배 대표기도문

공의로우신 하나님!
우리에게 아름다운 가을 하늘과 수확의 기쁨을 허락하신 주님의 사랑에 감사합니다. 무르익어가는 가을 들판을 바라보며 하나님의 섭리를 생각합니다. 오늘도 우리를 죄악의 들판에 버려두지 않으시고 축복받고 열매 맺는 구원의 자녀로 살게 하시려고 불러 주신 주님의 은혜에 감사합니다. 날이 갈수록 주님의 은혜와 사랑을 더 깊이 깨달아 알게 하시고, 믿음을 더하여 주셔서 주님이 기뻐하시는 영적인 열매를 더욱 알차게 맺을 수 있는 저희들이 되게 하여 주옵소서.

우리에게 평화와 기쁨을 주신 하나님!
자신의 너무도 많은 욕구와 만족만을 위해 살아가고 있는 저희들임을 발견합니다. 참되고 온유하고 겸손하게 살도록 가르쳐 주신 주님의 진리를 외면한 저희들입니다. 그 결과로 우리의 영혼은 날로 그 빛을 잃어가고, 오늘 방황의 길에 빠져서 갈팡질팡하는 삶을 살았나이다. 주님의 보혈로 우리의 죄를 씻어 주시고, 그 귀한 말씀 속에서 새 생명을 얻게 하옵소서.

사랑의 주님! 누가 하나님 나라에 합당한 삶을 살고 있습니까? 어둡고 혼탁한 세상에 저희들이 살고 있습니다. 저희들이 주님의 전에 나아와 기도할 때마다 이런 내가 주님 나라의 상속자가 될 수 있을까? 하는 의구심을 떨쳐 버릴 수가 없음을 고백합니다. 이 시대가 이렇다고 해서 적당주의로, 형식주의로 신앙생활을 하는 저희들이 되지 않게 하시고 이런 때일수록 원색적인 신앙이 빛을 발할 수 있도록 은혜로 더하여 주옵소서.

불신자의 입에서 불평과 불만이 나오는 것은 당연하다고 할 수 있으나 주님의 의를 덧입는 거룩한 백성인 저희들의 입에서도 신앙의 양심에 조금도 거리낌 없이 당연한 척 불평이 섞인 말들을 자주 담고 있음을 고백합니다.
우리가 주님의 거룩한 백성으로 입술을 지키게 하여 주옵소서. 우리의 입술이 주님 나라의 기쁨을 전하는 거룩한 입술이 되게 하시고, 주님의 증인으로 땅 끝까지 이르러 복음을 전하는 입술이 되게 하여 주옵소서. 이 기도회를 위하여 봉사하는 손길들에게 축복하사 주님의 크신 능력으로 동행하여 주옵소서.

이 시간 주님의 말씀을 선포하실 목사님을 도우셔서 말씀 증거할 때에 우리의 죄악을 태우고 불사르는 불의 말씀, 치료의 말씀이 되게 하시고 우리의 죽어가는 영혼에 새로운 생명을 부어 주시옵소서. 세세에 영광과 감사를 받으실 주 예수님의 이름으로 간절히 기도하옵나이다. 아멘.

10월 _첫째주

주일 낮예배 대표기도문 1

은혜가 풍성하신 사랑의 하나님!
이 좋은 계절에 건강한 육체와 맑은 정신을 주시어서 주님 앞에 나와 예배할 수 있게 하시니 감사합니다. 지금까지 지내온 모든 것이 주님의 크신 은혜였음을 믿고 고백합니다.
앞으로 나아갈 것도 주님께서 지키실 줄 확신하오니 저희의 믿음의 발걸음을 쉬지 않게 하시옵소서. 오늘도 신령과 진정으로 예배하는 자들을 찾으시는 하나님이시오니 거짓 없는 마음과 진실된 마음으로 예배드리게 하시옵소서.

죄와 허물 가운데 살아온 저희들은 주님의 영광보다는 자기의 영광을 구하기에 급급하였고 주님의 뜻에 순종하기보다는 자기의 욕심에 복종했었음을 고백합니다. 주님을 사랑한다고 하면서도 하나님 나라를 추구하기보다는 이 세상의 이득을 얻기에 분주했습니다. 이 모든 허물진 생활을 회개하오니 주님의 피로 깨끗이 씻으시고 청결한 마음과 진실한 영으로 새롭게 하여 주옵소서.

우리를 의롭게 하시기 위하여 자신의 몸을 십자가에 내어주신 주님! 우리에게 하나님의 의를 입혀 주셔서 감사드립니다. 우리는 소돔과 고모라에 의인 열 명이 없어 불심판이 내려졌던 일을 기억합니다. 하나님이여! 우리로 하여금 이 땅을 구원할 의인 열 명이 되게 해 주옵소서. 불의와 죄악으로 관영한 이 땅에서 우리로 하여금 정의를 사랑하게 하시고, 의로운 일을 위해 자신의 이권을 내려놓고 믿음으로 선택할 수 있는 믿음을 허락해 주옵소서.

특별히 말씀을 통하여 믿음이 자라나게 하시고 전도에 힘써 많은 곡식을 추수하게 하시고 서로 돕고 위하면서 하나님 나라의 백성으로 훈련되게 하여 주옵소서. 그리하여 하나님의 뜻이 이 땅 위에 이루어지도록 힘쓰고, 땀 흘리고 더욱 사랑하며, 서로 격려하고 용기를 더하는 우리의 신앙생활이 되도록 축복하여 주옵소서.

거룩하신 하나님! 주님이 친히 세우신 이 교회를 기억하여 주셔서 이 교회가 힘들고 어려울 때일수록 고난 가운데서 주님의 뜻을 담아내기에 힘쓰는 교회가 되게 하여 주시옵소서. 이 시대에 교회를 향한 주님의 요청이 무엇인지 분별할 수 있는 교회가 됨으로써 주님의 형상을 더욱 분명하게 드러낼 수 있는 교회가 되게 하여 주시옵소서.

이 시간 말씀을 전하실 목사님 위에 함께하사 오늘도 말씀을 듣는 가운데 하나님의 섭리를 바로 볼 수 있는 눈이 열려지게 하시고, 말씀으로 거듭나게 하시며, 저희의 약함이 주님 앞에서 강하게 되는 역사를 체험하게 하여 주시옵소서. 우리를 구원하시기 위해 이 세상에 오신 예수 그리스도의 이름으로 간절히 기도하옵나이다. 아멘.

10월 _첫째주

주일 낮예배 대표기도문 2

거룩하신 하나님!
우리를 세상과 구별하셔서 거룩한 성일에 주님의 전으로 나아오게 하심을 감사합니다. 수고에 지친 몸을 쉬게 하시고 죄로 상한 영혼을 소생케 하심을 믿습니다. 가슴에 소망을 품고 살아가는 귀한 주님의 백성들이 되도록 축복하여 주옵소서. 새 생명과 새 희망으로 우리를 인도하여 주옵소서.

저희는 주님의 백성이면서도 사탄이 환영하는 죄를 얼마나 많이 짓고 사는지 헤아릴 수조차 없습니다. 늘 자신의 욕심과 세속적 관점을 벗어나지 못하는 저희들을 불쌍히 여겨 주시옵고, 보혈의 피로 씻어 정결하고 거룩한 삶을 살아갈 수 있도록 도와주시옵소서. 오늘 주님의 전에 엎드렸으나 저희의 모습은 주님의 진노와 심판을 받기에 합당합니다. 하오나 주님의 십자가의 피와 공로를 의지하여 용서를 구하오니 저희의 겉과 속에 묻어있는 모든 죄를 깨끗이 씻어 주시옵소서.

사명을 주시며 감당케 하시는 하나님! 저희들에게 귀한 성도의 직분을 허락하셨사오니 저희를 주님의 은혜로 성도의 직분을 잘 감당하도록 축복하여 주시옵소서. 주님의 사랑이 저희 안에 가득 차고 넘쳐 그 사랑으로 성도의 직분을 잘 감당하도록 은혜의 축복으로 더하여 주시옵소서. 주님! 저희의 사랑으로는 주님께서 원하시는 귀한 열매를 맺을 수 없음을 고백합니다. 저희에게서 주님의 사랑이 넘치도록 충만한 복을 허락하여 주시옵소서. 저희에게 날마다 감사의 귀한 열매가 맺혀지게 하여 주시고, 시온에서 주시는 복을 받게 하여 주시옵소서.

하나님 아버지! 이 민족이 나아가야 할 길을 바로 찾을 수 있도록 이 땅 위에 주의 정의와 평화를 세워 주옵소서. 구석구석 주님의 빛이 스며들어 어두움의 세계에서 빛의 세계로, 불의의 세계에서 의의 세계로, 흑암의 권세에서 광명의 세계로 발돋움하게 하옵소서. 나아가서는 6천만의 염원인 통일의 꿈이 실현되게 하옵소서.

이 시간 말씀을 듣고 단 위에 오른 목사님을 붙잡아 주셔서 선포되는 말씀을 통해 강퍅한 우리의 마음이 쇳물처럼 녹는 역사가 일어나게 하시고 그 말씀이 우리의 육신과 삶을 변화시키는 놀라운 은혜를 경험케 하시며, 말씀으로 우리를 온전케 하여 주옵소서. 우리를 구원하여 주신 우리 주 예수 그리스도의 이름으로 간절히 기도하옵나이다. 아멘.

10월 _첫째주

주일 낮예배 대표기도문 3

전능하신 하나님!
복되고 거룩한 주일을 맞이하여 주님의 전으로 나와 예배드리게 하시니 감사합니다. 죄로 인해 멸망을 받아야 마땅한 우리를 사랑하사 독생자를 통해 대속의 은총을 베푸시고, 희망이 없던 인간들이 이 은혜를 인하여 소망의 삶을 누리게 하신 하나님께 찬양과 감사함으로 경배드리오니 영광을 받으시옵소서.

사랑의 주님! 저희가 가장 귀한 것은 분토처럼 던져버리고 허탄한 것들을 보물처럼 섬기며 살아온 지난날이었습니다. 피폐된 저희 영혼은 갈급하고, 사라의 태가 끊긴 것 같은 절망적인 자신의 모습을 고백합니다. 저희의 믿음 없음을 용서하여 주시고, 십자가의 보혈로 속량하시며 그 크신 사랑으로 새롭게 하여 주옵소서.

능력의 주님! 이 어지럽고 힘든 삶 가운데서도 주님이 주시는 평안이 가득하게 해 주시옵소서. 언제나 하나님을 찬미하는 삶이 되게 하시고, 감사의 기쁨이 넘치고 확신에 찬 믿음으로 주님의 사랑을 나타내게 하시옵소서. 특별히 낙심 가운데 있는 사람들에게 용기를 주시고, 주님이 끝까지 붙드시고 계심을 확신하며 소망이 넘치는 삶이 되게 하여 주시옵소서. 오늘 이 시간도 힘써 주님을 찬양하며 간곡히 부르짖을 때 여린 저희 심령을 붙드시고, 말할 수 없는 평안의 기쁨을 맛보게 하여 주시옵소서.

은혜의 주님! 날마다 모여 기도하고 전도하며 교제에 힘쓰는 성도들을 위해서 기도드립니다. 모일 적마다 주님의 사랑과 은혜가 넘치게 하시고 주님의 몸 된 교회를 세우고 가정을 주님의 말씀으로 세우는 성도들이 되게 하여 주옵소서. 특별히 저희들을 통하여 이웃들이 주님을 영접하게 하시고 그리스도의 몸 된 교회로 나오도록 하시고 주님의 사랑을 가지고 복음을 증거하는 영혼들이 되도록 축복하여 주옵소서.

찬양으로 영광을 돌리는 성가대를 축복하셔서 그들에게 하나님의 영광이 충만하게 하시고 주의 거룩함이 넘치게 하옵소서. 찬양 가운데 주님의 은혜의 강물이 흐르게 하시고 마음과 육신이 온전히 주님으로 채워지게 하옵소서.

이 시간 주님의 말씀을 선포하시는 목사님을 도우셔서 말씀을 증거할 때에 우리의 상한 심령들을 치료하는 역사가 있게 하시고, 말씀을 통해 이 세상을 이길 새 힘을 얻게 하시며, 말씀을 듣고 순종하여 삶 속에서 아름다운 열매를 맺게 하여 주옵소서. 때를 따라 도우시는 예수님의 이름으로 간절히 기도하옵나이다. 아멘.

10월 _첫째주

주일 오후(저녁)예배 대표기도문

찬송을 받으실 영원하신 하나님!
세상에 많고 많은 사람들 중에 부족한 우리들을 택하셔서 아바 아버지라고 부르며 주님 앞에 나아갈 수 있는 은총을 베풀어 주심을 감사드립니다. 지나간 한 주간 주님의 사랑과 은혜로 저희와 함께 해 주신 것을 감사드립니다. 이 시간 친히 임재하셔서 신령과 진정으로 드리는 이 예배를 기쁨으로 받아 주시옵소서.

주님의 그 크신 사랑과 구원의 은총 앞에서 우리가 서 왔음에도 불구하고 우리는 아직도 미련하고 악함으로 그 은혜를 다 깨닫지 못하는 무익한 종과 같습니다. 하나님께서 주신 달란트를 땅에 묻어 두고, 주인을 원망하며 불신하는 어리석은 종과 같습니다. 주여, 용서하여 주옵소서. 오늘도 주님의 그 놀라운 생명의 말씀 앞에서 이 죄인들이 사로잡혀 어두움의 나라에서 빛의 나라로 옮겨지는 놀라운 체험이 있게 하옵소서.

은혜로우신 주님! 주님이 주시는 힘이 없이는 늘 넘어지오니 좌로나 우로 치우치던 저희의 지조 없는 생활을 용서하시고, 심지가 굳은 주님의 사람이 되게 하시옵소서. 어리석고 무지한 저희를 하늘의 지혜로 채우사 밝고 빛된 생활을 할 수 있게 하시옵소서. 생활이 어려운 저희들, 영육 간 풍성한 축복을 주시고 문제를 놓고 기도하는 가정마다 하나님께서 그 기도를 응답하여 주시옵소서. 저희 성도들 가운데 질병으로 고생하는 성도가 있사오니 하나님께서 치료의 손을 베풀어 주셔서 완치하여 하나님께 영광 돌리는 삶을 살게 하옵소서.

사랑의 주님! 우리들의 삶이 모양과 형식만 있는 그리스도인이 아니라 온유하고 겸손하신 주님을 닮게 하옵소서. 오직 모든 일을 주님의 이름과 성령의 능력으로 행하게 하옵소서. 우리의 삶이 말씀에 근거된 삶이 되게 하사 모든 일들 속에 주님의 능력이 날마다 새롭게 나타나게 하여 주옵소서.

먼저 하나님의 말씀대로 살아가는 믿음을 허락하시고 삶의 전체를 통하여 주님의 영광을 드러내는 믿음을 허락하여 주옵소서. 우리에게 주님의 복음을 전할 수 있도록 은혜를 더하여 주시고, 영혼 구원의 사명을 감당하기에 부족함이 없도록 축복하여 주옵소서.

이 시간 말씀을 전하시는 목사님을 붙드시고, 전해지는 말씀으로 저희들의 생활이 변화되고 세상에서 살 때에 영의 양식이 되게 하여 주옵소서. 우리를 위해 돌아가신 예수님의 이름으로 간절히 기도하옵나이다. 아멘.

10월 _첫째주

주중(삼일·금요)예배 대표기도문

언제나 변함없는 사랑을 베푸시는 주님!
지난 삼일 동안에도 우리를 보호해 주셨다가 다시 만민의 기도하는 집으로 와서 엎드려 기도하게 하시니 감사합니다. 찬송과 영광을 주님께 드리며 귀한 예배를 드리게 하시니 감사합니다. 우리가 드리는 이 예배가 하나님께는 영광이 되고 우리에게는 귀한 은혜와 축복의 장이 될 수 있도록 축복하여 주옵소서.

우리의 부족함과 우리의 교만과 우리의 믿음 없음을 고백합니다. 우리의 부족함을 주님의 귀하신 사랑으로 채워 주시고, 우리의 교만을 주님의 거룩하심으로 낮아지게 하여 주옵소서. 또한 우리의 믿음 없음을 용서하시고 주님을 절대적으로 신뢰하고 주님만을 의지하도록 귀하신 은혜와 축복으로 동행하여 주옵소서.

이 예배를 통하여 우리의 삶에 생명의 길이 환하게 보이게 하시고, 우리의 마음이 뜨거워지게 하시며, 우리의 생각과 마음이 고침을 받게 하옵소서.
이 자리가 은총의 자리임을 믿사오니, 이 자리에 앉아있는 주님의 백성들을 거룩하고 성결하게 하시며, 어떠한 어려움에도 흔들리지 않게 하시고, 소망 가운데 굳건한 믿음으로 살아갈 수 있게 하옵소서.

사랑의 주님! 이 시간 주님께 구할 것은 믿지 않는 모든 영혼들을 위해서 기도드립니다. 그들의 영혼을 주님, 긍휼히 여겨 주옵소서. 주님의 사랑 안에서의 충만함을 맛보게 하심으로 주님의 사랑이 얼마나 기쁜 것인지 알게 하여 주옵소서. 주님의 사랑으로 삶의 척도가 바뀌게 하시고, 주님의 사랑으로 성품이 변화되게 하시고, 귀한 주님의 성도가 될 수 있는 귀한 축복을 허락하여 주옵소서. 주님의 사랑으로 날마다 다른 이웃들을 전도하게 하심으로 이 땅 위에 지상천국을 건설하도록 귀하신 은혜와 능력으로 더하여 주옵소서.

교회와 예배를 위하여 헌신하는 손길들을 기억하시고, 주님 앞에 아름다운 향기가 되게 하여 주옵소서. 저들의 봉사로 주님의 영광이 드러나게 하시고 주님의 말씀으로 승리하도록 크신 은혜로 더하여 주옵소서.

이 시간 주님의 말씀을 선포하실 목사님을 축복하셔서 그 말씀을 통하여 우리가 새로워지게 하시고, 주님을 닮아가며 그리스도의 형상을 마음속에 이루어 가는 저희들이 모두 되게 하여 주옵소서. 우리의 삶 속에 하나님의 뜻을 세우시는 예수님의 이름으로 간절히 기도하옵나이다. 아멘.

10월 _둘째주

주일 낮예배 대표기도문 1

은혜의 하나님!
하나님의 놀라우신 은혜와 사랑을 진심으로 감사하옵고 감사함을 드립니다. 죄로 인하여 영원히 죽을 수밖에 없었던 죄인들을 하나님께서 사랑하시고 긍휼히 여기셔서, 독생자 예수 그리스도를 십자가의 제물로 삼으시고, 부족하고 허물이 많은 우리들을 구속하심을 감사합니다. 오늘도 복되고 거룩한 주일을 맞이하여 주님의 전으로 나와 예배드리게 하시니 감사합니다.

용서의 주 하나님! 우리들은 너무나 허물이 많습니다. 하나님의 뜻대로 살지 못하고 하나님의 말씀에 순종하지 못하고 살았습니다. 하나님께서 우리를 사랑하시는 것만큼 우리는 그러한 사랑에 보답하지 못했습니다. 하나님의 자녀답게 살지 못했음을 아뢰오니 우리의 허물과 죄악을 용서하여 주시고 새 사람이 되게 하여 주시옵소서.

거룩하신 하나님! 우리가 하나님의 형상을 따라 지음을 받았사오나 우리가 고통에 부딪칠 때마다 주님의 성호를 가리며 거룩하지 못했던 것을 고백합니다. 우리에게 주님의 성스러운 자녀로서의 삶을 감당할 수 있도록 믿음을 더하시고, 성령 충만으로 성령의 열매들이 우리의 삶에 맺혀지기를 기도합니다. 우리의 삶을 주님이 친히 주관하시기를 원합니다.

우리에게 성도의 귀한 직분을 허락하심을 감사드립니다. 우리가 성도의 귀한 직분을 잘 감당할 수 있도록 귀하신 은혜로 더하여 주옵소서. 우리의 입술과 손길과 발길이 주님의 말씀을 전하는 귀한 복음의 증거로 사용되게 하여 주옵소서.
그리하여 이 땅에 하나님의 나라가 이루어지도록 축복하여 주옵소서. 언제 어느 곳에 있든지 하나님의 자녀임을 기억하게 하시어 죄와 타협하지 않게 하시며, 사탄의 세력을 막으사 주의 주권을 선포하는 백성 되게 하여 주옵소서. 열방이 주의 것 되도록 온 힘을 다하는 성도 되게 하여 주옵소서.

예배를 위하여 봉사하는 손길들 위에 축복하시고 힘을 다하여 수고할 때마다 주님의 위로가 넘쳐나게 도와주옵소서. 하늘의 신령한 복으로 채워 주옵소서.

이 시간 주님의 말씀을 전하실 목사님에게 함께하셔서 말씀 증거할 때에 우리의 삶이 변화되게 하시고, 생각과 마음이 변화되게 하여 주시옵소서. 성가대원들의 찬양으로 예배가 더욱 영광되기 원합니다. 찬양으로 이 시간이 더욱 빛나게 하옵소서. 자기 십자가를 지고 나를 따르라고 하신 예수님의 이름으로 간절히 기도하옵나이다. 아멘.

10월 _둘째주

주일 낮예배 대표기도문 2

은혜로우신 하나님!
한 주간도 하나님의 백성들을 지켜 주시고, 주님의 날개 그늘 아래 품어 주셨다가 오늘도 저희를 불러 주시오니 감사로 예배를 드립니다. 오래 참으심으로 구원하셔서 하나님의 자녀가 되게 하시고, 하나님의 나라를 사모하게 하심을 감사드립니다. 주님의 구속의 은혜에 감격하여 드리는 이 예배를 기쁨으로 받아 주시옵소서.

용서의 주님! 우리의 죄를 고백하오니 용서하여 주옵소서. 우리의 사랑이 필요한 곳을 지나쳐 왔고, 우리의 손길이 필요한 곳을 외면했습니다. 우리를 긍휼히 여기사 우리로 하나님의 선한 계획에 반드시 필요한 심령들이 되게 하여 주옵소서.

이 귀한 예배를 통하여 하나님의 크신 사랑을 더욱 체험하도록 도와주옵소서. 우리의 마음에 소망을 심어 주시고 한 사람 한 사람에게 각기 필요한 말씀을 들려주옵소서. 우리의 귀를 열어 주시어 주님의 말씀을 듣게 하시고 우리의 마음을 열어 주님의 말씀 앞에 결단할 수 있도록 축복해 주시기를 원합니다. 드리는 예배가 하나님께는 영광이 되고 우리에게는 은혜가 되게 하여 주옵소서.

사랑의 하나님! 우리의 이웃을 돌아 볼 수 있는 귀한 안목을 허락하여 주옵소서. 우리의 믿지 않는 이웃들에게 주님의 사랑을 전할 수 있도록 은혜로 더하여 주시고, 주님의 사랑으로 인하여 변화되게 하여 주옵소서. 주님의 사랑이 불처럼 번지게 하여 주시고, 주님의 사랑으로 저들의 심령이 주님의 증인들이 되도록 축복으로 더하여 주옵소서. 주님! 저희들의 입술을 주장하사 복음을 증거하는 귀한 영혼들이 되게 하여 주옵소서. 저희들의 연약함을 주장하사 담대히 주님을 전할 수 있도록 은혜로 더하여 주옵소서.

거룩하신 하나님! 이 시간 주님의 예배를 위하여 봉사하는 귀한 손길들을 기억하시고 한없는 은혜와 축복으로 함께하여 주옵소서. 저들의 수고와 봉사가 하늘나라에 귀한 상급으로 쌓여지도록 은혜로 더하여 주옵소서. 주님의 귀하신 제단을 위한 봉사와, 주님을 섬기는 귀한 봉사 또한 주님께서 갚아 주시기를 기도드립니다. 주님의 전을 사랑하는 복을 허락하시고 주님께 구한 영광 돌리기에 부족함이 없도록 귀하신 은혜와 능력으로 동행하여 주옵소서.

이 시간 말씀을 선포하실 목사님 위에 함께하셔서 말씀 증거할 때에 생명이 있는 말씀, 능력이 있는 말씀이 되게 하시고 말씀 듣다가 문제가 해결되게 하여 주옵소서. 저희들을 억만 죄악 가운데서 구원해 주신 주 예수 그리스도의 이름으로 간절히 기도하옵나이다. 아멘.

10월 _둘째주

주일 낮예배 대표기도문 3

거룩하신 하나님!
택하여 구원을 받게 하사 영생의 축복을 주신 아버지께 거룩한 백성들이 이 거룩한 성전에 모여 신령과 진정으로 예배드리고자 하오니 이제 우리를 성령으로 거룩하게 하옵소서. 지난날의 우리 죄를 사하여 주시고 우리의 허물을 가리워 주사 의의 옷을 입혀 예배드리기에 합당한 형상으로 거듭나게 하옵소서.

우리의 연약함을 아시는 주님! 우리가 교만하여 주님의 뜻대로 살지 못했음을 고백합니다. 주님의 마음을 아프게 해 드린 적이 너무도 많았음을 고백합니다. 허물 많은 저희들을 용서하여 주시옵소서.
믿음이 적은 우리에게 참 믿음을 주시기를 원합니다. 말씀 위에 굳게 세워 주시고, 믿음의 주요 온전케 하시는 이인 주님을 바라보게 하여 주옵소서. 저희들이 항상 큰 믿음을 구하게 하시고, 하나님을 온전히 믿는 믿음을 통하여 응답 받는 복된 주의 백성으로 삼아 주시기를 원합니다.

사랑의 주님! 우리에게 성도의 직분을 감당할 수 있도록 더욱더 힘과 능력을 더하여 주셔서, 언제든지 주어진 사명을 잘 감당하게 하시고 그 가운데서 감사와 평강과 은혜를 누리게 하여 주옵소서. 저희들로 하여금 하나님 제일주의로 살게 하심으로 복된 삶을 살게 하시고, 날마다 새로운 능력으로 영광을 돌릴 수 있도록 인도하여 주옵소서. 피곤함 중에도 소망을 잃지 않게 하시되 달음박질하여도 향방 없는 자와 같지 않고, 오직 그리스도께서 우리의 푯대가 되어 주심을 믿고 주님만을 향하여 나가게 하여 주옵소서.

긍휼이 풍성하신 하나님! 이 어렵고 힘든 때에 가정가정을 지켜 주셔서 어려운 일을 당하지 않도록 도와주시고 모든 일이 주 안에서 형통하게 하여 주시옵소서. 세상의 모든 것들이 타락으로 치닫고 있사오니 저희들이 어느 곳에서도 믿음의 자녀답게 살게 하여 주시옵소서.

오늘 이 은혜로운 자리에 참석하지 못한 성도들이 있습니다. 주님이 그들 심령으로 찾아가셔서 말씀으로 깨우쳐 주시고, 주님을 경외하는 것이 지식의 근본임을 깨닫게 하옵소서. 또한 이 시간 주님께 드리는 거룩한 예배를 위하여 돕는 손길들이 있사오니 주님께서 우리에게 함께하사 하늘의 신령한 비밀들을 알게 하시고 하늘의 축복으로 동행하여 주옵소서.

이 시간 말씀을 듣고 단 위에 서시는 목사님을 권능으로 붙드시고, 우리 심령 깊은 곳에 폭포수같이 풍성하게 생명수를 부어 주옵소서. 우리를 사랑하시는 구주 예수 그리스도의 이름으로 간절히 기도하옵나이다. 아멘.

10월 _둘째주

주일 오후(저녁)예배 대표기도문

전능하신 하나님!
오늘도 거룩한 성일을 허락하셔서 이 밤에도 주님의 전에 나와 예배하게 하심을 감사드립니다. 세상에는 주님을 알지 못해 죽어가는 영혼들이 많이 있음에도 불구하고, 주님, 저희들을 택하시고 부르셔서 구원의 반열에 들게 하심을 감사합니다. 오늘도 저희들이 예배드리러 나왔사오니 신령과 진정으로 드리는 예배가 되게 하옵소서. 결례에 따라 드리는 형식적인 예배가 아니라 참된 감사의 예배를 드리게 하옵시고, 벧엘로 올라가는 야곱이 되게 하옵소서.

사랑의 주님! 메마른 인생의 한 주간을 보내고 주님의 전으로 나아왔습니다. 그동안 묻은 때와 세상적인 것들로 물든 생각, 생활의 자세, 말씀에 소홀한 것 등 모든 것을 씻어 낼 수 있게 하시고 새로워지는 은총을 내려 주시기를 원합니다. 기도할 때 회개케 하셔서 심령도 입술도 정결케 하여 주시기를 원합니다. 말씀을 들을 때 깨달음이 있게 하셔서 돌이켜 말씀을 의지할 수 있게 하여 주옵소서.

이 시간 삶에 지친 육신들이 예배를 통해 참 평안과 안식을 얻게 하시고, 죄로 상한 영혼이 소생케 하시며, 주님의 은혜로 새 힘을 얻게 하옵소서. 거칠고 메마른 심령 위에 은혜의 단비를 내려 주옵소서. 주님을 따르는 자들은 자기를 부인하고 제 십자가를 져야 한다는 말씀처럼 저희도 주님의 참 제자가 되게 하여 주시옵소서.

은혜로우신 주님! 하늘이 높아지고 오곡이 열매 맺는 계절입니다. 이 아름다운 계절을 맞이하여 온갖 열매를 맺는 이 계절에 우리에게도 삶의 열매가 있게 하시고 믿는 자의 사명을 잘 감당하도록 축복하여 주옵소서. 주님의 자녀다운 인격을 갖게 하시고 성령의 열매를 맺음으로 우리의 삶에 소망이 넘치게 하시며, 기쁨이 충만케 하셔서 하나님께 영광을 돌릴 수 있도록 축복하여 주시옵소서.

이 시간 기도하옵기는 지금도 이역 만리 선교지에서 복음을 전하는 선교사님들에게 힘을 주셔서 가는 곳마다 기적이 일어나게 하시고 하나님을 알지 못하는 많은 이들이 구원받는 놀라운 일들이 일어나게 하옵소서. 그들을 후원하는 교회와 가정에 차고 넘치는 축복을 허락하여 주시옵소서.

이 시간 목사님께서 하나님의 말씀을 선포하실 때에 성령의 권능으로 임하시고, 전하시는 그 말씀이 우리 성도들의 심령에 큰 은혜로 역사하도록 축복하여 주옵소서. 겸손의 본을 보이신 예수님의 이름으로 간절히 기도하옵나이다. 아멘.

10월 _둘째주

주중(삼일·금요)예배 대표기도문

사랑과 은혜의 주님!
주님을 찬양하게 하시니 감사합니다. 이 시간 성령을 보내셔서 주님이 기뻐 받으시는 향기로운 기도회가 되도록 인도하여 주옵소서. 주의 은혜와 사랑으로 저희 심령이 풍성해지고 충만케 하여 주옵소서. 지난 삼일 동안도 주님의 사랑 안에 살면서 사랑을 실천하지 못했고 말씀 안에서 바르게 살지 못했으며, 주님의 분부하신 명령을 힘써 지키려고 하지도 않았음을 고백합니다. 우리에게 긍휼을 베푸사 십자가의 사랑으로 용서하여 주시기를 원하옵나이다.

이 시간 예배에도 불 같은 성령으로 역사하사 온전히 아버지와 연합시켜 주옵소서. 냉랭해진 심령들을 녹이시고, 그 입술을 열어 기도와 찬송에 불붙여 주시며 말씀을 깨닫고 즐거워하는 자들이 되게 하여 주옵소서.

거룩하신 주님! 우리에게 성도의 직분을 감당할 수 있도록 주님의 성품을 닮게 하여 주옵소서. 하나님의 거룩하고 선별된 자녀가 되었으니 우리에게 성도의 품위를 지킬 수 있도록 축복하여 주옵소서. 우리가 세상을 힘으로 이기는 것이 아니라 하나님의 말씀으로, 하나님의 권세로, 하나님의 능력으로 이길 수 있도록 우리에게 강하고 담대한 믿음을 축복하여 주옵소서.

은혜의 주님! 이 사회가 어려워질수록 서야 할 자리를 잃고 있는 사람들이 많습니다. 인간의 능력에는 한계가 있음을 깨닫게 하시고 주님의 은혜에 의지해서 살 수밖에 없음을 절감하게 하옵소서. 생활이 어렵고 고달프다고 해서 생을 달리하는 사람들이 없게 하시고 이제껏 주님을 모르고 살았다면 주님 앞으로 돌아오는 믿음의 역사가 있게 하여 주옵소서. 우리의 예배를 위하여 수고하고 헌신하는 귀한 영혼들을 주님, 친히 살피시고 저들의 필요를 채워 주시고, 저들의 수고 위에 크신 축복으로 함께하여 주시옵소서.

하나님의 은혜를 받은 우리는 이제 삶의 현장으로 나아가고자 합니다. 우리가 가는 그곳이 가정이든 직장이든 하늘의 복을 나누어 주는 만남이 되게 하옵소서. 우리를 만나는 사람들이 상처와 아픔을 당하지 않고, 우리를 만남으로 복을 경험하는 은혜가 있게 하옵소서.

이 시간 주님의 말씀을 전하실 목사님을 도우셔서 말씀 증거할 때에 우리의 심령을 정금과 같이 정하게 하시고 우리 삶의 자세가 바뀌게 하여 주시옵소서. 우리를 죄에서 속하신 예수님의 이름으로 간절히 기도하옵나이다. 아멘.

10월 _셋째주

주일 낮예배 대표기도문 1

사랑과 은혜가 충만하신 하나님!
주님의 귀하신 사랑을 감사합니다. 주님의 전으로 모여 귀한 예배를 주님께 드리게 하시니 감사합니다. 우리의 입술을 열어 주님께 감사하게 하시니 감사합니다. 우리의 입술을 주장하사 주님의 거룩한 백성이 되게 하시며 주님의 은혜로 날마다 거룩하게 하심으로 세상과 구별되어 성결하게 하여 주옵소서.

거룩하신 하나님! 우리가 주님의 전으로 나아오기 전의 우리의 모습을 생각해 봅니다. 주님께 부끄러운 모습이었음을 고백합니다. 우리를 주님의 정한 세마포로 입혀 주시고 우리의 죄들이 주님의 십자가 보혈로 씻겼음을 믿사오니 우리가 이제는 죄인의 옷을 입지 않도록 축복하여 주옵소서. 우리가 주님의 사랑의 옷을 입고 주님의 사랑을 믿지 않는 다른 이웃들에게 전할 수 있도록 축복으로 더하여 주옵소서.

자비하신 주님! 이 시간 머리 숙인 모든 성도들 하나님께서 한 사람 한 사람을 붙들어 주셔서 성도들이 하시는 일마다 축복하여 주옵소서. 하나님께서 하늘문을 여시고 하늘의 신령한 복과 땅의 기름진 것으로 채워 주옵소서. 특히 병마와 싸우며 고통 중에 있는 성도들 하나님께서 치료의 광선을 발하여 깨끗하게 치료하여 주시고 가정에 경제적인 문제로 고민하여 간구하는 기도에 응답하여 주옵소서. 모든 성도들 영혼이 잘됨같이 범사가 잘되고 건강한 복으로 채워 주옵소서.

오늘도 주님께 예배드리는 이 시간에 보이지 않는 많은 성도들이 있습니다. 어떤 이유로 전에 나오지 않았는지 저희는 알 수 없사오나 주님께서 저들의 사정을 아시오니 긍휼히 여겨 주옵소서. 또한 이 시간 주님께 드리는 거룩한 예배를 위하여 돕는 손길들이 있사오니 주님께서 우리에게 함께하사 하늘의 신령한 비밀들을 알게 하시고, 하늘의 축복으로 동행하여 주옵소서.
저희 교회가 이 지역에 죽어가는 많은 영혼들을 구원하는 구원의 방주가 되게 하옵소서. 진리의 등대, 생명수의 근원이 되어 하나님의 신령한 역사가 나타나는 교회가 되게 하옵소서. 우리의 지경이 넓어지게 하셔서 우리가 밟는 이 땅이 우리 자손에게 영원한 영적 기업이 되게 하옵소서.

이 시간 말씀을 전하시는 목사님을 성령의 능력으로 붙드시고, 주님의 권세 있는 말씀이 선포될 때마다 성령의 역사가 놀랍게 나타나는 은혜 충만한 시간이 되게 하시고, 이 말씀이 우리들의 길이 되게 하시며 우리의 생명이 되게 하시고 또한 우리들의 소망이 되게 하여 주시옵소서. 죄로 물든 저희를 십자가의 보혈로 씻기신 예수님의 이름으로 간절히 기도하옵나이다. 아멘.

10월 _셋째주

주일 낮예배 대표기도문 2

은혜의 하나님!
귀한 이 시간 주님의 시간으로 성별하여 귀한 예배를 드리게 하시니 감사합니다. 우리에게 주님을 찬양하며 주님께 영광 돌리게 하심을 감사합니다. 우리에게 주님의 사랑하심을 깨닫게 하심을 감사합니다. 이 시간 우리를 만나주시기를 원하옵고, 겸손한 심령으로 드리는 우리의 경배를 받아 주옵소서.

용서를 베푸시는 주님! 강퍅한 마음, 완악한 마음, 남을 정죄했던 마음들을 그대로 가지고 주님 앞에 섰습니다. 우리의 허물 많은 몸이 용서받기 원합니다. 우리 안에서 선한 것이 자라날 수 있도록 축복하여 주옵소서.

사랑의 하나님! 이 아름다운 계절을 맞이하여 더욱 열매 맺는 저희들이 되기를 원합니다. 성령의 열매를 맺음으로 우리의 삶에 소망이 넘치게 하시고 기쁨이 충만케 하셔서 하나님께 영광을 돌릴 수 있도록 축복하여 주옵소서. 더 큰 믿음의 용기를 가지고 살아가야 하는 때인 것을 뼛속 깊숙이 절감합니다. 세상의 시련이 엄습해 올 때 두려워하거나 허약해지는 우리가 되지 않게 하시고 더욱 믿는 자의 사명을 다하게 하시어서 주님의 백성다운 모습으로 살아가기에 부족함이 없도록 도와주옵소서. 세상을 거슬러 이길 수 있는 힘을 주옵소서. 세상을 살아갈 때에 하나님의 자녀라는 자신감으로 살아가게 하시며, 오히려 세상을 변화시킬 수 있는 주도적인 힘을 허락하여 주옵소서. 아직 믿지 않는 많은 영혼들이 주께 돌아오도록 복음 들고 나가는 자들 되게 하여 주옵소서.

이 나라를 불쌍히 여기사 대통령을 비롯한 지도자들이 하나님을 경외하는 나라 되게 하옵소서. 우리 민족 간에 쌓여있는 증오의 장벽이 무너져 내리고, 복음을 통해 용서와 화해가 이루어지게 하시며 북녘 땅에 성도들이 어떠한 환란과 핍박 중에도 믿음을 지킬 수 있게 하시고, 무너진 교회들이 재건되게 하여 주옵소서.

거룩하신 하나님! 이 시간 주님의 귀한 예배를 위하여 봉사하는 귀한 손길들을 기억하시고 은혜와 축복으로 함께하여 주옵소서. 저들의 수고와 봉사가 하늘나라에 귀한 상급으로 쌓여지도록 은혜를 더하여 주옵소서.

이 시간 말씀을 전하시는 목사님을 능력의 오른손으로 강하게 붙들어 주셔서 말씀을 듣는 자의 심령마다 성령의 불을 체험하는 역사가 있게 하여 주시옵소서. 영원한 왕이신 예수님의 이름으로 간절히 기도하옵나이다. 아멘.

10월 _셋째주

주일 낮예배 대표기도문 3

거룩하신 하나님!
우리의 연약함을 아시는 주님께서 우리를 긍휼히 여기사 주님의 전으로 불러 주신 은혜에 감사합니다. 우리에게 주님의 자녀로 이 세상을 이기며 살아가게 하시는 은혜를 감사합니다. 우리가 주님의 사랑으로 한 주간을 살게 하시고 다시 주님의 전으로 나아와 은혜를 간구하게 하시니 감사합니다.

우리의 연약함을 잘 아시는 주님! 우리의 부족함으로 저지른 많은 죄들을 용서하여 주옵소서. 우리를 주님의 군사로 강하고 담대하게 하셔서 죄의 종이 되지 않도록 축복하여 주옵소서. 주 하나님의 거룩하심으로 인하여 주님의 자녀로서의 삶을 살아갈 수 있는 새 힘을 날마다 공급하시기를 기도드립니다.

은혜의 하나님! 지금 육체적으로나 정신적으로, 또는 여러 가지 문제들로 고통을 당하는 성도들이 있습니다. 저희들의 일거수일투족을 눈동자같이 지키시는 성령께서 각 심령마다 충만하게 임하시사, 모든 고통에서 자유함을 얻게 하시고 주님을 기쁨으로 찬양할 수 있는 삶이 되게 하여 주옵소서.

존귀하신 주님! 우리를 존귀하신 주님의 자녀로 삼아 주님의 전으로 불러 주신 은혜에 감사하는 심정으로 우리의 이웃들을 돌아볼 수 있는 믿음을 허락하여 주옵소서. 우리의 삶이 주님께 드려지는 예배가 되게 하여 주옵소서. 우리의 성품을 변화시키시고 우리의 마음이 주님의 사랑으로 넘쳐나도록 축복하여 주옵소서. 또한 이 세대에 진리를 찾고자 안타까워하는 심령들을 주님께로 인도할 수 있도록 지혜를 더하여 주옵소서. 우리의 입술이 주님의 사랑을 증거하기를 원하오니 주장하여 주옵소서.

우리의 발길이 주님의 복음을 위하여 닿기를 원하오니 우리의 발길 또한 주장하사 발길 닿는 그 어디에서나 주님의 복음을 증거할 수 있도록 축복하여 주옵소서.

주님의 몸 된 교회를 위해서 몸을 드려 충성하는 제직들을 기억하시고 저들의 수고를 통해서 온 교회가 성령으로 충만해지고 주님의 크신 영광이 드러나게 하시옵고, 믿음의 아름다운 열매가 알알이 맺혀지는 기쁨의 역사가 있게 하시옵소서.

이 시간 말씀을 선포하실 목사님에게 능력과 권세로 함께하시고, 모든 성도들은 권능의 말씀을 듣고 성령의 감동을 받아 사람을 낚는 어부로, 축복의 사명자로 정도를 향해 걸어가는 평화의 사람이 되게 하옵소서. 우리에게 소망을 주시는 예수님의 이름으로 간절히 기도하옵나이다. 아멘.

10월 _셋째주

주일 오후(저녁)예배 대표기도문

전능하신 하나님!
오늘도 우리를 죄악된 세상에 버려두지 않으시고 주님의 전으로 인도하여 주신 은혜에 감사합니다. 풍성한 은혜의 기쁨을 맛보게 하시니 감사합니다. 이 시간 주님의 전에서 찬송을 드리고 기도하는 것을 인하여 감사합니다. 예배를 드릴 때에 주님의 은혜와 사랑으로 가득 덮여지게 하시고, 진리의 말씀으로 가득 채워 주옵소서.

새롭게 하시는 주님! 저희들이 근심 많고 유혹 많은 세상에 살면서 주님의 이름을 온전히 의지하지 못하는 바보였음을 고백합니다. 부끄러운 마음으로 십자가의 보혈을 의지하여 이 시간 모였사오니, 못난 저희들의 모습을 용서하여 주옵소서. 우리에게 긍휼을 베풀어 주시옵소서. 주님의 자녀로 당당하게 살아갈 수 있는 용기를 주옵소서.

이 시간 간구합니다. 제자들의 발을 친히 씻기시며 너희도 가서 이와 같이 행하라 말씀하신 예수님을 본받아, 저희도 십자가의 사랑을 실천할 수 있는 헌신자가 되게 인도하여 주시옵소서. 가난하지만 부요한 자가 되게 하시고 십자가의 정신이 살아 있는 저희의 삶이 되기를 원합니다. 우리 입술의 모든 말과 마음의 묵상과 일상의 행위가 예수님을 닮게 하시고, 그리스도의 향기가 되어 세상 가운데 드러나게 하여 주시옵소서.

능력이 많으신 주님! 이 시간 다시 한번 나의 의지와 인간의 노력으로도 바꿀 수 없는 못된 것들이 변화되기를 원합니다. 새롭게 하여 주옵소서. 죽은 영이 다시 살아나는 기적을 맛보게 하시며 신령한 꼴로 날마다 자라나는 영혼의 성장을 경험하게 하시고, 잃었던 모든 것을 다시 찾는 시간이 되게 하여 주옵소서.

하나님 아버지! 이 땅에는 아직도 너무나 많은 영혼들이 하나님을 알지 못한 채 세상의 방탕함과 부패 속에서 헛된 것에 소망을 두고 살아가고 있습니다. 저들을 불쌍히 여기시사 저들도 회개하고 주님께 돌아와 그리스도 예수 안에 있는 영원한 생명과 소망을 아는 은혜가 있게 하여 주옵소서. 저들에게 복음 전할 사명이 우리에게 있음을 믿습니다. 이 사명을 늘 잊지 않게 하시고 우리의 삶의 중심에 복음 증거가 있게 하여 주옵소서.

이 시간 성령님께서 목사님과 함께하셔서 우리의 영혼을 가득 채우는 생명의 불길, 은혜의 바람이 되게 하옵소서. 세우신 성가대원들에게 은혜와 진리로 충만하게 하시고, 아름다운 찬양을 드리게 하옵소서. 십자가에 죽으심으로 하나님과 화목을 이루어 주신 예수님의 이름으로 간절히 기도하옵나이다. 아멘.

10월 _셋째주

주중(삼일·금요)예배 대표기도문

광대하신 주님!
영적 기근의 시대를 살아가고 있는 우리에게 구별된 삶을 살고자 하는 열망을 갖게 하시고, 우리의 소망을 하나님께 두며 이 부정한 세대를 본받지 않게 하시니 감사를 드립니다. 허물과 죄로 죽을 우리를 그리스도 예수 안에서 살리셨으니 모세와 함께 계셨던 것처럼, 여호수아를 도우셨던 것처럼, 바울과 동행하셨던 것처럼 지금 저희와 함께하여 주옵소서.

우리를 지으시고 통촉하시는 주님! 삶의 현장에서 저지른 모든 잘못들을 용서하여 주옵소서. 거짓이 많은 세대 속에서 진리의 허리띠를 든든히 매지 못하였으며 불의한 세상에서 나라와 의를 구하지 못했습니다. 불신이 팽배한 세상에서 신실한 언행으로 일관하지 못한 우리의 삶을 용서하여 주옵소서. 성령의 불로 우리의 원치 않는 죄성과 정욕과 숨은 악을 태우시고 그리스도의 보혈로 깨끗하게 하옵소서.

은혜의 주 하나님! 저희는 순종치 못함으로 인해서 아무런 체험도 없고 확신에 거하지도 못하곤 합니다. 하나님께서는 오래 참고 기다리시는데 저희는 금방 좌절하고 의심하며 방황을 합니다. 우리에게 성숙하고 참된 신앙을 허락하셔서 언제 어디에서나 주님의 십자가 군병들로 담대히 선한 싸움을 싸워 나갈 수 있게 인도하여 주옵소서.

하나님 아버지! 우리의 가정가정을 주님이 친히 붙드시고, 앞길을 알 수 없는 이 세대 속에서 평안을 잃지 않도록 축복하여 주시기를 원합니다. 또한 이 시간 교회 안에 있는 기관기관마다 복을 허락하사 하는 일마다 아버지께 영광을 돌리기에 부족함이 없는 일들이 되게 하여 주옵소서.

일하는 모든 사람들에게 복을 허락하시어 아버지의 뜻하심과 크신 경륜을 체험하게 하여 주옵소서. 우리의 예배를 위하여 수고하고 헌신하는 귀한 영혼들을 주님 친히 살피시고 저들의 필요를 채워 주시고, 저들의 수고 위에 크신 축복으로 함께하여 주옵소서.

이 시간 단 위에 세워 주신 목사님을 능력의 오른팔로 붙들어 주시사 주의 권세 있는 능력의 말씀을 선포케 하시고, 은혜를 사모하는 저희 모두가 주님의 임재하심을 체험하며 주의 은혜를 체험케 하여 주옵소서. 지금도 살아 계셔서 저희와 함께하시는 주 예수 그리스도 이름으로 간절히 기도하옵나이다. 아멘.

10월 _넷째주

주일 낮예배 대표기도문 1

존귀하신 주님!
귀한 예배를 통하여 주님께 영광 돌리게 하심을 감사합니다. 우리에게 하나님을 아는 지혜를 허락하신 귀한 은혜에 감사합니다. 우리의 삶이 주님께 예배로 드려지도록 축복하여 주옵소서.

궁휼의 하나님! 오늘 이 시간도 주님 앞에 탕자와 같은 심정으로 나아왔사오니 우리를 궁휼히 여겨 주옵소서. 주님의 자녀이면서도 세상의 쾌락 속에서 살아갔던 저희들의 추한 모습을 불쌍히 여기시고, 주님의 품이 다시 그리워 찾아 나온 저희들에게 주님의 용서와 사랑을 베풀어 주옵소서. 늘 주님의 품에 거할 수 있는 저희들이 되게 하시고 영원히 주님의 즐거움에 동참하는 은혜를 허락하여 주옵소서.

은혜의 주님! 연약한 우리가 험하고 힘든 길 갈 적에 십자가를 지고 가신 주님을 바라보는 믿음을 주옵소서. 이 믿음이 큰 역사를 이루도록 주님이 함께하여 주시옵소서. 주님과 더욱 깊은 교제 속에 살아갈 수 있도록 도와주옵소서. 믿음과 평화가 넘치는 생활이 되게 하옵소서. 말씀에 순종함으로 저희의 삶에 은혜가 넘쳐나게 하시고 이웃을 돌아보는 삶을 살게 하시며, 고통 중에 있는 사람에게 주님처럼 친구가 되어 줄 수 있도록 복을 주옵소서.

주님의 교회는 기도하는 집이라 하셨사오니 주님의 전에 모여서 늘 기도할 수 있는 저희들이 되게 하시고, 이 시간에도 모든 성도가 일치된 기도 속에 성령 충만함을 체험하며 능력이 나타나고 치료가 나타나는 놀라운 역사가 있게 하여 주옵소서.

진리의 하나님! 아직도 이 땅에는 주님을 모른 채 죄악의 그늘 속에서 허덕이며 살아가는 영혼들이 있사오니, 저희들에게 영혼을 사랑하고 불쌍히 여기는 마음을 주셔서 빛 되신 주님을 증거하게 하시고, 참 생명 되신 주님을 그들 심령 속에 심게 하셔서 구원의 기쁨을 함께 나누며 주님의 크신 사랑을 서로 나눌 수 있게 하여 주시옵소서.

주님의 몸 된 교회를 위하여 몸을 드려 헌신하는 이들이 있습니다. 저들이 힘을 다하여 충성할 때에 주님의 음성을 듣게 하시고, 주님이 책임져 주시는 강건한 삶이 되게 하여 주옵소서.

이 시간 말씀을 듣고 단 위에 서신 주님의 사자를 붙들어 주시고 말씀 충만함을 주시며 저희들은 말씀의 귀가 열려 생명의 꿀을 받아먹는 풍족함을 주시옵소서. 우리를 죄에서 구속하신 예수 그리스도의 이름으로 간절히 기도하옵나이다. 아멘.

10월 _넷째주

주일 낮예배 대표기도문 2

전능하신 하나님!
우리를 주님의 전으로 불러 거룩한 이 예배를 드리게 하신 은혜를 감사합니다. 귀한 예배를 통하여 주님께 영광 돌리게 하심을 감사합니다. 우리의 기도를 들어 응답하시고, 우리의 찬양으로 주님께서 영광 받으시기를 원하오며, 우리가 드리는 예배를 기쁘게 흠향하시기를 원합니다. 우리가 주님의 사랑을 늘 깨닫고 주님의 사랑 안에 거하게 하여 주옵소서. 주님의 사랑 안에서 날마다 승리할 수 있도록 축복으로 함께하여 주옵소서.

은혜의 하나님! 분주한 세상소리에 주님의 음성을 듣지 못했고, 화려한 세상의 환경에 영의 눈이 어두웠습니다. 이 시간 주님께 왔사오니 몸도 마음도 영혼도 씻어 주옵소서. 지금 드리는 예배가 습관과 형식에서 벗어나 신령과 진정으로 드리는 영적인 예배가 될 수 있도록 도와주옵소서.

사랑의 주님! 인간의 몸을 입으시고 이 땅에 오셔서 십자가에 달려 죽으시기까지 하나님의 영광을 나타내고자 하셨던 주님처럼, 저희들도 주님의 영광을 위하여 겸손의 삶을 실천할 수 있는 주님의 사람이 되게 하여 주옵소서. 약한 자를 보면 제자들의 발을 씻기셨던 주님처럼 진정으로 섬길 수 있는 마음을 주시고, 슬픔과 괴로움 속에서 한숨짓는 자들을 보면서 정성을 다해 주님의 위로를 심어줄 수 있는 저희들이 되게 하여 주옵소서.

풍성한 가을입니다. 일 년을 수고한 농부들이 기쁨으로 단을 거두는 시기입니다. 심는 대로 거두리라는 주의 진리의 말씀을 확인하는 기간이 되게 하여 주옵소서. 큰 열매를 더하사 기쁨이 넘치게 하여 주옵소서. 우리의 가을걷이를 감사하는 시간이 되게 하여 주옵소서. 우리가 지금까지 살아온 모든 것이 주의 은혜임을 망각하지 않도록 인도하여 주옵소서.

이 시간 말씀을 통하여 믿음이 자라게 하시고 전도에 힘써 많은 곡식을 추수하게 하시고 서로 돕고 위하면서 하나님의 나라의 백성으로 훈련되게 하옵소서. 말씀이 저희 속에서 선하고 좋은 씨앗이 되게 하여 주옵소서. 선한 열매들이 열리게 하여 주옵소서.

이 시간 단 위에 서신 목사님을 성령의 능력으로 붙들어 주셔서 느슨했던 저희들의 신앙에 개혁이 일어나는 불 같은 말씀으로 모두 주님의 놀라운 은혜를 체험하는 복된 시간이 되게 하여 주옵소서. 우리를 죄에서 구원하신 예수님의 이름으로 간절히 기도하옵나이다. 아멘.

10월 _넷째주

주일 낮예배 대표기도문 3

거룩하신 하나님!
우리를 거룩하게 하사 거룩한 백성 중에 거하게 하시고 거룩한 성전에서 예배를 드리게 하시니 감사합니다. 우리를 왕 같은 제사장으로 세워 주시고 주님 앞에 나아올 수 있는 특권과 자격을 주신 것에 감사합니다.

용서를 베푸시는 주님! 주님의 말씀을 받아 새롭게 결단하고 세상에 나아갔지만 여러 일로 상처받고 흐트러진 마음을 가지고 또 다시 주님 앞에 나왔습니다. 상처난 심령을 가지고 나온 죄인을 긍휼히 여겨 주옵소서. 이 모든 죄악에서 건져 주시옵기를 기도하옵나이다. 십자가의 보혈로 속량하시고 크신 권능으로 새롭게 하여 주옵소서. 오늘도 신령과 진정으로 예배하는 자를 찾으시는 하나님이시오니, 거짓 없는 마음으로, 진정한 마음으로 예배를 드리게 하여 주옵소서. 오직 주님께 소망을 두게 하시고 이 소망을 가리는 모든 것들을 청산할 수 있도록 선한 싸움을 싸우게 하여 주시옵소서. 낙심하는 심령에는 주님이 거할 자리가 없음을 알게 하시고, 한숨과 자포자기로 뒤섞였던 옛사람의 자취를 벗게 하여 주옵소서.

은혜의 주님! 열매 맺는 가을이지만 아직까지 전도의 열매도, 헌신, 봉사의 열매도 없는 저희들을 고백합니다. 주님의 말씀에 대한 순종의 열매도 없음을 고백합니다. 우리가 주님의 말씀에 순종하는 마음을 허락하시고 강권적으로 주님의 권위에 순종하는 저희들이 되도록 축복으로 함께하여 주옵소서.

많은 사람들이 기쁨으로 가을걷이를 하고 있지만, 여전히 헐벗고 굶주리며 소외 당한 많은 사람들이 있습니다. 고아들의 아버지 되시는 하나님, 우리가 그들을 놓치지 않도록 인도하여 주옵소서. 우리의 작은 정성으로라도 그들을 보살필 수 있도록 은혜를 주옵소서. 나누는 기쁨이 넘치게 하여 주옵소서. 참 결실은 나눔에 있음을 기억하게 하여 주옵소서.

저희를 대표하여 아름다운 화음을 준비한 성가대의 찬양을 기쁘게 받아 주옵소서. 찬양을 듣는 저희도 은혜의 시간이 되길 원합니다. 성령님께서 모든 회중의 심령을 감화시켜 주셔서 각박한 우리 마음이 물기를 머금게 하옵소서.

이 시간 목사님이 전하시는 말씀을 통하여 신앙이 더욱 새로워지고 말씀을 통하여 질병이 떠나가고 모든 문제가 해결되게 하시며, 험난한 이 세상을 이길 큰 믿음을 얻게 하여 주옵소서. 날마다 일용할 양식을 공급하시는 예수 그리스도의 이름으로 간절히 기도하옵나이다. 아멘.

10월 _넷째주

주일 오후(저녁)예배 대표기도문

고마우신 하나님!
이 거룩한 성일을 지키어 주님의 전으로 나아오게 하심을 감사합니다. 우리를 향하신 하나님의 성실하심을 믿습니다. 구원의 확신을 갖고 주님의 전으로 나아오게 하신 은혜를 감사합니다. 우리의 예배를 기쁘게 받아 주옵소서.

긍휼의 하나님! 삶에 지쳐 있는 영혼들이 주님 앞에 왔습니다. 수고하고 무거운 짐 진 자들이 모였습니다. 이 시간 심령을 누르고 있는 죄악의 허물을 십자가의 보혈로 씻어 주시옵소서. 오늘 이 시간 새로운 능력의 두루마기를 입혀 주시옵고, 기도와 찬송의 옷을, 감사의 옷을 입게 하옵소서. 사탄의 궤계를 능히 멸하는 전신갑주를 주옵시고, 저희를 괴롭히는 악의 뿌리가 뽑히고 생명의 말씀이 심기는 은혜를 주옵소서.

이 시간 우리에게 믿음을 더하여 주시고, 언제 어디서나 온전한 몸으로 하나님을 향하여 힘 있는 전진만 있게 하여 주옵소서. 우리가 이 세상에서 살 때에 그리스도인으로서의 온전한 삶을 살게 하여 주옵소서. 세상의 어두움을 밝히는 빛이 되게 하시고, 그리스도의 향기를 아름답게 풍김으로 말미암아 이 세상이 아름다워지게 하여 주시기를 바라옵고 원하옵나이다.

사랑의 주님! 고통과 반목과 다툼으로 얼룩져 있는 가정들을 화목과 용서의 장막으로 덮어 주시고, 정체와 침체의 늪에서 허덕이던 성도들의 사업장에 푸른 초장으로 인도받는 하나님의 은총이 가득 임하게 하시며, 부흥을 갈망하는 교회에 죽어가는 영혼들을 살리는 거룩한 성령의 바람이 일게 하옵소서.

하나님 아버지! 저희의 연약함을 도우시고 저희의 마음과 생각을 지켜 주셔서 주님께서 원하시는 길을 따라 행하게 하시며 언제나 주님의 기쁨이 되게 하여 주옵소서. 주님, 저희 교회의 모든 기관이 잘 연합하여 한마음이 되기를 원합니다. 모양과 생각은 다르지만 남을 나보다 낫게 여기고 모든 일을 주께 하듯 하며, 서로 돌아보아 사랑과 선행을 실천하는 저희가 되게 하옵소서.

이 시간 교회와 예배를 위하여 헌신적으로 봉사하는 손길들을 주님 기억하시고 귀하신 주님의 사랑 안에서 날마다 승리할 수 있도록 은혜로 더하여 주옵소서.
이 시간 말씀을 선포하시는 목사님을 강건하게 붙들어 주시고 성령의 능력으로 우리의 영혼을 말씀으로 새롭게 하여 주옵소서. 이 모든 말씀을 거룩하신 예수님의 이름으로 간절히 기도하옵나이다. 아멘.

10월 _넷째주

주중(삼일·금요)예배 대표기도문

진리의 생수가 되시는 하나님!
오늘 우리가 지치고 상한 심령으로 주님 앞에 나아왔사오니 우리의 지친 심령에 쉼을 허락하시고 주님의 보혈로 낫게 하여 주옵소서. 주님의 거룩하심을 찬양합니다. 주님의 선하심을 감사합니다. 우리의 예배를 기뻐하시는 주님, 우리가 이 예배를 기쁨으로 드리오니 기뻐 받으시기를 원합니다. 풀뿌리 같은 저희들의 인생이 아니었습니까, 우리를 귀하게 하신 하나님을 찬양합니다.
우리의 한 주일을 되돌아 보니 주님께 부끄러운 모습들뿐이었음을 고백합니다. 연약한 저희는 정욕을 이기지 못하여 범죄하였고, 어리석은 저희는 주님의 뜻을 알지 못하여 범죄하였음을 고백합니다. 이 모든 허물진 생활을 회개하오니 주님의 피로 깨끗이 씻으시고 청결한 마음과 진실한 영으로 새롭게 하여 주옵소서.

은혜의 주님! 주님의 귀하신 은혜만을 사모하여 이 자리에 왔사오니 우리의 기도를 응답해 주시기를 원합니다. 우리의 기도를 들어 주옵소서. 살아계신 그리스도의 소망만을 바라볼 수 있도록 축복으로 함께하여 주옵소서. 성령님의 도우심으로 저희들이 소망을 가리는 모든 것과 싸워 이길 수 있도록 축복으로 함께하여 주옵소서. 주님의 사랑 안에 거하기를 원합니다. 주님의 사랑을 늘 인정하는 우리가 될 수 있도록 함께하여 주옵소서.

하나님 아버지! 이 시간 우리들의 상한 영혼을 회복시켜 말로만이 아니라 우리의 몸과 마음과 시간과 물질, 그리고 우리의 생명을 다 바쳐 맡겨주신 사명을 잘 감당할 수 있도록 인도하여 주옵소서. 우리로 하여금 어떠한 가난이나 어려운 곤경 가운데서도 비굴하지 말게 하옵시고, 높은 지위에 있을지라도 교만하지 말게 하옵소서. 우리의 말이나 행동 속에서 언제나 예수 그리스도의 이름만 빛내며 하나님의 영광만을 위해 살 수 있는 자들이 되게 하옵소서.

예배를 위하여 수고와 봉사를 아끼지 않는 손길들이 있습니다. 힘을 다하여 수고할 때마다 주님의 위로가 넘쳐나게 하시고, 하늘의 신령한 복으로 채워 주옵소서.

이 시간 사랑하는 목사님을 통하여 하나님의 말씀을 들을 때에 하늘의 은혜를 깨닫는 복된 시간이 되게 하여 주옵소서. 그 말씀이 우리 속에 능력으로 임하게 하여 주옵소서. 그래서 말씀을 의지해서 남은 한 주 살아갈 때에 승리하는 삶을 살 수 있도록 역사하여 주옵소서. 우리를 천국까지 인도하실 예수 그리스도의 이름으로 간절히 기도하옵나이다. 아멘.

11월 _첫째주

주일 낮예배 대표기도문 1

사랑과 은혜가 충만하신 하나님!
주님의 거룩하심을 찬양합니다. 이제 올해도 두 달을 남겨놓고 있음을 감사합니다. 지난 열 달 동안도 주님의 은혜 가운데 건강하고 복되게 지내게 하심을 감사합니다. 귀하신 주님의 전으로 나아와 예배를 드리게 하시는 은혜에 감사합니다.

우리가 주님의 지체로서, 주님의 몸 된 교회를 위하여 마땅히 해야 할 일을 다하지 못하였음과, 열심히 섬기는 일을 다하지 못하였음과, 의롭게 살지 못하였음을 참회하오니 우리를 긍휼히 여겨 주옵소서. 거짓이 많은 세대 속에서 진리의 허리띠를 든든히 매지 못하였으며, 불의한 세상에서 신실한 언행으로 일관하지 못한 우리의 삶을 용서하여 주옵소서. 성령의 불로 원치 않는 죄성과 정욕과 숨은 악을 태우사 그리스도의 보혈로 깨끗하게 하여 주옵소서.

은혜의 주님! 우리의 연약함을 잘 아시는 주님께서 우리의 마음과 육신의 고통을 살펴 주시기를 원합니다. 주님께서 강하고 담대한 믿음을 소유할 수 있는 귀한 복을 허락하여 주시기를 원합니다. 우리의 일생이 다하는 날까지 은혜로우신 성령님의 인도하심에 순종할 수 있도록 축복으로 더하여 주옵소서. 그럼으로 우리의 삶 가운데 성령의 귀한 열매가 맺혀 주님께 영광을 돌릴 수 있도록 축복으로 더하여 주옵소서.

거룩하신 하나님! 우리가 주님의 거룩한 자녀로서의 본분을 다할 수 있도록 축복하여 주옵소서. 저희는 연약합니다. 그러나 강하신 주님께서 우리의 손과 발과 우리의 입술을 친히 주장하셔서 어느 곳에서든 주님의 향기를 날릴 수 있는 우리가 될 수 있도록 은혜로 더하여 주옵소서.

사랑의 주님을 증거하는 귀한 주님의 일꾼 되게 하시고 주님을 위하여 봉사하는 것을 즐거워할 수 있는 우리가 되도록 축복하여 주옵소서. 이 땅에 주님의 나라가 완성되는 그날까지 우리에게 전도의 사명을 쉬지 않도록 축복하여 주시고, 날마다 성령님의 도우심으로 인도하여 주옵소서.

이 시간 주님의 음성을 담아내기 위하여 단 위에 서신 목사님을 붙들어 주셔서 불의 혀같이 갈라지는 능력의 말씀으로 놀라운 은혜를 체험하는 시간이 되게 하여 주옵소서. 이 시간 성가대를 세워 주셨사오니 부르는 찬양 주님께서 기꺼이 흠향할 수 있는 영묘로운 찬양이 되게 하여 주옵소서. 온 인류의 희망이 되시는 예수 그리스도의 이름으로 간절히 기도하옵나이다. 아멘.

11월 _첫째주

주일 낮예배 대표기도문 2

은혜의 주 하나님!
거룩한 성일에 주님의 전으로 나아와 예배드리게 하심을 감사합니다. 지난 한 주간 동안도 인도하여 주신 은혜에 감사합니다. 주님의 은혜 가운데 우리를 인도하사 주님의 전으로 나오게 하신 주님의 은혜에 다시 한 번 감사를 드립니다.

용서의 하나님! 지난 한 주간도 저희는 이 세상의 삶에 취하여 살면서 주님의 자녀답지 못한 삶을 살아왔음을 고백합니다. 이 시간 주님의 말씀을 따라 살기보다는 세상의 욕심을 채우려고 더 노력했음을 고백하오니 용서하여 주옵소서. 이 시간 우리의 마비된 눈을 밝히사 신령한 것을 보게 하시고, 마비된 양심을 고치사 깨끗하고 청결하게 하시며 진실치 못한 마음을 바로잡아 주옵소서.

우리를 성령으로 강하게 붙드사 기쁨 가운데 주님이 바라시는 길을 갈 수 있도록 은혜로 동행하시기를 원합니다. 주님이 미워하시고 노를 격발하시는 세속적인 욕심과 정욕을 버리고 생명을 위하여 자신을 내어주신 십자가 희생의 사랑을 본받게 하여 주옵소서. 주님의 영광을 드러내고 주님의 뜻을 따라 살 수 있는 저희들이 되게 하여 주옵소서.

은혜의 주님! 주님의 참된 터에 교회를 세워 주시고 죄 중에 헤매던 우리를 주님의 자녀로 삼아 주신 그 깊은 뜻을 헤아려 주님을 믿지 않는 사람들에게 날마다 복음을 증거하는 믿음의 일꾼들이 되게 하여 주옵소서. 먼저 우리의 건강을 지켜 주셔서 달음박질쳐도 곤비치 않게 하시고 생명의 양식으로 우리의 심령을 채워 주셔서 시련 속에서도 굴하지 않고 꿋꿋하게 믿음을 지켜 나가는 지혜를 주옵소서.

어두움을 밝히는 등불이 되신 주님!
주님께서 교회를 사랑하셔서 필요한 곳마다 세워 주셨사오니, 사랑이 많으신 주님의 형상을 잘 드러낼 수 있는 교회들이 되게 하여 주옵소서. 저희 교회도 성령의 불로 타오르는 역사가 있게 하여 주옵소서. 우리 교회가 주님을 모시고 주님의 뜻이 이루어지는 믿음과 사랑과 평화가 넘치는 천국이 되게 하옵소서. 아버지 하나님의 마음에 합한 교회가 되며 영광과 존귀를 돌리게 하옵소서.

이 예배를 위하여 수고하는 손길들 위에 함께하사 축복하시고 하늘에 보화가 쌓이는 복을 허락하여 주옵소서.
이 시간 목사님을 붙들어 주셔서 말씀 듣는 저희 모두가 남은 삶 동안 항상 감사 넘치는 축복의 삶이 될 수 있도록 인도하여 주옵소서. 우리를 죄에서 구원하신 예수님의 이름으로 간절히 기도하옵나이다. 아멘.

11월 _첫째주

주일 낮예배 대표기도문 3

새롭게 하시는 주님!
우리의 삶을 일주일 동안 친히 주관하시고 우리를 주님의 거룩한 성전으로 불러 주신 은혜를 감사합니다. 우리를 주님의 거룩한 전에 합당한 자들로 새롭게 하여 주옵소서. 주님께 예배드리기에 합당한 자들로 변화시켜 주옵소서.

거룩하신 하나님! 아직도 주님을 본받기에 힘겨워하는 저희들을 긍휼히 여기시고, 주님의 십자가 사랑만 붙들고 어두운 세상을 십자가의 정신으로 밝히며, 불꽃처럼 살아갈 수 있는 저희들이 되게 하여 주옵소서.

은혜의 주님! 우리의 믿음이 더욱 장성하게 하시고, 우리의 심령이 하나님을 찬양하는 귀한 영혼들이 되게 하여 주옵소서. 하나님께서 사랑의 길로 인도하시는 것에 순종하게 하시고 우리를 하나님의 길에서 떠나지 아니하도록 축복하여 주옵소서. 우리를 하나님의 축복의 길에 온전히 거하게 하여 주옵소서.

날씨가 많이 쌀쌀해졌습니다. 주위에 춥고 소외된 사람들을 생각할 수 있는 마음의 여유를 허락하여 주옵소서. 주님의 사랑으로 그들을 사랑하며 격려할 수 있는 위로의 힘이 우리 가운데 있길 원합니다. 우리를 위하여 성령님을 허락하신 하나님, 감사합니다. 한결같은 성령의 충만함으로 범죄치 않도록 축복하여 주옵소서. 우리에게 담대하게 세상을 이기도록 축복하여 주옵소서. 우리의 교만이 낮아지게 하시고, 우리의 어리석음이 지혜롭게 하시며, 우리의 믿음이 더욱 강건한 믿음으로 성장하게 하여 주옵소서. 주 하나님, 우리를 위하여 피 흘리신 그리스도를 기억하며 하나님 나라의 영광을 위하여 믿지 않는 우리의 이웃을 전도하게 하여 주시옵소서,

하나님 아버지! 주님은 세계사의 주인이시고 영원토록 이 나라를 다스리실 오직 한 분이십니다. 이 나라를 주관하시고 섭리하셔서 공의와 정의가 강물처럼 흐르게 하시고, 모두 함께 잘 사는 나라, 온 국민이 주인이 되는 나라가 되게 하옵소서.
주님의 몸 된 교회를 위해서 몸을 바쳐 충성하는 일꾼들을 기억하시고, 이들의 순종을 통하여 이 교회에 주님의 은혜와 축복이 더욱 넘쳐나게 하시옵소서.

이 시간 말씀을 전하는 목사님을 능력으로 붙잡아 주시고 우리들은 그 말씀을 믿음으로 받아들여 일어나 빛을 발하게 하시며, 이 예배를 통하여 영원한 복을 누리게 하여 주옵소서. 영생의 소망을 주신 예수 그리스도 이름으로 간절히 기도하옵나이다. 아멘.

11월 _첫째주

주일 오후(저녁)예배 대표기도문

전지전능하신 하나님!
감사와 찬송을 돌립니다. 세상을 사는 우리의 인생을 돌아보사 구원을 베푸시고 주님의 사랑 아래 보호하여 주시니 감사드립니다. 슬픔을 기쁨으로 바꾸시고 괴로움을 희락으로 바꾸시는 주님의 은혜를 사모하여 주님의 전으로 나아왔사오니 우리에게 축복하여 주옵소서. 주님의 거룩한 백성이 되게 하여 주옵소서.

용서의 하나님! 우리는 하나님께서 우리에게 맡겨 주신 달란트를 땅속 깊이 묻고 생각 속에 세월을 보낸 악하고 게으른 종임을 고백합니다. 분주한 세상 소리에 주님의 음성을 듣지 못했고 화려한 세상의 환경에 영의 눈이 어두웠습니다.
이 시간 주님께 나아왔사오니 모든 허물을 말끔히 씻어 주옵소서. 손과 발, 머리와 몸과 마음과 영혼도 주님의 의의 보혈로 깨끗이 씻어 주옵소서. 우리의 거짓과 위선의 죄악을 씻어 주옵소서. 인자와 긍휼을 기다리는 심령에 주님의 위로의 손길을 베풀어 주시고 십자가의 보혈의 은총을 덧입는 시간이 되게 하옵소서.

은혜로우신 주님! 이 시간 성령의 은혜를 허락하시사 주님이 세상의 참된 소망이심을 깨닫고, 소망 중에 거하게 하시며, 그리스도에 대한 믿음이 참된 능력임을 알고 믿음의 사람이 되게 하셔서, 빛과 소금의 일을 행하기에 부족함이 없도록 붙들어 주옵소서. 그리고 주님을 사랑하되 마음을 다하여 사랑하게 하시고, 성품을 다하여 봉사하며, 힘을 다하여 충성함으로써 주님의 뜻을 온전히 이루어 가는 충성된 일꾼이 되게 하여 주옵소서.

추수감사절이 있는 달입니다. 1년의 삶을 마무리하면서 하나님께 늘 감사하는 성도가 되게 하여 주옵소서. 감사의 제목을 발견하게 하시고, 그 감사의 제목들로 날마다 감사하는 삶이 되게 하여 주옵소서. 우리의 심령을 정결하게 하시고 감사와 찬송의 삶을 살게 하여 주옵소서.
주님이 정하신 귀한 날에 봉사하는 손길들 위에 축복하시고, 주님의 사랑으로 늘 동행하시기를 원합니다.

이 시간 우리를 위하여 하나님의 말씀을 전하실 목사님 위에 함께 하시고, 성령의 능력으로 붙들어 주옵소서. 우리의 연약함을 강하게 하시고, 우리의 교만함이 낮아지게 하시고, 우리의 부족함이 채워지는 역사가 일어나는 시간이 되게 하여 주옵소서. 세우신 성가대원들에게 은혜와 진리로 충만하게 하시고, 아름다운 찬양을 드리게 하옵소서. 영생의 소망을 주신 예수 그리스도 이름으로 간절히 기도하옵나이다. 아멘.

11월 _첫째주

주중(삼일·금요)예배 대표기도문

전능하신 하나님!
우리를 택하사 하나님의 거룩한 전으로 나아오게 하심을 감사합니다. 성령의 밝은 빛으로 저희 심령을 채우사, 주님의 뜻을 온전히 분별하여 세상의 악한 권세를 이기는 선한 싸움의 승리자로 삼아 주시기를 원합니다.

지난 삼일 동안도 하나님의 전에 나아오기 부끄러웠사오나 주님의 인도하심으로 주님의 전에서 감사와 찬양을 드리게 하심을 감사합니다. 우리를 용서하여 주옵소서. 주님의 거룩한 성일에 하나님의 뜻에 순종하며 우리의 삶을 예배로 드리겠다 다짐했던 우리가 아닙니까? 우리가 스스로 하나님의 길에서 벗어난 것을 발견합니다. 우리의 죄를 용서하여 주옵소서. 하나님의 길에서 벗어나지 않고 온전히 거할 수 있는 복을 허락하여 주옵소서.

은혜의 주님! 우리에게 믿음을 더하여 주옵소서. 우리가 날마다 믿음이 자람으로 말미암아 더욱더 하나님을 경외하게 하시고 우리의 모든 것들이 하나님을 향하게 하시고 하나님을 기쁘시게 하기를 원하오니 하나님, 우리에게 믿음에 믿음을 더하여 주옵소서. 우리를 불러 천국의 거룩한 백성으로 삼아 주셨으니, 우리로 더욱 거룩하게 하시며 세상과 구별되어 성결하게 하시고 하나님이 주신 소명을 감당할 수 있도록 믿음을 더하여 주옵소서.

은혜가 충만하신 하나님! 우리의 예배를 통하여 하나님께 영광을 돌리게 하시며 우리의 감사를 통하여 하나님의 축복의 역사가 일어날 수 있도록 함께하여 주옵소서. 주님, 우리로 하나님의 나라를 위하여 헌신할 수 있는 복을 허락하여 주시고 헌신의 참된 즐거움을 맛볼 수 있는 큰 은혜를 주옵소서. 우리의 발길로 인하여 하나님의 나라가 확장되게 하시고, 우리의 입술로 인하여 주님이 증거될 수 있도록 함께하여 주옵소서. 우리에게 주님의 증인이 될 수 있는 권능을 허락하사 우리로 세상에 주님의 증인이 될 수 있는 복을 허락하여 주옵소서. 사랑하는 성도들의 가정을 축복해 주시고 온 가족이 함께 하나님을 경외함으로 작은 천국을 이루게 하사 기쁨이 넘치게 하옵소서.

이 시간 말씀을 전하시는 목사님을 성령의 능력으로 붙들어 주셔서 말씀이 선포될 때 우리의 연약함이 말씀을 통하여 강건해지게 하시고, 온전히 말씀에 매여 하나님의 선하신 계획에 순종하게 하여 주옵소서. 저희 소망의 주 되신 우리 구주 예수 그리스도의 이름으로 간절히 기도하옵나이다. 아멘.

11월 _둘째주

주일 낮예배 대표기도문 1

사랑과 은혜가 충만하신 하나님!
우리의 죄악으로 죽어야 마땅한 우리에게 주님의 사랑과 희생으로 생명을 주심을 감사드립니다. 오늘 거룩한 이날 축복을 기다리며 예배를 드리도록 인도하심을 감사드립니다. 이 시간 우리가 진실한 예배와 기도를 드리게 하시고, 오직 주님께 영광을 돌리는 아름다움이 있게 하옵소서.

긍휼의 하나님! 죄인이었던 우리를 고백합니다. 우리의 죄를 용서하시고 이후로는 죄인 되는 일 없도록 함께 하시고 우리에게 새로운 힘을 허락하사 세상을 이길 수 있는 복을 허락하여 주옵소서. 주님의 공의로우심으로 인하여 우리가 하나님을 경외함으로 범죄치 아니하도록 축복하여 주옵소서.

은혜의 주님! 이 자리를 사모하여 달려온 믿음들을 축복하시고 간절히 사모하나 이곳에 올 수 없었던 성도님들을 위해서 기도하오니 주님! 크신 권능으로 주님을 위한 예배가 방해받지 않도록, 우리의 심령이 오직 하나님께 예배드리는 것이 삶이 될 수 있도록 함께하여 주옵소서.

사랑의 주님! 우리의 눈을 열어 세상을 보게 하여 주옵소서. 우리의 입술을 열어 주옵소서. 세상을 보며 소금이 되게 하시고 입술을 열어 주님의 증인이 되게 하여 주옵소서. 주님의 몸을 드려 희생하신 사랑을 우리도 배우고 실천할 수 있는 믿음을 더하여 주시고 손과 발을 드려 봉사하게 하여 주옵소서. 빛이 없는 곳에 빛이 되게 하시고 썩어지는 곳에 소금이 될 수 있는 믿음을 더하여 주옵소서. 주님, 저희가 믿지 않는 이웃을 위해 전도함으로 하나님의 나라가 더욱 확장되는 역사가 일어나게 하여 주옵소서.

주의 풍성한 은혜로 우리의 가슴을 벅차게 하여 주옵소서. 주님의 교회와 참된 예배를 위해서 몸을 바쳐 충성하는 손길들이 있습니다. 저들의 수고를 주님께서 받아 주시고 거센 풍랑과 세파 속에서도 결코 요동함과 흔들림 없는 삶이 될 수 있도록 인도하여 주옵소서.

이 시간 목사님을 통하여 선포되는 말씀을 사모하여 기다립니다. 우리의 영혼과 육신이 새롭게 변하며 하늘의 만나가 풍성히 내리는 시간이 되게 하여 주옵소서.

우리의 영원한 찬송이신 주님! 성가대의 찬양을 열납하여 주시고 찬양의 그 한마디 한마디가 우리 모두의 고백이 되게 하여 주시옵소서. 우리를 위해 고난 받으신 우리 구주 예수 그리스도의 이름으로 간절히 기도하옵나이다. 아멘.

11월 _둘째주

주일 낮예배 대표기도문 2

공의로우신 하나님!
우리에게 도움이 되시는 하나님을 찬양합니다. 우리의 억울함을 평안으로 바꾸시는 주님을 찬양합니다. 우리의 부르짖음에 응답하시는 주님을 찬양합니다. 주님의 선하신 계획대로 인도하여 주시는 하나님을 찬양합니다. 우리에게 주시는 새로운 힘으로 세상을 이기게 하옵소서.

긍휼의 하나님! 우리가 후회를 하면서도 같은 죄를 반복하는 미련함을 용서하여 주옵소서. 우리가 세상으로 눈을 돌렸을 때 주님을 잃어버린 때가 너무도 많았습니다. 구원의 주님을 찬양하며, 오직 주님만이 나의 반석이 되심을 고백하오니 우리를 긍휼히 여기시기를 원합니다. 바로 지금 회개하게 하시고 순종으로 헌신하도록 축복하여 주옵소서. 넓고 쉬운 죄악의 길을 버리고 주님의 뜻을 찾을 수 있는 우리가 되게 하여 주옵소서.

은혜의 주님! 이 예배가 하나님의 거룩한 뜻을 온전히 세우는 예배가 되게 하여 주시고, 성령님께서 저들의 마음과 뜻을 온전히 주장하사 아버지만을 향하게 하여 주옵소서. 우리의 마음을 청결하게 하셔서 하나님을 뵐 수 있는 복을 허락하여 주옵소서. 하나님과 호흡하게 하시고 대화하게 하시고 체험할 수 있는 귀한 믿음을 가질 수 있는 복을 허락하여 주옵소서.

하나님 아버지! 주님을 믿고 따르는 저희들이 세상 속에서 주님의 명령을 지킬 수 있는 복을 허락하여 주옵소서. 우리가 주님과 날마다 영적인 교제를 나누게 하시고 이생의 안목과 정욕에 이끌려 좌초하는 인생으로 사는 것이 아니라 능력의 주님께 매여 사는 복된 인생들이 되게 하여 주옵소서.

교회 안에 주님의 교회를 온전케 하기 위하여 세워진 많은 기관들이 있습니다. 각 기관마다 더욱 축복하셔서 주님의 영광을 드러내기에 부족함이 없는 기관들이 되어 늘 쓰임 받는 귀한 기관들이 되게 하시고, 항상 충성과 봉사가 넘쳐나게 하여 주옵소서.
주님이 정하신 귀한 날에 봉사하는 손길들 위에 축복하시고, 주님의 사랑으로 늘 동행하시기를 원합니다. 주님의 성호를 찬양하는 성가대 위에 또한 축복하사 더욱 공교히 주님을 찬양할 수 있도록 축복하여 주옵소서.

이 시간 우리를 위하여 세우신 목사님 위에 함께하셔서 주님의 말씀을 전하실 때에 큰 은혜가 임하며 우리의 삶이 변화되도록 인도하여 주옵소서. 모든 문제의 해결자가 되시는 우리 구주 예수 그리스도의 이름으로 간절히 기도하옵나이다. 아멘.

11월 _둘째주

주일 낮예배 대표기도문 3

생명되신 하나님!
이 시간 주님께 귀한 예배를 드리게 하시니 감사합니다. 세상의 향락에 빠져 주님을 부인하던 우리가, 세상과 타협하며 믿음을 잃어버리던 우리가, 하나님의 전으로 나아와 예배를 드리게 하시니 감사합니다. 우리의 부족한 예배를 완벽하게 하심으로 하나님께 영광 돌리게 하여 주옵소서. 우리에게 신령한 꿀을 먹이시려 불러 주신 은혜에 감사합니다. 우리의 몸이 자라는 것 같이 영적으로도 성장할 수 있도록 함께하여 주옵소서.

용서의 주님! 우리의 부끄러운 모습으로 우리를 버려두지 마시고, 우리의 죄를 용서하여 주옵소서. 하나님의 전에 부끄러운 육신과 마음을 가지고 말씀 사모하여 나아왔사오니 우리를 긍휼히 여기사 하나님의 거룩한 땅에 거하게 하시며, 우리로 하나님께서 허락하시는 만나로 영과 육이 성장할 수 있는 복을 허락하여 주옵소서. 우리를 모른다 하지 마시고, 하나님의 거룩한 백성으로 인침을 받을 수 있도록 축복하여 주옵소서. 하나님의 거룩한 백성이 되기를 원하오니 우리에게 복을 허락하여 주옵소서.

은혜의 주님! 이 시간 말씀과 하나님의 전을 사모하여 이 자리를 채운 많은 성도님들에게 특별한 복을 허락하시고 지금 이 자리를 기억하나 오지 못한 많은 성도님들을 위해서 기도하오니 하나님의 전에 나아와 영광 돌리기에 부족함이 없는 귀한 지체들이 되도록 축복하여 주옵소서. 우리가 주님을 뵈올 때까지 십자가의 벅찬 감격을 끌어안고 선한 싸움을 다 싸우며 하늘나라의 주님을 뵈올 수 있게 하옵소서.

거룩하신 하나님! 우리에게 제자들의 발을 친히 씻겨주신 예수님을 본받아 저희도 십자가의 사랑을 실천할 수 있게 하여 주옵소서. 이웃을 십자가의 사랑으로 품는 우리가 되게 하시고 세속적인 것들로 배불러지는 교회가 되지 않도록 우리로 성도의 본분을 지킬 수 있는 복을 허락하여 주옵소서.

이 시간 말씀을 증거하실 목사님께 진리의 영으로 함께 하셔서 말씀 전하실 때 큰 능력으로 나타나 한없는 은혜가 되게 하시고 복된 시간이 되게 하여 주옵소서. 우리를 사망에서 생명으로 옮기신 예수 그리스도의 이름으로 간절히 기도하옵나이다. 아멘.

11월 _둘째주

주일 오후(저녁)예배 대표기도문

존귀하신 주님!
주님의 거룩하심 앞에 무릎을 꿇게 하시는 귀한 은혜에 감사합니다. 우리가 삶 속에서 주님을 경외함으로 주님의 말씀 위에 세상을 이기게 하신 은혜에 감사합니다. 우리로 주님을 찬양하며 주님을 위하여 시간과 예물을 드리게 하시니 감사합니다. 오늘 우리의 예배가 진정으로 하나님께 드려지는 영적인 예배가 되게 하여 주옵소서.

긍휼의 하나님! 우리가 주님 자녀로서의 순수성을 잃어버리고 거짓과 오만으로 가득찬 방만한 삶을 살았나이다. 진리를 수용하는 열정도 잃어버렸고, 위선만이 가득하여 이를 깨닫지도 못한 채 자신이 지니고 있는 모습이 가장 정직한 것인 양 포장과 위장을 서슴지 않았나이다. 이처럼 패륜적인 모습을 경악스러워 하며 주님 앞에 고백하오니 용서하여 주옵소서. 십자가의 보혈로 속량하시고 그 크신 사랑으로 새롭게 하여 주옵소서.

은혜의 주님! 하나님께 나아가는 자는 반드시 그가 계신 것을 믿어야 할 것이라 말씀하셨습니다. 온전히 주님의 살아계심을 믿고 예배할 수 있는 은혜를 허락하여 주옵소서. 우리로 주님의 성호를 찬양하기에 부족함이 없는 자들이 되게 하여 주옵소서. 우리의 연약함으로 주님을 거스르지 않도록 은혜로 더하시기를 원합니다. 우리를 지켜 세상에서 승리할 수 있는 귀한 믿음을 더하여 주옵소서.

사랑의 하나님! 우리를 하나님의 선하신 계획 안에서 거하게 하시며 우리를 하나님의 선하신 계획의 도구가 되게 하여 주옵소서. 우리로 어두움의 권세를 이기는 빛이 되게 하여 주시고 우리의 삶이 썩어지지 않는 소금의 역할을 감당할 수 있도록 함께하여 주옵소서. 우리의 삶이 하나님께 거룩한 제사로 드려지기를 원하오니 주님, 우리의 기도를 들어 응답해 주옵소서.

우리가 서로 성도의 교제를 나누게 하시며 우리의 교제를 통하여 하나님의 영광이 더욱 빛나게 되기를 원하오니, 성령의 열매가 맺게 하시고 예수님의 성품을 닮아갈 수 있는 복을 허락하여 주옵소서. 하나님의 거룩한 백성의 향기가 우리의 삶에서 풍겨 나오기를 원하오니 하나님 우리의 삶을 주관하여 주옵소서.

이 시간 단 위에 서신 목사님을 능력의 손에 붙들어 주셔서 말씀 전할 때 불이 되게 하시고 뜨거운 감동과 감격의 시간이 되게 해 주시며 염려 근심 다 내쫓아 버리고 기쁨과 감사가 넘치는 복된 시간이 되게 하여 주옵소서. 우리를 사망에서 건지신 예수 그리스도의 이름으로 간절히 기도하옵나이다. 아멘.

11월 _둘째주

주중(삼일·금요)예배 대표기도문

사랑의 하나님!
이 귀한 시간에 하나님의 전에 나와 하나님을 찬양하고 기도할 수 있게 하신 은혜에 감사합니다. 능력 주시는 자 안에서 무엇이든 할 수 있다는 신앙을 소유하게 하시고, 그 신앙 안에서 힘 있게 전진할 수 있는 저희들이 되게 하여 주옵소서.

전능하신 하나님! 우리의 모든 기도를 들어 응답하시고, 우리에게 산 소망으로 역사하시는 주님을 찬양합니다. 주님, 우리에게 주님의 영광을 찬양할 수 있는 귀한 복을 허락하신 은혜에 감사합니다. 우리에게 주님을 경외함으로 세상을 이길 수 있는 귀한 복을 허락하여 주옵소서. 오직 주님만이 우리의 산성이시요 우리를 구원하실 분이심을 고백합니다. 주님, 우리를 지켜 주시기를 원합니다. 우리의 삶을 주님께 맡기오며 우리의 미래 또한 희망과 확신으로 가득 찰 수 있도록 축복하여 주옵소서.

기쁨의 근원이 되시는 하나님! 우리에게 주님을 사랑하게 하심을 감사합니다. 우리가 주님의 권위에 순종할 수 있는 귀한 믿음을 더하여 주옵소서. 우리로 주님만을 사모하며 주님만을 찬양할 수 있는 귀한 복을 허락하여 주옵소서. 그것이 우리 삶의 귀한 기쁨이 될 수 있도록 은혜와 축복으로 더하여 주옵소서.

또한 거룩하신 주님! 우리가 주님이 주시는 귀한 기쁨을 주님의 아픔이신 믿지 않는 영혼들과 나눌 수 있도록 허락하심으로 주님의 나라가 더욱 확장되는 복을 허락하여 주옵소서. 우리에게 오신 기쁨의 주님을 증거할 때마다 성령의 역사하심으로 동행하여 주시기를 원합니다.

주님, 우리가 삶을 돌아보고 주님의 동행하심에 늘 감사하며 순종할 수 있도록 축복하여 주옵소서. 우리의 예배를 위하여 여러 가지 모습으로 봉사하는 손길들을 주님의 축복하심으로 인도하시며 날마다 승리하고 형통케 되는 복을 허락하여 주옵소서. 성가대의 찬양을 흠향하시고 하늘문을 여시고 우리에게 은혜의 단비로 적셔질 수 있는 복을 허락하여 주옵소서.

이 시간 주님의 복된 말씀을 증거하시기 위해서 세우신 목사님을 더 큰 능력으로 붙드시고, 그 말씀을 듣는 저희 모두가 항상 마음속에 되새기며 생활의 동력으로 삼을 수 있는 축복의 말씀이 되게 하시옵소서. 감사의 근원되시는 예수님의 이름으로 간절히 기도하옵나이다. 아멘.

11월 _셋째주

주일 낮예배 대표기도문 1

전능하신 하나님!
험난하고 복잡한 일 년 동안을 축복하셔서 아름다운 결실을 얻게 하시고 오늘 감사절 예배를 드리게 하신 은혜를 감사합니다. 하나님의 은혜를 생각건대 온통 감사할 조건을 가지고 있으면서도 불평과 원망을 늘어놓은 적이 얼마나 많았는지 모릅니다. 자신을 다른 사람과 비교할 때가 많았으며 물질적인 것만 가지고 감사의 조건을 따질 때가 너무 많았습니다. 우리의 어리석음과 불충함을 고백하오니 용서하여 주옵소서.

은혜의 하나님! 이제는 세상의 썩어질 양식을 위하여 일하기보다는 하늘의 신령한 양식을 위하여 일할 수 있도록 은혜를 더하여 주옵소서. 주의 나라와 의를 위하여 게으르지 않도록 인도하시고 주님의 몸 된 교회를 섬기고 이웃을 위하여 베풀고 쓰기에 인색하지 않도록 인도하여 주옵소서. 이제는 더 이상 제 자신의 만족과 쾌락을 위하여 주님의 이름을 더럽히지 않도록 축복하여 주옵소서.

거룩하신 하나님! 오늘 감사 예물을 드리는 손을 축복하시고 정성을 모아 드리는 이 감사가 하늘나라 창고에 차곡차곡 쌓이는 알곡 제물이 되게 하여 주옵소서. 또한 이 씨앗과 같은 예물을 통하여 하나님의 거룩하신 사업이 힘차게 번영케 하시고 풍성한 열매를 맺게 하옵소서. 추수 감사절로 지키는 오늘 예배로 인하여 날마다 감사할 수 있는 은혜가 있게 하여 주옵소서.

어두움을 밝히는 등불이 되신 주님! 주님께서 교회마다 사랑하셔서 필요한 곳에 세워 주셨사오니, 사랑이 많으신 주님의 형상을 잘 드러낼 수 있는 교회들이 되게 하여 주옵소서. 저희 교회도 성령의 불로 타오르는 역사가 있게 하여 주옵소서. 우리 교회가 주님을 모시고 주님의 뜻이 이루어지는 믿음과 사랑과 평화가 넘치는 천국이 되게 하옵소서. 하나님 아버지의 마음에 합한 교회가 되며 영광과 존귀를 돌리게 하옵소서.

이 시간 이 예배를 통하여 우리의 심령이 새롭게 거듭나는 축복을 허락하여 주옵소서. 이 예배에 참석한 모든 심령들이 은혜를 충만히 받고 돌아갈 수 있도록 주께서 지켜 주옵소서.

이 시간도 말씀을 듣습니다. 믿음은 들음에서 난다고 하신 대로 들려지는 말씀을 우리 마음 신비에 새기도록 은혜를 베푸시고, 듣고 아는 것으로 그치는 것이 아니라 행하여 복이 되고 능력이 되게 하여 주옵소서. 우리를 위하여 돌아가신 예수님의 이름으로 간절히 기도하옵나이다. 아멘.

11월 _셋째주

주일 낮예배 대표기도문 2

은혜가 풍성하신 하나님!
오늘도 우리를 성회로 모이게 하신 은혜에 감사합니다. 우리를 늘 보호하시는 주님을 찬양합니다. 험난하고 복잡한 일 년 동안 저희들을 보호하시고 결실을 얻게 축복하셔서 감사절 예배를 드리게 하시니 감사와 찬송을 드리나이다. 오늘 이 예배가 하나님께서 기뻐하실 감사로 채우는 자리가 되게 하여 주옵소서.

용서의 하나님!
지난날을 돌이켜 보건대 저희는 하늘의 신령한 은혜와 양식을 쌓는 일보다 세상의 썩어질 양식을 얻는 일에 더 분주하고 주님의 나라와 의를 구하는 일에 게을렀음을 고백하지 않을 수 없나이다. 주님이 주신 복을, 몸 된 교회를 섬기고 이웃과 나누고 베푸는 데 쓰기보다는 저희 자신의 만족과 쾌락을 위해 더 많이 썼음을 고백합니다. 감사보다 불평이 많았음을 고백합니다. 주님, 이 시간 주님의 보혈로 저희를 정결하게 하시고, 주님이 저희를 위해 이루신 일들과 은혜를 깨닫게 하여 주옵소서.

거룩하신 하나님! 오늘 감사예물을 드리는 손을 축복하시고, 정성을 모아 드리는 이 감사가 귀한 제물이 되게 하여 주옵소서. 여러 가지 어두움 속에서도 우리 삶을 주관하셔서 함께하시고 도와주셔서 육의 열매와 영의 열매로 드리게 하시니 기뻐 받으시고 흠향하여 주옵소서.

은혜로우신 주님! 이 나라와 이 민족을 돌보아 주옵소서. 이북에 있는 동포들을 기억하여 주옵소서. 정치하는 정치가들이 마음속에 하나님을 모시고 하나님의 말씀을 토대로 하여 이 나라를 바로 다스리게 하옵소서. 이 민족이 복지사회를 이룩하고, 하나님께 영광 돌리며 살게 하여 주옵소서.

오늘도 마음을 다하여 예배를 돕는 손길들을 기억하시고 저들의 헌신과 봉사를 통하여 이 예배가 더욱 주님께 큰 영광 돌리는 예배가 되게 하여 주옵소서. 하늘에 크신 상급이 예비되어 있는 줄로 믿습니다. 푸른 초장과 맑은 물가로 인도함 받는 우리 모두가 되도록 인도하여 주옵소서. 주의 지팡이와 막대기가 우리를 안위하게 하시며, 늘 주의 인도함을 받는 성도 되도록 인도하여 주옵소서.

이 시간 목사님을 붙들어 주셔서 말씀 듣는 저희 모두가 남은 삶에 항상 감사가 넘치는 축복의 삶이 될 수 있도록 인도하여 주옵소서. 우리를 죄에서 구원하신 우리 구주 예수 그리스도의 이름으로 간절히 기도하옵나이다. 아멘.

11월 _셋째주

주일 낮예배 대표기도문 3

은혜로우신 하나님!
우리를 향하신 주님의 인자하심에 감사합니다. 이 시간 찬송과 영광과 존귀를 주님께 드리려고 이 자리에 모였나이다. 오늘은 한 해 동안 하나님께서 베푸신 은혜를 헤아려 감사하는 추수감사주일입니다. 저희들에게 베푸신 은혜에 감사하여 이 시간 주님 앞에 감사예배를 드리오니 받아 주옵소서.

하나님 아버지! 생각건대 저희들은 온통 감사의 제목을 가지고 있으면서도 감사치 못하고 불평을 늘어놓은 적이 많이 있었나이다. 주님께서는 항상 기뻐하라 쉬지 말고 기도하라 범사에 감사하라고 하였사오나, 감사치 못한 저희들의 부족함을 용서하시고 감사와 찬양을 드릴 수 있는 믿음을 허락하여 주옵소서.

은혜의 주님! 오늘은 우리가 추수 감사절로 하나님께 지킵니다. 일 년의 삶을 돌아보며 주께 감사하는 날입니다. 농사를 지어 드리는 열매뿐 아니라 일 년을 지키시며 보호하시는 하나님의 사랑을 마음 깊이 느끼게 하시고 감사함이 충만할 수 있도록 인도하여 주옵소서. 온 교회 모든 성도들이 항상 감사하란 말씀을 깊이 새기며 날마다 감사하게 하여 주옵소서.

전능하신 하나님! 마음과 영이 하나되어 주 앞에 드리는 이 시간이 되게 하옵소서. 주의 말씀을 들을 자격이 없지만 주님을 간절히 찾는 자를 거절치 않으시는 주님의 사랑을 생각하며 오늘도 꿀송이보다 더 단 주의 말씀을 사모하게 하옵소서. 주의 말씀으로 인하여 우리의 믿음이 더욱 자라나게 하시고 메마른 심령을 말씀의 단비로 촉촉이 적셔 주시며 우리에게 행하신 주님의 자애로우심과 인자하심을 다시금 피부 깊숙이, 뼛속 깊숙이 느끼는 시간이 되게 하여 주옵소서.

거룩하신 하나님! 이 시간 주님의 거룩하심으로 우리가 주님의 몸 된 교회를 위하여 헌신하도록 축복하여 주옵소서. 주님의 신부인 우리가 주님의 몸 된 교회를 위하여 헌신하는 것이 큰 기쁨임을 깨닫게 하옵소서. 그럼으로 우리를 통하여 주님의 향기가 발하게 하시고 주님의 사랑을 세상에 널리 전할 수 있도록 우리를 축복하여 주옵소서. 오늘도 예배를 섬기는 성도들이 있습니다. 저들의 수고를 주께서 기억하시고 축복하여 주옵소서.

이 시간 단 위에 세워 주신 목사님에게 영육 간의 강건함을 주시고 선포하시는 말씀마다 살아 역사하시어 성도들의 삶이 회복되며 영이 살아나게 하옵소서. 우리를 위하여 십자가를 지신 예수님의 이름으로 간절히 기도하옵나이다. 아멘.

11월 _셋째주

주일 오후(저녁)예배 대표기도문

우리의 예배를 기뻐하시는 하나님!
저희와 항상 함께하신 은혜에 감사합니다. 하나님의 은혜로 성소에 있게 하심을 감사합니다. 우리의 찬송과 영광을 받으시옵소서.

긍휼의 하나님! 우리가 주님 앞에 다 죄인임을 고백합니다. 이제 더 이상 우리가 어리석음과 잘못을 계속하여 답습하지 않도록 인도하여 주옵소서. 이 모든 죄를 고백하고 참회하는 우리의 기도를 들으시고 독생자 예수 그리스도의 보혈로 용서하여 주시고, 이 예배를 통하여 생명의 말씀으로 빛을 받게 하여 주옵소서.

은혜의 주님! 세상의 고달픔에 지쳐 고단한 심령으로 주님 앞에 나온 우리에게 위로의 영으로 오시옵소서. 저희 모두 성령 충만한 사람이 되어 불신앙과 육신의 정욕들을 이겨내는 하나님의 능력 있는 자녀로 살아갈 수 있도록 복을 허락하여 주옵소서. 우리가 세상에서 주님의 증인으로 충성되게 하시고, 우리가 주님의 손과 발이 되어 세상을 변화시키는 역사가 일어날 수 있도록 축복으로 함께해 주시기를 원합니다.

사랑이 많으신 하나님! 이 시간 우리가 성령 안에서 기도하고 성령 안에서 은혜를 받게 하여 주옵소서. 우리의 상한 심령을 주님의 강하고 의로운 손으로 치유하시기를 원합니다. 우리의 연약한 믿음을 강하고 담대하게 하시기를 원합니다. 주님의 크신 권능으로 복음의 전신갑주를 입고 세상을 이기는 주님의 군사 되게 하여 주옵소서.

이 시간 특별히 참석하지 못한 성도님들을 위해서 기도드립니다. 어느 곳에 있든지 이곳을 기억하게 하시고 잠시라도 주님께 기도할 수 있는 은혜를 허락하여 주옵소서. 이 세대는 주님을 멀리하도록 이끌고 있지만 담대하게 우리가 세상을 뿌리치고 주님의 전으로 나아올 수 있도록 축복하여 주옵소서. 이곳에 나오지 못한 많은 심령들 위에도 주님 크신 은혜와 축복으로 함께하셔서 주님의 사랑에 순종하는 역사가 있게 하여 주옵소서.

존귀하신 하나님! 우리의 몸과 재물과 재능까지 드리오니 기쁘게 받아 주옵소서. 성가대의 찬양이 영혼 깊은 곳에서 나오는 곡조가 되게 하시고 찬양이 메아리 칠 때마다 비둘기 같은 성령이 하늘로부터 내리게 하옵소서. 이제 목사님이 하나님의 말씀을 전하실 때에 간절히 사모하는 마음으로 들으며 그 말씀이 저희 영혼의 양식이 되며 저희들 인생에 좌표가 되어 좌우로 치우치지 않고 하나님이 원하시고 기뻐하시는 그 길로만 잘 달려가는 저희 모두가 되게 하여 주옵소서. 귀하신 우리 주 예수 그리스도의 이름으로 간절히 기도하옵나이다. 아멘.

11월 _셋째주

주중(삼일·금요)예배 대표기도문

창조주 하나님!
하나님의 형상대로 지음을 받은 피조물들이 이곳에 모여 창조의 위대하심과 섭리를 찬송합니다. 하나님의 선하심과 사랑과 공의로 그 어떠한 생명보다 고귀하게 된 저희들이 살아갈 길은, 창조주 하나님을 더욱 의지하며 그 뜻대로 행하는 것임을 기억합니다. 이 신앙을 고백하며 우리가 하나님 앞에 왔습니다. 저희들을 받아 주옵소서.

주님이 우리를 사랑으로 인도하시지만 저희는 버려진 자들처럼 행동한 지난 삼일을 기억합니다. 우리의 낙심함을 용서하시고 기도로 승리하신 주님을 생각하게 하심으로 기도하게 하여 주옵소서. 구습을 좇는 옛사람을 버리고 새 사람의 거룩한 옷을 입혀 주옵소서. 이전의 것은 지나가게 하시고 새것을 보게 하여 주옵소서. 그리하여 십자가의 신앙을 가진 자로 새롭게 살아갈 수 있도록 축복하여 주옵소서.

은혜의 주님! 우리 삶 속에 성령의 역사하심으로 함께하시지 아니하면 저희는 삶의 변화와 성장과 발전을 기대할 수 없나이다. 성령으로 역사하시고 인도하셔서 더욱 새로운 삶이 될 수 있도록 인도하여 주옵소서. 무엇보다 자기를 비워 종의 형체를 가져 사람과 같이 되셔서 십자가에 달리시기까지 인간을 사랑하신 주님을 본받게 하시고, 항상 자신을 순종시키며 아버지의 뜻을 따름으로 하나됨을 실천하신 예수님을 본받아 주님과 하나가 되게 하시고 성도들과 온전히 연합할 수 있게 하옵소서. 주님의 십자가의 사랑을 본받아 하나님을 세상에 드러낼 수 있는 우리가 되게 하여 주옵소서.

소망의 하나님! 우리의 영혼이 주님의 은혜를 사모하여 하늘의 보좌를 우러러 경배합니다. 이 시간 말씀으로 은혜받고 찬송으로 감동되고 기도로 새 힘을 얻게 하여 주옵소서. 우리의 믿음이 말씀과 진리로 날마다 바르게 성장하게 하시며 주님께서 부탁하신 영혼 구원의 사명을 잘 감당하게 하여 주옵소서. 어두워진 눈을 밝혀 주사 신령한 것을 보게 하시고 귀가 둔하여 듣지 못했던 주님의 음성을 듣기를 원합니다.

이 시간도 절망의 시대에 소망의 메시지를 선포하기 위하여 단 위에 서시는 목사님을 붙드시고 성령의 능력으로 채워 주셔서 말씀을 듣는 저희들이 모든 문제가 해결 받는 복된 시간이 되게 하여 주옵소서. 날마다 풍족한 은혜로 채우시는 우리 구주 예수 그리스도의 이름으로 간절히 기도하옵나이다. 아멘.

11월 _넷째주

주일 낮예배 대표기도문 1

은혜로우신 주님!
우리의 삶에 풍성한 은혜로 함께하여 주시는 것을 감사드립니다. 11월의 마지막 주일을 보내며 주님 앞에 기도드립니다. 늘 게으르지 않고 열심을 품어 주님을 섬기는 후회 없는 날들을 보내게 하여 주옵소서. 오늘도 우리의 마음속에 변함없는 주의 사랑을 경험하게 하시며, 이 감격을 간직하고 신령과 진정으로 예배드리게 하옵소서.

용서의 주 하나님! 지난날들을 되돌아 보면 허물이 가득한 죄인이 여기 섰습니다. 주님의 말씀으로 날마다 무장을 하지만 우리가 달라지지 않은 모습으로 여기에 있사오니 우리를 긍휼히 여기사 용서하여 주옵소서. 저희의 남은 삶 동안 주님의 주권을 인정하고 살아갈 수 있도록 축복하여 주옵소서.

은혜의 하나님! 고난과 역경이 끝이지 않는 세상을 살아가야 하는 저희들입니다. 이 세상 가운데서도 여전히 믿음을 버리지 않고 주께서 주신 십자가를 든든히 붙잡고 주 오시는 그날까지 우리의 맡은 바 본분을 다하는 주의 군사 되게 하여 주옵소서. 오직 여호와를 앙망하는 자는 독수리 날개 치며 올라감 같을 것이라고 선포하신 하나님, 우리에게 새 힘을 주시고 여호와를 앙망함으로 새 힘을 얻게 하시며 거친 세상에서 날마다 승리의 개선가를 부를 수 있는 우리가 되도록 은혜를 허락하여 주옵소서.

오늘은 절기상으로 예수 그리스도의 나심을 기다리는 대강절이 시작되는 주일입니다. 날마다 주의 임재하심을 기다리게 하시며 임마누엘 주 되시기 위하여 이 땅에 오신 예수 그리스도의 사랑을 기억하게 하여 주옵소서.
하늘 높은 보좌를 버리시고, 낮고 낮은 이 땅에 임하셔서 우리를 구속하시며 십자가에 죽으신 그 사랑에 날마다 감사하는 성도들 되게 하시고, 예수 그리스도의 겸손을 몸에 가질 수 있도록 인도하여 주옵소서.

살아계신 하나님! 이 예배를 위하여 섬기는 많은 예배위원들을 기억하사 축복하시고, 저들의 손길로 인하여 가정에 복을 주셔서 날마다 주님을 자랑하는 귀한 복을 허락하여 주옵소서.

이 시간 목사님 위에 축복하셔서 말씀을 선포하실 때에 구원과 치료와 회복의 역사가 일어나게 하여 주옵소서. 말씀을 듣는 우리 모두가 말씀을 듣고 순종하는 삶 속에서 아름다운 열매를 맺게 하여 주옵소서. 우리를 죄에서 구원하신 예수님의 이름으로 간절히 기도하옵나이다. 아멘.

11월 _넷째주

주일 낮예배 대표기도문 2

거룩하신 하나님!
이제는 날씨가 더욱 쌀쌀해졌습니다. 이러한 날씨에도 주님의 전으로 나와 귀한 예배를 드리게 하신 은혜를 감사합니다. 우리를 향하신 주님의 인자하심을 감사드리오며 이 시간 찬송과 영광과 존귀를 주님께 드리려고 이 자리에 모였습니다. 이 땅에 하나님의 교회가 세워질 때 내려 주셨던 성령을 지금 이 시간 우리에게 충만하게 부어 주시고, 우리를 성결케 하사 예배드리기에 합당한 심령이 되게 하여 주옵소서.

긍휼의 하나님! 우리가 일주일 동안 주님의 이름을 더럽히고 다시 주님께 왔습니다. 우리를 용서하여 주옵소서. 교만하고 허영과 이기심으로 가득한 우리를 주님, 용서하여 주옵소서. 우리가 하나님의 거룩한 백성으로 거듭나게 하심으로 주님이 허락하신 새로운 생명으로 주님을 찬양하며 감사하는 우리가 되게 하여 주옵소서.

은혜의 주님! 우리에게 사랑의 본을 보이신 주님처럼 우리가 사랑할 수 있도록 축복하여 주옵소서. 주님의 사랑을 실천하는 우리가 되게 하여 주옵소서. 믿지 않는 자들은 권면하고 실의에 빠진 사람들에게 위로를 주고, 상처 입은 영혼들을 주님의 품으로 이끌어 올 수 있도록 믿음을 더하여 주옵소서. 쓸모없는 우리를 주님의 사역에 순종하게 하심으로 주님의 나라가 이 땅에 속히 이루어지기를 원합니다. 우리의 기도를 들어 주옵소서.

대강절이 시작되었습니다. 세상은 벌써부터 크리스마스 분위기로 한창 달아올랐습니다. 예수님께서 무엇 때문에 이 땅 가운데 오셨는지는 잊어버린 채, 스스로를 위하여 만족해 하는 일들이 일어나고 있습니다. 좋으신 하나님, 우리가 예수 그리스도의 나심을 기억하게 하시고, 하늘 영광을 버리고 이 땅 가운데 오신 사랑의 주님을 본받을 수 있도록 인도하여 주옵소서.

또한 우리의 예배를 위해서 기도드립니다. 하나님, 우리의 예배로 인하여 우리에게 복을 허락하시되 앞날이 열려 형통케 되는 복을 허락하시고 우리의 감사와 찬양으로 인하여 복을 허락하시되 주 하나님이 주시는 새 힘으로 날마다 승리하게 하여 주옵소서.

이 시간 목사님을 탁월한 영성과 진리의 말씀으로 세우사 성령의 부르심과 강건함으로 붙들어 주옵소서. 하나님의 말씀을 증거할 때에 우리 모든 성도들이 은혜를 받고 새 시대, 새 역사를 열어가는 믿음의 선봉장으로 쓰임 받게 하옵소서. 모든 영광과 찬송을 받으시기에 합당하신 예수님의 이름으로 간절히 기도하옵나이다. 아멘.

11월 _넷째주

주일 낮예배 대표기도문 3

영원토록 거룩하신 하나님!
우리를 사랑하사 믿음으로 구원을 얻게 하시고 택하여 하나님의 자녀가 되게 하시고 주님의 거룩한 전으로 나아와 예배를 드리게 하시니 감사합니다. 이 시간 신령과 진정으로 예배드리기를 원하오니 우리의 마음을 친히 주장하여 주옵소서.

용서의 주 하나님! 우리의 지친 영혼을 용납하시고, 우리를 주님의 넓은 품에 품어 주옵소서. 우리가 세상에 지쳐 죄의 종으로 살아 주님의 자녀된 영광의 모습을 잃어버리고 살았음을 고백합니다. 우리에게 늘 비추어 주시던 주님의 구원의 빛으로 나아왔사오니 우리를 용서하여 주옵소서. 우리의 어리석음을 고백합니다. 우리를 용서하시는 주님의 사랑으로 다시 소망을 얻어 세상을 이기게 하여 주옵소서. 삶 속에서 우리에게 옳은 길로 인도하시는 주님의 음성에 순종함으로 승리의 길을 걷게 하여 주옵소서.

하나님 아버지! 영적으로 어두운 눈도 열리게 하여 주시고, 신령한 세계를 바라보게 하시며, 더욱더 믿음의 시야를 넓게 가짐으로써 주님의 주권을 인정하며 살아가는 인생이 될 수 있도록 축복하여 주옵소서.

은혜의 하나님! 주님의 은혜로 우리가 하나님의 사랑을 늘 증거하게 하시고 우리의 믿음이 더욱 신실하게 하셔서 세상에서 빛과 소금의 역할을 감당하도록 축복으로 더하여 주옵소서. 저희는 연약함을 고백합니다. 우리가 작음을 고백합니다. 우리의 연약함을 강하고 담대하게 하시고 우리의 작음을 주님께서 크게 하사 주님의 거룩하심을 나타내는 십자가의 군병이 될 수 있도록 은혜로 더하여 주옵소서.

지금은 주님의 강림을 기다리는 대강절로 지키고 있는 주일입니다. 우리를 구원하여 하늘의 높은 보좌를 버리시고 낮고 천한 이 땅에 오신 사랑의 주님을 우리가 본받을 수 있도록 인도하여 주옵소서. 몸 된 교회를 위하여 몸을 드려 충성하는 제직들을 기억하시고 저들의 수고를 통해서 온 교회가 성령으로 충만해지고 주님의 크신 영광이 드러나게 하옵소서. 이 시간 목마른 영혼마다 생명수를 풍족하게 마시는 은혜의 시간이 되게 하여 주옵소서.

이 시간 선포되어질 말씀 가운데 함께하사 하나님을 향한 새로운 피조물이 태어나게 하시고, 하나님의 섭리를 바로 볼 수 있는 눈이 열려지게 하여 주옵소서. 우리에게 주신 달란트를 언젠가 결산하실 예수님의 이름으로 간절히 기도하옵나이다. 아멘.

11월 _넷째주

주일 오후(저녁)예배 대표기도문

새롭게 하시는 주님!
은혜와 사랑을 진심으로 감사드립니다. 오늘도 우리를 불러 주셔서 이 시간 주님께 진실한 마음으로 정성스런 예배를 드리고자 합니다. 주님을 경배하며 찬양함으로써 하나님께만 영광과 찬송을 돌리게 하시고, 우리로 무한한 능력과 기쁨을 얻게 하여 주옵소서.

세상의 빛과 소금이 되라고 말씀하신 주님! 지난 주간 저희는 세상에서 빛을 발하기보다는 오히려 어두움에 휩싸이고 불의와 부패 앞에 무기력했음을 고백합니다. 주님의 긍휼을 베푸사 잘못된 저희들의 행위를 용서하여 주옵소서. 말씀에 순종할 수 있는 믿음과 말씀대로 실천할 수 있는 능력을 허락하여 주옵소서.

우리가 주의 은혜를 사모하는 심령이 되게 하여 주옵소서. 주님을 떠나서는 아무것도 할 수 없사오니 우리가 주를 온전히 의지하게 하옵소서. 상처입은 영혼을 주님의 손길로 치유하여 주시고 연약한 심령은 강하게 하심으로 세상의 세파에 휩쓸리지 않도록 담대하게 하여 주옵소서.

은혜의 주님! 교회의 지체된 저희들이 하나님의 거룩하심을 인하여 저희도 거룩함을 고백하는 삶을 살 수 있는 복을 허락하여 주옵소서. 또한 우리의 이웃들을 위해서 기도드립니다. 하나님 나라의 확장을 위하여 하나님의 복음을 그들에게 전할 수 있는 복된 입술과 복된 발이 되게 하셔서 이웃에게 하나님을 증거할 수 있는 우리가 될 수 있는 복을 허락하여 주옵소서. 또한 하나님의 교회의 지체된 저희도 서로 섬기며 서로 사랑하라 하신 주님의 말씀에 순종하여 섬기고 사랑할 수 있는 우리가 되게 하여 주옵소서.

주의 나라를 사모하며 주님의 일에 봉사하는 손길들이 있나이다. 주께서 새로운 힘을 허락하시고 날마다 새로운 은혜를 공급하시어 봉사하는 손길 위에 축복하시되 그 봉사 위에 아름다운 결실들이 맺히도록 은혜를 더하여 주옵소서. 주께 드리는 헌신이 가정과 집안의 복으로 이어지도록 봉사자들의 가정 위에 큰 은혜를 허락하여 주옵소서. 하나님의 선한 계획에 순종하게 하시고 세상에 좋은 씨앗을 심을 수 있도록 축복하여 주옵소서.

이제 목사님이 하나님의 말씀을 전하실 때에 간절히 사모하는 마음으로 들으며 그 말씀이 저희 영혼의 양식이 되며 저희들 인생에 좌표가 되어 좌우로 치우치지 않고 하나님이 원하시고 기뻐하시는 그 길로만 잘 달려가는 저희 모두가 되게 하여 주옵소서. 귀하신 우리 주 예수 그리스도의 이름으로 간절히 기도하옵나이다. 아멘.

11월 _넷째주

주중(삼일·금요)예배 대표기도문

거룩하신 하나님!
오늘도 주님의 전으로 나아와 감사하고 찬양을 드리고 기도하게 하신 은혜에 감사합니다. 지난 삼일 동안도 주님의 보호하심 아래에서 평안을 맛보며 새 힘을 얻어 주님의 전으로 나아왔사오니 감사합니다.

긍휼의 하나님! 우리가 주님의 은혜에 합당하지 못한 부끄러운 삶을 살아가고 있음을 고백합니다. 몸 된 교회를 위하여 봉사하고 충성하기에도 게을렀던 우리를 고백합니다. 육신이 연약하고 부족한 우리를 불쌍히 여기사 용서하여 주옵소서. 주님의 사랑이 늘 몸에 배어 실천하는 우리로 살아가도록 인도하여 주옵소서.

은혜의 하나님! 이 시간도 주님의 전을 찾아 나온 성도들 중에 육신의 연약함, 질병의 무거운 짐을 지고 있는 성도가 있습니까? 주님께 간절한 마음으로 부르짖을 때 신음과 고통이 사라지고, 회복되고 치료되는 주님의 은총이 있게 하옵소서. 깨어지고 찢어져 상처 입은 성도들이 있습니까? 기도하는 가운데 주님의 위로하심과 격려하심 속에서 새로워지고 온전케 되는 역사가 있게 하옵소서.

이제는 차가운 공기가 마음을 더욱더 서늘하게 합니다. 올 한 해도 서서히 저물어감을 느낍니다. 얼마 남지 않은 한 해를 이생의 안목과 육신의 정욕을 충족하는 데 허비하지 말게 하시고 이제껏 맺지 못한 성령의 열매를 풍성히 맺는 기간이 되게 하여 주옵소서.

사랑의 주님! 항상 주님 앞에서 경건한 생활의 모습이 되게 하시고 우리가 어떤 일을 하든지 먼저 주님을 생각하게 하셔서 주님께 인정받고 칭찬 받으며 축복받을 수 있는 주님의 귀한 자녀가 되게 하여 주옵소서.

회개하고 뉘우치는 마음마다 은혜로 채워 주시기를 원합니다. 주님의 은혜를 흠뻑 받아 사랑과 찬양을 강하게 할 수 있게 하시고 직장과 가정과 일터와 생활의 전 영역을 통해서 주님의 뜻을 담아내는 저희들이 되게 하옵소서.

말씀이 육신이 되어 이 세상에 오신 주님! 이제 주님의 말씀을 목사님이 선포합니다. 온 성도가 생각과 마음으로 아멘으로 받게 하시고, 말씀의 폭포가 쏟아져 온 성도의 영혼과 육체가 시원함을 얻게 하시고, 말씀의 화산이 터져 사랑으로 뜨거워지고, 열정과 에너지와 지혜와 총명으로 새롭게 하시며, 돌같이 뭉쳤던 모든 악한 것들을 녹여 주옵소서. 하늘 영광을 버리시고 이 땅에 선교사로 오신 우리 구주 예수 그리스도의 이름으로 간절히 기도하옵나이다. 아멘.

12월 _첫째주

주일 낮예배 대표기도문 1

은혜로우신 하나님!
우리에게 베푸신 그 크신 사랑과 은총을 감사드립니다. 성부의 사랑과 성자의 피로 우리를 살려주시고 성령님을 보내사 하나님을 믿게 하신 능력을 감사드립니다. 오늘도 우리의 마음속에 변함없는 주의 사랑을 경험하게 하시며, 이 감격을 간직하고 신령과 진정으로 예배 드리게 하옵소서.

위로의 주님! 이 시간 주님 앞에 고백합니다. 주님께서 우리를 사랑하신 것과 같이 저희는 주님을 사랑하지 못하였고, 이웃과 민족을 사랑하지도 못했습니다. 크고 작은 다툼에 앞장 섰으며 미움과 비방으로 일관해 왔습니다. 주여, 용서해 주시고 저희로 새로운 사람이 되게 하여 주옵소서.

은혜의 주님! 이 시간 우리가 성령 안에서 기도하고 찬송하고 말씀을 사모할 때 은혜 받게 하시며, 의로운 인격을 갖추고 새 사람으로 새날을 살아갈 수 있도록 크신 은총을 내려 주옵소서. 또한 성령의 인도하심 속에서 우리의 신앙도 살찌게 하시고 주님의 계획하신 뜻을 실현할 수 있는 복된 삶으로 이끌어 주옵소서. 저희들의 전 생활 영역이 성령의 역사와 인도하심을 따라 사는 권세 있는 삶이 되게 하여 주옵소서.

죄악에 죽을 수밖에 없는 우리를 구하시려 이 땅 가운데 오시고, 구세주로서의 삶을 사시며 하늘나라 복음을 증거하시고, 골고다 언덕을 오르사 십자가를 지시고 우리의 죄를 대속하신 주님의 귀한 사랑을 감사합니다. 그 사랑에 감격하여 날마다 예배하게 하여 주옵소서.

하나님 아버지! 저희 교회를 이 지역에 세우신 것은 이 지역을 위한 구원의 방주로, 또한 이 지역의 어두움을 밝히는 등불로 삼으시고자 하는 하나님의 계획이 있으신 줄 믿습니다. 우리 모두가 이 사명을 깊이 깨닫게 하여 주시고, 이 사명을 감당할 수 있도록 믿음과 열심을 허락하여 주옵소서. 그래서 이 지역을 덮고 있는 어두움의 세력들을 물리치고 그리스도의 구원의 빛을 드러내는 아름다운 교회 되게 하여 주옵소서.

이 시간 단 위에 세우신 목사님 위에 함께하셔서 주님의 말씀을 전하실 때에 큰 은혜가 임하며 우리의 삶이 변화되도록 인도하여 주옵소서. 우리의 믿음이 강건해지기를 원하오며 주님의 사랑을 실천하여 세상을 정하게 하는 소금의 역할을 감당하게 하여 주옵소서. 이 시간에도 성가대를 세워 주셨사오니 성가대의 찬양을 흠향하시고 우리들 심령 속에 그리스도의 성품을 깊이 심어 주시옵소서. 만백성을 위한 제물로 자신을 내어 주신 예수님의 이름으로 간절히 기도하옵나이다. 아멘.

12월 _첫째주

주일 낮예배 대표기도문 2

새 힘을 허락하시는 주님!
우리에게 일 년의 긴 날들을 허락하시고 이제 한 달을 남겨놓고 있음을 감사드립니다. 지난날들을 돌아보니 감사뿐입니다. 새봄을 맞아 감사했고 뜨거운 여름에 주신 많은 은사들로 감사했고, 가을에는 많은 결실들로 감사했고 이제는 무사히 한 해를 보낸 것을 감사합니다. 이 시간 주님의 성전에 모여 우리의 정성과 마음을 다하여 하나님께 찬양과 기도로 감사와 예배를 드리오니 기쁨으로 받아 주옵소서.

긍휼의 주 하나님! 한 해 동안 저희들이 믿음 위에 굳게 서지 못했던 일들이 너무도 많음을 고백하지 않을 수 없습니다. 그리고 때로는 언행일치의 생활을 하지 못하고 거룩한 생활을 하지도 못했었음을 고백합니다. 위선과 교만에 가득 차 있던 때가 많았습니다. 이 시간 진실하게 하셔서 자신의 죄인된 모습을 발견할 수 있게 하여 주시옵소서. 피 묻은 주님의 십자가 아래에서 양털같이 희게 해 주시는 주님을 바라보게 하여 주옵소서.

은혜의 주님! 이제 다가오는 겨울을 준비하듯 저희도 신앙의 시련기를 극복할 수 있는 믿음을 충분히 준비하게 하시고 겉사람은 후패 하나 속사람은 날로 새로움을 체험하는 삶이 되게 하옵소서. 오늘도 은혜 충만히 받게 하시고 성령으로 저희 마음에 역사하여 주옵소서.

이 시간 우리의 영혼이 주님의 사랑과 평안으로 가득하기를 원합니다. 이 땅에 평화의 왕으로 오신 예수님의 나심을 기다리는 달입니다. 좀 더 경건하게 하시고, 거룩한 삶을 살도록 인도하여 주옵소서. 예수 그리스도께서 무엇 때문에 우리 가운데 오셨는지 기억케 하시고, 감사할 수 있도록 인도하여 주옵소서.

하나님 아버지! 이 나라 이 민족을 오직 하나님의 능력만 믿고 나아가는 신앙의 나라가 되게 하여 주옵소서. 항상 이 나라를 안보하시고 전난이나 재난이 없도록 도와주시오며, 평화롭게 남북이 통일되는 기쁨을 주옵소서. 하나님의 뜻을 거역하는 세력은 남북 간에서 다 물리쳐 주옵소서. 하나님을 경외하는 마음과 공의와 인류애를 사랑하는 사람들로 민족 공동체 의식을 도와주옵소서. 분단의 아픔을 속히 치유하여 주시고, 세계 열방 앞에서 영광스러운 민족의 역사를 꾸며갈 수 있는 슬기로운 민족이 되게 하여 주옵소서.

이 시간 하나님의 말씀을 전하실 목사님 위에 축복하셔서 주님의 쏟아지는 은혜를 체험하고 다짐하는 귀한 시간이 되게 하옵소서. 교회를 세우시고 진리로 이끄시는 예수님의 이름으로 간절히 기도하옵나이다. 아멘.

12월 _첫째주

주일 낮예배 대표기도문 3

은혜의 주 하나님!
거룩한 성일에 주님의 전으로 나아와 예배드리게 하심을 감사합니다. 지난 한 주간 동안도 인도하여 주신 은혜에 감사합니다. 주님의 은혜 가운데 우리를 인도하사 주님의 전으로 나아오게 하신 주님의 은혜에 다시 한 번 감사를 드립니다.

용서의 하나님! 지난 한 주간 우리의 허물을 도말하여 주시기를 원합니다. 지난 한 주간 우리의 불의함을 용서하여 주시기를 원합니다. 죄 많고 속된 세상에서 더러워진 우리의 마음과 영혼을 이 시간 성결케 하여 주옵소서.

은혜의 하나님! 믿음의 눈을 뜨게 하셔서 우리의 삶을 되돌아 볼 수 있도록 하시고 헛되고 잘못된 것을 진실하게 주님의 전에서 고백하게 하시오니 감사합니다. 무릇 여호와를 의지하고 의뢰하는 사람은 복을 받을 것이라 하셨사오니 우리가 주님을 의뢰하며 의지합니다. 주님의 은혜와 능력 속에서 언제나 살게 하시고, 믿음이 없는 세대에 더욱 큰 믿음을 갖게 하여 주옵소서.

밝은 빛이 되시는 주님! 죄로 어두워진 영혼에 밝은 빛을 비추는 주님의 말씀이 없었더라면 저희가 어떻게 주님을 알며 주님의 은혜를 깨달아 주님을 섬길 수 있었겠습니까?

저희들이 말씀의 능력을 더욱 깨달아, 늘 말씀을 가까이 하고 말씀대로 살 수 있는 마음을 주시옵소서. 주님을 삶으로 시인하며 주님을 부인하는 삶이 되지 않도록 저희 심령을 말씀으로 조명하여 주옵소서. 죄악에 죽을 수밖에 없는 저희들을 찾아오신 하나님의 사랑, 예수 그리스도의 십자가 위에 희생 제물이 되어주신 그 은혜를 기억하면서 크리스마스의 의미를 바로 알게 도와주옵소서.

이 시간 주님의 귀한 예배를 위하여 봉사하는 귀한 손길들을 기억하시고 귀하신 은혜와 축복으로 함께하여 주옵소서. 저들의 수고와 봉사가 하늘나라에 귀한 상급으로 쌓여지도록 은혜로 더하여 주옵소서.

이 시간 세우신 목사님을 하나님의 영으로 붙들어 주셔서 능력의 말씀, 구원의 은혜가 선포되게 하여 주옵소서. 얽매였던 것들이 풀어지고 감동과 결단과 생명의 치유가 있게 하옵시며, 우리의 생각이 바뀌고 순종의 길로 걸어감으로 날마다 승리의 삶을 살아가게 인도해 주옵소서. 우리에게 생명을 주시기 위해 십자가에 죽으신 예수님의 이름으로 간절히 기도하옵나이다. 아멘.

12월 _첫째주

주일 오후(저녁)예배 대표기도문

반석이신 하나님!
이제 한 해를 한 달 남겨놓으니 이 저녁에 주님의 전으로 모여 귀한 찬송과 영광을 주님께 드립니다. 주님의 전으로 나아와 주님께서 가장 기뻐하시는 예배를 드리게 하신 은혜 또한 감사를 드립니다. 주님의 사랑이 날마다 차고 넘치게 하시고 그 은혜로 인하여 우리가 날마다 새 힘을 얻도록 축복하여 주옵소서.

우리의 연약함을 잘 아시는 주님! 우리의 부족함으로 저지른 많은 죄들을 용서하여 주옵소서. 우리를 주님의 군사로 강하고 담대하게 하셔서 죄의 종이 되지 않도록 축복하여 주옵소서. 주 하나님의 거룩하심으로 인하여 주님의 자녀로서의 삶을 살아갈 수 있는 새 힘을 날마다 공급하시기를 기도드립니다.

지난날의 어두운 삶을 용서하시고, 밝은 마음으로 거짓된 마음을 바로잡아 정직한 심령을 만들어 주옵소서. 게으른 생활을 용서하시고 근면한 의지를 심어주시며 세속에 물든 습관을 고쳐주옵소서. 하나님의 선하시고 기뻐하시고 온전하신 뜻에 따라 살게 하옵소서. 우리의 삶 전체가 주님께 영광이 되도록 축복하여 주옵소서.

은혜의 주님! 저희에게 강하고 담대한 믿음을 허락하셔서 저희가 어느 곳에서든 성도의 본분을 망각하지 않도록 축복하여 주시옵소서. 이제 한 달밖에는 남지 않았지만, 이 해에 맡겨진 소임을 끝까지 잘 감당할 수 있도록 도와주옵소서. 남은 한 달 동안 성령의 인도하심으로 주의 말씀을 붙잡고 승리하게 하옵소서. 우리가 이웃을 위해서 사랑으로 봉사할 수 있는 그리스도인의 삶을 살게 하여 주옵소서.

이제 다음 해를 이끌어 갈 새로운 각 기관이 구성되었습니다. 큰 은혜를 허락하시어, 서로 합력하여 선을 이루게 하시고, 하나님께 영광을 돌리는 복된 기관들이 되도록 인도하여 주옵소서.

이 시간 세상의 염려보다 주님의 몸 된 교회를 위하여 거룩한 염려를 하고 있는 하나님의 사랑하는 종들을 기억하시고, 몸을 드리는 저들의 헌신과 충성을 통해서 주님의 나라가 확장되며 복음이 전파되고 교회가 든든히 서 갈 수 있도록 하옵소서.

오늘 주님의 귀한 말씀과 찬양이 넘치는 시간을 통해 성령의 임재와 역사가 일어나게 하시고, 성령의 능력으로 기적이 일어나고 새롭게 변화 받는 거듭남의 역사가 있도록 도와주옵소서. 우리를 사망에서 생명으로 옮기신 우리 구주 예수 그리스도의 이름으로 간절히 기도하옵나이다. 아멘.

12월 _첫째주

주중(삼일·금요)예배 대표기도문

영광과 찬송을 받으시기에 합당하신 하나님!
한 해를 지켜주신 은혜 늘 감사합니다. 오늘도 주님의 전으로 나아와 감사하고 찬양하며 기도하게 하신 은혜에 감사합니다. 오늘 기도회를 맞이하여 주님의 강림을 소망하는 무리들이 겸손히 여기 모였습니다. 이 시간 친히 임재하셔서 이 예배를 기쁨으로 받으시고 신령과 기쁨으로 드리는 산 제사가 되게 하여 주옵소서.

용서의 하나님! 이제 한 달을 남겨놓고 되돌아 보니 후회되는 일들이 너무도 많음을 주님께 고백합니다. 우리가 영성을 쌓는 것을 소홀히 하여 주님의 음성을 듣지 못했고 주님께 날마다 간구와 기도로 겸손히 고백해야 할 것들을 놓치며 살아왔습니다. 이제는 주님, 우리가 늘 기도로 주님과 대화하게 하시고 주님의 음성을 듣게 하시고 그럼으로 주님의 뜻에 순종할 수 있도록 은혜를 더하여 주옵소서.

이 귀한 예배를 통하여 하나님의 크신 사랑을 더욱 체험하도록 도와 주옵소서. 우리의 마음에 소망을 심어 주시고 한 사람 한 사람에게 각기 필요한 말씀을 들려주옵소서. 우리의 마음을 열어 주님의 말씀 앞에 결단할 수 있도록 축복해 주시기를 원합니다. 드리는 예배가 하나님께는 영광이 되고 우리에게는 은혜가 되게 하여 주옵소서.

은혜의 주님! 성탄절이 얼마 남지 않았습니다. 하지만 저희들이 이 모습 이대로 주님의 오심을 맞이할 수 없음을 깨닫습니다. 굽어진 마음, 비뚤어진 생각들을 바로잡게 하시고, 모든 교만한 마음의 생각과 행동을 버리고, 어린아이같이 때묻지 않은 순수한 모습으로 주님의 오심을 기뻐할 수 있는 저희들 되게 하여 주옵소서.
주님의 오심을 맞이하기 위하여 겸손의 띠를 동이는 저희들 되게 하시옵고, 저희를 대신하여 죗값을 지불하신 그리스도의 피 묻은 십자가를 기억하게 하여 주옵소서. 저희가 예배를 마치고 교회를 나설 때, 능력으로 나아가게 하옵소서. 세상에서 복음을 전하고 예수님이 하나님의 아들이심을 증거하는 저희들 되게 하여 주옵소서.

이 시간 하나님 말씀을 전하실 목사님에게 하늘문을 열어 축복하시사 성령 충만하게 하시고 강건함을 더하여 주옵소서. 말씀을 들을 때 치료의 역사가 나타나게 하시고, 진리의 말씀이 회중의 마음을 찌르고 울려서 온 교회가 새롭게 변화되는 귀한 시간으로 인도하여 주옵소서. 우리를 죄악에서 구원하신 예수님의 이름으로 간절히 기도하옵나이다. 아멘.

12월 _둘째주

주일 낮예배 대표기도문 1

거룩하신 주님!
세상에서 죄의 종노릇하던 우리를 부르사 주님의 자녀로 삼으시고 주일을 온전히 주님께 바쳐 예배를 드릴 수 있게 인도하신 은혜를 감사합니다. 저희들이 주님의 성전에 모여 우리의 정성과 마음을 다하여 하나님께 찬양과 기도로 감사와 예배를 드리오니 기쁨으로 받아 주옵소서.

이 추운 겨울에 주님의 말씀을 늘 상고하며 신앙에 나태해지지 않도록 주님께서 우리를 붙들어 주옵소서. 늘 깨어서 기도함으로 주님이 오실 그날을 기억하고 기다릴 수 있도록 지혜를 허락하여 주옵소서. 그리하여 슬기로운 다섯 처녀와 같이 지혜롭게 등불을 준비하여 신랑되시는 주님과 함께 혼인잔치에 들어가도록 축복하여 주옵소서.

은혜의 주님! 추위로 인하여 게으르고 나태해지기 쉬운 이 겨울에 주님의 말씀으로 우리의 심령을 채우고 싶어서 이렇게 주님의 전으로 나아왔사오니 우리의 심령을 주님의 크신 권능으로 주장하사 생명수로 채워 주옵소서. 거듭남의 결단을 하게 하시고 이제 얼마 남지 않은 한 해를 잘 마무리할 수 있도록 축복으로 더하여 주옵소서.

은혜를 사모하는 심령들 위에 은혜의 단비를 부어 주옵소서. 주님의 날개 아래서 안식을 얻게 하여 주옵소서. 추운 날씨가 우리의 믿음을 얼게 하지 마시고 주님의 사랑으로 녹여 주옵소서. 이 세상에 따뜻한 온기를 전하는 우리가 되게 하시고 주님의 사랑을 실천하는 성도들이 되도록 축복으로 더하여 주옵소서.

사랑의 하나님! 우리에게 주님의 사랑을 전할 수 있는 손길을 허락하여 주옵소서. 우리가 주님의 성도의 본분을 잘 감당하도록 축복으로 더하여 주옵소서.
주님의 사랑을 모르는 많은 이웃들을 향하여 주님의 긍휼하심과 주님의 사랑과 주님의 대속하심의 복음을 전할 수 있도록 우리의 입술과 손과 발을 주장하시고 그들을 특별히 여기는 주님의 마음을 허락하여 주옵소서.

이 시간 말씀을 전하실 목사님에게 성령님이 늘 함께하시고, 신령한 지혜와 능력을 주셔서 능력과 은혜의 말씀으로 인도하여 주옵소서. 말씀을 듣는 성도들 마음에도 주 성령님이 임재하셔서 말씀을 바로 깨닫고 우리 인생의 바른길과 믿음의 길을 가는 데 꼭 필요한 나침반과 같은 양약의 말씀으로 기억하고 순종하며 살아가게 하여 주옵소서. 이 모든 말씀을 예수님의 이름으로 간절히 기도하옵나이다. 아멘.

12월 _둘째주

주일 낮예배 대표기도문 2

전지전능하신 하나님!
하나님의 선하심과 인자하심을 인하여 감사와 찬양을 드립니다. 저희에게 건강을 허락하셔서 이렇게 예배드리게 하심을 감사드립니다. 또한 저희들을 주님의 전으로 불러 주신 은혜에 감사드립니다. 이 시간 신령과 진정으로 예배드리기를 원하오니 우리의 마음을 주님께서 친히 주장하여 주옵소서.

용서의 하나님! 지나온 날을 반성해 볼 때, 저희들은 자기 믿음도 굳게 세우지 못하여 전전긍긍하였으며, 믿지 않는 영혼들을 주님 앞으로 인도하지 못한 죄 크오니 넓으신 주님의 사랑으로 용서하여 주시고, 이제는 흐트러진 믿음을 바로세우고 담대히 주님의 말씀을 들고 세상을 향해 달려 나갈 수 있는 능력과 용기를 주옵소서.

우리의 예배를 기쁘게 받아 주옵소서. 오직 주님만을 의지하고 나아온 저희들입니다. 이 시간 십자가의 사랑을 더욱 의지하고 깨달을 수 있는 우리가 되게 하여 주옵소서. 오늘 이 예배를 통하여 우리의 영혼이 고침을 받고 소생이 되며 능력 받는 시간이 되게 하옵소서. 그 피가 마음속에 큰 증거가 되게 하옵소서.

하나님과 교통하는 시간이 되게 하옵소서. 이 귀한 시간을 통하여 주님의 나라에 소망을 갖게 하시고 주님을 위하여 헌신을 다짐하는 귀한 시간이 되게 하여 주옵소서.

교회의 중심이 되시는 주님! 교회가 반석 위에 세운 집이 되게 하시며, 성도들이 하나님 중심, 말씀 중심, 교회 중심으로 살게 도와주옵소서. 새롭게 세워진 각 기관의 임원들과 새롭게 임명된 직분자들을 성령의 능력으로 붙드사 다가오는 한 해 교회가 새롭게 부흥되는 계기가 되게 하시고, 주의 역사를 체험하며 감격할 수 있는 은혜를 주옵소서.

맡은 자들에게 구할 것은 충성이라 말씀하셨으니 온 맘으로 충성할 수 있도록 인도하여 주옵소서. 각 기관이 부흥되어지는 놀라운 역사를 경험하도록 인도하여 주옵소서.

이 시간 하나님의 말씀을 선포하는 목사님을 영육 간에 강건케 하시고, 우리의 심령을 찔러 쪼개는 예리한 하나님의 말씀을 선포하게 하옵소서. 말씀을 듣는 우리의 눈과 귀를 열어 주셔서 그 말씀을 바로 깨닫게 하시고 깨달은 말씀을 삶에 실천하며 참된 그리스도인의 삶을 살아가게 하옵소서. 이 모든 말씀을 믿음의 주요 또 온전케 하시는 우리 주 예수님의 이름으로 간절히 기도하옵나이다. 아멘.

12월 _둘째주

주일 낮예배 대표기도문 3

존귀하신 주님!
우리가 주님의 뜻대로 지어짐을 감사합니다. 우리의 기도를 응답하시는 주님께 감사합니다. 귀한 예배를 통하여 주님께 영광 돌리게 하심을 감사합니다. 우리에게 하나님을 아는 지혜를 허락하신 귀한 은혜에 감사합니다. 우리의 삶이 주님께 예배로 드려지도록 축복하여 주옵소서.

긍휼의 하나님! 우리가 그리스도인을 자처하면서 세상의 어리석은 자들과 같은 방법으로 살아가고 있지는 않은지 우리의 삶을 되돌아봅니다. 우리가 때로는 세상의 이익을 좇아 수단과 방법을 가리지 않았음을 고백합니다. 우리를 복음으로 거듭나게 하시기를 원하오며 우리에게 성결한 삶의 모습을 허락하여 주옵소서. 이제는 착한 행실과 의로움으로 모든 면에서 하나님의 의를 드러내며 주님 앞에서 높은 품성을 갖게 하여 주옵소서.

은혜의 주님! 우리가 이 시간 영광을 하나님께 돌리오며 지난날에 받은 모든 은혜를 감사합니다. 이 시간도 새롭게 되기를 원합니다. 주께서 우리의 몸과 마음을 다해 드리는 이 예배를 기쁘게 받으시옵소서. 영광 중에 임하시고 오늘 저희들의 이 예배에 성령의 연합이 일어나고 주의 사랑으로 서로 사랑함이 있게 하옵시고 더욱 주께 영광이 되게 하옵소서. 우리의 소망을 날로 새롭게 하여 주사 아버지를 기쁘시게 하는 삶으로 인도하여 주옵소서. 그리하여 우리를 대하는 사람마다 아버지의 사랑을 알게 하여 주옵소서.

사랑의 주님! 우리로 하여금 주님의 성품을 닮아 사랑하게 하옵소서. 우리의 이웃들에게 주님의 자녀의 본을 보이게 하여 주옵소서. 날마다 주님을 닮게 하여 주시기를 원합니다. 날마다 저희 가운데 성령의 열매를 맺혀지게 하여 주옵소서. 순종하게 하시며 친절과 봉사로 주님의 자녀가 되게 하여 주옵소서.
십자가에서 고난을 받으사 우리가 구속을 받았사오니 우리가 우리의 삶 속에서 복음을 전하게 하옵소서.

이 시간 드리는 이 예배를 통하여 우리가 새롭게 결단함으로 한 해를 잘 마무리하는 귀한 시간이 되게 하시고, 우리의 심령으로 주님의 사랑을 온전히 받아 그 사랑을 전할 수 있도록 축복으로 더하여 주옵소서.

이 시간 단 위에 서시는 목사님을 붙드시고, 권세 있는 말씀으로 저희 온 심령을 은혜로 충만히 채울 수 있게 하여 주옵소서. 우리에게 생명이 되시는 우리 구주 예수 그리스도의 이름으로 간절히 기도하옵나이다. 아멘.

12월 _둘째주

주일 오후(저녁)예배 대표기도문

은혜로우신 주님!
이 저녁까지 우리를 주님의 전으로 나아오게 하신 은혜를 감사합니다. 주님의 귀하신 사랑을 늘 감사합니다. 주님이 동행하심을 늘 감사합니다. 우리에게 주님의 은혜로 살아가게 하신 것 늘 감사합니다. 영적인 타락과 도덕적 부패가 쌓이고 쌓여 위태로운 이 시대에 우리를 부르사 구원의 소식을 들려주신 은혜 또한 감사합니다.

긍휼의 하나님! 우리가 온전히 주님의 뜻대로 살지 못하였음을 고백합니다. 우리의 연약함으로 범죄치 않도록 은혜로 덧입혀 주시고, 우리의 교만함이 주님의 사랑하는 영혼들을 다치지 않게 하시고, 그들의 영혼을 주님을 위하여 사랑할 수 있도록 축복하여 주옵소서.

은혜의 주님! 우리가 이 시간 하나님께 받은 모든 은혜를 감사하오니 이 시간 새롭게 되기를 원합니다. 주께서 이 예배 중에 우리에게 임재하사 우리를 만나주시고, 오늘 저희들이 예배를 통하여 성령의 연합이 일어나고 주의 사랑으로 서로 사랑함이 있게 하여 주옵소서. 더욱 주님께 영광이 되도록 축복을 더하여 주시옵고, 십자가의 믿음으로 승리하는 저희들이 되게 하여 주옵소서.

성탄절이 얼마 남지 않았습니다. 우리를 구원하시기 위하여 낡고 허름한 말구유에 오신 주님을 늘 가슴속에 품고 우리가 저희 이웃을 위하여 진정한 주님의 사랑을 베풀 수 있게 하여 주옵소서. 겨울이 되면 더욱 추워하는 사람들이 있습니다. 따뜻한 겨울을 보낼 수 있도록 사랑과 온정의 손길이 넘쳐나게 하여 주옵소서. 성탄을 준비하는 기관마다 주님을 사랑하는 마음으로 준비하게 하여 주옵소서.

오늘도 우리 자신을 부인하고 십자가를 지고 나를 따르라고 말씀하시지만, 우리는 우리의 욕망과 계획을 포기하지 못하고 오히려 십자가를 등지는 생활 속에 사는 경우가 너무 많았습니다. 우리에게 새 믿음과 용기를 주시사 주님을 끝까지 따르는 제자들이 되게 하여 주옵소서. 이 시간 새로운 신앙으로 다짐하는 귀한 시간이 되게 하여 주옵소서.

이 시간 단 위에 서신 목사님을 붙잡아 주셔서 말씀 증거하실 때 우리의 심령들이 깨어지고 쪼개지게 하셔서 우리로 하나님의 신령한 비밀들을 알 수 있도록 복을 허락하여 주옵소서. 이 모든 말씀을 십자가에 죽으시고 부활하셔서 영원히 우리와 함께하시는 예수님의 이름으로 간절히 기도하옵나이다. 아멘.

12월 _둘째주

주중(삼일·금요)예배 대표기도문

사랑과 진리가 충만하신 하나님!
죄로 말미암아 죽음을 향해 고달픈 인생길을 걷고 있는 영혼들에게 영생을 주시기 위하여 이 땅에 오신 주님을 찬양하며 감사드립니다. 주님의 낮아지심으로, 우리를 위한 대속 제물이 되심으로 우리가 새 생명을 얻었음을 찬양하며 감사합니다.

우리가 주님의 지체로서 주님의 몸 된 교회를 위해 마땅히 해야 할 일을 다하지 못하였음과 의롭게 살지 못하였음을 참회하오니 우리를 긍휼히 여겨 주시고 용서하여 주옵소서. 우리의 소망을 날로 새롭게 하여 주사 아버지를 기쁘게 하는 삶으로 인도하여 주옵소서.

은혜의 주님! 이 시간 하나님께서 예정하신 하늘의 축복을 충만히 내려 주옵소서. 그리하여 우리의 마음 문을 활짝 열게 하시고 하늘의 축복을 받는 시간이 되게 하여 주옵소서. 높은 곳에 계시면서도 낮은 자를 하감하시는 주님이시기에 낮고 천한 우리가 회개하는 마음으로 기도하오니 용서하여 주시고, 은혜를 사모하게 하여 주옵소서. 겸손히 간구하오니 우리에게 필요한 지혜와 힘과 권능을 은사로 내려 주옵소서.

사랑의 주님! 연말을 보내며 몸과 마음이 태만할까 염려스럽습니다. 언제나 동일한 마음으로 주님을 위하여 일할 수 있는 저희들 되게 하여 주옵소서. 매일 저희가 이루어야 할 사명이 무엇인지를 새롭게 느낄 수 있는 저희들 되게 하시옵고, 더욱 전도에 힘쓰며 복음 전파를 위해 열심을 더할 수 있게 이끌어 주옵소서. 말씀으로 충만하게 하셔서 그 말씀을 부지런히 증거하게 하시고 항상 말씀 순종하는 삶을 살게 하여 주옵소서.

거룩하신 하나님! 이제 성탄절을 눈앞에 두고 있습니다. 우리에게 찾아오신 하나님의 사랑, 우리를 대신하여 죗값을 지불하신 그리스도의 피 묻은 십자가를 기억하게 하여 주옵소서. 겨울이 깊어가고 있습니다. 육신적으로도 준비 없는 겨울이 더욱 추울 수밖에 없듯이, 겨울을 준비하듯이 믿음을 굳게 하셔서 감사와 기쁨을 잃지 않는 복된 삶이 되게 하여 주옵소서.

이 시간 단 위에 세우신 목사님을 능력이 역사하심으로 은혜 충만하게 하여 주옵소서. 이 시간도 성가대를 세워 주셨사오니 성가대의 찬양을 기뻐 흠향하시고 하늘 보좌를 울리는 찬양으로 아버지께 영광 돌리게 하여 주옵소서. 우리를 죄에서 구원하신 예수님의 이름으로 간절히 기도하옵나이다. 아멘.

12월 _셋째주

주일 낮예배 대표기도문 1

구원의 하나님!
심령의 눈을 들어 예수 그리스도의 십자가를 바라봅니다. 우리에게 독생자를 주시어 구원의 길을 열어주신 하나님께 감사를 드립니다. 광야와 같은 인생길을 걷던 저희들에게 이제는 십자가 아래 나와 안식과 평안을 누리게 하옵소서.

지난 한 주간도 육신의 연약함을 핑계로 주님의 말씀대로 살지 못하고 우리의 짧은 지혜와 계산을 의지하며 어리석게 살았음을 고백합니다. 주님을 사랑한다고 하면서도 세상 것을 사랑하였고 내 자신을 사랑하였음을 고백합니다. 이 시간 주님 앞에 우리의 모습 이대로 나왔사오니 우리의 모든 죄를 주님의 보혈로 깨끗이 씻어 주옵소서.

은혜의 주님! 이 시간 우리의 예배를 받으시고 영원한 화평을 우리에게 주시어 저희 모두가 영화와 기쁨을 누리게 하여 주옵소서. 우리에게 세상을 이길 수 있는 평안을 허락하여 주옵소서. 우리가 어느 곳에 있든지 주님의 향기가 나게 하여 주옵소서.
사랑의 주님! 성탄절이 다가옵니다. 우리를 구원하시기 위하여 초라한 마구간에 오신 주님을 기억하게 하시고 주님 다시 오실 그날을 기다리게 하여 주옵소서. 성탄의 깊은 뜻을 헤아리게 하시고 연말연시의 들뜬 분위기에 주님이 오신 뜻을 가리지 않도록 우리에게 지혜를 더하여 주옵소서.

사랑하는 성도들의 온 가정에도 성탄의 은혜가 충만하게 하여 주옵소서. 서로 예수 그리스도의 나심을 기쁨으로 증거하게 하시고, 새벽에 목자들이 주의 나심을 들었던 것처럼 우리가 주의 나팔 되어, 온 세상에 주 오심을 전파하게 하여 주옵소서. 성탄의 기쁨과 감격이 삶의 모든 날 동안 충만하게 하시고, 그로 인한 감사가 끊이지 않도록 인도하여 주옵소서.

날마다 주님의 사랑을 의지하여 살아가는 우리가 되게 하시고 연초에 세웠던 계획들을 돌아보게 하시고 잘 마무리하며 정리하는 경건의 시간들이 되게 하여 주옵소서. 주님의 사랑을 전하기에 부지런한 우리가 되게 하시고 우리가 주님의 사랑의 메신저가 되도록 축복으로 더하여 주옵소서.

이 시간 단 위에서 우리를 위해 생명의 말씀을 전하시는 사자 목사님께 성령의 두루마기를 입혀 주셔서 그 말씀을 통해 듣는 우리 모두가 주님만을 바라보게 하시고 주님의 능력이 말씀을 통해 덧입혀지는 놀라운 말씀이 되게 하시옵소서. 우리 위해 십자가를 지신 예수님의 이름으로 간절히 기도하옵나이다. 아멘.

12월 _셋째주

주일 낮예배 대표기도문 2

존귀와 영광을 받으시기에 합당하신 하나님!
지난 한 주간도 주님의 은혜와 보호하심으로 지켜주신 은혜를 감사합니다. 오늘 이렇게 주님의 백성들이 함께 모여 주님 앞에 찬양하며 경배하게 하시니 감사합니다. 이 시간 신령과 진정으로 예배드리기를 원하오니 우리의 마음을 주님께서 친히 주장하여 주옵소서.

이 시간 우리의 모습 이대로 주님 앞에 내어 놓습니다. 우리의 삶과 생각이 더러울 때가 많습니다. 믿음으로 살기보다는 염려하고 근심하며 살았습니다. 지난날의 잘못을 용서하여 주옵소서. 주님을 이제는 실망시키지 않도록 은혜로 우리를 도와주옵소서.

주님! 우리에게 축복 받을 만한 그릇을 준비하도록 허락하여 주옵소서. 숨겨진 죄악으로부터 우리를 깨끗하게 하여 주옵소서. 정성과 친절을 누구에게나 베풀 수 있도록 하옵소서. 그럼으로 우리에게서 주님의 향기가 나도록 축복하여 주옵소서.

은혜의 주님! 시간시간 지혜로우신 성령으로 우리를 일깨워 주시고 능력 있으신 성령으로 우리를 권능있게 하여 주시며 이 겨울 날씨와 같이 냉랭했던 우리의 마음을 뜨거운 성령의 열기로 가득 차게 하여 주옵소서. 탄식하는 성령의 도움으로 우리 모두가 기도의 제목을 찾게 하사 우리의 삶이 온전히 성령의 인도하심과 위로와 능력에 이끌리게 하여 주옵소서. 우리가 성령 안에서 기도하고, 성령 안에서 찬송하며, 말씀으로 은혜를 받게 하여 주옵소서.
새로운 인격을 갖추고 새날을 살게 하여 주옵소서. 항상 하나님의 성령으로 충만하게 하여 주옵소서.

주일학교 학생들이 성탄축하 행사를 준비하고 있습니다. 행사 또한 주님께서 친히 주장하여 주시고 행사로 그치는 것이 아니라 주님의 사랑을 모두에게 전하는 귀한 시간이 되게 하여 주옵소서. 주님의 오심을 기다리는 마음으로 준비하게 하여 주옵소서. 혹여나 우리가 움직이는 분주함 때문에 정작 감사해야 하고 묵상해야 할 예수 그리스도의 오심을 잃어버리지 않도록 인도하여 주옵소서. 이 낮고 낮은 땅, 베들레헴 말구유에 나신 주님을 기억하게 하여 주옵소서.

이 시간 주님의 말씀을 듣고 단 위에 서신 목사님을 성령의 강권적인 능력으로 붙들어 주시옵고, 이 자리에 참석한 모든 심령들이 선포되는 권세 있는 말씀에 아멘으로 화답하며 순종을 다짐하는 시간이 되게 하시옵소서. 우리와 함께하시는 예수님의 이름으로 간절히 기도하옵나이다. 아멘.

12월 _셋째주

주일 낮예배 대표기도문 3

사랑과 은혜가 충만하신 하나님!
쌀쌀한 겨울바람 속에서 우리를 이렇게 주님께 예배하도록 인도하신 하나님의 은혜에 감사합니다. 이 땅에 화평을 주시기 위하여 독생자 예수님을 보내주신 은혜를 찬송합니다. 이 시간 친히 임재하셔서 이 예배를 기쁨으로 받으시고 신령과 기쁨으로 드리는 산 제사가 되게 하여 주옵소서.
우리에게 기쁨을 주신 하나님! 자신의 너무도 많은 욕구와 만족만을 위해 살아가고 있는 저희들임을 발견합니다. 참되고 온유하고 겸손하게 살도록 가르쳐 주신 주님의 진리를 외면한 저희들입니다. 그 결과로 우리의 영혼은 날로 그 빛을 잃어가고, 방황의 길에 빠져서 갈팡질팡하는 삶을 살았나이다. 주님의 보혈로 우리의 죄를 씻어 주시고, 그 귀한 말씀 속에서 새 생명을 얻게 하옵소서.

소망이 되시는 주님! 우리가 세상적인 유혹에 귀를 기울이지 않게 하여 주시기를 원합니다. 오직 양심과 진리와 주님의 말씀에만 귀를 기울이고 주님께만 순종하며, 진리의 말씀 안에서 진정한 자유를 누릴 수 있는 저희들이 되게 하여 주옵소서. 하루가 시작될 때 은혜를 주시며 하루가 끝날 때에도 은총을 부으사 우리 삶의 평안을 주시며 안식을 주사 다시금 하나님의 돌보심을 감사하게 하옵소서. 이제는 눈을 들어 주님의 뜻이 어디에 있는지 찾게 하시고, 진리를 알지 못하는 영혼들의 구원을 위해 기도하게 하시고, 우리의 삶 속에서 복음을 전하게 하옵소서.

자비하신 하나님! 이제 성탄절이 얼마 남지 않았습니다. 우리의 죄악을 대신하여 십자가를 지신 주님의 깊으신 사랑을 잊지 않게 하옵소서. 우리에게 제자들의 발을 친히 씻겨주신 예수님을 본받아 십자가의 사랑을 실천할 수 있는 우리가 되게 하시고 이웃을 십자가의 사랑으로 품는 우리가 되게 하여 주옵소서.

이 시간 하나님께 나아온 우리들을 거저 돌려보내지 마옵시고, 생명의 말씀으로 무장시켜 주옵소서.
이 지역의 복음화와 주님을 기쁘시게 하기 위하여 이곳에 교회를 세우셨으니 우리가 진리의 파수꾼이 되게 하시고 사회의 소금과 빛의 역할을 다할 수 있도록 부흥 성장하게 하여 주옵소서. 모든 것이 마무리되는 이 겨울에 저희도 성숙하게 하셔서 한 해를 시작하면서 가졌던 믿음과 결단을 회복하게 하시고 처음 가졌던 사랑이 되살아나게 하여 주옵소서.
이 시간 목사님을 통해 선포되는 말씀을 듣고 주님의 사랑을 가득 안고 주님께 더 가까이 가게 하여 주옵소서. 우리를 구속하신 예수님의 이름으로 간절히 기도하옵나이다. 아멘.

12월 _셋째주

주일 오후(저녁)예배 대표기도문

은혜와 긍휼이 많으신 하나님!
이 저녁에도 주님의 전으로 나아와 주님께 예배드리게 하신 은혜를 감사합니다. 우리를 위하여 독생자까지도 아끼지 않으시고 보내신 은혜를 찬송합니다. 주님의 낮아지심으로, 우리를 위한 대속 제물이 되심으로 우리가 새 생명을 얻었음을 찬양하며 감사합니다.

주님께 찬양드리기에 인색하며 교만하게 살아온 지난날을 고백합니다. 우리의 마음이 주님을 기뻐하기보다는 세상의 명예와 재물을 좋아했음을 고백합니다. 우리가 찬양하는 입과 기뻐하는 마음으로 살기를 원합니다. 우리에게 주님의 지혜를 허락하사 주님 오시는 귀한 뜻을 알 수 있도록 그 뜻을 세상에 전할 수 있도록 하여 주옵소서.

진리의 하나님! 아직도 이 땅에는 주님을 모른 채 죄악의 그늘 속에서 허덕이며 살아가는 영혼들이 있사오니, 저희들에게 영혼을 사랑하고 불쌍히 여기는 마음을 주셔서 빛되신 주님을 증거하게 하시고, 참 생명되신 주님을 그들 심령 속에 심게 하셔서 구원의 기쁨을 함께 나누며 주님의 크신 사랑을 서로 나눌 수 있게 하시기를 원합니다.

은혜의 주님! 저희들이 사랑의 열매, 봉사의 열매, 섬김의 열매를 가득 맺게 하시고 충성의 열매, 헌신의 열매도 가득 맺게 하셔서, 주님의 오심을 진정으로 축하할 수 있는 저희들이 되게 하여 주옵소서. 교회 안에서만 주님의 뜻을 본받아 산다고 외치고 다짐하는 주의 백성들이 되지 않게 하시고, 선한 사마리아 사람들처럼 고통당하는 이웃에게 진정한 이웃으로 다가갈 수 있는 주님의 귀한 백성이 되게 하여 주옵소서.

그리하여 이번 성탄절은 하늘의 영광 보좌를 버리시고 죄에 고통받는 인간들을 구원하시기 위하여 성육신하신 주님의 사랑이 곳곳에 스며드는 기쁜 성탄절 되게 하여 주옵소서. 가난한 이웃을 위해 사랑을 베푸는 교회가 많아지게 하시고 소망의 문을 열어 주시기를 원합니다. 천국의 소망을 가지고 살아가는 기쁨을 알게 하여 주옵소서.

오늘도 말씀을 전하시는 사자 목사님에게 하나님께서 능력을 더해 주셔서 그 입술을 통하여 은혜의 단비가 흠뻑 내리게 하여 주시고, 그 말씀을 통하여 우리의 심령 깊은 곳이 녹아날 수 있도록 하시며, 하나님의 사랑과 영광이 드러나도록 인도하여 주옵소서. 역사의 주인이신 예수님의 이름으로 간절히 기도하옵나이다. 아멘.

12월 _셋째주

주중(삼일 · 금요)예배 대표기도문

저희를 구원하시기 위하여 이 땅에 오신 주님!
주님의 성육신이 없었다면 우리가 사망의 그늘에서 벗어날 수 없었음을 고백합니다. 우리를 긍휼히 여기사 영생을 주시기 위하여 이 땅에 오신 주님을 찬양합니다. 우리에게 사랑과 희생의 본을 보이시려고 이 세상에 오심을 감사합니다. 주님이 이 땅에 구원자로 오심을 감사합니다.

저희들이 주님의 사랑을 늘 체험하면서도 주님을 욕되게 하는 삶을 살아왔사오니 우리를 용서하여 주옵소서. 이 시간 주님의 은혜를 저버린 것을 회개하오니 용서하여 주옵소서. 회개에 합당한 열매가 맺히게 하시고 주님의 나라를 유업으로 받는 저희들이 되게 하여 주옵소서. 사람이 보기에나 하나님이 보시기에 기뻐하실 만한 올바른 신앙의 모습이 될 수 있게 하옵소서.

은혜의 주님! 연말연시를 맞아 여러 가지 모임들에 많이 참석을 합니다. 어떤 모임에서도 주님의 이름을 망각하지 말게 하시고 주님의 이름을 더럽히는 일을 하지 않도록 우리에게 지혜를 허락하여 주옵소서. 주님의 성도된 본분을 지키게 하심으로 우리의 삶이 늘 주님께 드리는 귀한 예배가 되게 하여 주옵소서.

주님이 오신 성탄절을 하나의 절기로 지내게 하지 마시고 주님이 우리를 위하여 고난 받으시고 죽으시기 위하여 오신 날임을 알게 하시고 우리가 더욱 경건한 마음으로 주님의 뜻을 기리게 하여 주옵소서.

하나님! 이 세상의 주님을 모르는 영혼들도 향락에 휘청거리는 성탄절이 되지 않게 하시고 왜 주님이 이 땅에 오셔야만 했는지 깨닫게 하셔서 주님을 영접하여 새 삶을 찾을 수 있는 귀한 계기를 허락하여 주옵소서. 주님의 평화가 그들의 마음속에도 임하여 주시기를 원합니다. 그리하여 이 땅에 주님의 나라가 속히 임하도록 축복하여 주옵소서.

이 시간 드리는 예배를 주님께서 흠향하시기를 원하오니 예비된 하늘의 놀라운 은혜를 체험하게 하여 주옵소서.

이 시간 주님의 말씀을 듣고 단 위에 서시는 목사님을 붙들어 주셔서 선포되어지는 하나님의 말씀을 통하여 우리의 주린 영혼이 살찌게 하시며 낙심한 영혼이 위로를 얻게 하시며 독수리의 날개치며 올라감 같은 새 힘을 얻게 하옵소서. 찬양대의 찬양을 기쁘게 받아 주시며, 예배드리는 모두가 같은 마음으로 찬양하게 하시고 저희의 삶에도 늘 향기로운 찬양의 제사가 있게 하여 주옵소서. 우리를 구속하신 예수님의 이름으로 간절히 기도하옵나이다. 아멘.

12월 _넷째주

주일 낮예배 대표기도문 1

구원의 하나님!
지난 일년간 저희와 함께하시고 저희 교회와 함께하신 은혜를 감사드립니다. 우리의 연약함을 도우사 이 거룩한 자리에 이르게 하신 하나님의 인도하심을 찬양합니다. 부족한 우리들로 하여금 하나님께 찬양과 영광을 돌리게 하시니 감사합니다.

우리의 부족함과 우리의 교만과 우리의 믿음 없음을 고백합니다. 우리의 부족함을 주님의 귀하신 사랑으로 채워 주시고, 우리의 교만을 주님의 거룩하심으로 낮아지게 하여 주옵소서. 또한 주님, 우리의 믿음 없음을 용서하시고 주님을 절대적으로 신뢰하고 주님만을 의지하도록 귀하신 은혜와 축복으로 동행하여 주옵소서.
이 시간 저희 모두를 향한 하나님의 사랑을 깨닫게 하시고 우리에게 행하신 자비에 감사하도록 하여 주옵소서. 반석 같은 믿음과 성령이 충만한 열정으로 우리를 채워 주옵소서.

사랑의 주님! 이 시간 주님께 구할 것은 믿지 않는 모든 영혼들을 위해서 기도드립니다. 그들의 영혼을 주님 긍휼히 여겨 주옵소서. 주님의 사랑 안에서의 충만함을 맛보게 하심으로 주님의 사랑이 얼마나 기쁜 것인지 알게 하여 주옵소서. 주님의 사랑으로 삶의 척도가 바뀌게 하시고, 주님의 사랑으로 성품이 변화되게 하시고, 귀한 주님의 성도가 될 수 있는 귀한 축복을 허락하여 주옵소서. 주님의 사랑으로 날마다 다른 이웃들을 전도하게 하심으로 이 땅 위에 지상천국을 건설하도록 귀하신 은혜와 능력으로 더하여 주옵소서.

살아계신 하나님! 지난 한 해 우리의 책임과 맡은 일에 나태하고 게을렀던 것을 용서하여 주옵소서. 우리를 변화시켜 새로운 품성과 인격으로 새해를 맞이하게 하시고 기대와 감사함으로 소망의 신년을 맞이하게 하옵소서. 새해에는 주님께 더욱 충성하게 하시고 하나님 말씀 중심으로 살게 하시며 그리스도 안에서 새 사람이 되게 하옵소서.

하나님! 이 나라 이 민족을 기억하시고 조국이 통일되는 소식이 들리게 하셔서 희망과 기쁨의 새해가 되게 하여 주옵소서. 새해에는 온 나라가 평화롭게 하시며, 빈부의 격차가 줄어들게 하시어 서로 사랑하며 서로 웃고 지낼 수 있는 복된 나라 되도록 인도하여 주옵소서.

이 시간 단 위에 서신 목사님을 붙잡아 주셔서 말씀 들을 때에 하늘의 놀라운 비밀을 발견하도록 인도하시고, 말씀의 꿀을 먹을 때 저희들의 신앙에 큰 변화가 일어나도록 역사하여 주옵소서. 우리를 구속하신 예수님의 이름으로 간절히 기도하옵나이다. 아멘.

12월 _넷째주

주일 낮예배 대표기도문 2

생명과 진리이신 하나님!
영원한 생명으로 구원하여 주심을 감사드립니다. 세상에 살면서 상처받은 심령들이 쉴 수 있도록 주님의 거룩한 전으로 불러내어 주신 주님께 감사를 드립니다. 죄 가운데 살던 우리가 대속의 은총을 사모하여 이 자리에 모였습니다. 성도의 찬양을 받으시고 진리의 빛 가운데로 인도하여 주옵소서.

용서의 하나님! 저희들이 버려야 할 것들과 끊어야 할 것들이 있음을 알면서도 끊지도 버리지도 못하고 살아온 죄를 용서하여 주옵소서. 교만하여 자기의 의를 드러내며 죄를 정당화하고 남을 원망하며 불평하는 삶을 살았음을 고백합니다. 이 시간 용서의 은총을 베푸사 십자가 보혈의 능력으로 정결한 몸과 마음으로 거듭나게 하옵소서.

우리의 마음을 깨끗게 하사 주님의 영광을 보게 하시고 우리의 입을 정케 하사 주님의 영광을 찬양하게 하옵소서. 신령한 귀를 열어 주사 진리의 말씀을 듣게 하시고 온 심령이 새롭게 창조되고 피곤한 육신이 치유받게 하옵소서. 이 시간 영광과 존귀와 감사와 찬양을 주님께 모두 드립니다. 우리를 향하신 선하심과 인자하심을 높이 찬양합니다.

은혜의 주님! 내년에는 온 교우가 착하고 충성된 종으로 주신 은혜와 달란트를 갑절로 남기게 하시며 세상과 연합하지 않게 하시고, 범죄하는 자들과 동류가 되지 않게 하시며 비방하는 자들과 짝하지 않게 하여 주옵소서.
구원의 즐거움을 우리에게 회복시키시고, 사모하는 심령으로 주를 가까이하게 하옵소서. 신년에는 예배의 승리자가 되게 하시고, 기도로 열매를 맺음으로 말씀으로 세워지게 하여 주옵소서.

이 추운 겨울에도 우리에게 온유와 따뜻한 사랑의 옷으로 입혀 주시고 움츠린 삶이 기지개를 펴며 새 생명으로 돌이키면서 소생된 심령으로 기쁘고 즐겁게 찬송하며 살게 하여 주옵소서. 한 해의 마지막 주일예배를 드립니다. 더욱더 감사한 마음으로 예배드릴 수 있도록 인도하여 주옵소서.

오늘도 단 위에 서신 목사님을 성령의 능력으로 붙들어 주시고 추위에 굳어 있는 저희의 영육을 성령의 불로 녹이는 권세 있는 말씀을 전하실 수 있도록 함께 하시옵소서. 죄인의 대속을 위해 죽으심으로 밀알 되신 예수 그리스도의 이름으로 간절히 기도하옵나이다. 아멘.

12월 _넷째주

주일 낮예배 대표기도문 3

사랑과 은혜가 충만하신 하나님!
주님의 귀하신 사랑을 감사합니다. 주님의 전으로 모여 귀한 예배를 주님께 드리게 하시니 감사합니다. 우리의 입술을 열어 주님께 감사하게 하시니 감사합니다. 우리의 예배를 기쁘게 받아 주옵소서.

용서의 하나님! 저희들이 삶의 현장에서 저지른 모든 잘못들을 용서하여 주옵소서. 거짓이 많은 세태 속에서 진리의 허리띠를 든든히 매지 못하였으며 불의한 세상에서 주의 나라와 의를 구하지 못했습니다. 불신이 팽배한 세상에서 신실한 언행으로 일관하지 못한 우리의 삶을 용서하여 주옵소서. 성령의 불로 우리의 원치 않는 죄성과 숨은 악을 태우사 그리스도의 보혈로 깨끗하게 하옵소서.

하나님 아버지! 우리에게 믿음을 더하여 주옵소서. 우리가 날마다 믿음이 자람으로 말미암아 새해에는 더욱더 하나님을 경외하게 하시고 우리의 모든 것들이 하나님을 향하게 하시고 하나님을 기쁘시게 하기를 원하오니 하나님, 우리에게 믿음에 믿음을 더하여 주옵소서.

은혜의 하나님! 이 시간 우리가 성령 안에서 기도하고 찬송하며 말씀을 사모할 때에 은혜 받게 하시며, 의로운 인격을 갖추고 새 사람으로 새날을 살아갈 수 있도록 크신 은총을 내려 주옵소서.

또한 성령의 인도하심 속에서 우리의 신앙도 살찌게 하시고, 새해에는 더욱더 주님의 거룩한 뜻을 실현할 수 있는 복된 삶이 되게 하옵소서. 우리의 생각과 계획도 미리 아시는 성령께서 철저하게 이끌어 주시고 주관하여 주시옵기를 원합니다. 저희들의 전 생활 영역이 성령의 역사와 인도하심을 따라 사는 권세 있는 삶이 되게 하여 주옵소서.

주님! 믿음으로 시작하여 믿음으로 보낸 한 해를 축복하옵시고, 새해에 주시는 새로운 은혜를 충만히 받게 하여 주옵소서. 주의 은택으로 은사에 관을 씌우시고 주의 인도하시는 길에는 기름 같은 윤택함으로 축복하여 주옵소서.

이 시간 말씀을 전하시는 목사님을 성령의 능력으로 붙들어 주셔서 말씀이 선포될 때 겸손히 말씀을 받아 삶 속에 실천하여 축복의 열매를 맺게 하시고 날마다 심령의 밭이 옥토로 변화되어 아름다운 사랑의 꽃들을 피우고 성령의 열매들을 맺게 하여 주옵소서. 세우신 성가대원들이 은혜와 진리로 충만하게 하시고, 아름다운 찬양을 드리게 하옵소서. 영광과 권능을 세세에 받으실 예수 그리스도의 이름으로 간절히 기도하옵나이다. 아멘.

12월 _넷째주

주일 오후(저녁)예배 대표기도문

존귀와 영광을 받으시기에 합당하신 하나님!
영원한 생명으로 구원하여 주심을 감사합니다. 우리를 주님의 자녀로 삼아 주셔서 주님을 경외할 수 있도록 인도하여 주시니 감사합니다. 이 저녁에도 주님의 전으로 나아와 주님께 예배드리게 하신 은혜를 감사합니다. 이 예배가 우리의 모든 것을 드리는 거룩한 시간이 되게 하옵소서.
이제는 한 해를 마무리해야 하는데, 저희는 아무 열매도 맺지 못한 채 허망한 일에 분주했음을 고백합니다. 어리석은 저희는 주님의 뜻을 알지 못하여 범죄하였음을 고백합니다. 우리를 긍휼히 여겨 주옵소서. 우리를 주님의 사랑 안에 온전히 거하게 하여 주옵소서.

은혜의 주님! 이 시간 우리에게 십자가를 지신 주님의 사랑을 알게 하시고 새해에는 더욱 우리로 그 사랑을 실천하게 하여 주옵소서. 믿지 않는 우리의 이웃을 돌아보게 하시고, 우리로 하나님의 역사하심에 순종할 수 있는 우리가 되게 하여 주옵소서.
새해에는 더욱 주님께 나아가는 한 해가 되게 하시고 기도에 더욱 힘쓰며 말씀을 더욱 마음판에 새기며 부지런히 순종하는 저희들이 되게 하여 주시옵소서. 마음을 새롭게 함으로 변화를 받아 하나님의 선하시고, 기뻐하시고, 온전하신 뜻이 무엇인지를 분별하며 하나님의 빛된 자녀로 거룩한 삶을 살게 하여 주옵소서. 믿는 자들에게나 믿지 않는 자들에게나 본이 되어 우리로 인하여 주님의 복음이 전파되게 하여 주옵소서.

새해에는 성도의 가정가정마다 함께하시기를 원합니다. 심히 어렵고 힘든 이때 연약하여서 넘어지고 흔들리기 쉬운 때이오니 주님의 능력의 오른손으로 붙들어 주셔서 강하고 든든하게 서는 축복된 가정들이 되게 하시고 감사가 넘치며 날마다 성장하는 성도와 가정들이 되게 하여 주옵소서.

이 시간 이 예배를 통하여 우리의 심령이 새롭게 거듭나는 축복을 허락하여 주옵소서. 이 예배에 참석한 모든 심령들이 은혜를 충만히 받고 돌아갈 수 있도록 주님께서 지켜 주옵소서.

이 시간 진리의 말씀을 전하실 목사님께 성령의 기름을 부어 주셔서 선포되는 하나님의 말씀이 듣는 우리들의 영혼을 치유하여 새로운 힘과 소망을 얻게 되는 은혜의 시간이 되게 하여 주옵소서. 우리 위해 고난 받으신 예수님의 이름으로 간절히 기도하옵나이다. 아멘.

12월 _넷째주

주중(삼일·금요)예배 대표기도문

생명과 진리이신 하나님!
주님이 이 땅에 구원자로 오심을 감사합니다. 이 시간도 주님의 전으로 나아와 주님께 찬양을 드리게 하시고 주님의 이름에 영광을 돌리게 하신 은혜를 감사합니다. 오늘도 우리의 마음속에 변함없는 주의 사랑을 경험하게 하시며, 이 감격을 간직하고 신령과 진정으로 예배드리게 하옵소서.

긍휼의 하나님! 위험한 세상을 살면서도 하나님을 모르는 자처럼 행동한 것을 용서하여 주옵소서. 무거운 짐에 매여 방탕과 실의에 빠진 적도 있었습니다. 우리의 마음을 돌이키려는 주님의 많은 말씀을 들었지만 깨달은 대로 살지 못했습니다. 우리의 약함으로 인하여 결심대로 살지 못했습니다.
지난날의 교만을 용서하여 주시고, 순종하는 마음을 허락하여 주옵소서. 내 뜻대로 행한 모든 잘못을 뉘우치오니 이제 주님의 뜻을 따르게 하여 주옵소서. 진흙과 같은 인생을 불쌍히 여기시고 주님의 뜻에 합당한 그릇으로 재창조하여 주사 새롭게 하여 주옵소서. 이 시간 주님의 십자가 밑에 회개의 심령으로 나왔사오니 우리를 사하시고 정결하게 하여 주옵소서. 새해에는 이런 허물을 지니지 않도록 도와주옵소서.

사랑의 하나님! 이 추운 겨울에 우리에게 주님의 사랑을 전하는 귀한 사명을 감당하게 하여 주옵소서. 우리에게 더욱 큰 믿음을 허락하사 주님의 사랑의 복음을 세상에 전하는 귀한 영혼들이 되도록 축복하여 주옵소서. 주님의 놀라우신 복음의 능력을 믿고 의지하여 기도하오니 우리에게 주님의 크신 권능으로 사마리아와 땅 끝까지 이르러 증인이 되라고 하신 주님의 사명을 감당하도록 축복으로 더하여 주옵소서.

성령께서 세우신 교회를 지금껏 인도하셨거니와 날마다 새로운 은혜로 채워 주옵소서. 그로 인하여 온 교회 모든 성도들이 주의 영광과 역사를 이루는 데 동참하도록 은혜를 허락하여 주옵소서. 부흥하는 새해가 되도록 인도하여 주옵소서. 사랑과 성령이 충만한 한 해가 되도록 인도하여 주옵소서. 우리에게 주님의 백성된 본분을 지켜 행하게 하심으로 우리의 삶이 주님께 예배가 될 수 있도록 축복으로 더하여 주옵소서.

이 시간 말씀을 전하실 목사님을 영육 간에 강건케 붙잡아 주시고, 말씀 전하실 때 우리에게 영혼의 만나를 내려 주시며, 삶의 지표가 되게 하옵소서. 우리를 사랑하시되 끝까지 사랑하시는 예수님의 이름으로 간절히 기도하옵나이다. 아멘.

은혜로운 기도

2. **교회력**에 맞춘 종합 대표기도문

교회력에 맞춘 종합 대표기도문 1

주현절(현현절) 대표기도문

영광 받으시기에 합당하신 우리 주 하나님 아버지!
주현절 주일을 맞이하여 이 땅 위에 예수님께서 친히 가신 길을 우리들이 마음 깊이 새겨봅니다. 아버지께서 우리를 긍휼히 여기시어 성자 예수 그리스도를 이 땅에 보내 주셔서 우리를 구원해 주셨음을 감사드립니다.

사랑의 하나님 아버지! 우리들에게 커다란 복을 부어 주셨음에도 우리는 타락하여 우리의 의무를 망각하였으며, 주님보다 세상을 앞세우고 물질을 먼저 생각하는 죄를 범할 때가 너무 많이 있었습니다. 우리가 육신으로 지은 죄를 고개 숙여 고백하오니, 주님의 보혈로 씻어 주시어서 우리를 용서하시고 거듭 태어나는 중생의 사람으로 새롭게 하여 주시옵소서.

거룩하신 하나님 아버지! 주님의 겸손을 본받은 사도 바울처럼 우리 모두 주님의 겸손을 깊이 새길 수 있도록 힘을 주시옵고, 자신을 비워 종의 모습을 취하시어 우리들과 같은 인성을 지니시고 우리들에게 본을 보여주신 주님을 향한 마음이 더욱 깊게 심어지는 심령이 되도록 인도하여 주시옵소서. 주님께서는 소경, 나병환자, 그리고 힘든 이웃들과 함께 하심으로 스스로 낮은 곳으로 몸소 행하심을 보여 주셨습니다. 이제 우리도 모두 주님의 뜻을 따라 낮은 곳으로 우리들의 몸과 마음을 향하게 하는 지혜를 허락하시옵소서.

하나님 아버지! 하나님께서 저희를 통해 이루고자 하시는 일을 이루시고 하나님의 나라가 이 땅에 이루어지게 하시며, 하나님이 하시는 일을 수종들게 하여 주옵소서. 항상 하나님의 눈이 저희 위에 계시사 저희에게 은혜를 베풀어 주옵소서.

보혜사를 보내주신 주님! 예배를 위해 제단에 세워주셨음에 감사드리며 사람의 말이 아닌 오직 성령의 음성으로 우리들 모두가 감화되게 하시옵소서. 성령이 이 예배당에 가득하게 하여 주시옵고 우리의 부족한 손길로 준비한 예배를 흡족히 받아 주시옵소서. 영화와 존귀로 관쓰신 주님께서 이 예배 가운데 영광을 나타내시고, 우리의 상한 마음과 지친 육신이 주님의 임재로 회복되는 시간이 되게 하옵소서.

이 시간 단 위에 세우신 목사님께 성령의 기름을 부어 주시어서 하나님의 말씀을 주실 때 우리 모두가 영의 양식이 되어 심령에 새길 때 변화되는 형제자매들이 되게 하여 주시옵소서. 우리를 긍휼히 여겨 주시는 예수 그리스도의 이름으로 간절히 기도하옵나이다. 아멘.

교회력에 맞춘 종합 대표기도문 2

주현절(현현절) 대표기도문

처음과 끝이 되시는 하나님 아버지!
주현절을 지내는 우리들에게 예수 그리스도 안에서 하나님이 세상에 자신을 계시하시고 나타내 보이셨음에 감사드립니다. 또한 하나님께서 예수 그리스도 안에서 세상을 드러내시어 우리들에게 이 세상의 왕의 축일로 삼아 주심에 감사드립니다. 저희들이 신령한 마음으로 예배를 드릴 수 있도록 허락하여 주시옵소서.

이제 금년도 시작한 달을 넘기는 때입니다. 우리의 신앙과 삶이 하나님을 생각하면서, 이 세상을 밝은 빛으로 비추사 현현하신 그 뜻을 깊게 깨닫고 믿음으로 소망 가운데 인내할 수 있도록 하여 주시옵소서. 이 시간도 나의 삶의 모든 잘못을 회개하오니 주님의 보혈로 씻어 주시옵소서.

오늘 현현절로 지키는 모든 성도들에게 임마누엘로 동행하여 주시옵고, 오늘 이 아침에 모인 여러 성도들은 한 심령도 거저 왔다가 거저 돌아가는 심령이 없게 하여 주옵소서. 생명의 양식을 배불리 먹고 생명수를 마시게 하시사 우리들의 심령이 살찌고 기름지게 하심으로 하늘나라의 소망과 기쁨이 넘치게 하옵소서. 나 혼자만이 이러한 구원의 축복을 받을 것이 아니라 멸망의 그늘에서 졸고 있는 우리들의 믿지 않는 가족들과 이웃들에게도 구속의 도리를 전하는 하나님의 자녀가 되게 하여 주옵소서. 우리 믿는 사람들이라도 공의를 사랑하며 죄악을 멀리하는 백성들이 되게 하여 주시사 하나님의 축복의 손이 떠나지 않게 하옵소서.

교회에도 주님의 현현의 은혜가 넘쳐나게 하여 주시옵고, 이제 이 땅 위에 세워주신 모든 교회가 다시 태어나고 변화되는 중요한 한 해가 되게 하여 주시옵소서. 이 지역의 복음화와 주님을 기쁘게 하시기 위하여 이곳에 교회를 세우셨사오니 우리가 진리의 파수꾼이 되게 하시고 사회의 소금과 빛의 역할을 다할 수 있게 하시며 교회가 크게 부흥 성장하게 하여 주옵소서. 당회를 비롯한 교회의 모든 기관들이 활기있게 제 역할을 잘 감당하게 하옵소서.

말씀 속에 역사하시는 하나님 아버지! 이 시간 단 위에 세우신 목사님을 성령으로 함께하시사 주님의 말씀이 선포되는 동안 저희를 향하신 하나님의 말씀을 통해 세상을 이기는 능력 있는 믿음을 마음밭에 담게 하옵소서. 그리하여 세상을 살아가는 데 생명의 양식이 되게 하여 주시옵소서. 교회의 머리이신 예수 그리스도의 이름으로 간절히 기도하옵나이다. 아멘.

교회력에 맞춘 종합 대표기도문 3

사순절 대표기도문

사랑의 주님!
온 천지에 봄의 기운이 약동하는 이때에 주님의 십자가 공로로 인하여 저희의 심령도 훈훈해지며 밝아지게 되오니 참 감사합니다.
저희를 위하여 고난 받으신 주님! 아직도 저희들은 주님의 고난을 내 것으로 받아들이는 결심이 약하여 부끄러운 마음 감출 길 없나이다. 그럼에도 연약한 저희들 꾸짖지 아니하시고 늘 넓으신 품으로 안아 주시는 주님! 이 시간 믿음 없는 저희를 용서하여 주시옵고, 주님의 마음을 슬프게 했던 죄악을 용서하여 주시옵소서.

주님이 고난을 당하신 것은 전적으로 저희의 죄 때문이었기에 구경만 하는 저희들이 되지 말게 하시옵고, 주님의 상처를 아파하고 주님의 죽으심을 심령 깊숙이 안타까워하며, 주님의 십자가의 고난을 바라보게 하시옵소서. 또한 주님의 고난의 현장을 벗어나지 않으며 발을 구르고, 가슴을 쥐어뜯고, 안타까운 마음으로 눈물을 흘리던 신실한 여인들처럼 저희도 그렇게 이 사순절 기간을 통회하며 보낼 수 있게 하시옵소서.

하나님 아버지! 저희들이 늘 주님을 구속의 주님으로 고백하며 살게 하여 주시고, 영원토록 십자가 은혜 안에 사는 삶이 되게 하여 주시옵소서. 바람 앞에 놓인 등불처럼 흔들리기 쉬운 저희를 주님의 크신 능력으로 붙잡아 주셔서 늘 세상을 이기는 능력의 삶이 되게 하여 주시옵소서. 저희들이 주님의 고난을 생각하는 사순절을 지나면서, 마지막 피 한 방울까지도 아낌없이 쏟으셨던 주님의 사랑과 제자들의 발을 씻기신 주님을 본받아, 오늘 저희도 십자가의 사랑으로 이웃을 부요케 하는 삶이 될 수 있도록 이끌어 주시옵소서.

사랑의 주님! 주님의 고난을 단 한번 느끼는 것으로 끝나는 사순절 기간이 되지 않게 하시옵고, 그리스도의 십자가의 의미를 깊이 알고 실천하는 골고다 언덕의 교회가 되게 하옵시며, 세상을 향해 목숨걸고 십자가를 자랑하는 성도와 교회가 되게 하시옵소서. 저희 교회를 이루는 모든 이들이 한마음으로 예수님의 마음을 품어 하나님의 영광을 드러내는 지체들이 되게 하시고, 주님의 도구로 삼아 주시옵소서.

이 시간 목사님이 말씀을 증거하실 때, 피 묻은 십자가에 영혼들을 불쌍히 여기시는 마음으로 눈물로 말씀하시는 주님의 음성을 듣는 저희들 되게 하시옵고, 주님의 그 크신 십자가 사랑 속에 깊이 빠져드는 은혜의 시간이 되게 하여 주시옵소서. 우리의 죄를 위하여 십자가에 달리신 예수 그리스도의 이름으로 간절히 기도하옵나이다. 아멘.

교회력에 맞춘 종합 대표기도문 4

사순절 대표기도문

사랑과 구원의 주님!
우리를 사랑하사 저희 죄를 대신하여 십자가를 지신 주님의 고난을 생각합니다. 주님께서 이 땅에 오셔서 저희를 위해 고난 받으시고 십자가에 못박혀 죽으심으로 저희를 살리신 은혜와 사랑을 감사드립니다.
주님의 고난을 기리는 사순절을 통하여 저희들로 하여금 자기를 부인하고 자기 십자가를 지고 주님을 따를 수 있도록 도와주시옵고, 더욱 경건하고 더욱 겸손한 마음으로 낮아지신 주님을 본받을 수 있게 하옵소서.

저희를 사망에서 영원한 생명의 자리로 옮기신 주님! 주님의 피 묻은 십자가를 생각할 때마다 저희의 추악함과 사특함을 고백하지 않을 수 없나이다. 저희들의 죄짐을 홀로 지시고 피흘려 돌아가시기까지 사랑해 주신 은혜의 주님 앞에서, 이 시간 저희의 부족함과 죄악들을 눈물로 아뢰옵니다. 십자가의 피로써 씻겨 주시고 용서하여 주시옵소서.
주님께서 고난 당하시고 십자가를 지신 것이 오직 저희를 죄에서 구원하여 주신 것임을 생각할 때 오직 우리를 구원하신 주님을 기념하는 삶이 되게 하시고, 이 놀라운 십자가의 사건을 알리는 데 저희 몸을 드리게 하옵소서. 그리스도 없이 살아갈 수 없는 우리의 삶에 날마다 그리스도의 마음으로 채우시고, 바라보고 따라갈 본이 없는 이 시대에 우리의 영원한 모범이신 주님을 바라보고 따르게 하시옵시고, 항상 주님의 발자취를 따르라는 말씀을 잊지 않고 즐거이 주님을 따르게 하옵소서.

사순절 기간을 통하여 주님의 사랑과 은혜를 마음 한가운데 담을 수 있는 은혜를 주옵소서. 저희가 자랑할 것은 주님의 피 묻은 십자가 밖에 없음을 알게 하시옵고, 사도 바울처럼 주님의 십자가를 담대히 자랑할 수 있는 저희들 되게 하여 주시옵소서.

주님께서 우리를 위해 목숨을 아끼지 않으셨듯이 우리 역시 주님을 위해 치르는 대가를 아까워하지 않고 기쁨으로 희생하게 하옵소서. 희생 없이 주님을 따를 수 없고, 양보와 손해를 보지 않고 주님의 제자가 될 수 없음을 압니다. 이웃을 위해 우리의 몸을 아끼지 않고 내어놓을 수 있는 행동하는 믿음을 주옵소서.

이 시간 피 묻은 십자가의 복음을 증거하기 위하여 단 위에 서신 목사님을 기억하시고, 말씀을 선포하실 때 십자가의 사랑에서 멀리 있었던 저희 심령이 회개하고 새롭게 변화되는 시간이 되게 하시옵소서. 저희를 죄에서 구원하시기 위하여 오신 예수님의 이름으로 간절히 기도하옵나이다. 아멘.

교회력에 맞춘 종합 대표기도문 5

사순절 대표기도문

은혜와 사랑의 주님!
저희 죄를 위하여 고난을 당하신 주님의 십자가 앞에 나와 예배드리게 하시니 감사드립니다. 저희를 구원하시기 위하여 하늘의 영광스러운 보좌를 버리시고 이 낮고 슬픔 많은 세상에 오셔서 머리 둘 곳조차 없는 생애를 사시고 피흘리기까지 고난을 받으신 것을 생각할 때, 이렇게 정해진 시간에만 주님 앞에 나와 주님의 고난의 아픔에 참여한다고 하니 의식으로 가득 찬 저희들의 모습이 부끄럽습니다.

주님 보시기에 참으로 부끄러운 모습들만 갖고 있는 저희를 용서하여 주시옵고, 화인 맞은 것이나 다름없는 패역한 저희 심령이 사순절기간을 맞아 완전히 깨어지고, 부서지고, 녹아지는 역사가 있게 하여 주시기를 원합니다. 이 예배를 통해 사랑과 감사와 헌신과 구원의 기쁨이 나타나게 하시고, 십자가로 구속하신 주님의 은혜가 저희 영혼을 덮게 하여 주시옵소서. 주님의 십자가를 경험하면서 하나님의 사랑이 얼마나 크고 놀라운지를 깨닫는 기간이 되게 하시옵소서. 주님의 십자가의 속죄가 얼마나 위대하고 놀라운 것인지를 마음 깊숙이 경험하는 기간이 되게 하여 주시옵소서.
주님의 피 묻은 십자가를 생각할 때마다, 이제껏 안락을 추구하며 물질적인 부에 과도히 마음을 쏟았던 것을 눈물 흘리며 회개하게 하여 주시옵고, 더 이상 죄 많은 세상과 타협하며 악수하는 사악한 마음이 둥지 틀지 않도록 하여 주시옵소서. 자신의 몸을 십자가에서 죽으심으로 저희에게 생명을 주셨사오니, 오늘 저희들도 자신을 깨뜨려 주님의 말씀에 복종하는 삶을 살게 하시옵고, 갈한 심령들이 주님의 말씀으로 영원히 목마르지 않는 생수를 얻을 수 있도록 십자가의 복음을 전하게 하시옵소서. 성령의 힘으로 저희의 삶이 개혁되게 하셔서 의의 열매를 맺는 그날까지 풍성한 삶을 살게 하시옵소서.

사랑의 주님! 주님의 교회도 십자가가 살아 있는 교회가 되게 하시옵고, 주님의 피 묻은 십자가만이 교회의 전부가 되게 하여 주시옵소서. 교회의 뜰을 밟는 자마다 주님을 더 많이 닮고 싶은 소원이 싹 트게 하시옵고, 주님의 십자가를 묵상하면서 그 보혈의 능력이 우리의 삶에서 어떻게 죄를 이기는지를 깊이 체험하는 공동체가 되게 하시옵소서. 주님의 고귀한 피로 교회를 거룩하게 성별하여 주시사, 이 세상 곳곳에 있는 주님의 교회로 하여금 죄악이 관영한 이때에 더욱더 참빛을 비추일 수 있는 등대가 되게 하여 주시옵소서.

이 시간 목사님이 전하시는 주님의 말씀을 통해서도 고난의 신비를 체험할 수 있는 복된 시간이 되게 하시옵소서. 고난의 종으로 오셔서 저희를 구원해 주신 예수님의 이름으로 간절히 기도하옵나이다. 아멘.

교회력에 맞춘 종합 대표기도문 6

종려주일 대표기도문

겸손과 섬기심으로 이 땅에 평화를 가져오신 사랑의 주님!
주님께서 온 인류에게 평화를 주시기 위하여 이천십구년 전 예루살렘에 입성하시며 찬송과 영광을 받으시던 그 주님을 오늘 저희가 여기에서도 맞아들일 수 있게 하여 주시니 그 크신 은혜와 사랑을 감사합니다.
오늘은 우리가 종려주일로 지킵니다. 골고다 십자가 언덕에 올라 우리의 죄를 대신 지시기 위하여 예루살렘으로 입성하시는 예수님을 기념하는 주일입니다. 오늘 저희도 평화의 왕으로 오신 주님을 "호산나 다윗의 자손이여, 찬송하리로다. 주의 이름으로 오시는 이여, 가장 높은 곳에서 호산나" 하고 외치며 찬송할 수 있게 하시옵소서.

주님이 나귀 새끼를 타고 예루살렘에 입성하신 것은 진정한 승리가 힘의 정복에 의한 것이 아니라 겸손과 봉사로 이 세상을 섬기는 것임을 알리시기 위함임을 믿습니다. 그런데 저희는 섬김을 받으려 하고 귀족같이 대접 받으려고 하는 데만 힘썼던 것은 아니었는지 되돌아봅니다. 진정으로 섬김의 삶을 살지 못한 저희를 용서하여 주시고, 십자가에 달리시기까지 철저히 섬기시기를 원하셨던 주님처럼 저희들도 끊임없이 낮아지는 주님의 자녀가 될 수 있도록 은혜를 베풀어 주시옵소서.

어린 나귀 새끼를 타시고 겸손의 왕으로 예루살렘에 들어가신 주님은 우리의 영원한 표상입니다. 만왕의 왕이신 예수님께서도 그렇게 겸손한 모습으로 사셨는데 한낱 피조물인 저희는 수시로 교만의 늪에 빠집니다. 주님의 온유하고 겸손한 성품을 닮아가지 않는 불순종을 용서하옵시고, 주님의 인격을 날마다 닮아가기를 간절히 사모하게 하옵소서.

주님! 자신을 자랑하지 않으셨고 부요함을 과시하지 않으셨던 예수님을 따르게 하옵소서. 온유함과 겸손함으로 그 누구에게도 방어벽을 쌓지 않고 도움을 구하는 손을 거절하지 않으신 주님을 따르게 하옵소서.

주님의 피로 사신 교회도 주님을 본받아 서로 섬기는 공동체가 되게 하시고, 또한 우리의 이웃에게 십자가의 사랑을 보여줌으로써 주님의 나라가 얼마나 아름다운지를 보여 줄 수 있는 교회가 되게 하시옵소서.

이 시간 말씀을 전하시는 목사님을 십자가의 능력으로 붙들어 주시고, 말씀을 들을 때에 왜 주님께서 고난의 종으로 예루살렘에 입성하시고 십자가의 고난을 받으셔야만 했는지 심령 깊숙이 깨닫는 시간이 되게 하시옵소서. 우리를 죄악에서 구원하여 주신 예수님의 이름으로 간절히 기도하옵나이다. 아멘.

교회력에 맞춘 종합 대표기도문 7

종려주일 대표기도문

영광과 찬송을 받으시기에 합당하신 하나님 아버지! 가장 귀한 독생자를 이 땅에 보내시어 십자가의 고통을 받게 하심으로 인류에 영원한 생명을 주심을 감사드립니다. 우리의 구주되시는 예수 그리스도의 고난을 통해 영원한 죽음의 자리에 있던 우리를 생명의 자리로 옮겨 주시고, 또한 하나님의 자녀로 삼아주신 그 은혜 찬양합니다. 주님께서 십자가를 지시기 위하여 예루살렘으로 올라간 날을 기념하기 위하여 오늘 우리가 종려주일로 지킵니다.

우리를 위하여 사망의 길을 걸으신 주님! 주님께서 예루살렘 성전에 입성하실 때 "호산나, 호산나!" 외치던 무리들이 주님을 배반했던 것 같이, 우리 또한 말과 혀로써는 주님을 사랑한다고 하지만 실제 우리의 삶 속에서는 예수님을 이용하고 그 이름을 팔았으며 주님을 온전히 따르지 못했음을 회개합니다. 이 모든 죄를 용서하여 주시옵고, 물과 성령으로 거듭날 수 있게 하시며 지금까지의 잘못된 삶에서 돌이킬 수 있도록 도와주옵소서.

사랑의 하나님! 주님께서 고난 받으시기 위해 예루살렘에 입성하신 종려주일을 맞이하여 우리 자신이 옛 예루살렘의 어리석은 무리가 되지 않게 하옵소서. 주님이 이 땅 위에 만 백성을 죄에서 구속하시기 위해 오셨음을 저희들이 잊지 말게 하여 주옵소서. 저희 마음 가운데 그리스도의 구원의 믿음을 주셔서 주님의 십자가의 길을 가게 하시고 주님의 십자가를 함께 짐으로 영생의 복을 얻게 하옵소서. 이제 주님을 더 믿음으로써 그 은혜에 보답하게 하옵시고, 하나님 아버지의 말씀을 더 사모하고 듣고 따름으로써 그 도리를 다하게 하옵소서.

형제와 이웃을 더 사랑함으로써 주님의 사랑을 깊이 깨닫게 하옵시고, 오늘을 사는 모든 그리스도인이 주님의 고난의 의미를 깊이 묵상하며 자기의 것으로 받아들이게 하옵소서. 오직 십자가의 사랑을 이루시기 위해서 모진 고통과 멸시를 감당하셨던 주님처럼 이 자리에 모인 저희에게도 그 길을 따라가는 믿음을 주옵소서.

이 시간 목사님의 말씀을 통하여 온 교회 성도들의 영육이 살아나게 하시고 은혜 충만케 성령 충만케 하여 주옵소서. 말씀을 듣는 데 그치는 것이 아니라 말씀대로 살아서 30배, 60배, 100배 축복의 주인공들이 되게 하여 주옵소서. 우리를 십자가의 사랑으로 구속하여 주신 예수님의 이름으로 간절히 기도하옵나이다. 아멘.

교회력에 맞춘 종합 대표기도문 8

종려주일 대표기도문

평화의 왕되시는 사랑의 하나님!
오늘도 우리에게 무한한 사랑을 부어 주시고 독생자 아들 예수 그리스도를 보내시며 그의 죽음으로 우리를 구원하시고 자녀 삼아주신 하나님의 크고 놀라운 이름을 찬양합니다. 오늘은 우리의 죄를 대신 지시기 위하여 예루살렘에 입성하시는 예수님을 기념하는 주일입니다.

거룩하신 주님! 주님께서는 찬송과 존귀와 영광을 받으시기에 합당하신 분이시나 죄 많은 저희들을 사랑하셔서 나귀를 타고 평화의 왕으로 임하셨나이다. 그러나 저희들은 주님을 믿는다고 고백하면서도 형제들과 연합하지 못하고 자기 주장만을 내세우며 주님을 머리로 한 평화로운 공동체를 만들지 못하였나이다. 이 시간 평화의 왕으로 오신 주님을 생각하며 저희의 허물과 죄악을 다시 깨달을 수 있게 하시고 모든 죄를 용서하여 주시옵소서.

하나님 아버지! 이 시간 주님의 십자가를 경험하면서 하나님의 사랑이 얼마나 크고 놀라운지 깨닫는 시간이 되게 하여 주시옵시고, 나귀 새끼를 타신 주님의 겸비와 겸손을 저희도 배우고자 하오니 성령의 크신 능력으로 저희들의 모든 인격과 생각을 사로잡아 주옵소서. 이 시간 저희가 십자가를 향한 사랑으로 불타게 하시고, 고난의 삶 가운데서도 기도생활을 멈추지 않으셨던 주님의 깊은 기도를 본받게 하옵소서. 핍박 속에서도 끝까지 섬김의 삶을 실천하셨던 그 낮아지심을 본받게 하시고, 수치와 모욕을 당하면서도 끝까지 분노를 쏟지 않으셨던 그 인자하심을 본받게 하옵소서.

초라한 나귀를 타시고 예루살렘으로 입성하신 주님! 우리도 나귀처럼 연약하지만 왕이신 예수님을 위해 기꺼이 자신을 드리게 하여 주옵소서. 우리의 삶 속에서 주님이 달리신 십자가를 항상 기억하게 하시고, 그 놀라운 사랑에 감격하여 우리의 삶 전체를 주님께 드리게 하여 주옵소서. 주님이 쓰시려고 할 때 자신의 나약함을 핑계 삼지 않고, 모자람을 불평하지 않게 하옵소서. 주님을 모신 것이 기쁨이요 행복이 되게 하시고, 주님께 쓰임 받을 수 있다는 사실로 감사하게 하옵소서.

이 시간 목사님을 단 위에 세워 주셨사오니, 평화의 복음을 선포하실 때 모든 심령들이 주님만을 사랑하며 주님만을 위해서 살겠노라 결단하는 시간이 되게 하시옵소서. 우리를 죄에서 구원하여 주신 예수님의 이름으로 간절히 기도하옵나이다. 아멘.

교회력에 맞춘 종합 대표기도문 9

고난주간 대표기도문

사랑의 주님!
저희를 위해 고난 받으신 주님의 대속을 생각하며 주님 앞에 머리 숙입니다. 저 험한 십자가에 달렸어야 할 장본인은 주님이 아니라 죄인된 저희들임을 깨닫습니다. 멸시와 모욕 대신 정작 영광을 받으셔야 할 주님이 저희들 대신 치욕스러운 고난을 받으셨으니 저희들의 죄가 너무 더러운 것임을 깨닫습니다. 오! 주님, 주님을 십자가 고통으로 밀어 넣은 이 못된 죄인들을 용서하여 주시옵소서.

우리의 죄가 주님을 십자가에 못박게 하였음을 잊지 않게 하시고, 이제는 죄를 멀리하고 근절하게 하옵소서. 우리의 죄 때문에 고난받는 삶이 아니라 예수님처럼 선을 행함으로 고난 받게 하시고 의를 위하여 핍박 받게 하옵소서. 주님이 우리를 위해 고난 받으셨으니 이제 우리가 주님을 위해 십자가에 못박히는 결단을 하게 하시고, 주님을 위해 십자가를 지는 것을 기쁨으로 여기게 하옵소서.

사랑의 주님! 세상이 알지도 못하고 맛볼 수도 없는 평안과 기쁨을 아는 우리가 원수된 자들에게 먼저 손을 내밀게 하시고, 십자가의 정신으로 화목하게 하옵소서. 용서할 수 없는 사람들을 십자가의 사랑으로 품게 하시고, 우리 안에 쌓아둔 분노와 원한을 내려놓게 하옵소서. 우리는 할 수 없지만 성령님의 소원을 강하게 느끼게 하시고, 십자가에서 자신의 몸을 화목 제물로 드린 주님을 묵상함으로 화평케 하는 자로 살게 하옵소서. 형제나 이웃들로 인해 당하는 불편함에 짜증내지 않고, 그들의 편리와 유익을 위해 우리가 감당해야 할 희생을 감수하게 하옵소서. 자신을 유익하게 하는 삶이 아니라 남을 유익하게 하는 삶을 살기 위해 선한 사마리아인처럼 우리의 가진 것을 내어놓게 하옵소서.

사랑하는 주님! 주님의 귀한 보혈로 세워진 교회를 위하여 기도합니다. 보혈로 세우신 저희 교회가 십자가의 도리를 온 세상에 선포하는 일에 최선을 다하게 하시옵고, 모든 성도들이 십자가 군병 되어 세상을 이기고 정복하는 자가 되게 하옵소서. 이웃과 사회에 민족의 고난을 짊어지고 십자가의 길을 걷게 하옵시고, 저희 교회가 지역사회에 주님의 사랑을 나타내는 교회가 되게 하옵소서.

이 시간 주님의 사자를 통해 하나님의 말씀을 들을 때에 우리 속에 십자가의 사랑으로 가득 차게 하시고, 그 사랑을 안고 땅끝까지 나아가는 복음의 증인된 삶을 살 수 있게 하여 주옵소서. 구속의 주님이 되시는 예수님의 이름으로 간절히 기도하옵나이다. 아멘.

교회력에 맞춘 종합 대표기도문 10

고난주간 대표기도문

생명의 주님!
미천한 저희를 용서하고 저희의 죄를 사하시기 위해 십자가를 지신 주님을 생각할 때마다 주님의 한없는 사랑과 놀라운 은혜에 감사와 찬송을 드리옵나이다. 이 시간에도 주님께서 당하신 고난을 묵상하며 주님의 고난에 경건한 심령으로 동참하는 시간을 허락하심을 감사드립니다.

자비로우신 주님! 주님께서 고난 당하신 근본적인 이유가 무엇인지도 모른 채 그저 자신의 구원과 행복만을 위해 아귀다툼하는 저희의 가련한 모습을 주여, 용서하여 주옵소서. 주님께서 고난을 당하신 것은 저희의 죄 때문이었습니다. 저희로 무책임하게 주님의 고난을 구경하다가 그 결과로 베풀어지는 축복에만 참여할 것이 아니라, 주님의 상처를 아파하고 주님의 죽으심을 깊이 안타까워하며 저희의 모든 죄악을 진정으로 괴로워하면서 주님의 십자가 고난을 바라보게 하옵소서. 그리하여 다시는 범죄하지 않고 주님의 뒤를 따르기로 결단하게 하옵소서.
주님의 거룩한 사랑으로 주신 이 생명과 삶을 주님의 영광을 위해 온전히 드림으로써 그 은혜에 조금이라도 보답하며 사는 저희들이 되게 하옵소서. 하루하루 살아갈 때에 구원의 감격이 우리 마음에서 새로워지게 하시고, 십자가의 능력으로 세상을 이기며 나갈 수 있도록 저희 속에 보혈의 능력을 더하여 주옵소서.

우리를 위해 고난 당하신 주님! 이 시간 간절히 기도하오니, 주님께서 겪으신 고통과 죽음에 우리도 함께 참여할 수 있게 하시고 우리에게 맡겨진 십자가를 지고 인내와 믿음으로 그리스도를 따르게 하옵소서.

사랑하는 하나님! 우리는 이렇게 주님의 십자가의 은총을 입어 새로운 생명으로 살아가지만 아직도 세상에는 이 은혜를 알지 못한 채 사망의 저주 아래 살아가는 많은 사람들이 있습니다. 골고다 언덕 십자가에서 흘리신 그 보혈이 온 세상을 적셔 저들도 예수 그리스도의 보혈의 공로를 덧입을 수 있도록 은혜를 더하여 주옵소서. 교회와 저희들이 그리스도의 십자가에서 이루신 은혜와 사랑을 세상 중에 증거하게 하옵소서.

이 시간 목사님이 말씀을 전하실 때 능력으로 함께하여 주시옵고, 듣는 많은 이들의 심령에 큰 변화가 일어나게 하여 주시옵소서. 말씀을 듣고 깨달은 심령들이 더 뜨겁게 열심을 내어 전도하고 봉사하고 기도하고 섬기는 모습으로 변화되게 하여 주옵소서. 우리의 생명이 되시는 예수님의 이름으로 간절히 기도하옵나이다. 아멘.

교회력에 맞춘 종합 대표기도문 11

고난주간 대표기도문

세상 죄를 지고 가는 하나님의 어린 양이여!
죄인들을 대신하여 세상 죄를 지시고 고초 당하신 주님의 놀라운 은총에 찬양을 드리옵나이다. 이 세상을 구원하시기 위해 인간의 몸으로 이 땅에 오시어 십자가에 달려 죽기까지 저희를 사랑하여 주신 주님의 한없는 은혜에 감사드리옵나이다.

자비로우신 주님! 주님은 저희를 죄악 가운데서 구원하시기 위해 십자가에 달리는 수치와 고난을 당하셨건만, 저희는 주님의 구원의 은혜를 잊고 유다처럼 주님을 배신하였음을 이 시간 고백하옵나이다. 떨리는 심령으로 회개하는 저희들을 용서하여 주시고 한없는 은혜로 텅 빈 저희 가슴을 채워 주시옵소서.

믿지 않는 가족이나 주변 사람들에게 신앙 때문에 핍박받는 것을 기뻐하게 하시고, 예수님 때문에 주님의 일을 위해서 기꺼이 손해를 보게 하옵소서. 다른 사람들이 우리를 무시하고 자존심 상하게 하더라도 노하지 않고 믿음으로 승리하게 하옵소서. 작은 이권 때문에 예수님을 욕 먹이지 않게 하시고, 다른 사람이 생명을 얻기 위해 우리의 생명을 내려놓게 하옵소서.

주님! 그 상하신 머리와 찢기신 몸을 무지한 저희들이 보게 하여 주시고, 십자가 고난의 참혹함 앞에 떨고 있는 우리 심령의 문을 열어 주옵소서. 하나님, 거룩한 심판을 홀로 담당하신 어린양 예수님을 진정 깨달을 수 있도록 저희 영혼의 눈을 열어 주옵소서. 수난의 계절에, 2000년 전 골고다에서 자기 목숨을 부지하기 위해 달아난 제자들처럼 되지 않도록 우리를 붙들어 주옵소서. 두려움과 떨림 속에서도 주님의 십자가 굳게 붙잡고 지키는 강건한 믿음을 더하여 주옵소서.

우리를 부르시는 하나님! 저희들에게 주님의 자녀로서 빛과 소금이 되게 하시어 주님께서 보여주신 고난의 가르침을 실천하며 살게 하옵소서. 그리스도인의 적극적인 삶을 살아 나가며 주님의 고난을 저버리지 않도록 도와주옵소서. 마가의 다락방에 모여 기도하고 예루살렘 거리로 흩어져 나간 그리스도의 증인들처럼 우리도 그러한 삶을 살게 하옵소서.

이 시간 우리에게 말씀을 주시는 목사님을 성령의 능력으로 붙드시어 우리에게 필요한 은혜의 말씀이 되도록 인도하여 주옵시고, 우리의 심령이 옥토가 되어 말씀의 열매를 맺게 하옵소서. 우리를 죄악에서 구원하여 주신 예수님의 이름으로 간절히 기도하옵나이다. 아멘.

교회력에 맞춘 종합 대표기도문 12

부활절 대표기도문

사랑의 하나님!
하나님께서 우리를 구원하시려고 독생자를 보내시어 십자가에 달려 죽게 하셨습니다. 그리고 다시 살리시사 영광스러운 부활로써 우리를 해하려는 모든 원수의 세력으로부터 구원하셨습니다. 또한 하나님께서는 우리를 죄에 대하여 날마다 죽게 하시고, 의에 대하여는 날마다 살게 하셔서 예수님의 부활을 기뻐하는 사람으로 살게 하시니 진정 감사드립니다. 이제 주님과 함께 사는 것을 가장 큰 기쁨으로 여기며, 주님의 인자하심과 사랑에 감동받은 마음으로 하나님이 원하시는 삶을 살 수 있도록 도와주옵소서.

부활의 주님! 돌이켜 보건대 저희는 겁쟁이였습니다. 부활의 주님이 저희와 함께하심에도 불구하고 죽음이 어떤 모양으로 다가올까 생각하면서 불안해하고 괴로워했습니다.
주님이 영생의 소망을 저희에게 주셨는데도 이 두려움을 아직도 없애버리지 못한 채 떨고 있는 연약한 존재들이 바로 저희이오니, 믿음이 부족한 저희를 불쌍히 여겨 주시고, 모든 죄를 용서하여 주옵소서.

이 시간 주님을 바라보며 주님 앞에 머리 숙일 때에 사망 권세를 이기시고 승리하신 주님께서 성령으로 우리 가운데 임재하셔서 우리를 만나 주시고 어루만져 주옵소서. 그리하여 주님의 부활이 절망과 낙심 가운데 빠져 있던 제자들에게 산 소망이 되어 제자들의 삶을 새롭게 했던 것처럼, 오늘 믿음으로 주님의 부활을 맞이하는 모든 이들에게 인생의 참 소망과 능력이 되어 주옵소서.

부활의 확신으로 말미암아 모든 문제를 해결할 수 있게 하옵시고, 오늘도 주님의 사랑이 우리 마음에 강같이 넘치게 하시며 저희가 부활의 권능과 능력 있는 성도로서 변화되게 하옵소서.
이제 저희 모두가 일어나 의심과 괴로움을 떨쳐버리고 부활의 증거자로 나아가게 하옵소서. 그 어떤 희생이 뒤따른다 할지라도 죽음의 권세를 이기시고 승리하신 주님을 생각하며 초지일관 믿음으로 살게 하옵소서.

이 시간 말씀을 전하는 목사님께 성령의 능력으로 함께하셔서 말씀을 선포하실 때 시들어가는 영혼이 회복되게 하시고, 상한 마음이 고침을 받게 하시며, 깨어진 관계가 새로워지게 하옵소서. 골짜기의 마른 뼈들에게 생기를 넣어 하나님의 군대를 일으키셨듯이, 우리를 둘러싸고 있는 고통스러운 여건들이 새로워지게 하옵소서. 부활의 첫 열매가 되신 예수님의 이름으로 간절히 기도하옵나이다. 아멘.

교회력에 맞춘 종합 대표기도문 13

부활절 대표기도문

우리의 산 소망되시는 하나님 아버지!
사망 권세를 이기시고 승리하신 부활의 주님을 찬양합니다. 죄의 저주 아래 매였던 저희들을 건지시기 위해 죽으셨다가 다시 살아나심으로 우리의 생명을 영벌에서 영생으로, 어두움에서 빛으로, 절망에서 소망으로 바꾸어 주시니 감사합니다. 주님 부활하신 이 아침에 감사와 기쁨으로 드리는 예배가 하나님께는 영광이 되고, 예배하는 저희들에게는 썩지 않을 하늘의 소망을 맛보는 시간 되게 하옵소서.

하나님 아버지! 저희들 가운데 혹 부활하신 주님을 아직 믿음으로 만나지 못한 영혼 있으면 이 시간 예배하는 중에 부활의 주님을 만나게 하시고, 부활신앙을 소유한 주님의 백성들에게는 이 소망을 더욱 든든히 붙잡는 시간 되게 하여 주옵소서.

부활하셔서 우리 가운데 살아계신 주님! 절망적인 상황에 둘러싸여 주눅들어 있는 우리를 굽어살피어 주옵소서. 부활하신 주님이 우리의 도움과 방패가 되시지만, 우리는 주님을 바라보기보다는 자꾸 환경을 바라보는 습관에 길들여져 있습니다. 환경에만 고정된 우리 눈을 들어 생명의 주님을 바라보게 하옵시고, 잠시 있다가 사라지는 것을 바라보지 않고 보이지 않는 영원한 세계를 바라보는 믿음을 주옵소서.

하나님 아버지! 부활하신 주님의 뒤를 따라 죽어도 주님을 위하여 죽고 살아도 주님을 위하여 사는 믿음이 되게 하옵소서. 소망 중에 고통을 이기며 환난을 극복하며 주님처럼 승리하며 살게 하옵소서. 이 약한 심령에 부활의 신앙을 갖게 하셔서 옛 행실을 벗고 주님의 구속의 사랑을 이웃에게 전할 수 있는 저희들이 되게 하여 주시옵소서. 믿음으로 승리의 삶을 살 수 있도록 도와주시옵고, 우리에게 부활을 믿는 확신을 주시며 죽었던 대지에 새 생명을 허락하시는 것처럼 우리에게도 새 생명을 허락하여 주시옵소서.

저희들의 가정과 생업도 부활의 기쁨이 넘쳐나는 현장이 되게 하시고, 부활의 권능의 힘으로 움직이는 복된 터전이 되게 하옵소서. 언제 어디서나 주님의 살아계심을 심령으로 느끼며 고백하는 은혜의 현장이 되게 하시옵소서.

이 시간 목사님의 말씀을 통하여 새 힘과 능력을 주시옵시고, 영과 육이 치료받게 하여 주시며 생각이 변화되고 행동이 변화되고 삶이 변하게 하여 주시고 특별히 복음의 증인으로서 사명을 다하게 하여 주옵소서. 산 소망이 되시는 예수 그리스도의 이름으로 간절히 기도하옵나이다. 아멘.

교회력에 맞춘 종합 대표기도문 14

부활절 대표기도문

영광의 주님!
사망과 죽음의 권세를 이기시고 무덤에서 부활 승천하시어 우리의 생명과 구주가 되사, 저희들이 오늘 이 거룩한 성전에 모여 할렐루야로 찬송하며 예배드리게 하심을 진심으로 감사합니다.

부활의 주님! 오늘도 우리 주님이 저희와 함께하심에도 불구하고 의심 많은 도마와 같이 저희들은 지난 한 주간 세상의 염려와 수고와 무거운 짐을 지고 주님이 허락하신 평강을 잊고 살 때가 얼마나 많았는지 모릅니다. 이 허물과 죄악을 용서하여 주시옵소서.
두려움에 사로잡혔던 마리아가 부활하신 예수님을 만나고 기뻐했던 것같이 이 시간 우리에게도 기쁨과 소망을 주시옵소서.
세 번씩이나 주님을 부인하던 베드로가 부활하신 예수님을 만나고 성령의 충만함을 받았을 때 사명을 되찾을 수 있었던 것처럼 저희들에게 성령 충만함을 허락하셔서 능력 있는 사명자들이 되게 하옵소서. 부활의 처음 열매가 되신 예수님을 만나게 하셔서 우리의 연약한 것도 강건하게 하시고 예수님과 영생 복을 누릴 것을 굳게 믿는 저희들이 되게 하여 주시옵소서.

부활이요 생명이 되시는 주님! 죽은 지 나흘이나 되어 썩은 냄새까지 나던 나사로도 다시 살려주신 주님께서 썩어 부패하고 냄새나는 저희 삶도 변화시켜 주시사 다시 살아나게 하시옵소서. 저희는 이제 빛의 아들이요 낮의 아들이오니 저희가 밤이나 어두움에 속하지 아니하게 하시며 세상 사람들처럼 영적으로 자지 말고 오직 깨어 근신하게 하옵소서. 진리를 믿고 불의를 싫어하는 자 되게 하시며 청결한 마음과 선한 양심과 거짓 없는 믿음을 갖게 하시며 주님의 바른 교훈을 거스르는 일 없게 하옵소서.

하나님 아버지! 이 민족 모두에게도 부활의 신앙으로 바로 설 때 희망이 있다는 것을 깨닫게 하시고, 신실한 일꾼들이 날마다 늘어나며 평화가 강물같이, 정직이 샘물같이 흐르는 민족이 되게 인도하여 주옵소서. 부활의 주님을 만나게 하옵시고, 이 땅의 백성들이 진정으로 주님을 믿고 의지함으로 주님 복을 받아 누리는 삶을 살게 하시옵소서.

이 시간 말씀을 증거하실 목사님께 주님 크신 은혜와 강한 기름 부으심으로 저희들의 심령을 찔러 쪼개는 성령의 역사를 허락하여 주옵소서. 말씀을 통하여 신령한 주님의 세계를 보게 하시고 주님의 음성을 듣게 하옵시고, 영안을 열어 주님을 보게 하옵소서. 부활하셔서 산 소망이 되신 예수님의 이름으로 간절히 기도하옵나이다. 아멘.

교회력에 맞춘 종합 대표기도문 15

성령강림절 대표기도문

거룩하신 하나님 아버지!
성령을 통하여 교회 위에 역사하시고 섭리하심을 감사드리며, 찬송과 영광과 존귀를 올려드립니다. 오순절 마가의 다락방에 임하셨던 성령을 지금 이 시간 저희에게 충만하게 부어주시고 저희를 성결케 하사 예배드리기에 합당한 심령이 되게 하옵소서.

약속하신 성령을 보내주신 주님! 특별히 오늘 성령강림주일을 맞이하여 세속과 죄악에 찌든 저희 심령이 성령의 능력으로 깨끗해지고 새 사람 되게 하옵시고, 냉랭한 저희 마음이 뜨거운 성령의 열기로 가득 차게 하옵소서. 이 시간 저희들에게 주님의 은혜를 사모하는 심령마다 주의 영으로 덮으셔서 성령 충만한 사람으로 다시 태어날 수 있게 하시고, 그 어떤 불의와도 타협하지 않게 하시며, 주님을 담대히 증거하고 어떤 위협 앞에서도 굴하지 않는 신앙인의 본분을 다하게 하옵소서.

이 시간 저희가 성령 안에서 기도하고 찬송하며 말씀을 사모할 때에 은혜 받게 하시고, 의로운 인격을 갖추고 새 사람으로 새날을 살아갈 수 있도록 성령님께서 이 시간 오셔서 크신 은총을 내려 주옵소서. 성령님의 인도하심 속에서 저희의 신앙이 살찌게 하시고 주님의 거룩한 뜻을 실현할 수 있는 복된 삶이 되게 하옵소서.

저희의 생각과 계획도 미리 아시는 성령님께서 철저하게 이끌어 주시고 주관하여 주시옵시고, 저희들이 전 생활 영역에서 성령님의 역사와 인도하심을 따라 사는 삶이 되게 함께하여 주옵소서.

우리 모두가 성령 충만하여 성령의 열매를 맺는 삶을 살아가게 하옵소서. 사랑과 희락과 화평과 오래 참음과 자비와 양선과 충성과 온유와 절제가 우리 모든 성도의 삶에 골고루 나타나 이 교회와 역사에 오직 성령의 향기로 넘쳐나게 하옵시고, 진실로 하나님의 영광이 이 땅 위에 넘쳐흐르게 하옵소서. 악한 세력들이 성령 아래서 힘을 잃게 하시고, 죽음과 절망의 그림자가 성령 안에서 구원의 기쁨과 소망으로 바뀌게 하여 주옵시고, 이 땅이 소망의 땅, 생명의 땅이 되게 하여 주옵소서.

이 시간 우리들에게 세우신 목사님의 입술을 통하여 성령으로 말씀하옵시고, 이 시간 주시는 말씀으로 우리의 속사람이 날로 새로워지게 하옵소서. 하나님의 말씀으로 우리를 강하게 세우사 주님을 섬기는 일에 부족함이 없게 하옵소서. 우리를 날로 새롭게 하시며 승리케 하시는 예수님의 이름으로 간절히 기도하옵나이다. 아멘.

교회력에 맞춘 종합 대표기도문 16

성령강림절 대표기도문

존귀하신 하나님 아버지!
이 어지러운 세상 속에서도 저희들을 보호하셔서 구별된 하나님의 자녀로 살 수 있게 하시니 참 감사합니다. 일생 동안 이 복된 길에서 떠나지 않게 하시고 저희들의 삶이 날마다 거룩함을 더해갈 수 있도록 권고하여 주옵소서.

특별히 오늘은 예수님께서 약속하셨던 성령이 교회에 임했던 날을 기념하는 성령강림절입니다. 저희들이 이 시간 예배하며 주님께 나아가오니 오순절 마가의 다락방에 임했던 성령께서 저희들 가운데도 충만하게 임하셔서 저희들을 다스려 주옵소서.

오순절날 다락방에 모여서 기도하던 무리들에게 약속하신 성령을 불길처럼 강하게 보내어 주신 하나님 아버지! 빈 들에 마른 풀같이 시들어버린 심령에도 성령의 단비를 충만히 부어주시사 저희 영혼이 소생하며 힘 있게 주님의 영광을 나타낼 수 있도록 하옵소서.
교만하고 강퍅한 심령들에게 비둘기 같은 성령의 불로 임하시옵고, 저희들을 은혜의 골짜기로 인도하셔서 은혜의 생수로 충만케 하옵소서. 또한 성령의 밝은 빛으로 저희 심령을 채우사 세상의 악한 권세를 이기는 선한 싸움의 승리자로 삼아 주옵소서.

하나님 아버지! 믿는 자는 오늘만을 사는 자가 아니라 내일을 소망하며 새 시대, 새 역사를 기대하며 살아가는 새 나라의 주인공인 줄 믿습니다. 하나님의 나라, 그 영광스러운 통치가 나타날 때에 진실로 우리는 그 나라의 주인이 되어 기쁜 찬송을 영원히 부르며 살게 될 줄로 믿습니다. 그러므로 오늘 비록 나그네와 같은 삶을 살지라도 영원을 바라보며 더욱 감사하며 살게 하옵소서.

성령으로 말미암아 우리 가운데 기쁨이 넘치게 하시며, 성령의 능력으로 병든 자가 치료받게 하시고, 낙심하고 절망한 영혼들이 새 힘을 얻고 회복되는 역사가 일어나게 하여 주옵소서. 성령의 조명하심으로 우리의 죄가 드러나게 하셔서 회개하게 하시고, 예수 그리스도에 대한 믿음과 천국이 분명해지게 하여 주옵소서. 또한 성령을 경험한 제자들이 주님의 증인으로 살았던 것처럼 저희들도 이 땅에 살 동안 주님의 복음을 증거하는 증인된 삶을 살게 하여 주옵소서.

이 시간 단 위에서 하나님의 말씀을 전하실 목사님과 함께하사 저희가 그 말씀으로 인하여 삶이 변화되게 하시고 생각과 마음이 변화되게 인도하여 주옵소서. 저희로 하나님의 사람이 되기를 결단할 수 있는 믿음을 허락하여 주시고, 날마다 도우시는 주님의 은혜가 함께하여 주시옵소서. 성령을 보내주신 우리 주 예수 그리스도의 이름으로 간절히 기도하옵나이다. 아멘.

교회력에 맞춘 종합 대표기도문 17

성령강림절 대표기도문

은혜로우신 주님!
어제나 오늘이나 영원토록 변함없는 사랑으로 저희들을 다스리는 하나님께 찬양을 올려드립니다. 오늘은 주님께서 부활하셔서 승천하시면서 제자들에게 약속하신 성령이 오순절날 제자들 가운데 강림하신 것을 기념하는 성령강림절입니다. 이 시간 예배할 때에 오순절날 제자들에게 임했던 성령께서 임재하셔서 그때 그 제자들이 경험했던 성령의 충만함을 저희들도 경험하는 은혜를 더하여 주옵소서.

우리를 깨끗하게 하시고 날마다 성결한 삶을 살도록 도우시는 성령님! 이 시간도 우리의 온전치 못한 마음과 생각과 행실을 정결케 하시고, 하늘의 영광을 바라볼 수 있는 눈을 뜨게 하옵소서. 성결의 영이시여! 이 시간 우리의 예배 가운데 충만히 임재하사 침체된 우리의 영혼을 일으켜 주옵시고, 연약한 육신에 힘을 불어 넣으시며, 상한 심령을 치유하시고 회복시켜 주옵소서.
진리의 영이시여! 우리의 어두운 눈을 뜨게 하시고, 굳은 마음을 부드럽게 하셔서 진리를 깨닫게 하시고 진리 가운데 머물게 하옵소서. 몸의 할례가 아닌 마음의 할례를 원하시는 성령님! 우리의 거친 마음을 기경하사 옥토로 변화시켜 주옵시고, 우리의 마음밭에 말씀의 열매가 풍성히 맺히게 하옵소서.

날마다 우리의 삶 속에서 성령의 열매를 맺기를 원하시는 주님! 우리가 성령의 충만함 가운데 거하게 하옵소서. 우리로 하여금 성령의 온전한 통치 안에 살게 하셔서 날마다 우리의 인격이 변화되게 하옵소서. 우리가 하나님 형상으로 자라가게 하시고, 예수님의 마음으로 채우게 하옵소서.
행동의 변화보다 마음의 변화가 있게 해 주시고, 외적인 행동 이전에 내면의 철저한 변화가 있게 하옵소서. 성령님! 우리로 하여금 형식적인 그리스도인이 아니라 열매로 증명하는 신실한 제자가 되게 하옵소서. 어떤 세파나 거짓된 교리에도 흔들리지 않는 굳건한 신앙인이 되게 하옵소서.

이 시간 말씀을 듣고 단 위에 서신 목사님을 기억하시고 전하시는 말씀으로 인하여 성령의 불길이 저희에게 임하게 하시기를 원합니다. 사랑하는 주님의 성도들이 말씀을 통하여 삶의 문제를 해결 받고 은혜 받음으로 기쁨을 얻고 하나님의 기뻐하시는 뜻을 깨닫는 시간이 되게 하옵소서. 이 시간 성령님께서 친히 예배드리는 저희들 가운데 운행하심을 믿사옵고 예수 그리스도의 이름으로 간절히 기도하옵나이다. 아멘.

교회력에 맞춘 종합 대표기도문 18

대강절 대표기도문

존귀하신 하나님!
하늘에는 영광이 되고 땅에는 기뻐하심을 입은 모든 사람들에게 평화의 왕으로 오신 주님을 찬양합니다. 독생자를 보내시기까지 우리를 사랑하신 하나님께 모든 영광과 찬송을 드립니다. 주님의 은혜 가운데 우리를 인도하사 주님의 전으로 나아오게 하신 은혜 감사합니다. 저희 모든 심령 위에 하늘의 귀한 복으로 축복하여 주옵소서.

사랑의 주님! 지금 우리는 탄생하실 예수님의 오심을 기다리며 준비하는 대강절을 지키고 있습니다. 저희들이 잘 준비된 마음의 자리에 모시게 하시고, 더럽고 추한 이기심을 다 내어놓고 깨끗하고 정한 마음으로 주님을 기다리게 하옵소서.
주님! 비옵기는 빈 무덤 같은 우리의 심령 속에 주님 오시옵고, 진리의 빛과 은총의 향기를 가득 채워 주시며 삶의 용기와 지혜를 다시 얻게 하여 주옵소서.

주님! 평화가 깨어진 곳에 평화의 왕으로 오시옵고, 사랑이 식어진 곳에 사랑의 왕으로 오시옵소서. 소망을 잃어버린 사람들의 마음에 소망의 왕으로 오시옵고, 병들어 신음하는 이들을 고치는 치료의 왕으로 오시옵시며 세상의 염려와 근심에 짓눌려 있는 이들에게 환한 웃음을 안겨줄 기쁨의 왕으로 오시옵소서.

주님! 교만과 욕심으로 가득한 내 마음에 오셔서 가장 작은 자 되어 주님을 영접하게 하시고, 마음의 창을 활짝 열고 오시는 주님을 영접하게 하옵소서. 주님! 생명을 살리고 일으키는 단비로 오시어 메마르고 황량한 곳에 생명의 강이 흐르게 하시고, 뜨거운 사랑의 불길로 오시어 추위로 떨고 있는 그늘진 곳에 뜨거운 사랑의 불기둥이 타오르게 하옵소서.

주님! 실패와 절망의 한숨만이 들려오는 패배의 땅에도 오시어 승리의 외침을 허락해 주시고, 아픔과 신음이 가득한 곳에도 치유와 회복의 은총이 꽃피게 하옵소서.

이 시간 주님의 말씀을 선포하시는 목사님을 성령의 능력으로 붙들어 주시고 저희들이 주님의 말씀으로 새롭게 변화되는 시간이 되게 하여 주시옵고, 주님의 말씀이 저희 삶의 척도가 될 수 있도록 축복하여 주시옵소서. 산 소망이 되시는 예수님의 이름으로 간절히 기도하옵나이다. 아멘.

교회력에 맞춘 종합 대표기도문 19

대강절 대표기도문

자비하신 하나님!
어두운 이 땅에 주님이 친히 오심을 감사드립니다. 주님의 지극한 사랑이 온 땅에 알려지는 이날이 되게 하시옵소서. 이 시간 하나님께 신령과 진정으로 예배하게 하시고, 사랑으로 고쳐 주시고, 감사 주시며 말씀으로 훈계하여 주시옵소서.

진리와 사랑의 하나님! 이제 금년도 한 달 남았습니다. 한 해의 삶을 정리하며 마무리해야 할 때인데, 특별히 하나님과의 관계 속에서 저희가 굳게 서지 못했던 일들이 너무도 많았습니다. 그리고 하나님의 자녀답게 거룩한 삶도 살지 못했사오며 위선과 교만에 차 있을 때도 많았습니다. 이 시간 진실되게 자신의 죄인된 모습을 발견할 수 있게 하여 주시고, 피 묻은 주님의 십자가 아래에서 양털같이 희게 해 주시는 주님을 바라보게 하여 주시옵소서.

사랑의 주님! 오늘은 절기상으로 예수 그리스도의 나심을 기다리는 대강절이 시작되는 날입니다. 날마다 주님의 임재하심을 기다리게 하시며, 임마누엘 주 되시기 위하여 이 땅에 오신 예수 그리스도의 사랑을 기억하게 하여 주옵소서. 하늘 높은 보좌를 버리시고, 낮고 낮은 이 땅에 임하셔서 우리를 구속하시며 십자가에 죽으신 그 사랑에 날마다 감사하는 성도들 되게 하시고, 예수 그리스도의 겸손을 몸에 가질 수 있도록 인도하여 주옵소서.

은혜의 주님! 금년 성탄절에는 그날의 예루살렘 사람처럼 공연히 소동하지 않게 하옵소서.
행여 바쁘고 번잡한 세상 속에서 주님을 잃어버린 성탄절을 맞을까 두렵사오니 오직 성탄의 주인되신 예수 그리스도를 바라보게 하옵소서. 가난한 마음으로 더욱 그리스도를 사모하게 하시고 성육신의 신비와 말 구유의 표적의 의미를 깨달아 기쁨과 감격이 넘쳐나게 하옵소서. 예수님의 놀라운 그 이름 기묘자, 평강의 왕, 임마누엘로 인하여 하늘에 영광, 땅에는 평화가 임하는 진정 은혜의 절기가 되게 하여 주옵소서.

이 시간 단 위에 세워 주신 목사님을 위해서 기도합니다. 저희에게 하나님의 말씀을 전하실 때에 마음의 문을 활짝 열고 듣게 하시고, 주님의 말씀을 영혼의 양식으로 받아 심령이 새롭게 하여 주옵소서. 저희로 온전히 말씀에 의지하여 순종할 수 있게 하시고, 하나님의 인도하심에 따라 순종하는 은혜를 더하여 주시옵소서. 빛되신 예수 그리스도의 이름으로 간절히 기도하옵나이다. 아멘.

교회력에 맞춘 종합 대표기도문 20

대강절 대표기도문

구원의 하나님!
심령의 눈을 들어 예수 그리스도의 십자가를 바라봅니다. 저희에게 독생자를 주시어 구원의 길을 열어주신 하나님께 감사를 드립니다. 우리의 예배가 진정으로 하나님께 드려지는 신령하고 영적인 예배가 되게 하여 주시옵소서.

이제 성탄절이 얼마 남지 않은 대강절을 보내면서 저희를 위하여 죽으시기 위해 초라한 마구간에 오신 주님을 기억하게 하시고 저희를 구원하시기 위하여 다시 오실 그날을 기다리게 하여 주옵소서. 성탄의 깊은 뜻을 헤아리게 하시고 연말연시의 들뜬 분위기에 주님이 오신 뜻을 가리지 않도록 저희에게 지혜를 더하여 주옵소서. 대강절을 깊이 생각하는 저희 모두에게 주님의 음성을 듣는 자가 되게 하시며 마침내 다시 오실 주님을 생각하고 기도하는 우리가 되게 하옵소서.

날마다 주님의 사랑을 의지하여 살아가는 저희가 되게 하시고 연초에 세웠던 계획들을 돌아보게 하시고 정리하는 경건의 시간들이 되게 하시고 저희가 주님 사랑의 전달자가 되도록 축복하여 주시옵소서.

거룩하신 주님! 저희가 욕심으로 눈 가리운 세속의 비늘을 벗고 티 없는 천진한 거룩의 옷을 입게 하옵소서. 성탄의 계절, 세상과 구별되는 아름다운 삶의 예물을 주님께 드리게 하옵소서. 모든 것들과 아름다운 관계를 맺게 하시되 하나님께는 예배자로, 사람들에게는 섬기는 자로, 물질에 대하여는 선한 청지기로 살게 하옵소서. 거짓됨이 없고 진실하며 교만하지 않고 겸손하며, 이기적이지 않고 이타적인 삶이 되게 하옵소서. 이 모든 것이 저희 힘으로 불가하오니 무엇보다 주님 앞에 무릎 꿇는 기도의 계절이 되게 하옵소서.

절망의 세상에 소망의 빛으로 오신 주님! 쌀쌀한 바람보다도 정치, 사회, 경제, 교육 등 총체적인 위기에 처한 이 현실이 더욱 춥게 느껴지는 겨울입니다. 기름이 모자라고 쌀이 모자라 신음하고 춥고 메마른 땅, 그러나 정작 모자란 것은 말라버린 우리의 가슴임을 알게 하옵소서.

이 시간 생명의 말씀을 전하기 위해 단 위에 세우신 목사님을 기억하시고 선포하시는 말씀마다 권세를 더하여 주셔서 이 자리에 참석한 모든 성도들이 심령에 뜨거움을 경험하게 하시고, 새 힘을 얻어 승리의 삶을 살아가도록 다짐하는 복된 시간이 되게 하여 주시옵고, 저희를 주님의 역사를 이끌어가는 도구로 삼아 주시옵소서. 우리를 위하여 이 땅에 오신 예수님의 이름으로 간절히 기도하옵나이다. 아멘.

교회력에 맞춘 종합 대표기도문 21

성탄절 대표기도문

찬송과 영광을 받으시기에 합당하신 주님!
높은 보좌를 버리시고 누추한 자리에 내려와 누우시고, 머리 둘 곳도 없이 살아가시며 이 땅에 평화를 주시고 완전한 속죄를 이루셨사오니 감사를 드립니다. 은혜롭고 고귀한 일들이 주님 오심으로 이미 시작된 줄 믿사오니 우리의 삶에도 기쁨과 평화가 있게 하시고, 이제 후로 주님의 영광을 위하여 일하는 사람들로 살아가게 하여 주시옵소서.
예수님의 위로를 기다리던 예루살렘의 경건한 의인 시므온이 성전에 탄생하신 예수님을 만난 것처럼 저희들도 주님을 만나게 하시고 동방의 박사들처럼 주님을 위해 예물을 준비하여 드린 것처럼 저희들도 드리는 삶이 되게 하여 주시옵소서. 목자들이 천사가 전하여 준 복된 소식을 듣고 찬양한 것처럼 저희들도 일평생 주님을 찬양하게 하여 주시옵소서.

섬김으로 본을 보여 주신 사랑! 주님께서 낮고 천한 구유에서 태어나신 그 섬김의 자세를 본받으려 하기보다는 형제끼리도 서로 섬김을 받겠다고 높아진 불쌍한 죄인들을 하얀 눈으로 아름답고 깨끗하게 덮인 산하처럼 저희들의 모든 죄와 허물을 주님의 보혈로 눈과 같이 씻어 주시옵소서.

주님! 불쌍하고 죄 많은 저희들을 용서하여 주시옵고, 정성을 다하여 주님을 섬길 수 있는 믿음을 허락하여 주시옵소서. 이제 하늘 보좌를 버리시고 아기 예수님께서 이 땅에 오셨음을 기억하면서 저희가 가진 의는 버리고 그리스도의 의로 옷 입으며, 교만은 내어 버리고 겸손으로 무장하게 하옵소서. 무겁게 얼어 붙어 있는 사람들의 마음이 주님의 오심으로 녹아지게 하옵소서.

어두움에서 벗어나 빛이 되는 이날! 이제 이 민족이 하나님이 베풀어 주신 은혜를 기억하고 사신과 우상을 숭배하는 이 민족이 모든 우상을 버리게 하시고, 만유의 주재이신 주님께 소망을 두게 하시옵소서. 이 땅에 공평이 물같이 정의가 하수같이 흐르기 위해서는 주님을 따르는 백성이 되어야 한다는 진리를 깨닫게 하시고, 주님의 복을 받아 누리게 하옵소서.

이 시간 말씀을 증거하실 목사님께 은총을 더하여 주셔서, 우리 주님의 탄생의 비밀을 저희들에게 줄 수 있도록 하시고, 말씀이 성령의 검이 되어서 저희의 심령과 골수를 찔러 쪼개고 변화시키는 생명의 만남을 허락하여 주시옵소서. 병든 성도, 상한 심령들이 말씀을 듣는 중에 신유의 역사를 체험하게 하옵소서. 생명되시는 예수 그리스도의 이름으로 간절히 기도하옵나이다. 아멘.

교회력에 맞춘 종합 대표기도문 22

성탄절 대표기도문

온 인류를 위하여 이 땅 위에 아들을 보내신 하나님 아버지!
올해도 다시 한번 성탄절을 맞이하였나이다. 베들레헴 낮은 말 구유에 가난하게 오신 주님을 저희가 기억하옵고 저희 마음의 문을 열고 주님의 탄생을 축하하는 예배로 드리오니 기쁘게 받으시옵소서.

거룩하신 주님! 주님께서는 저희들의 죄악으로 인하여 하늘과 땅의 통로가 막힌 절망의 역사 속에 오셔서 저희들에게 새 소망의 길을 열어 만민의 구세주로 탄생하셨고, 사망의 길로 내려갔던 인생들에게 새로운 바른길을 가르치사 천국길로 인도하셨나이다.
그러나 저희들은 아직도 죄악에서 헤매며 빛과 생명의 길로 가지 못하고 방황하고 있사오니 주여! 이 시간 저희 죄를 용서하시고 다시 한번 저희들에게 임하시어 주님의 가장 높고 귀한 보좌에 모시고 살게 하옵소서. 그리하여 허무하고 짧은 세상에 살면서 세상의 노예가 되지 않고 일시적 유혹에 넘어가지 않는 주님의 거룩한 백성으로 인쳐 주옵소서.

하나님의 본체이시나 사람의 모습, 종의 모양으로 오시어 자신을 낮추신 그리스도의 마음을 품을 수 있도록 은혜 내려 주옵소서. 저희들이 드리는 이 축하가 황금과 유향과 몰약처럼 진실하고 값진 정성으로 하늘 보좌에 상달되게 하옵소서. 이 시간 주님이 탄생하신 성탄절에 주님의 천사들이 잠들어 있던 베들레헴을 일깨웠듯이 잠들어 있는 저희들의 생명을 일깨워 주옵소서. 어려움을 당하고 소외된 이웃을 돌아볼 수 있도록 저희들에게 넉넉한 마음을 주시고, 예수 그리스도의 탄생의 비밀을 알지 못하는 사람들에게 이 귀한 소식을 전하게 하옵소서.

영접하는 자 곧 그 이름을 믿는 자에게는 하나님의 자녀가 되는 권세를 주시겠다고 하셨으니 이 땅 구석구석에 영원한 기쁨의 소식이 전해져서 하나님의 이름이 높임을 받고 새로운 변화의 역사가 일어나게 하옵소서. 해마다 돌아오는 성탄이지만 언제나 새롭게 주님을 만나고 거듭날 수 있도록 더 깊은 진리를 깨닫게 하시고 새로운 변화의 역사가 일어나게 하옵소서. 저희들 심령의 빈방에 주님을 위한 자리를 마련하였사오니 들어오셔서 좌정하시고 우리의 일생을 주관하여 주옵소서.

이 시간 성탄의 기쁜 소식을 전하시는 목사님과 함께하사, 우리가 기쁨 중에 주님을 만나도록 인도하시고 말씀을 통하여 주님을 깊이 깨닫는 시간이 되게 하시며, 병든 영혼들은 고침을 받게 하여 주옵소서. 이 땅의 구주로 오신 예수님의 이름으로 간절히 기도하옵나이다. 아멘.

교회력에 맞춘 종합 대표기도문 23

성탄절 대표기도문

평화의 왕이요 거룩하시고 존귀하신 하나님!
절망 속에 빠져 있던 이 세상을 구원하시기 위해 하나님께서 인간의 몸으로 오신 기쁘고 복된 성탄절 아침입니다. 이 시간 하나님의 사랑을 입은 자들이 감사와 찬송으로 주님을 예배하오니 저희의 예배를 받아 주옵소서.

주님께서 이 땅에 참 빛과 소망으로 오심으로 저희들의 생명이 멸망받을 저주스런 것에서 영생할 복된 것으로 바뀌었습니다. 저희의 삶이 어두움에서 빛으로 옮겨졌습니다. 두려움과 한탄이 기쁨과 찬양으로 변했습니다. 이러한 큰 사랑을 받았지만 하나님께 영광 돌리는 삶을 살지 못하고 있는 저희들의 허물을 용서하여 주옵소서.

이번 성탄절을 통해서 다시 한번 주님께서 우리에게 행하신 놀라운 은혜를 깊이 깨닫고 변하여 주님 은혜에 보답하는 삶을 살게 하여 주옵소서. 아기 예수님께 세 가지 귀한 예물을 드렸던 동방 박사들처럼 저희들도 인생의 가장 귀한 것으로 주님께 드릴 수 있게 하여 주옵소서. 우리의 심령이 주님의 사랑으로 덮여져서 따스한 심령의 소유자들이 되게 하옵소서.

위엄과 존귀로 관을 쓰신 어린양, 이 세상의 죄를 대속하기 위해 속죄양으로 오셨던 참된 의미가 각 심령마다 새롭게 되살아나는 역사가 있게 하옵소서. 말로 다할 수 없는 우리를 향한 지극한 주님의 사랑을 되새기며 첫사랑의 감격을 회복하게 하옵소서. 무디어진 마음을 그 보혈의 공로로 정결케 하옵시고, 메마른 땅에 촉촉한 비를 내리시듯 저희의 메마른 마음을 적셔 주옵소서. 주님을 향해 다시 서는 시간이 되게 하시며 주님의 존전에서 예배드리는 기쁨을 회복시켜 주옵소서.

우리 마음에 새로운 영을 창조하시어 자원하는 마음으로 주님께 나가게 하시고 기도의 불씨를 다시 일으키사 찬양과 부흥의 역사가 먼저 제 자신에게 일어나게 하옵소서. 이것이 불씨가 되어 저희 교회를 비롯하여 우리나라 방방곡곡의 교회들이 성령의 역사가 불일 듯 일어나게 하옵소서. 또한 저희가 목자들처럼 경배하며 찬양하게 하시고 하늘의 신비한 소식을 온 천하에 알리게 하옵소서.

이 시간 목사님을 통하여 주시는 말씀이 은혜가 되게 하사 저희의 신앙이 뿌리를 내리고 인격이 성숙하여 믿음이 성장하게 하시고 저희를 선하게 인도하여 주시옵고, 그 말씀으로 인하여 세상을 이길 수 있는 복을 허락하여 주옵소서. 우리를 쉴 만한 물가로, 푸른 초장으로 인도하시는 예수님의 이름으로 간절히 기도하옵나이다. 아멘.

은혜로운 기도

3. 절기와 기념일에 맞춘 종합 대표기도문

절기와 기념일에 맞춘 종합 대표기도문 1

신년감사예배 대표기도문

사랑의 하나님!
지나간 한 해를 은혜 가운데 보내고 밝은 새해 첫 주일을 맞이하였나이다. 귀한 시간 하나님 앞에 나아와 예배드리게 하시니 참으로 감사합니다. 새날을 맞아 벅찬 감격을 가지고 주님 앞에 나왔지만 여전히 우리의 심령이 성결하지 못함을 고백합니다. 이제껏 성결한 삶을 살기에 게을렀던 우리를 용서하시고, 깨끗한 심령으로 주님의 영광을 대할 수 있도록 정결한 마음을 주옵소서.
올해는 늘 새로움으로 거듭나는 한 해가 되게 하시고, 주님의 말씀에서 떠나지 않게 하시며, 성령의 충만함을 덧입게 하옵소서. 하나님의 임재하심이 우리 삶에 넘치게 하옵시고, 여호수아처럼 담대한 믿음으로 무장하여 어떠한 일에나 상황에도 두려워하지 않고 전진하게 하옵소서.

은혜의 주님! 새해에는 새롭고 좋은 것으로 가득 찬 한 해가 되게 하옵소서. 새해에는 더욱 모이기에 힘쓰며, 형제의 마음을 아프게 하는 일이나 남을 실족케 하는 일이 없도록 인도하옵소서. 주님의 말씀을 양식 삼아 영이 살찌며 목마르지 않게 하시고 성령의 아름다운 열매를 맺게 하옵소서. 기쁨으로 봉사하게 하시고 주님께서 제자들의 발을 씻기셨으니 저희도 먼저 섬기기를 즐거워하게 하옵소서. 금년 한 해도 저희가 주님께 헌신하는 기쁨 속에서 정직하고 성실하게 생활해 나가며 주님께 드리는 찬미 속에서 더욱더 주님을 사모하게 하여 주시옵소서. 날마다 주님께로 더 가까이 다가가는 귀한 믿음을 주옵소서.

올해도 주님께서 저희들의 건강을 지켜 주시고 가정을 축복하여 주시고 경영하는 일이나 직장에도 축복하여 주시사, 주님이 내려 주시는 은혜를 받게 하여 주시옵소서. 지난날 어렵고 힘들었던 일들이 순조롭게 해결되어 주님이 주시는 기쁨을 맛보며 참 평안을 누리게 하여 주옵소서.

하나님 아버지! 교회가 성령 충만하여 사랑이 넘치게 하시며, 서로 돌아보아 격려하며 도와주고 협력하게 하옵소서. 주님께서 저희를 창조하시고 기뻐하셨던 그때처럼 하나님의 형상을 되찾게 하옵소서. 그리하여 교회가 풍성한 은혜 가운데 성장하게 하옵소서.

이 시간 말씀을 선포하시는 목사님을 붙드시고, 말씀을 통하여 새로운 눈을 떠서 새 하늘과 새 땅을 바라보는 신령한 은혜가 넘치게 하옵소서. 우리를 죄와 사망에서 구원하신 예수님의 이름으로 간절히 기도하옵나이다. 아멘.

절기와 기념일에 맞춘 종합 대표기도문 2

신년감사예배 대표기도문

온 우주 만물의 주인이신 전능하신 하나님!
지나간 한 해를 은혜로 인도하시고 새로운 한 해를 맞이하게 하셔서 감사합니다. 낙심되는 마음을 고치시고 용기를 주셔서 하나님의 은혜를 떠나지 않게 하심도 감사합니다.
주님은 우리가 힘들고 어려워 흔들릴 때마다 진리로 이끄시어 하나님과 동행하게 하셨습니다.
인간의 욕심으로 하나님의 영광을 가렸던 삶을 용서하여 주옵소서. 하나님을 사랑한다고 하면서도 하나님 앞에 예배하는 삶을 살지 못하고 주님을 전하는 데 게을렀던 삶을 용서하시고 이 시간 하나님의 은혜로 회복하여 주옵소서.

하나님의 은총으로 한 해를 설렘과 감사로 시작하게 하시니 감사합니다. 인간의 욕심을 따라 살지 않고 성령의 인도하심을 따라 살게 하시고, 인간의 비전을 성취하기보다 하나님의 뜻에 집중하게 하옵소서. 무엇을 하든지 내가 앞장서지 않고 주님을 앞세우게 하시고, 인간의 목소리를 드높이기보다 하나님의 음성에 귀를 기울이게 하옵소서. 어디서든 나는 물러나도 주님만 드러나게 하옵시고, 인간의 유익을 위해 주님의 마음을 아프게 하는 일이 없게 하시며, 성령의 소욕을 따라 열매 맺는 삶을 살게 하옵소서.

금년 한 해는 불평불만이 사라지고 감사와 찬양만이 흘러넘치게 하시고, 불편한 관계들은 청산하고 주님 안에서 아름다운 관계를 맺게 하옵소서. 하나님이 기뻐하시지 않는 것은 믿음으로 잘라내게 하시고, 주님이 기뻐하시는 일에는 목숨 걸고 달려가는 열정을 허락하여 주옵소서. 다른 사람에게 유익을 줄지언정 해를 끼치지 않게 하시고, 그리스도의 심정으로 남을 섬기는 삶을 살게 하옵소서.

하나님 백성들의 삶을 경영하시는 하나님! 온 성도들의 직장과 사업장에 넘치는 은총을 허락하여 주옵소서. 직장에서 인정받게 하시고 사업장이 확장되는 은혜를 주옵시며, 매사에 정직하고 성실한 삶을 살게 하시되, 누구에게나 하나님께 대하듯 대하게 하옵소서.

이 시간 선포되는 주님의 말씀으로 큰 은혜를 받게 하시고 소망의 빛으로 충만케 하셔서 더욱 힘 있는 믿음을 이루어 갈 수 있도록 함께하여 주시옵소서. 우리의 찬양과 기도를 기쁘게 흠향하시기를 간구하오며, 우리의 기도와 찬양으로 하늘문을 열어 우리에게 주님의 신령한 것들을 알 수 있는 복을 허락하여 주옵소서. 목자되시는 예수 그리스도의 이름으로 간절히 기도하옵나이다. 아멘.

절기와 기념일에 맞춘 종합 대표기도문 3

신년감사예배 대표기도문

온누리에 은혜를 주시어 새로움으로 거듭나게 해 주신 하나님!
새해의 주일예배를 주님 앞에 드리게 됨을 감사합니다. 주신 날의 하루하루를 허송하지 않게 하시며, 열심히 주님을 섬길 수 있는 날들이 되게 하여 주옵소서.

우리의 심령이 어린아이처럼 순전하게 주님만을 찬양하며 바라볼 수 있도록 축복하여 주시고 지난날 고통 속에서 괴로워하던 저희들 모두가 새 소망을 가지고 주님 나라를 위하여 삶을 살아갈 수 있도록 축복하여 주옵소서.

오직 신령한 꿀을 먹고 하나님의 자녀가 되는 축복을 믿지 않는 이웃에게 전할 수 있는 힘을 주시고, 우리의 증거로 인하여 그들의 집과 가족이 구원 받을 수 있도록 예수 그리스도를 주님으로 영접하는 축복을 허락하여 주옵소서. 우리의 삶이 예수님의 향기가 날리는 거룩한 삶이 되도록 주님의 인도를 구하오니 주님, 허락하여 주옵소서. 죄된 우리를 거룩하게 하시어 우리 구주되시는 예수님의 삶을 더욱더 깊이 깨닫는 한 해가 되게 하시며, 그의 사랑이 우리의 심령에 항상 충만하게 있게 하여 주옵소서.

새해에는 저희 모두 성령의 열매를 거두어 영적인 풍요가 넘치는 삶을 살게 하시고, 증거하며 부요케 하는 자들이 되게 하시옵소서. 올해에는 어떤 여건과 환경을 만나더라도 믿음으로 살아가려는 우리의 결단이 변치 않도록 하시고, 다시는 죄의 길로 들어서지 않는 복된 한 해가 되게 하여 주옵소서. 주님의 위대하시고 놀라운 통치가 우리의 삶 전체를 지배하여 주시고 이 땅의 어두움을 물리쳐 주옵소서.

사랑의 주님, 새해에는 새롭고 좋은 것으로 가득 찬 한 해가 되게 하옵시고, 건강과 진실함으로 채워 주옵소서. 새해에는 더욱 모이기에 힘쓰며 주님의 일에 부지런하게 하옵소서. 믿음의 첫사랑을 회복하게 하시며, 형제의 마음을 아프게 하는 일이나 남을 실족케 하는 일이 없도록 인도하옵소서. 주님의 말씀을 양식으로 영이 살찌며 목마르지 않게 하시고 성령의 아름다운 열매를 맺게 하옵소서.

이 시간 말씀 증거하실 목사님께 성령의 두루마기를 입혀 주셔서, 주님이 내리시는 신령한 은혜로 충만해지는 시간이 되게 하옵소서. 저희에게 귀한 말씀이 들려질 때마다 성령님께서 저희와 동행하시고 저희의 삶에 직접적으로 간섭하심을 체험하는 귀한 시간이 되게 하옵시고, 이 말씀이 믿음의 좋은 씨앗이 될 수 있도록 축복하여 주시옵소서. 우리에게 풍성한 열매를 거두게 하신 주 예수 그리스도의 이름으로 간절히 기도하옵나이다. 아멘.

절기와 기념일에 맞춘 종합 대표기도문 4

삼일절 기념주일 대표기도문

역사의 주인이시며 역사를 주관하시는 주님!
때를 따라 은혜의 단비를 내려 주시는 은혜에 감사합니다. 눈동자처럼 우리를 보호하시는 주님의 은혜를 찬양합니다. 어두움 속에 있던 저희들에게 진리의 빛을 밝히심으로써 바른길을 걸어가게 하신 은혜에 감사합니다. 지난 일주일간 살아온 것도 주님의 은혜요, 사랑과 자비이심을 고백합니다. 거룩한 자녀의 권세를 가지고도 힘없고 연약하게 살아온 한 주간의 삶을 용서하여 주시고, 이 시간 저희의 심령과 영혼의 양식을 말씀으로 채우셔서, 마음으로 하나님을 사랑하고 힘을 다하여 주님을 섬기는 복된 시간이 되게 하여 주옵소서.

오늘은 특별히 삼일절 기념주일로 지킵니다. 오늘 삼일절을 맞이하여, 36년간 일제의 침략으로 자유를 잃고 인권을 유린당하면서 고통의 삶을 이어왔던 지난날의 쓰라린 아픔을 거울삼아, 나라를 잃는 것이 얼마나 서글픈 것인지를 다시 한번 피부 깊숙이 깨닫는 날이 되게 하여 주시옵소서.
원하옵기는 일제의 압제하에서도 절대 굴하지 않고 자유의 깃발을 높이 쳐들고 총칼의 위협 앞에 항거하며 분연히 일어섰던 저희 선배들의 용기와, 주님의 제단을 지키기 위해 피를 흘리며 순교한 귀한 믿음을 저희도 본받을 수 있도록 인도하여 주시옵소서. 무엇보다도 선한 싸움은 주님이 반드시 도와주신다는 확신을 갖게 하시옵고, 불의와 전쟁과 악은 주님이 원치 않으시는 것임을 알게 하시옵소서.

하나님 아버지! 이 나라에 진정한 자유와 평화가 오기를 기도합니다. 나라는 여전히 남북으로 갈라져 있고, 고통과 슬픔의 역사가 계속 이어지고 있습니다.
주님은 우리 믿는 자들의 간절한 기도와 간구를 반드시 응답하여 주신다는 사실을 믿사오니, 이 나라에 슬픔의 역사가 계속되지 않도록 인도하여 주시옵고, 공의와 공법이 묵살되지 않는 나라가 되게 하여 주시옵소서. 무엇보다도 모든 백성들이 주님의 말씀에 귀를 기울이고, 주님을 믿어야만 진정한 평화와 안식을 얻을 수 있다는 것을 알게 하시옵소서. 경제가 활기를 되찾게 하시고, 정치인들이 주님을 경외함으로 정치할 수 있는 은혜를 주옵소서. 저 북한 땅 방방곡곡에도 속히 복음을 증거할 수 있는 시온의 날을 허락하여 주옵소서.

이 시간 단 위에 서신 목사님을 능력의 오른팔로 붙들어 주셔서, 강퍅한 저희의 심령을 쇳물처럼 녹이는 능력의 말씀으로 인쳐 주옵소서. 이 민족을 늘 이끌어 주시는 예수님의 이름으로 간절히 기도하옵나이다. 아멘.

절기와 기념일에 맞춘 종합 대표기도문 5

삼일절 기념주일 대표기도문

천지의 주재이신 주님!
이 땅의 구속사역을 완성하기 위해 이 땅에 오심을 감사드립니다. 십자가의 보혈로 구원을 얻은 우리가 그 은혜를 힘입어 이 전에 모였습니다. 이 기간 동안 온전한 자기 십자가를 지고 주님의 고난과 죽으심을 묵상하는 우리 모두가 되게 하시고 영원토록 주님 안에 거하는 저희들 되게 하여 주옵소서.

하나님 아버지! 주님 안에 거하며 주님과 함께 일한다 하면서도 스스로의 생각을 앞세웠으며, 주님의 뜻을 멀리하는 시간들이 많았습니다. 저희를 긍휼히 여기시는 주님! 저희의 부족함을 용서하여 주옵소서. 하나님 앞에 내어놓는 잘못들을 십자가의 보혈로 씻어주시고 소멸해 주시오며, 주님의 크신 은혜로 저희를 새롭게 하여 주옵소서.

사랑의 하나님! 우리로 하여금 예수님의 사랑의 길을 걸어가게 하옵소서. 주님이 걸어가신 사랑의 길은 이름 없이 빛도 없이 걸어가신 좁은 길인 줄 믿습니다. 우리가 듣는 것으로만, 아는 것으로만, 보는 것으로만 그치지 말고 행할 수 있게 하옵소서. 오늘 이 예배도 주의 성령이 임하셔서 우리를 감화 감동시키셔서 주님의 무한하신 사랑을 깨닫는 예배, 그 사랑을 실천하는 예배 되게 하옵소서.

오늘은 우리 민족이 일본에 항거하여 만세운동을 일으켰던 날을 기념하는 주일입니다. 그들의 희생과 사랑으로 얻은 이 자유를 영원히 지키게 하시고, 우리에게 광복의 은혜를 주신 주님께 항상 겸비함으로 허리를 동이고 축복해 주신 은혜에 감사하게 하시옵소서. 비굴하게 노예 되기를 거부하고 빼앗긴 나라와 이 민족의 주권을 위하여 투쟁하다 쓰러진 순교자들의 피가 저희 가슴속에 사라지지 않게 하옵소서.

다시 치욕과 슬픔의 역사가 없게 하시고 전진과 영광만이 가득한 조국으로 성장하게 하여 주옵소서. 나라를 이끌어 가는 대통령을 비롯한 위정자들이 하나님 두려운 줄 깨닫게 하시고, 백성을 진실하게 섬길 수 있는 수종자들이 되게 하시옵소서.

무엇보다 바라옵기는 선조들이 지켜 온 이 나라가 오늘날 우리들의 부패와 무지와 게으름으로 무너지게 하지 마옵소서. 우리 교회가 나라와 민족의 죄를 짊어지고 주님께 간구하는 기도의 군사들이 되게 하여 주시옵고, 나라와 민족의 영적 회복을 위하여 주님께 간절히 구할 수 있는 은혜를 주옵소서.

이 시간 목사님을 능력으로 붙드시고, 말씀을 듣는 우리 모두는 우리의 삶을 붙들고 계시는 주님의 은혜를 깨닫게 하옵소서. 우리를 구원하신 예수님의 이름으로 간절히 기도하옵나이다. 아멘.

절기와 기념일에 맞춘 종합 대표기도문 6

삼일절 기념주일 대표기도문

만물을 창조하시고 인간의 역사를 주관하시는 하나님 아버지! 주님의 이름을 찬양하며 높여 드립니다. 오늘 드리는 예배가 하나님의 크신 사랑을 체험하는 시간이 되기를 원합니다. 저희의 입에서 감사 찬양이 끊어지지 않게 하시고 날마다 구름기둥과 불기둥으로 인도하시는 아버지를 의지하게 하옵소서.

하나님께서 진노의 자식이었던 저희를 생명의 유업을 이을 하나님의 자녀로 삼아 주셨는데 저희는 아버지께서 베푸신 그 자비와 사랑을 잊어버린 채 세상의 어두움과 부패 속에서 그 빛과 맛을 잃은 소금처럼 살았습니다. 주여! 저희의 믿음 없음과 무지를 용서해 주옵시고, 이 시간 예배를 통하여 소금의 맛을 찾게 하시며 빛을 등경 위로 옮기게 하옵소서.

하나님 아버지! 우리의 삶을 온전히 주님께서 주장하시도록 우리가 주님을 온전히 의지할 수 있도록 축복으로 함께하여 주옵소서. 저희가 새로 거듭나게 하시고 그리스도의 형상을 닮아갈 수 있도록 우리 가운데 동행하여 주옵소서.

오늘은 특별히 일제의 포악한 침략과 잔인한 착취에 항거하여 자유와 평화의 깃발을 높이 들었던 삼일절을 기념하며 예배드립니다. 이 민족을 사랑하는 수많은 사람들이 희생되어 오늘의 민족의 모습이 있게 하심을 감사드립니다.

우리 민족이 더욱더 나라를 사랑하게 하옵시고, 이 나라 이 민족이 의와 진리를 사랑하고 자유와 정의를 사랑하는 민족이 되게 하옵소서. 일제의 탄압에 맞서 수많은 그리스도인들과 선열들이 분연히 일어나 일제와 맞서 싸웠던 이날, 그들이 나라와 민족을 사랑했던 조국애를 본받게 하옵소서. 앞으로 다시는 나라의 국권을 빼앗기거나 민족의 자존심과 정신을 잃어버리지 않게 하옵소서. 주님! 이제는 영적으로 정치적으로나 경제적으로나 힘을 가지고 주님의 공의와 사랑을 세계 속에서 실현하게 도와주옵소서.

하나님 아버지! 아브라함이 소돔과 고모라의 멸망을 붙잡고 중보기도 한 것처럼 오늘의 이 나라 정치와 경제와 불신앙과 사회의 어려운 처지를 붙잡고 하나님께 간구하는 저희들 되게 하옵소서.
이 시간 말씀을 들고 단 위에 서신 목사님을 붙들어 주셔서 우리의 심령이 하나님의 은혜에 충만케 하여 주시옵고, 말씀을 붙들고 세상을 이길 수 있는 힘을 허락하여 주옵소서. 우리의 소망이시며 이 민족의 횃불이신 예수님의 이름으로 간절히 기도하옵나이다. 아멘.

절기와 기념일에 맞춘 종합 대표기도문 7

어린이주일 대표기도문

사랑의 주님!
주님이 세우신 귀한 가정마다 어린 생명들이 태어나게 하시고, 건강하게 자랄 수 있도록 인도하여 주시니 감사합니다. 오늘은 특별히 어린아이들을 지극히 사랑하신 주님을 본받아 티 없이 맑고 깨끗한 어린 생명들을 생각하며 어린이주일로 지키게 하여 주시니 감사합니다. 이 시간 어린아이 같은 마음을 가지고 예배드리기를 원하는 저희들 가운데 임재하셔서 찬양과 경배를 받으시옵소서.

은혜의 주님! 어린아이들과 같이 되지 아니하면 천국에 들어가지 못할 것이라고 말씀하신 주님의 말씀을 심령에 새겨봅니다. 천국 백성의 모습과 사뭇 멀어진 저희들이었습니다.
저희의 마음은 온갖 사욕으로 가득 차 있어 순진하고 깨끗한 어린아이 마음같이 되지를 못했습니다. 남의 눈치보기에 익숙한 눈도 어린아이처럼 순수하지 못했습니다. 말과 행동도 거칠고 자유분방했고, 모든 것이 어린아이 같은 마음과 반대되는 것들뿐이었습니다.
저희들의 이 못난 모습을 불쌍히 여기시고 긍휼을 베푸사 용서하여 주옵소서. 어린아이들같이 주님을 믿고 따르는 저희들 되게 하시옵고, 어린아이들같이 천국에 합당한 저희들 되게 하여 주옵소서.

어린이를 사랑하여 주신 주님! 이 땅에 사는 모든 어린이들을 축복하여 주시옵소서. 어린 마음 속에 믿음을 간직하고 하나님을 경외하는 법을 배우며 자라게 하시며, 세상에 잘못 돋아난 독버섯 같은 존재들이 되지 않도록 진리의 말씀으로 강하게 붙잡아 주옵소서.

모든 어린이들이 주님의 날개 아래서 세상을 밝게 비추는 등불이 되게 하시고, 그 어떤 불의와도 타협하지 아니하고 정직한 사람으로 성장하기에 부족함이 없도록 이끌어 주옵소서. 특별히 부모가 없거나 부모의 사랑을 받지 못하고 있는 어린아이들을 위로하여 주시고, 병들고, 불구가 되고, 정신이 빈약한 어린이들에게도 치유와 용기의 은총을 주시옵소서.

이 시간 말씀을 전하실 목사님께 능력으로 함께하시며 영권을 갑절이나 더하사 성령으로 충만하게 하옵소서.

말씀이 선포될 때 흑암과 저주의 영이 떠나가게 하시며, 육체의 질병이 있는 자나 정신적으로 영적으로 시달리는 성도들이 있다면 말씀을 듣는 중에 치유 받는 시간이 되게 하옵소서. 어린아이와 같은 믿음을 귀하게 여기시는 예수님의 이름으로 간절히 기도하옵나이다. 아멘.

절기와 기념일에 맞춘 종합 대표기도문 8

어린이주일 대표기도문

영광과 찬송을 받으시기에 합당하신 하나님!
이 시간 우리의 마음과 정성을 다하여 기도드립니다. 우리의 찬송을 받으시고 우리의 간구에 능력으로 역사하여 주옵소서. 성령의 강한 역사가 일어나게 하시며 주님께서 받으실 만한 향기로운 예배가 되게 하옵소서.

하나님! 오늘은 특별히 우리가 어린이주일로 지키게 하심을 감사드립니다. 저희들에게 사랑으로 가정을 이루게 하시고 사랑하는 자녀를 주시니 감사드리나이다. 주님께서 저희들에게 임하셔서 선물로 주신 귀중한 자녀들을 참되고 순수한 어린이답게, 주님의 계명과 법도로서 잘 교육시키게 하옵소서. 그리하여 저희들의 자녀가 하늘나라의 역군으로 성장하게 하옵소서.

하나님 아버지! 죄악과 방탕의 유혹이 범람하는 이 험한 세상에서 저희 자녀들을 지켜 주시고 주님의 지팡이와 막대기로 인도하옵소서. 저희 자녀들의 마음밭에 주님의 복음과 진리의 씨앗을 뿌려 주시고 성령의 크신 능력으로 가꾸어 주시며, 말씀의 영양분을 충분히 주셔서 그들이 영과 육이 건강한 자녀들로 자라게 축복하시옵소서.

은혜로우신 주님! 그들의 호흡과 맥박 속에 주님을 모시고자 하는 생활이 되어서 이 나라와 이 교회와 역사를 짊어지고 나가는 데 부족함 없게 하시며, 주님의 큰 일을 감당하며, 게으르지 않는 천국 백성이 되도록 축복하시옵소서. 나는 쇠하고 주님은 흥해야 한다는 원칙을 잊지 않게 하시고, 내 몸에서 그리스도가 존귀하게 되기를 소망하는 아이로 자라게 하옵소서. 어떤 일이 있어도 나의 영광보다 하나님의 영광을 추구하도록 인도하시고, 최고를 추구하기보다 하나님이 주신 잠재력을 발휘해서 하나님의 기쁨이 되게 하옵소서.

하나님 아버지! 엄마의 젖을 의지하여 생명을 보전하는 어린아이처럼 저희들의 삶이 주님의 말씀을 의지하는 삶이 되게 하시고, 부모의 그늘 아래서 평안을 누리는 아이들처럼 참 평안을 누리는 저희들이 되게 인도하여 주옵소서. 부모의 사랑 하나로 만족함을 누리는 아이처럼 하나님 한 분으로 만족을 누리며 사는 저희들이 되게 하여 주옵소서.

이 시간 주님의 말씀을 듣고 단 위에 서시는 목사님을 성령의 능력으로 무장시켜 주시옵소서. 그 입술을 통하여 선포되는 말씀이 저희의 상한 심령을 어루만져 치유하게 하는 역사가 있게 하시고, 저희들의 심령에 변화를 허락하여 주옵소서. 저희들의 삶에 주인되시는 예수님의 이름으로 간절히 기도하옵나이다. 아멘.

절기와 기념일에 맞춘 종합 대표기도문 9

어린이주일 대표기도문

사랑의 주님!
지난 한 주간 동안도 주님의 은혜로 보호하시다가 오늘 이렇게 주님의 전에 나와 예배하게 하시니 감사합니다. 우리가 드리는 예배가 거룩하게 하시며, 정결한 마음으로 드리는 산 제사가 되도록 인도하여 주옵소서.
어린이주일을 보내면서 우리 자신이 어린아이와 같이 마음이 겸손하고 순수하였는지 돌아보니 실로 부끄러운 것뿐입니다. 주님! 주님의 말씀처럼 어린이의 모습에서 우리의 신앙을 배우게 하옵소서. 다시 우리의 믿음이 정립되게 하시고 우리 안에서 선한 것이 자라날 수 있도록 축복하여 주옵시며, 언제나 주님 안에서 자녀로서의 삶을 바르게 살아갈 수 있도록 도와주옵소서.

주님! 우리들에게 사랑스런 자녀들을 선물로 허락하시고, 자녀들로 인하여 기쁨을 얻게 하시니 더욱 감사합니다. 세상이 점점 더 악하여지고, 살아가기 힘들어지고 있습니다. 주님께서 어린아이들을 안아 주시고 사랑하여 주신 것같이 우리의 자녀들도 주님의 사랑으로 잘 자라나서 하나님의 귀한 자녀들이 되게 하시고, 하나님의 성품을 닮은 훌륭한 인격자로 길러 주옵소서.

하나님 아버지! 이 아이들이 믿음의 용사들이 되게 하옵소서. 여호수아와 갈렙처럼 하나님의 말씀을 붙잡고 믿음으로 도전하고 세상을 정복해 나가는 자녀들이 되게 하옵소서. 세상 살아가는 동안에 어려움을 만날지라도 문제 속에 빠져 낙심하지 않고 요셉처럼 환경을 이기고 삶의 현장을 변화시키며 문제를 발판삼아 갱신할 줄 아는 축복의 자녀들이 되게 하옵시고, 삶의 현장을 생기 있게 하는 축복의 사람이 되게 하옵소서.

약자 앞에 강한 척 하지 않게 하시고, 약자를 돕는 자가 되게 하시며, 강자 앞에 비굴하지 않게 하시며, 세상과 타협하지 않는 복음의 사람이 되게 하옵소서. 지혜와 계시의 정신을 주사 하나님의 복음으로 세상을 정복해 나가도록 역사하여 주옵시며, 칭찬과 격려로 아이들에게 용기를 주고, 꿈을 심어줌으로 살아야 할 이유를 발견하게 하옵소서.

이 시간 말씀을 증거하실 목사님을 하나님께서 기억하시고, 복음을 전하실 때 믿음으로 은혜 받게 하옵소서. 하나님의 말씀을 생활의 푯대로 삼게 하셔서, 좌우로 치우치지 않게 하시며 남은 한 주간도 승리를 보장하여 주옵소서. 우리를 구원하시기 위해 오신 예수님의 이름으로 간절히 기도하옵나이다. 아멘.

절기와 기념일에 맞춘 종합 대표기도문 10

어버이주일 대표기도문

은혜로우신 하나님 아버지!
5월의 화사한 햇빛과 신록의 나무와 온갖 자연의 풍요로운 선물을 주심으로 감사드립니다. 특별히 우리 가정을 주시고 사랑하는 자녀와 인자하신 부모님을 허락하심을 진심으로 감사드립니다. 이 시간 저희들이 어버이의 크신 사랑을 깊이 깨달으며 예배드리기 원하오니 이 예배를 받아 주옵소서.

은혜의 주님! 자나 깨나 저희들을 믿음과 사랑으로 돌보신 어버이가 계셔서 저희들이 이렇게 신앙을 유지하며 살 수 있게 하시니 감사합니다. 하지만 저희들은 부모님의 마음을 헤아리며 공경하고 순종하기보다는 자신의 정당성만을 주장하며 부모님의 마음을 아프게 해 드린 적이 너무나 많았습니다.
또한 주님의 자녀로서 절대적인 보호 가운데 살면서도 죄의 길을 벗어나지 못하고 주님을 근심시켜 드린 적이 너무도 많았습니다. 이제껏 주님의 마음을 근심시켜 드리고 부모님의 마음을 안타깝게 해 드렸던 모든 잘못됨을 고백하고 회개하오니 용서하여 주시옵소서.

긍휼이 풍성하신 하나님! 이제껏 저희들을 위해 모든 것을 희생한

어버이들에게 평강을 주시옵고, 늙음에서 오는 외로움, 서러움, 쓸쓸함, 섭섭함 등 모든 부정적인 것들이 사라지게 하시옵소서. 외로운 분들과 허약한 분들과 가난한 분들을 위로하여 주시고 힘을 더하여 주시며, 이 땅에 계시는 동안 끝까지 훌륭한 믿음의 어버이로서 모범을 보여줄 수 있게 하시옵소서. 저희들 모두 주님을 본받아 정성스런 효행으로 어버이를 섬기는 가정생활을 할 수 있게 하시옵고, 낳아 주시고 길러 주신 그 크신 은덕을 잊지 않도록 도와주시옵소서. 주님을 섬기는 마음으로 육신의 부모님께 효도하기를 힘쓰는 저희들 되게 하시옵고, 특별히 자녀없이 사시는 분들까지도 공경할 수 있는 넓은 효성을 지니게 하옵소서.

주님! 부모님을 대하는 우리 마음에 예수 그리스도의 마음을 부어 주옵소서. 인간적인 정으로 대하는 것이 아니라 성령의 소원을 따라 대할 수 있게 하옵소서. 부모님의 마음을 편하게 해 드려서 나중에 돌아가셨을 때 후회하는 일이 없도록 인도하옵소서.

이 시간 단 위에 세우신 목사님을 더 크신 능력으로 붙드시고 그 말씀을 마음속에 되새기며 생활의 동력과 효의 동력으로 삼을 수 있게 하여 주옵소서. 그 말씀으로 거듭나게 하시고, 이 시간을 통하여 귀한 은혜를 체험하게 인도하여 주옵소서. 하나님의 대리자로 육신의 부모를 파송하신 예수님의 이름으로 간절히 기도하옵나이다. 아멘.

절기와 기념일에 맞춘 종합 대표기도문 11

어버이주일 대표기도문

영화로우신 하나님 아버지!
어버이주일을 저희에게 허락하심을 감사합니다. 이 시간 모두가 감사의 제단을 쌓기 원하오니 저희의 예배를 받아 주옵소서.

저희에게 복된 가정을 주신 주님! 이 시간 저희는 부모와 자녀로서의 책임을 다하지 못하고 있음을 고백합니다. 주님 앞에서 언제나 부끄러운 죄인들입니다. 늘 내 이익과 안일을 위하여 고집을 부리며 주님이 주시는 깊은 사랑을 외면할 때가 많습니다. 또한 저희는 부모님의 자식을 향한 한결같은 사랑과 깊은 마음을 헤아리지 못하고 탕자와 같이 부모님의 마음을 상하게 하고 불순종하였습니다. 저희의 불효를 용서해 주시고, 다시금 부모님의 마음을 깊이 깨달을 수 있도록 도와주시옵소서. 믿음과 사랑과 봉사를 내 가정에서 먼저 베풀 수 있도록 도와주시옵소서.

인자와 자비가 풍성하신 주님! 자녀들을 위해 평생을 희생하시고 수고하신 부모님께 위로와 평강을 주시옵소서. 또한 자녀들 잘되기만을 기도하며 사신 부모님께 축복하셔서 건강을 주시고, 원하시는 모든 소원들이 주님의 뜻 안에서 성취되게 하시옵소서. 무엇보다도 주님이 우리 가정의 주인이 되셔서 가정을 지켜 주시고, 말씀의 반석 위에 가정의 기초를 세우고 믿음과 사랑과 화평을 이루는 복된 가정이 되게 하시고 기독교 명문 가정이 되게 하여 주옵소서.

아직 주님을 영접치 못한 부모님들께는 저희들이 간곡한 기도와 신앙의 모범을 보임으로써 주님을 영접하고 영생을 얻게 하는 데 자녀의 임무를 다할 수 있게 하시옵소서. 특별히 노령에 계신 분들께 건강의 축복을 허락하셔서 세상에서 주님이 맡겨 주신 일을 다 마칠 때까지 맑은 영혼과 건강의 축복을 덧입혀 주시옵소서.

주님의 몸 된 교회도 부모 공경의 본을 보여 이 사회의 썩어짐을 막는 주님의 사랑의 빛을 펼치는 교회가 되게 하여 주시옵소서. 세워 주신 몸 된 교회가 솔선하여 성도들의 바른 삶을 지도하고, 세상의 어두운 곳을 밝게 비추어 주며, 부패해 가는 곳을 깨끗한 상태로 회복시켜 주는 역할을 다하게 하여 주시옵소서.

이 시간 목사님을 통하여 전하는 하나님의 말씀을 들을 때에 그 말씀에 깨달음과 큰 은혜를 받게 하여 주시옵소서. 말씀 속에 저희를 찾게 하시고, 자신을 발견하게 하시며, 주님의 뜻을 알아 영광을 돌리는 삶이 되게 인도하여 주시옵소서. 효의 근원이 되시는 예수 그리스도의 이름으로 간절히 기도하옵나이다. 아멘.

절기와 기념일에 맞춘 종합 대표기도문 12

어버이주일 대표기도문

사랑과 은혜가 풍성하신 하나님 아버지!
부족한 저희들에게 베풀어 주신 사랑과 은혜를 감사드리나이다. 죄로 인하여 죽을 수밖에 없는 저희들을 주님께서 십자가의 보혈로 씻어 주시니 감사합니다. 이 시간 어버이주일로 지키게 하시니 감사하옵고 이 예배가 주님께서 받으실 만한 향기로운 예배가 되게 하옵소서.

사랑과 용서의 하나님 아버지! 저희들이 하늘 같은 부모님의 은혜와 사랑을 깨닫지 못하고 불효한 죄가 많음을 솔직히 고백하지 않을 수 없나이다. 네 부모를 공경하라는 주님의 명령을 거역하여 불순종하고 부모님의 마음을 상하게 한 것이 많사오니 저희들의 고백을 들으시고 용서해 주옵소서. 우리가 부모를 아름답게 봉양함으로 주님을 사랑하는 마음을 드러내게 하여 주옵소서.

은혜의 주님! 자녀들에게 부모님을 사랑하고, 순종하며, 공경하는 복된 마음을 주시옵소서. 부모님의 은혜에 조금이라도 보답하겠다는 심정으로 부모님을 따뜻하게 모시며, 부모님의 말씀을 잘 순종할 수 있는 자녀들이 되게 하여 주시옵소서. 이 땅의 사라져 가는 부모

공경의 도리를 다시 세워 주시고 "네 부모를 공경하라"고 하신 하나님의 계명을 준수하게 하옵시며, 부모님의 넓은 사랑을 깊이 새기게 하여 주옵소서.

주님이 자신의 편리와 유익을 구하지 않으시고 불쌍히 여기는 마음으로 사람들을 돌아보셨듯이 우리도 부모님을 대할 때 불쌍히 여기는 마음을 갖게 하옵소서. 부모님의 편리와 유익을 구하게 하시고, 희생과 헌신의 마음으로 부모님을 잘 모시고 돌아보는 신실한 하나님의 사람이 되게 하옵소서.

이 세대를 따라가지 않게 하시고, 주변 사람들이 가진 잘못된 가치관에 편승하지 않게 하시고, 그리스도인의 영적 품위를 지킬 수 있는 구별된 사람들이 되게 하여 주옵소서.

주님! 우리 부모님들로 하여금 이 땅에 마음을 두지 않고 하늘에 두게 하시고, 땅의 것을 추구하지 않고 하늘에 보화를 쌓으며 살게 하옵소서. 주님께서 부르시는 날에 부끄러움 없이 찬송하며 주님을 맞이할 수 있는 부모가 되게 하옵소서.

이 시간 말씀의 선포자로 세우신 목사님에게 큰 은혜와 능력을 더하셔서 저희들에게 사모하는 심령과 순종의 영을 부어 주셔서 말씀대로 살아 하나님을 영화롭게 하는 자들 되게 하여 주옵소서. 그 말씀 속에서 주님의 숨결을 느끼게 하시며 변화시키시고 주님의 영을 체험하게 하옵소서. 구원의 주가 되시는 예수님의 이름으로 간절히 기도하옵나이다. 아멘.

절기와 기념일에 맞춘 종합 대표기도문 13

현충일 기념주일 대표기도문

거룩하신 주님!
산천이 푸르름을 더해가는 축복의 계절 6월에 주님의 사랑과 축복을 온 몸에 담고 주님 앞에 예배드리게 하여 주심을 감사드립니다. 이른 봄에 심은 씨앗들이 어느덧 제 모습을 갖추며 성장을 더해 가는데 저희들의 신앙도 성장을 거듭할 수 있도록 축복하여 주시옵소서.

오늘 저희들이 주님의 십자가 공로를 힘입어 이 전에 나왔지만, 저희들의 모습이 심히 아름답지 못한 것들로 가득 차 있음을 고백하지 않을 수 없나이다. 늘 마음에 욕심만 담고 제 주장만 앞세워서 삶을 꾸려 나가는 저희들입니다. 주님을 대하기에 너무나 부끄럽사오니 저희들을 긍휼히 여기사 용서하여 주시옵소서.
다시금 저희들을 성령의 능력으로 강력하게 붙들어 주셔서 주님께서 원하시는 길을 기쁨 가운데 걷게 하시옵고, 주님의 십자가 희생의 사랑을 본받아 주님의 영광을 드러내고 주님의 뜻을 좇아갈 수 있는 저희들 되게 하여 주시옵소서.

위로의 주님! 이번 주간에는 지난날 조국이 풍전등화의 위기에 놓였을 때 몸을 아끼지 않고 조국의 평화와 자신의 목숨을 맞바꾼 순국

한 선열들의 고귀한 희생을 생각하는 현충일이 있습니다. 전쟁을 통하여 사랑하는 부모를 잃거나, 자식을 잃거나, 남편과 가족을 잃은 많은 사람들이 있사오니, 그들을 위로하여 주시옵소서.

이제는 이 땅에 다시는 젊은이들이 전쟁으로 인하여 피를 흘리는 일이 없도록 하나님께서 막아 주시옵소서. 그들이 피로 세운 나라를 이제 더욱더 발전된 나라로 평화와 자유가 가득한 나라로 만들어 주옵소서.

주님! 이 민족 위에 주님의 축복을 내려 주옵소서. 모든 혼란과 모든 불안과 많은 문제들이 보다 더 밝은 미래를 창출하는 아름다운 계기가 되게 하여 주옵소서. 이 민족을 인도하여 주셔서 어서 속히 평화 가운데 통일되게 하시고, 가족이 가족을 찾게 하시고, 자녀가 부모를 찾을 수 있는 은혜를 허락하여 주옵소서. 대통령으로부터 모든 위정자들이 주님 앞에 겸손히 행하게 하시고, 정직한 마음으로 두렵고 떨리는 마음으로 이 나라를 가꾸어 가게 하시옵소서.

이 시간 하나님의 사자를 통하여 주시는 말씀으로 새로워지게 하옵소서. 성령의 기름 부으심으로 능력의 말씀을 선포하게 하시며 모든 성도들에게 은혜와 감동으로 충만케 하옵소서. 지혜와 계시의 영을 주셔서 주님을 더 깊이 알게 하옵시고, 이 말씀으로 세상을 이기는 삶이 되게 하옵소서. 하늘의 신령한 것과 땅의 기름진 것으로 채우시는 예수님의 이름으로 간절히 기도하옵나이다. 아멘.

절기와 기념일에 맞춘 종합 대표기도문 14

현충일 기념주일 대표기도문

거룩하신 하나님 아버지!
복 주기 위하여 정하신 주님의 날에 하나님의 백성들인 저희들을 불러 주셔서 주님의 보좌 앞에서 예배드리게 하시니 감사합니다. 오늘도 주님의 이름을 부르며 찬양하는 우리의 예배를 기쁘게 받아주옵소서.
자비하신 하나님 아버지! 지난 한 주간도 주님의 말씀대로 살고자 하였지만 믿음이 연약한 연고로 육신의 일을 좇아 심히 어리석게 살아왔음을 이 시간 고백하오니 용서하여 주옵소서.

주님! 연약한 우리들의 믿음이 이제는 강건해져서 여호수아처럼 담대히 나아가는 굳건한 믿음으로 승리하며 살아가도록 인도하여 주옵소서. 오직 예수 그리스도의 십자가만을 바라보며 소망 속에 살게 하시옵고, 항상 감사와 찬양이 흘러넘치는 신실한 믿음으로 살아가도록 인도하여 주옵소서.

온갖 꽃들이 피어나던 5월도 이제 가고, 신록이 짙어지는 새로운 6월을 주심에 감사드립니다. 오늘은 현충일, 전쟁으로 희생된 젊은 목숨들을 기리며 추모하는 날입니다. 이 나라 이 민족을 위해 장렬히 전사하신 순국열사들의 그 높은 뜻을 기리는 이날, 앞서가신 분들의 용기와 신념에 고마워할 줄 아는 저희가 되게 하옵소서. 아들과 남편을 잃고 고난의 삶을 살고 있는 유가족들을 주님께서 위로해 주시옵소서. 그들의 슬픔과 눈물은 숱한 세월이 흘러도 가실 줄을 모르고 있으니 그 아픔과 눈물을 거두어 주옵시고, 주님의 사랑이 그들과 함께하여 주시옵소서.

사랑의 하나님 아버지! 이 나라를 진리 위에 세워 주시고 주님의 공의가 하수같이 흐르게 하시며, 바르고 정직한 사회, 양심이 살아있는 사회가 건설되게 하옵소서. 모든 교만과 사사로운 생각이나 당리당략을 다 버리고 진정으로 나라를 사랑하는 중에 하나님의 뜻이 이 땅 위에 이루어지게 하여 주시옵소서.
저 북녘 땅에도 은총을 더하시고, 가난과 질병과 굶주림에서 건져 주시고, 이 민족이 평화적으로 남북통일이 이루어지게 하시며 이 민족이 하나님의 은혜와 축복을 받아 누릴 수 있는 복된 민족이 되게 하여 주옵소서.

이 시간 세우신 목사님에게 성령님의 능력으로 전신갑주를 입히시고 말씀의 검을 주시어서, 다윗이 하나님의 궤를 불레셋 사람들의 손에서 구해낸 것처럼 이 세대의 위선자와 거짓 선지자들로부터 진리를 지키게 하여 주옵소서. 또한 주리고 목마른 영혼들에게 진리의 샘물을 나누어 줄 수 있는 은혜의 시간이 되게 하옵소서. 모든 사랑으로 충만하신 예수님의 이름으로 간절히 기도하옵나이다. 아멘.

절기와 기념일에 맞춘 종합 대표기도문 15

현충일 기념주일 대표기도문

전능하신 하나님!
우리를 사랑하사 주님의 전으로 인도하신 은혜를 감사합니다. 무한하신 은총으로 허락하셔서 우리로 하여금 주님의 영광 중에 담대히 나아올 수 있게 하시고 오늘도 변함없이 사랑하시는 은혜에 감사와 경배를 드립니다.

은혜가 충만하신 주님! 우리가 일주일 동안 주님의 이름을 더럽히고 다시 주님께 왔사오니 우리를 용서하여 주옵소서. 교만하고 허영과 이기심으로 가득한 우리를 주님, 용서하여 주옵소서. 회개한 모든 영혼들이 향유가 되어 아버지 발에 부어지며, 주님의 사랑에 거하게 하옵시고, 용서받고 주님 주시는 평안에 거할 수 있도록 붙들어 주옵소서.

오늘은 현충일, 전쟁으로 희생된 젊은 목숨들을 기리며 추모하는 날입니다. 조국을 위하여 불의와 싸우다 자신의 목숨을 바친 이들의 정의를 본받게 하옵소서. 우리가 누리고 있는 번영과 평화가 그들의 희생으로 이루어진 것임을 기억하게 하옵소서. 저희는 그들의 죽음에 대한 보답으로 하나님께서 보시기에 좋은 나라를 만드는 일에 몸과 마음을 바치고자 다짐하게 하옵소서. 선배들의 죽음으로 물려받은 이 나라의 자유를 지키고, 국민들이 편안하게 살아가는 나라를 만들고자 애쓰는 저희들이 되게 하여 주옵소서.

아들과 남편을 잃고 고난의 삶을 살고 있는 유가족들을 주님께서 위로하여 주시고, 절망 중에서 소망으로 살게 하시며, 다시는 이 땅에 그와 같은 비극이 없도록 도와주시옵고, 하나님께서 친히 파수꾼이 되셔서 이 나라를 지켜 주옵소서.

주님! 더욱 이 나라를 강하게 하시고 뭉치게 하셔서 치욕의 역사가 재현되지 않게 하시고 피와 땀과 목숨으로 지켜 온 이 나라가 주님께 영광 돌리며 이 세계 역사 속에서 큰 역할을 감당하는 위대한 축복받는 민족이 되게 하옵소서. 하나님이 바라시는 모습으로 남과 북이 하나가 되게 하시고, 어서 속히 통일의 그날이 오게 하여 주시오며, 통일된 나라를 아름답게 가꾸어 우리 후손들에게 물려주게 하옵소서.

이 시간 목사님이 말씀을 선포할 때 하나님의 의가 나타나게 하시고, 그 말씀이 우리 가운데 임할 때 우리 영혼이 새 힘을 얻게 하옵소서. 또한 우리의 연약함이 강해지고 병든 자가 고침을 받게 하시고 상처가 있는 자는 회복되고 치유되는 은혜가 있게 하옵소서. 사랑이 많으신 예수님의 이름으로 간절히 기도하옵나이다. 아멘.

절기와 기념일에 맞춘 종합 대표기도문 16

맥추감사절 대표기도문

영원한 생명의 근원이 되신 하나님!
오늘도 거룩한 날 주님의 존전에 나와 예배로 경배드리게 하심을 감사드리옵나이다. 어두움에 있던 저희들에게 진리의 빛을 밝히심으로써 뭇 인생들을 바른길로 가도록 인도하신 하나님! 찬양을 받으시옵소서. 오늘 거룩하신 주님의 교회에 참여한 저희들에게 용기와 힘을 주셔서, 신앙에 역행하는 것을 단호히 거절하게 하시고 믿음에 일치하는 것만을 확고히 따라가게 하시옵소서.

은혜의 주님! 지난날들을 돌아보며 허물 가득한 죄인들이 여기 섰습니다. 벌써 한 해의 절반을 보내고 말았으나, 저희의 달라진 것은 심히 적고 새 사람을 입은 모습이 전혀 이루어지지 못하고 있사오니 용서하여 주시옵고, 올 한 해의 남은 날 한시도 주님을 떠나 살 수 없음을 깨닫게 하여 주시옵소서.

능력의 주님! 이 거룩한 때를 따라 은혜의 단비를 내려 주시고 늘 보살펴 주시는 주님의 사랑을 생각하며 또한 맥추기를 허락하셔서 풍성한 열매를 채우시고 저희를 궁핍에 처하지 않도록 인도하신 것을 감사해서 맥추감사주일로 지킵니다. 저희들이 정성을 모두어 주님께 감사예물을 드리오니 기쁘게 받아 주시옵고, 그 바치는 손길마다 축복하여 주시며, 그 바치는 심령에 은혜의 단비를 내려 주시옵소서. 저희들이 이 시간 형식적으로 물질만 바치는 것이 아니라, 저희의 온 삶을 다 바쳐 주님을 기쁘시게 하는 은혜의 시간이 되게 하여 주시옵소서.

사랑의 주님! 이 기쁜 감사주일에 근심과 고통이 있어 주님께 감사드리지 못하는 심령들도 있을 줄 아오니, 주님께서 저들의 상한 심령을 위로하여 주시옵고 주님 주시는 평안으로 안정을 되찾고 주님께 감사하는 복된 삶을 살 수 있도록 축복하여 주옵소서.

하나님 아버지! 우리의 눈을 열어 감사의 제목들을 발견하게 하시며 기쁨과 감격을 누리는 성숙한 그리스도인이 되게 하옵소서. 우리의 가정이 하나님을 섬기는 신실한 가정, 하나님의 축복이 머무는 임마누엘의 가정이 되게 하옵소서. 교회에 속한 모든 이들에게 더 풍성한 감사가 있게 하시며 저들이 섬기는 직장에 그리스도의 은혜가 머물러 감사한 일들이 넘치게 하옵소서.

이 시간 말씀을 전하는 목사님에게 성령님 힘을 주시고, 우리들은 그 말씀을 믿음으로 받아들여 일어나 빛을 발하게 하옵소서. 저희들의 죄를 대속해 주시사 구원의 기쁨을 주신 예수님의 이름으로 간절히 기도하옵나이다. 아멘.

절기와 기념일에 맞춘 종합 대표기도문 17

맥추감사절 대표기도문

구원의 하나님!
때를 따라 은혜의 단비를 내려주시고 보살펴 주시는 주님의 사랑을 찬양하며 감사드립니다. 특별히 오늘은 저희들에게 맥추기를 허락하셔서 맥추감사주일로 지킬 수 있도록 은혜 베푸시니 감사드립니다.
주님은 해마다 풍성한 열매로 저희를 채우셔서 저희로 궁핍한 데 처하지 않도록 늘 보살펴 주셨지만, 저희는 욕심에 눈이 어두워 제멋대로 식물을 구하고 먹을 것, 입을 것을 위해 전전긍긍하면서 주님의 영광을 나타내지 못하고 볼품없이 살았나이다. 우리들이 하나님의 뜻에 어긋나게 생각하고 말하고 행동한 일을 아프고 부끄럽게 여겨 회개하오니, 주님 흘리신 보혈로 씻어 주옵시고 하나님의 영광을 위해 주님 뒤를 따르는 삶을 살게 도와주옵소서.

이 시간 드리는 예배를 통해 우리 안에 맑고 정한 새 심령을 빚어 주옵시고, 주님의 뜻이라면 주저하지 않고 실천할 수 있는 용기와 끈기를 새롭게 입혀 주옵시며, 아버지께 드릴 열매를 많이 맺도록 은혜 내려 주옵소서. 이 시간 맥추감사주일로 지키면서 형식적으로 물질만 드리는 것이 아니라 저희의 온 맘을 다 바쳐 주님을 기쁘시게 하는 은혜의 시간이 되게 하여 주시며, 주님의 자녀로서 손색없도록 주님을 따르며 주님을 위해서만 살겠노라고 결단하는 귀한 시간이 되게 하여 주시옵소서.

마지막 추수 때가 되어 악한 마귀들이 세력을 떨치고 있는 이때에 늘 깨어 기도하며 진리로 무장하고 주님의 말씀으로 방패를 삼아, 악한 세력을 물리치고 승전가를 부르며 전진할 수 있는 굳건한 믿음이 되게 하여 주옵소서.

자비하신 주님! 이 맥추감사주일에 염려와 근심과 고통에 눌려 감사를 잃어버린 채 주님의 전을 찾는 심령들이 있나이다. 주님께서 저희의 상한 감정을 어루만져 주시고 위로하여 주셔서, 주님 안에서 참된 평안을 찾게 하시고 주님을 의뢰하는 자는 주님께서 반드시 책임져 주신다는 믿음을 갖게 하시며, 모든 것을 주님께 내어 맡기고 주님만 의지하며 감사함으로 살아갈 수 있도록 샘솟는 기쁨으로 충만하게 채워 주시옵소서.

이 시간 목사님을 통하여 선포되는 말씀을 사모하며 기다립니다. 이 시간 우리의 영혼과 육신이 새롭게 변하며 하늘의 만나가 풍성히 내리는 시간이 되게 하여 주옵소서. 예배를 도와 봉사하는 많은 손길을 축복하시고, 성가대의 찬양이 은혜의 물결로 온 성전을 덮을 수 있도록 인도하여 주옵소서. 저희를 죄에서 구원해 주신 예수님의 이름으로 간절히 기도하옵나이다. 아멘.

절기와 기념일에 맞춘 종합 대표기도문 18

맥추감사절 대표기도문

사랑의 하나님 아버지!
인생들을 창조하시고 보호하시는 주님, 햇빛과 비와 바람을 주시어 이 땅에 풍성한 첫 열매를 허락하심을 감사드립니다. 첫 열매를 주님께 바치라고 하신 말씀을 따라 드리오니 이 예배를 받아 주시옵소서.

주님! 이 시간 저희가 주님을 향한 감사의 제사를 드리는 시간이 되게 하여 주옵소서. 범사에 감사하는 시간이 되게 하여 주옵시고, 주님께서 베푸신 은혜를 기억하는 시간이 되게 하여 주옵소서.

자비하신 하나님! 지난 6개월을 회고하니 하나에서 열까지 다 주님의 사랑과 자비의 결과임을 피부 깊숙이 느끼옵나이다. 하지만 저희들은 주님의 말씀을 사랑하며 주님의 뜻대로 살지 못하고, 주님의 마음을 아프게 해 드린 경우가 너무나 많았음을 고백하지 않을 수 없나이다. 허물 많은 저희들을 용서하여 주시옵고, 오직 주님의 능력으로 사는 저희들이 되게 하여 주시오며, 한 발치라도 주님의 말씀을 벗어나 살지 않도록 이끌어 주시옵소서.

저희들에게 비뚤어진 마음과 미련한 생각들이 있다면 바로잡아 주시고, 항상 주님을 즐거워하여 주님 가신 길을 좇을 수 있는 순종의 삶이 될 수 있도록 저희의 걸음걸음을 인도하여 주시옵소서.

사랑의 주님! 오늘 저희들이 주님의 은혜로 살아감을 감사하여 정성껏 감사예물을 드렸습니다. 이 물질을 드린 것으로 주님께 대한 감사의 표현을 다한 것으로 여기지 말게 하여 주시옵고, 중심을 드리기에도 힘쓸 수 있는 저희들 되게 하여 주시옵소서. 이제 여름을 맞이하여 교회에서 계획하고 있는 일들이 많이 있습니다.
이 모든 일들과 계획들이 주님의 사랑을 전하고 함께 다짐하는 일들이 되게 하여 주시옵고, 열매를 많이 맺어 주님께 큰 영광 돌릴 수 있도록 도와주시옵소서.

주님! 이 시간 바라옵기는 주의 성령이 비둘기같이 저희 가정에 임하셔서 환란과 걱정과 근심이 없는, 사랑과 평화가 언제나 넘치는 가정들이 되게 축복하시옵고, 저희들의 가정이 주님을 모시고 사는 작은 천국이 되게 하옵소서.

이 시간 말씀을 전하는 주님의 종에게 권능과 능력을 주셔서 피곤하지 않게 하시고, 갈급한 양떼들에게 생명수를 먹여 주옵소서.
목마른 양떼를 생명수로 채워 주옵시고, 성도들에게 힘과 용기를 주시며, 마음에 평화와 기쁨과 사랑이 넘치게 하옵소서. 우리의 감사의 근원되시는 예수님의 이름으로 간절히 기도하옵나이다. 아멘.

절기와 기념일에 맞춘 종합 대표기도문 19

광복절 대표기도문

만물을 다스리시는 위대하신 하나님!
동방의 작은 나라, 아직도 분단된 아픔을 안고 살아가는 서글픈 나라이지만, 그래도 이 민족을 사랑하시는 하나님, 오늘도 한국의 모든 교회와 믿음의 백성들이 일제히 엎드려 해방의 감격을 주신 하나님께 감사와 영광을 돌립니다. 그 기쁨을 맛본 지 반세기가 넘었습니다. 그러나 이제는 희년의 광복을 주님께 감사하나이다.

남북이 모두 회개하지 못했던 지난 세월을 용서하여 주시고, 해방의 희년을 불일치의 상태로 맞아야 하는 이 민족을 긍휼히 여기시옵소서. 새로운 일치의 과업을 지금 이 순간부터 시작하게 하시옵고, 더 이상 옛 이스라엘과 유다처럼 한 민족이 남북으로 나뉜 채 서로 미워하고 싸우며 오랜 세월을 보내는 일이 없게 하여 주시옵소서. 어서 속히 민족이 전체로 회개하고 겸손히 하나님께 돌아와 하나님의 뜻을 이루는 민족이 되게 하여 주시옵소서.

은혜로우시고 자비로우신 하나님! 저희들에게 조상들의 믿음을 본받을 수 있는 은혜를 허락하여 주옵소서.

21세기를 맞이하는 한국 교회는 말할 수 없이 비대해졌지만 교회마다 십자가 정신이 사라지고 있고, 영적 충만 대신 우정으로 충만해지는 현상이 나타나고 있습니다. 오늘의 교회와 성도들이 무엇보다도 세상과 타협하지 아니하고 오직 예수님 십자가만 붙들고 순교의 자리까지 기쁨으로 나아갔던 조상들의 믿음을 본받을 수 있도록 은혜를 부어 주시고, 안일과 적당주의로 신앙생활할 수 있으리라는 망상은 버리게 해 주옵소서.

그 어떤 핍박이 온다 할지라도 넘어지지 않고 꿋꿋하게 주님의 뜻을 높이며 그 뒤를 따를 수 있는 참된 믿음을 소유하게 하여 주시옵소서. 오늘 이 시간 이 예배를 통해 무엇보다도 저희들이 잘못된 사고방식과 잘못된 신앙관을 고치고, 주님의 자녀에 합당한 믿음을 지니도록 거듭나는 시간이 되게 하옵소서. 주님이 말씀 중에 역사하셔서 저희의 사악한 심령을 도말하시고 정케 하사, 오직 주님을 사모하는 마음으로 가득 차게 하시옵소서.

목사님을 통해 주시는 말씀이 알찬 생명의 양식이 되게 하옵시고, 그 생명의 물줄기가 우리 심령 하나하나에 촉촉이 적셔지도록 은혜 내려 주옵소서. 온 맘을 다하여 주님께 예배하는 모든 성도들에게 한없는 은혜와 축복으로 함께하여 주옵소서. 영광과 존귀를 세세에 받으실 예수님의 이름으로 간절히 기도하옵나이다. 아멘.

절기와 기념일에 맞춘 종합 대표기도문 20

광복절 대표기도문

위로의 하나님!
고난과 시련의 역사만을 거듭해 온 이 민족을 긍휼히 여기사 해방의 기쁨을 주셨사오니 감사드립니다. 주님의 도우심으로 민족의 통일을 이루기까지 희망을 가질 수 있도록 역사하여 주시옵소서. 여러 가지 절망과 염려로 삶을 포기한 채 고통하고 있는 사람들을 위로하여 주시옵고, 이 무더운 계절에 믿음마저 메마르지 않도록 붙들어 주시오며, 낙망을 이기고 승리하는 저희들이 되게 하여 주시옵소서.

이 민족을 사랑하여 해방의 은총을 주신 주님! 아직도 하나님을 온전히 섬기지 못하고 죄악 속에서 방황하는 이 백성들을 긍휼히 여겨 주시옵소서. 부정과 불의와 불신과 갈등 속에서 방황하는 이 백성들로 니느웨성의 회개가 있게 하시사, 하나님을 찾고 하나님께로 돌이키는 역사가 있게 하여 주시옵소서.
하나님을 경외하는 신앙의 사람, 정의의 사람들로 충만케 하여 주시옵소서. 무엇보다 이 백성들이 과거의 고난과 서러움을 잊지 말게 하시고, 이를 거울삼아 근신하고 경계함으로써 결코 같은 죄를 다시는 범하지 말게 하시오며, 같은 고난으로 고통을 받지 않도록 은혜를 허락하여 주옵소서.

하나님 아버지! 저희가 믿음으로 견고하며 흔들리지 말며 항상 주님의 일에 더욱 힘쓰는 자들이 되게 하시며, 주님께로부터 배우고 확신한 일에 거하게 하옵소서. 광야와 메마른 땅이 기뻐하며 사막이 백합화같이 무성하게 피어 기쁜 노래로 즐거워하게 하시듯, 저희로 죽어 메말라 있는 영혼들이 살아나게 하사 기뻐하고 즐거워하게 하옵소서.

주님은 선하시며 환난날에 산성이 되시오니, 저희 앞에 있는 큰 산 같은 고난도 주님의 능력과 은혜로 평지같이 되게 하시고, 저희가 고난을 당할 때 잠시 근심하게 되지만 끝내는 크게 기뻐하게 하옵소서.

나라를 세우시고 지키시는 하나님! 이 민족 모두의 가슴을 사랑으로 채워 주옵시고, 서로 사람다운 길에 설 수 있도록 주님께서 축복하여 주시옵소서. 그 나라와 의가 이 땅 위에 확장 건설되게 하시고, 이 나라와 이 교회가 주님으로 인하여 살 수 있도록 인도하여 주옵소서.

이 시간도 단 위에 목사님을 세워 주셨사오니, 우리에게 주시는 말씀을 통하여 바르게 살아갈 믿음을 허락하시고, 연약한 심령들이 강건함을 얻으며, 생활의 안정을 얻지 못한 자들이 안정된 생활을 누리게 하여 주옵소서. 겸손하고 온유한 마음으로 살아가신 예수 그리스도의 이름으로 간절히 기도하옵나이다. 아멘.

절기와 기념일에 맞춘 종합 대표기도문 21

광복절 대표기도문

억압과 질고로부터 해방을 주신 하나님!
이스라엘에게 소망을 주시며 내 백성이 될 것이라고 약속의 인을 쳐 주신 거룩하신 하나님, 우리 민족의 눈물을 씻겨 주시고, 묶여진 쇠사슬을 풀어 주시고 전쟁의 폐허 위에 오늘의 현실을 이룩하여 주셨음을 감사드립니다. 하지만 아직도 여전히 이 민족은 주님의 자비와 한없는 사랑을 외면한 채 우상을 숭배하며 인간의 힘만을 의지하고 세상 쾌락 사랑하기를 하나님 사랑하기보다 더 하고 있사오니, 이제라도 이 민족이 죄를 뉘우치고 통회 자복하는 마음으로 주님께 돌아오는 놀라운 역사가 일어날 수 있도록 이 백성의 마음을 사로잡아 주시옵고, 이 민족이 하나님 앞에 바로서는 민족이 되게 하옵소서.

광복절을 맞이하여 곳곳에서 일제 치하로부터의 해방을 기념하는 행사들이 벌어지고 있지만 우리 민족을 해방시키신 주님을 중심에 모시지 않고 기념하는 행사들이 무슨 의미가 있겠습니까? 주님이 친히 그 가운데 역사하셔서, 아직도 이 민족을 붙들고 계시는 우리 주님의 크신 사랑을 경험하게 하시고, 모든 주권이 주님께 있음을 깨닫게 하시옵소서.

전능하신 하나님! 이 나라의 독립과 해방을 위하여 목숨 바쳐 투쟁하고 숨져간 많은 영혼들을 기억하시고, 저들의 나라사랑 정신이 오늘에도 계속 이어져서, 아직도 분단된 아픔을 안고 비극의 역사를 되풀이하고 있는 이 나라가 속히 통일을 이루는 역사가 일어날 수 있도록 함께 하시옵소서.
하나님이 바라시는 모습으로 남북이 하나될 수 있게 하옵시고, 헤어진 가족들과 친지들이 만나게 하시며 무너진 북한의 교회들이 다시 재건되게 하시고, 그 옛날 평양에서 일어났던 성령의 바람이 불같이 일어나게 하여 주옵소서.

하나님 아버지! 주님은 세계사의 주인이시고 영원토록 이 나라를 다스리실 오직 한 분이십니다. 이 나라를 주관하시고 섭리하셔서 공의와 정의가 강물처럼 흐르게 하시고, 모두 함께 잘 사는 나라, 온 국민이 하나님을 섬기는 민족이 되게 하옵소서.

이 시간 광복절 기념 주일을 맞이하여 단 위에 서시는 목사님에게 능력을 7배나 더해 주시어서 주님의 권세 있는 말씀이 선포될 때에, 주님 주시는 진정한 해방이 무엇인지를 깨닫고 그 해방의 기쁨을 누리는 시간이 되게 하여 주시옵소서. 이 시간 은혜의 단비가 흠뻑 내리게 하여 주시고, 새로운 용기가 심령 깊은 곳에서부터 샘솟듯하게 하여 주시옵소서. 알파와 오메가이신 예수님의 이름으로 간절히 기도하옵나이다. 아멘.

절기와 기념일에 맞춘 종합 대표기도문 22

추석명절주간 대표기도문

우주와 천지만물을 말씀으로 창조하시고 친히 운행하시는 하나님! 연약한 우리를 주님의 전으로 인도하셔서 거룩한 주일에 예배드리게 하시오니 감사합니다. 저희 속에 심겨진 믿음이, 저희 심령 속에 이미 뿌려진 하나님의 생명이 예수 그리스도의 장성한 분량에까지 자랄 수 있도록 저희를 도우시옵고, 이 시간 하나님께 예배드리는 심령들에게 찾아와 주시옵소서.

사랑의 주님! 저희의 믿음 없음을 용서하여 주시옵소서. 가장 귀한 것은 분토처럼 버리고 허탄한 것들을 보물처럼 섬기며 살아온 지난 날이었습니다. 피폐된 저희의 영혼은 사라의 태가 끊긴 것 같은 절망적인 자신의 모습을 보면서 슬퍼하며 회개하나이다. 눈을 들어 주님을 바라보게 하시옵고, 주님의 이름을 부르는 나약한 저희들에게 힘을 주시는 우리의 하나님을 앙망하오니 주여! 도와주옵소서.

능력의 주님! 이 어지럽고 힘든 삶 가운데서도 주님이 주시는 평안이 가득하게 해 주시옵소서. 언제나 하나님을 찬미하는 삶이 되게 하시고, 감사와 기쁨이 넘치고 확신에 찬 믿음으로 주님의 사랑을 나타내게 하시옵소서. 특별히 낙심 가운데 있는 사람들에게 용기를 주시고, 주님이 끝까지 붙드시고 계심을 확신하며 소망이 넘치는 삶이 되게 하여 주시옵소서.

이번 주간에는 추석 명절이 있습니다. 고향을 향해 떠나는 발걸음들을 인도하시고, 특별히 창조주 하나님이 아닌 우상을 섬김으로써 하나님의 영광을 가리우는 일이 없게 하시며, 주님을 찬양하는 일로 가득 차게 하여 주시옵소서. 무슨 일을 하든지 신앙의 본분을 잊지 않게 하시고, 범죄하는 일에 마음을 빼앗기지 않도록 성령으로 충만하게 하시옵소서.

오늘 이 시간 명절의 들뜬 분위기에 휩싸이지 아니하고 마음을 정하여 주님을 가까이 한 저희들에게 주님의 크신 위로와 은혜를 쏟아 부어 주시옵소서.

주님! 우리가 주님의 은혜와 사랑을 더욱 깊이 느끼고 살아갈 수 있도록 축복하여 주옵시고, 안정되고 평화로운 가정이 될 수 있도록 축복하여 주옵소서. 가정이 천국 되게 하시고, 하늘나라의 기쁨을 맛보게 하여 주옵소서.

이 시간 단 위에 서신 목사님을 기억하시고, 성령의 능력으로 덧입혀 주셔서 말씀을 선포할 때 그 말씀을 들음으로 우리의 영이 회복되는 은혜를 허락하여 주옵소서. 저희를 구원하신 예수 그리스도의 이름으로 간절히 기도하옵나이다. 아멘.

절기와 기념일에 맞춘 종합 대표기도문 23

추석명절주간 대표기도문

풍성한 결실이 있게 하시는 하나님!
지난 한 주간도 주님의 은혜와 보호하심으로 지켜 주신 은혜를 감사합니다. 오늘 이렇게 주님의 백성들이 함께 모여 주님 앞에 찬양하며 경배하게 하시니 감사합니다. 이 시간 우리가 신령과 진정으로 예배드리기를 원하오니 우리의 찬송과 기도를 받으시고 우리가 드리는 예배가 하나님께는 영광이 되고 저희 모두에게는 은혜가 되게 하여 주옵소서. 온갖 열매를 맺는 이 계절에 우리에게도 삶의 열매가 있게 하시고 믿는 자의 사명을 잘 감당하도록 축복하여 주옵소서. 주님의 자녀다운 인격을 갖게 하시고 세속의 시험에 들지 않도록 우리를 보호하여 주옵소서.

오래 참으시는 주님! 저희들의 혈기 많음을 용서하시옵소서. 내 뜻대로 되지 않으면 견디지 못하고 짜증을 내며 어찌할 바를 모르고 당황하는 못난 성품을 버리지 못하고 있습니다. 악을 행하는 데는 빠르고 선에는 무지하다고 하신 말씀이 바로 저희의 모습인 것을 압니다. 주님을 본받아 오래 참게 하시고, 선을 이루기까지 혈기를 제거하는 인내의 사람이 되게 하시옵소서.

사랑과 은혜가 많으신 주님! 그럴듯한 것으로 숨겨진 죄악 속에 살며 주님을 부인하며 슬프게 했던 우둔한 저희들을 불러 주셔서 주님의 백성으로 삼아 주신 은혜를 평생 잊지 않고, 주님 오시는 그날까지 주님의 사랑을 증거하며 사는 삶이 되게 하여 주시옵소서.

민족의 명절인 추석이면 많은 사람들이 고향으로 떠납니다. 이처럼 자기가 태어나 자란 곳을 잊지 못하고 다시 찾는 귀소본능을 보며 저희는 결코 주님 곁을 떠나서는 살 수 없는 존재라는 것을 깨닫게 됩니다. 고향 찾는 설레임으로 늘 주님을 가까이 할 수 있는 저희들 되게 하여 주시옵시고, 오고 가는 길에 안전사고가 나지 않도록 지켜 주시옵소서. 가족들과 나누는 대화가 복되게 하시고, 사랑을 나누는 시간이 되게 하여 주옵소서. 무엇보다도 온 가족 하나님의 은혜를 깨닫는 명절이 되게 하시고, 한 해의 풍성한 결실을 주신 하나님께 감사하며 영광 돌리는 자리가 되게 하시옵소서.

이 시간 세우신 목사님에게 성령의 두루마기를 입히시고, 그 입술을 통하여 나오는 하나님의 말씀으로 목마른 양떼들이 목을 축이는데 부족함이 없도록 인도하옵소서. 또한 영육 간의 귀한 양식이 되고 생명수가 되어, 거친 세상에서 생활할 때에 빛과 소금의 직분을 다하게 하옵소서. 우리를 위해 사망 권세를 이기신 예수 그리스도의 이름으로 간절히 기도하옵나이다. 아멘.

절기와 기념일에 맞춘 종합 대표기도문 24

추석명절주간 대표기도문

우리와 늘 동행해 주시며 함께하시는 하나님!
오늘 거룩한 성일에 베푸신 은혜로 인하여 감사와 찬양을 드립니다. 이 시간 때를 따라 돕는 은혜를 받기 위해 이 자리에 나왔사오니 크신 은총을 베풀어 주옵소서.

하나님 아버지! 구원은 받았지만 기쁨이 없고, 하나님의 자녀가 되었지만 자녀답게 살지 못했음을 고백합니다. 늘 염려와 근심으로 옛사람의 속성을 벗지 못하고 보이는 땅의 것을 추구하며 살아온 불신을 용서하여 주옵소서. 이 시간 아버지께서 저희의 영안을 밝히시어 우리를 부르신 하나님의 영광의 기업이 어떠한지를 알게 하시고 바라보게 하옵소서.

주님께서 주시는 지혜로 살게 하시고 이기적인 인간관계에서 평화를 이루며 살게 하옵소서. 지혜와 계시의 영을 저희에게 주셔서 마음을 강하게 붙드시고 허락하신 약속의 분깃을 잡고 믿음으로 살게 하옵소서. 저희들이 영의 전신갑주로 무장하도록 오늘도 힘과 은혜 내려 주옵소서. 우리를 건방지고 못되고 고집 센 자리에서 겸손하고 아름다운 하나님의 사랑의 자리로 옮겨 주옵소서.

하나님 아버지! 우리의 신앙생활에도 열매가 많이 맺히게 하옵시고, 먼저 우리의 마음밭이 옥토가 되게 하시어 주님의 부르심의 목적이 우리 속에서 이루어지게 하옵소서. 나무의 열매를 보고 그 나무를 아시는 주님! 우리가 하나님의 자녀로서 합당한 삶의 열매를 맺게 하옵소서. 이번 주는 우리 민족의 큰 명절이 있어서 흩어졌던 가족들이 다시 한 자리에 모이고 사랑을 나누게 됩니다.

하나님! 우리는 모두 고향을 그리워하고 있사오니 그 고향의 포근함과 따스함을 우리가 맛볼 것인데, 주여! 우리가 그 기쁨을 맛보면서 영원한 우리의 고향 천국을 묵상하게 하옵소서.
주의 제단에서 참새도 제 집을 얻고 제비도 새끼들 보금자리를 얻었다고 옛 시인이 노래했습니다. 주님의 품 안이 우리 영혼의 고향이며 그곳에서 진실한 안식과 평화를 얻게 됨을 다시 한번 깨닫는 한 주간이 되게 하옵소서. 우리가 모두 고향에서 즐거워할 때 고향을 찾아갈 수 없는, 북녘에 두고 온 실향민을 기억하게 하옵소서. 주님께서 저들을 위로하시고 속히 통일의 날을 허락하셔서 저들의 눈에 눈물을 닦아 주시옵소서.

이 시간 목사님, 말씀 들고 단에 세우셨사오니 선포되는 말씀으로 우리의 심령이 새롭게 변화되는 은혜 충만한 시간 되게 인도하여 주시옵소서. 이 모든 말씀을 우리를 죄에서 구원하신 예수님의 이름으로 간절히 기도하옵나이다. 아멘.

절기와 기념일에 맞춘 종합 대표기도문 25

종교개혁주일 대표기도문

거룩하신 하나님!
이 거룩한 성일을 지키어 주님의 전으로 나아오게 하심을 감사합니다. 주님에 대한 사랑 때문에 주님을 섬기며, 그 사랑 때문에 주님께 예배를 드리며, 사랑 때문에 말씀에 순종하기를 원합니다. 그러나 그리스도를 닮지 못하고 경건의 모습만 흉내내는 연약한 저희들을 긍휼히 여기시옵소서. 그리스도의 생명으로 저희 속에 채워 주시기를 원하여 저희의 마음을 빈 그릇으로 드리오니, 복음으로 저희를 충만하게 채워 주시옵소서.

자비하신 주님! 알고도 행하지 못하고, 감격하면서도 은혜대로 살지 못한 저희들입니다. 육신의 욕망을 위해서만 사용되었던 입술이 영원한 가치를 위해서 사용되게 하시옵소서. 보이는 세상의 것들이 저희의 마음에 위로와 평화를 주는 것이 아님을 알면서도, 성령을 기쁘게 해 드리기보다는 세상에 종노릇하며 사탄을 도왔던 삶이었음을 고백합니다. 저희의 완악한 심령을 불쌍히 여기시고 저희의 죄과를 도말하시옵소서.

사랑의 하나님 아버지! 특별히 오늘은 썩고 부패한 낡은 종교의 굴

레를 용감하게 벗어던져 버리고, 기독교의 참뜻과 참모습을 새로 찾은 변화와 개혁과 해방을 기념하는 종교개혁주일로 지킵니다. "오직 은총, 오직 믿음, 오직 성령으로"라는 진리의 가치를 높이 들었던 개혁자들의 신앙을 되새기며, 저희들의 변화되지 못하고 형식화된 신앙을 과감히 척결하는 시간이 되게 하시옵고 새 사람 , 새 신앙으로 새롭게 다짐하는 시간이 되게 하시옵소서.
끊임없이 주님의 말씀과 계율에 우리의 신앙을 비추어 잘못된 것을 바로잡고 그릇된 것을 고쳐 나가는 개혁적인 신앙인이 되게 하옵시고, 주님만을 모범으로 삼고 따르게 하옵소서.

특별히 이 시간 종교개혁주일을 맞이하여 우리 교회가 스스로를 개혁하고 어두운 세상에 빛을 비춰 주는 진리의 등불이 되게 하옵소서. 부패한 세상의 방부제가 되게 하시고 사망의 늪에서 방황하는 심령들에게 구원의 방주가 될 수 있도록 인도하여 주옵소서.

이 시간 하나님의 말씀을 전하실 목사님 위에 축복하사 주님의 쏟아지는 은혜를 체험하고 다짐하는 귀한 시간이 되게 하옵소서. 결단하는 귀한 시간이 되게 하여 주시고, 우리의 죽어가는 영혼에 새로운 생명을 부어 주옵소서. 날마다 새로운 은혜를 주시는 예수님의 이름으로 간절히 기도하옵나이다. 아멘.

절기와 기념일에 맞춘 종합 대표기도문 26

종교개혁주일 대표기도문

공의로우신 하나님!
죄로 말미암아 죽어야 마땅한 죄인들이지만 주님의 보혈의 공로를 의지하여 영원한 생명으로 다시 살게 하시니 감사합니다. 오늘도 이 거룩한 주님의 제단에 우리가 머리를 숙여 예배하게 하시니 감사드립니다. 오늘 우리의 예배를 거룩하게 하옵시고, 아버지께서 받으실 만한 산 제사 되게 하옵소서.

지난 한 주일 동안에도 세상을 살면서 주님을 기쁘시게 하지 못하고 우리들의 육신을 위하여 이기적인 욕망과 많은 죄악 가운데서 살아왔음을 고백합니다. 이 시간 우리의 회개를 들어주시고 용서하여 주옵시고, 오늘도 갈급한 심령으로 나아왔사오니 주님께서 우리의 기도를 응답하여 주옵소서. 먼저 하나님의 말씀대로 살아가는 믿음을 허락하시고 삶 전체를 통하여 주님의 영광을 드러내는 믿음을 허락하여 주옵소서. 주님과의 온전한 관계를 회복함으로써 영생의 기쁨과 평강이 넘치게 하시옵소서.

하나님 아버지! 오늘은 개혁자들의 신앙을 기리며 다시금 되새기고자 종교개혁주일로 지키는 날입니다. 하나님께서 이 땅과 교회를 믿음으로 구원 얻는 은혜의 법 아래 두셨건만 교회가 다시 율법과 형식과 무거운 짐을 강요하는 타락의 상황으로 돌아가는 것에 항거하였던 선각자들의 믿음을 생각합니다.

오직 예수 그리스도로 말미암는 은혜와 믿음의 법을 회복하고, 말씀 중심의 신앙으로 돌아가고자 했던 개혁자들의 신앙을 교회들이 본받게 하여 주옵소서. 교회적으로, 가정적으로, 개인적으로 우리의 믿음을 재점검할 수 있게 하옵소서. 그리하여 개혁자들이 회복하고자 했던 오직 은혜, 오직 믿음, 오직 말씀의 신앙 위에 우리가 든든히 서 있는지 살펴서 부족한 부분, 잃어버린 부분들을 회복하며 오직 그리스도 예수 안에서 우리의 삶과 신앙을 바르게 세울 수 있도록 도와주옵소서.

오늘 우리가 종교개혁주일을 맞아 외치는 진리의 음성과 변화를 갈망하는 마음이 이 시대와 교회를 바로서게 할 뿐만 아니라 다가오는 세대 속에서도 끝없이 일어나는 계속적인 사건이 되게 하옵소서.

이 시간 단 위에 서신 목사님을 성령님의 능력으로 붙들어 주셔서, 느슨했던 저희들의 신앙에 개혁이 일어나는 불 같은 말씀이 되게 하시고, 말씀을 듣는 우리에게 큰 은혜가 되게 하옵소서. 강단을 통해 흐르는 생명의 강줄기가 우리 심령 하나하나를 적시게 하옵시고, 답답한 우리 심령이 시원함을 얻게 하옵소서. 영원한 생명으로 인도하실 예수님의 이름으로 간절히 기도하옵나이다. 아멘.

절기와 기념일에 맞춘 종합 대표기도문 27

종교개혁주일 대표기도문

영원히 변치 않으시고 살아계신 하나님!
우리를 세상에서 눈동자처럼 보호하시다가 거룩한 주일에 하나님의 전으로 불러주신 은혜에 감사합니다.
우리의 죄를 사하여 주시는 은혜를 사모하여 주님의 전으로 나아왔사오니 우리를 주님의 보혈로 거룩하게 하시옵소서. 저희가 범죄했으므로 주님의 은총을 받을 자격이 없으나, 성령을 통하여 잠자는 저희 영혼을 깨워 주시고 주님을 기억하게 도와주시며 거룩한 뜻에 헌신하도록 도와주시옵소서.

주님! 번민과 불신과 절망과 약함과 두려움 속에서 보내버린 저희의 잘못을, 이제는 성령의 은사로 변화시켜 주옵시고 안전과 믿음, 그리고 희망과 강함으로써 주님과 더불어 승리하게 하여 주시옵소서.

하나님 아버지! 오늘은 특별히 진리를 수호하며 부패하고 타락한 종교를 개혁하고자 주 예수 그리스도의 이름으로 분연히 일어났던 종교개혁자들의 신앙과 용기를 기리는 종교개혁주일입니다. 오늘 우리 가운데 이 진리를 위해 자신을 주님께 드린 개혁자의 믿음을 주옵소서. 불의에 항거하여 하나님의 공의와 은혜의 법을 수호하고자 했던 개혁자들의 헌신이 우리 속에도 있게 하옵소서. 무거운 짐을 지고 기쁨도 참 소망도 없이 살아가던 백성들에게 예수 그리스도로 말미암는 은혜의 신앙을 회복시켜 주었던 개혁자의, 영혼을 향한 뜨거운 사랑의 정신을 우리에게도 충만히 부어 주옵소서. 그래서 교회와 성도들이 새로워져서 이 땅에 소망을 줄 수 있게 하시고, 이 땅이 진리와 복음으로 회복되어 하나님의 다스림 속에 있는 하나님나라 되게 하여 주옵소서.

사랑의 하나님 아버지! 부패하고 타락한 교회를 새롭게 개혁시킨 그 정신을 저희들이 본받아서, 부패하고 오염된 오늘 이 교회들을 다시 한번 새롭게 변혁시키는 교회와 그리스도인 될 수 있도록 성령님께서 뜨겁게 역사하옵소서.
감격이 없고 죽어있는 저희들의 믿음에 뜨거운 감격과 찬양과 감사가 넘치는 살아있는 믿음이 되게 하시고, 게으르고 나태한 자리에서 열심과 헌신의 자세로 새롭게 변화되게 하옵소서.

이 시간 단 위에 서시는 목사님을 기억하시고, 말씀을 들을 때에 우리의 심령이 새로워져서 주님 말씀을 믿음으로 받으며 순종함으로 주님 따라 살게 하옵소서. 세세 무궁토록 존귀와 찬양과 경배를 받으시기에 합당하신 예수 그리스도의 이름으로 간절히 기도하옵나이다. 아멘.

절기와 기념일에 맞춘 종합 대표기도문 28

추수감사주일 대표기도문

저희의 인생을 풍성한 것으로 먹이시는 하나님 아버지!
아무것도 가진 것 없이 이 세상에 온 저희들이 주님의 은혜를 입어 많은 것을 얻게 되었나이다. 광야 같은 삶 위에도 만나와 메추라기를 내려 주신 하나님의 은혜가 한시도 쉼 없이 계속되어 왔음을 깨달을 때 저희들은 만입이 있어도 감사가 부족한 인생들이옵나이다. 오늘 이 예배가 하나님께서 기뻐하실 만한 예배가 되어 지금까지 주님이 내려 주신 은혜의 지극히 작은 부분이라도 채우는 자리가 되게 하옵소서.

은혜로우시고 자비하신 하나님 아버지! 오늘은 험난하고 복잡한 이 세상의 삶 가운데서도 그동안 입을 것, 먹을 것을 주시고, 베풀고 나눌 수 있도록 은혜주신 것을 감사하며, 또한 이토록 풍성한 결실을 얻을 수 있도록 축복하신 것을 감사하여 주님께 추수감사주일 예배로 영광 돌리옵나이다. 이 시간 저희들이 정성을 모아 드리는 이 예배를 받아 주시옵소서.

사랑의 하나님 아버지! 지난날을 돌이켜 보건대 저희들은 하늘의 신령한 은혜와 양식을 쌓는 일보다 세상의 썩어질 양식을 얻는 일에 더 분주하고, 주님의 나라와 의를 구하는 일에 너무도 게을렀음을 고백하지 않을 수 없나이다. 주여! 이 시간 주님의 보혈로 저희의 심령을 정케 하여 주시고 주님께서 저희를 위해 이루신 일들과 은혜를 깨닫게 하여 주시옵소서.

축복 주시기를 즐겨하시는 하나님 아버지! 오늘 저희들이 주님께 드리는 감사의 예물을 기뻐 받으시기를 원합니다. 이 예물 속에 깊은 감사와 전체를 바치는 거룩한 결의가 들어 있사오니 기쁘게 열납하여 주시옵소서. 그리고 오늘 감사의 예물을 드린 모든 손길 위에 주님의 크신 은혜로 채워 주시고, 더욱 감사의 조건이 늘어가는 귀한 믿음들로 이끌어 주시옵소서. 그리하여 삶 속에서 늘 풍성한 결실을 맺어 소중한 열매를 더욱더 많이 주님 앞에 드리게 하시옵소서.

마지막 추수 때가 되어 악한 마귀들이 세력을 떨치고 있는 이때에 우리가 늘 깨어 기도하며 진리로 무장하게 하옵소서. 하나님의 말씀으로 방패를 삼아 우리를 둘러싸고 있는 악한 권세에 굴하지 않고 굳건하게 믿음을 지켜 승리의 주님만을 바라보게 하옵소서.

이 시간 말씀을 증거하실 목사님을 주님 능력의 손길로 함께하여 주시고 말씀을 통하여 모든 성도들이 다 함께하게 하셔서 말씀이 우리들의 길과 생명이 되게 하시고 소망이 되게 하여 주시옵소서. 이 모든 간구를 우리 주님 예수 그리스도의 이름으로 간절히 기도하옵나이다. 아멘.

절기와 기념일에 맞춘 종합 대표기도문 29

추수감사주일 대표기도문

은혜로우신 하나님 아버지!
우리를 거룩하게 하사 거룩한 백성 중에 거하게 하시고 거룩한 성전에서 예배를 드리게 하시니 감사합니다. 우리를 왕 같은 제사장으로 세워 주시고 주님 앞에 나아올 수 있는 특권과 자격을 주신 것에 감사합니다. 오늘은 한 해 동안 하나님께서 베푸신 은혜들을 헤아려 감사하는 추수감사주일입니다. 저희들이 드리는 감사의 제사를 받아 주시고, 풍성하신 하나님의 은혜를 다시 한번 깊이 체험하는 시간 되게 하옵소서.

하나님의 은혜를 감사하며 찬양해야 할 저희들이지만 감사하는 삶에서 멀어져 불평과 한숨 속에 살았던 것을 이 시간 고백합니다. 하나님! 용서하여 주시고 추수감사주일 예배를 통하여 우리 영혼이 하나님 앞에서 감사신앙을 회복하게 하여 주옵소서.

이 시간 예배할 때에 한 해 동안 베풀어 주신 하나님의 크신 은혜를 깊이 깨닫게 하시고 우리 속에 진정한 감사가 우러나게 하옵소서. 오늘뿐 아니라 날마다의 삶이 주님 앞에 예배가 되며 감사의 찬양이 되어서 하나님께 영광 돌리게 하여 주옵소서.

지금까지 도우시고 지켜 주신 하나님! 목마른 자들을 불러 모아 값도 없이 물을 주시고, 먹을 것이 없는 자들도 불러 모아 돈 없이 양식을 주시오니 생기가 솟아납니다. 이 생기로 구원의 소식을 만방에 전할 주님의 제자가 되기 원하오니 크나큰 평화를 이 땅에 심게 하옵소서.

마지막 때에 추수할 일꾼을 부르시는 하나님! 곡식 단만 추수할 것이 아니라 예정하신 알곡 신자들을 추수해 거두어들일 수 있는 일꾼으로 우리들을 세워 주옵소서. 세상 광풍에 시달려 고생하다가도 주님의 위로하심으로 믿음의 길을 힘겹게 걸어가는 우리들이 왔사오니 오늘의 말씀을 통하여 주님의 형상으로 변화되어 아멘으로 화답하는 심령마다 하나님의 풍성한 은혜가 넘치게 하옵소서.
이 예배가 우리의 온 삶을 바쳐 주님을 향해 감사드리는 예배가 되게 하옵시고, 교회 곳곳에서 섬기는 손길들을 기억하시며 그들의 삶과 가정에 하늘의 신령한 복으로 채워 주옵소서.

이 시간 주님의 말씀을 들고 단 위에 서신 목사님을 권능의 팔로 붙잡아 주셔서 선포되는 말씀마다 풍성한 영의 양식이 되게 하시며 말씀으로 우리의 심령에 온유함과 평안함을 얻게 하옵소서. 사랑이 많으신 예수 그리스도의 이름으로 간절히 기도하옵나이다. 아멘.

절기와 기념일에 맞춘 종합 대표기도문 30

추수감사주일 대표기도문

인자하심이 영원하신 하나님!
선하심과 인자하심이 홀로 하나님께 영원히 있으심으로 감사와 찬송과 영광을 돌립니다. 죄와 허물로 죽은 우리를 구원하여 주심을 감사합니다. 풍성한 추수의 계절에 하나님께서 베푸신 은혜와 사랑에 감사하며 이 시간 추수감사절 예배를 드립니다. 이 감사의 축제를 맞아 저희들에게 만복을 내려 주옵소서.

하나님 아버지시여! 생각건대 저희들은 온통 감사의 제목을 가지고 있으면서도 감사치 못하고 불평을 늘어놓은 적이 많이 있었나이다. 주님께서 항상 기뻐하라 쉬지 말고 기도하라 범사에 감사하라고 하셨사오나 감사치 못한 저희들의 부족함을 용서하시고 감사와 찬양을 드릴 수 있는 믿음을 허락하여 주옵소서.

거룩하신 하나님 아버지! 지금 드리는 저희들의 예물을 기뻐 받아 주시고 열납해 주옵소서. 이 적은 감사 예물 속에 깊은 감사와 전체를 바치는 거룩한 결의가 들어 있사오니 받아 주옵시고 축복 내려 주옵소서. 그리하여 저희들이 다시 새 인격 새 삶으로 부활하고 중생하는 깊은 신앙을 깨닫게 하시고 저희들의 진정한 감사가 하늘나라 창고에 차곡차곡 쌓여지는 알곡 같은 제물이 되게 하옵소서. 이 씨앗을 통하여 하나님의 거룩한 사업이 힘차게 번영하여 역사의 새 씨앗이 자라나서 풍성한 열매를 맺게 하옵소서.

온 교회 모든 성도들이 항상 감사하라는 말씀을 깊이 새기며 날마다 감사하게 하여 주옵소서. 감사절을 맞이하는 오늘 이 시간에 저희들의 심령에 감사의 불을 붙게 하시고, 그 불이 일생을 다가도록 꺼지지 않게 도와주시옵고, 먼저 나 자신의 심령 밭에 성령의 열매를 맺게 하옵소서.

주님의 추수 때까지 저희들이 쉬지 않고 믿음의 씨앗을 부지런히 심게 하시고 말씀의 씨앗을 우리 삶 가운데 심어 의의 열매를 맺는 복된 자들 되게 하옵소서. 오늘 추수감사예배를 통하여 만물을 풍성하게 하시는 은혜와 복이 모든 성도 위에 넘치게 하옵소서.

이 시간 목사님의 말씀을 통하여 온 교회 성도들의 영육이 살아나게 하시고 성령 충만케 하여 주옵소서. 말씀을 듣는 데 그치는 것이 아니라 말씀대로 살아서 30배, 60배, 100배 축복의 주인공들이 되게 하여 주옵소서. 이 땅에 구주로 오신 예수님의 이름으로 간절히 기도하옵나이다. 아멘.

절기와 기념일에 맞춘 종합 대표기도문 31

성서주일 대표기도문

우주 만물을 창조하시고 살아 계셔서 역사하시는 하나님 아버지! 12월 둘째 주를 맞아 혹한의 강추위 속에서도 저희의 발걸음을 주님의 전으로 돌리게 하여 주시고 거룩한 성서주일로 지킬 수 있도록 인도해 주신 하나님께 감사를 드립니다. 성경으로 믿음을 갖고 하나님의 백성이 되게 하셨음에 감사드립니다. 이 시간에 함께 모인 모든 성도들이 진심으로 주님을 찬송하고 그 이름에 영광을 돌립니다.

사랑의 하나님! 저희들이 성경을 주신 하나님의 뜻을 따르지 못했사오니 용서하여 주옵소서. 매일 양식을 대하듯이 생명의 만나로 바르게 지내는 데 게을렀음을 회개합니다. 떡으로만 살지 말고 하나님의 말씀으로 살아야 했건만 세상의 일로 분주하여 성경을 가까이 하지 못하였으니 용서해 주시옵소서. 저희의 믿음이 말씀에 의해서 날마다 세워지게 하옵소서.

살아계신 하나님! 찬양과 말씀으로 상한 심령들이 치유받게 하시고, 저희를 위해 준비된 하늘의 은혜를 허락하여 주옵소서. 특별히 바라옵기는 예배를 통해서 주님의 몸 된 교회 안에서 한 공동체를 이루게 하시고, 하나님의 은혜 안에 거하게 하여 주옵소서.

하나님의 말씀인 성경은 우리 길의 빛이며 발의 등불이오니 이 귀한 생명의 말씀을 정금보다 귀하고 꿀보다 더 단 진리의 말씀으로 믿게 하옵소서. 하나님의 예언의 말씀이 담긴 성경을 읽고 듣게 하시고, 그 가운데 기록한 진리를 지키는 자가 복이 있다고 하였사오니 날마다 신령한 양식인 주님의 말씀을 읽게 하시고 듣게 하시며 말씀대로 살게 하옵소서.

아버지의 뜻이 우리 사람들에게 알려지게 하옵시고, 사랑과 믿음으로 세상을 변화시키고자 하는 아버지의 뜻이 담긴 이 성경을 우리가 더욱더 사랑하게 하옵소서. 그리하여 모든 성도의 삶이 변화되고 믿음이 성장하며 교회가 말씀 안에서 풍성한 열매를 맺게 하옵소서. 저희들이 송이꿀보다도 더 단 말씀으로 진리의 길을 기꺼이 따르는 믿음의 권속들 다 되게 하여 주옵소서.

이 시간 귀한 말씀을 증거하실 목사님께 영감의 갑절을 주시사 말씀이 선포될 때 영육 간에 치유의 역사가 있게 하시고, 또한 개인의 믿음이 회복되게 하시어 가정이 회복되고 자녀들이 형통하게 하여 주옵소서. 우리를 사망에서 생명으로 옮기신 예수 그리스도의 이름으로 간절히 기도하옵나이다. 아멘.

절기와 기념일에 맞춘 종합 대표기도문 32

성서주일 대표기도문

말씀으로 온 우주 만물을 창조하신 하나님!
한 주간을 주님의 거룩하신 은혜로 동행하시고 지켜 주신 은혜를 감사합니다. 거룩하신 하나님께 나아와 예배드리게 하시니 감사합니다. 오늘 성서주일을 맞아 생명의 말씀의 소중함을 일깨워 주시고, 성경을 사모할 수 있는 마음을 깊이 품을 수 있도록 인도하신 하나님께 다시금 감사와 찬송을 올려 드립니다.

주님! 저희들은 말씀의 가르침을 따르지 못하였으며 말씀을 묵상하고 사랑하는 일에 게으를 때가 많았습니다. 저희의 무지와 불순종을 용서해 주옵시고, 우리의 모든 죄악을 예수 그리스도의 보혈로 소멸해 주옵소서.

하나님 아버지! 하나님께서는 말씀을 보내셔서 우리의 모든 삶을 인도하시고, 우리를 위험 가운데서 건지실 뿐 아니라 우리를 도우심을 믿습니다. 우리가 말씀을 읽고 들음으로써 진리를 깨닫고 아버지의 사랑을 알며, 구원의 은총을 확신하오니 하나님의 말씀을 더 사모하는 마음을 우리에게 주옵소서.
하나님의 말씀은 살았고 운동력이 있어 우리의 혼과 영을 찔러 쪼개시며 우리 마음의 생각과 뜻을 감찰하시나니, 저희가 말씀의 빛 아래서 날마다 새로운 존재로 변화되게 하옵소서. 주님의 말씀이 내 발에 등이요 내 길에 빛이심을 확신케 하시고, 주님의 말씀을 날마다 사모하며 배우기를 힘쓰고 지키기를 다하는 저희가 되게 하옵소서.

하나님 아버지! 우리의 주위가 어둡고 답답할 때 주님의 말씀을 묵상하게 하시며, 우리 영혼이 굶주릴 때에 꿀송이 같고 생수 같은 말씀을 먹게 하옵소서. 광야에서 주님의 백성을 매일 새로운 만나로 먹이신 것처럼 저희에게도 날마다 영혼의 만나로 힘을 얻고 살게 하옵소서. 그리하여 주님의 말씀에서 확실한 증거를 받아 그 믿음으로 살게 하시고, 우리 자녀에게 경건의 유산으로 물려주게 하옵소서.

주님! 눈이 있어도 보지 못하고 귀가 있어도 듣지 못하는 세상에 있는 이 우매한 인생들에게 성경 말씀의 오묘한 비밀을 깨우쳐 주옵소서. 이 시간 목사님의 말씀을 통하여 새 힘과 능력을 주시고, 영과 육이 치유받게 하여 주시며, 생각이 변화되고 행동이 변화되고 삶이 변하게 하여 주옵소서. 사랑이 많으신 예수님의 이름으로 간절히 기도하옵나이다. 아멘.

절기와 기념일에 맞춘 종합 대표기도문 33

성서주일 대표기도문

영광과 존귀를 세세토록 받으시기에 합당하신 하나님! 지난 엿새 동안도 보호, 인도해 주셔서 험한 세파를 무사히 건너게 하시고, 이 거룩한 날에 예배당에 올라와 경배하게 하시니 참으로 감사합니다. 오늘은 특별히 성서주일로 지키게 하셔서 하나님께 찬양하며 말씀을 들을 수 있도록 인도하여 주심을 감사합니다. 우리에게 성경을 통해 하나님의 구원 계획을 알게 하시고 하나님의 뜻을 분별할 수 있도록 하여 주심을 감사합니다.

자비하신 주님! 지나간 한 주 동안 저희들은 하나님의 말씀을 따라 살지 못하고 어두움의 길을 걸었사오니 용서하여 주옵소서. 이 시간 하나님께 드리는 예배가 향기 넘치는 산 제사가 되게 하여 주옵시고 주님께서 기뻐 받으시는 헌신이 되게 하여 주옵소서.

하나님 아버지! 우리가 하나님의 말씀을 생명으로 받게 하시고 평생 말씀을 가까이 하며, 성경을 통해 계시하신 하나님의 뜻을 따라 살아가게 하여 주옵소서. 주님의 말씀을 더욱 사모하는 마음으로 주님 앞에서 살게 하시고, 꿀보다도 달고 송이꿀보다도 더 단 말씀으로 우리에게 다가오게 하옵소서. 정금보다 더 사모하게 하셔서 그 말씀 앞에서 우리의 삶이 영위되는 놀라운 은총을 허락하옵소서.

사랑의 주님! 우리의 삶이 말씀을 가까이하는 삶이 되게 하여 주옵소서. 순전한 마음으로 말씀을 들으며 부지런히 읽고 배우며, 암송하는 것이 우리의 습관이 되게 하여 주옵소서.
그래서 우리가 늘 말씀과 더불어 살게 하시고 하나님 말씀을 표준으로 삼게 하옵소서. 하나님의 말씀이 우리의 삶의 지표가 되게 하시고, 말씀으로 하나님께 축복 받을 수 있도록 함께하여 주옵시며, 세상이 구원받음을 감사하는 자들의 물결로 가득 차게 하옵소서.

이 시간 사랑하는 목사님을 통하여 하나님 말씀을 들을 때에 하늘의 은혜를 깨닫는 복된 시간이 되게 하여 주옵시고, 그 말씀이 우리 속에 능력으로 임하게 하여 주옵소서. 그래서 말씀을 의지해서 한 주간을 살아갈 때에 승리하는 삶을 살 수 있도록 역사하여 주옵소서. 우리에게 귀한 생명의 말씀을 주신 예수님의 이름으로 간절히 기도하옵나이다. 아멘.

절기와 기념일에 맞춘 종합 대표기도문 34

송구영신예배 대표기도문

저희들을 지켜 주시고 보호하여 주시는 하나님 아버지!
이 시간까지 믿음 가운데 인도하여 주신 그 은혜를 감사드립니다. 저희들의 감사를 받으시옵소서. 한 해가 저물어 새해의 아침 해가 서서히 저희의 마음과 온누리를 비추는 이 엄숙한 순간에 주님께 찬송과 영광을 돌립니다.
하지만 한 해를 보내고 새해를 맞이하는 자리에 서서 주님께 고백할 것은 오직 부족한 것뿐이옵나이다. 주님의 영광을 빛내며 살겠노라 다짐했었던 지난 한 해였지만 주님의 영광을 진토에 떨어뜨리게 한 일들이 얼마나 많았었는지 모르옵나이다. 주님의 시간을 좀먹고 도적질한 부끄러운 죄인들이옵나이다. 주여! 용서하여 주시옵고 새해에는 이런 허물을 드러내지 않도록 도와주시옵소서.

자비하신 주님! 새해에는 이전보다 더욱 주님께 나아가는 한 해가 되게 하여 주시옵소서. 날마다 성령을 의지하며 성령의 도우심과 인도하심을 받는 한 해가 되게 하여 주시옵소서. 마음을 새롭게 함으로 변화를 받아 주님의 선하시고 온전하시고 기뻐하시는 뜻이 무엇인지를 분별하며, 주님의 빛된 자녀로서 거룩한 삶을 살게 하여 주시옵소서.

낙심하거나 실족하는 일들이 발생하지 않도록 저희들을 언제나 붙들어 주시옵고, 어렵고 힘든 일들이 엄습하여도 능히 이기고 나갈 수 있도록 도와주시옵소서. 또한 주님께서 보시기에 복되고 아름다운 일들이 넘쳐남으로 주님을 더욱 찬양할 수 있는 저희들 되게 하여 주시옵소서.

하나님 아버지! 기대하며 기도합니다. 하나님께서 허락하신 새해를 믿음으로 준비하고, 앞으로 한 해 동안은 기도의 제단을 쌓게 하옵소서. 해결의 실마리가 잡히지 않는 경제문제, 인간의 패역함이 그대로 드러난 사회문제 속에서도 그리스도인으로서 정체성을 잃지 않고 살게 하옵시고, 혼탁함 속에서 거룩함을 지키는 주님의 백성이 되게 하옵소서.

이 시간 말씀을 증거하시는 목사님께 성령으로 충만하게 하셔서 한 해를 정리하고 새해를 출발하는 저희들에게 주님이 주시는 지혜와 소망을 얻는 축복의 말씀이 되게 하여 주시옵소서. 말씀으로 우리의 속사람이 날로 새로워지게 하시고, 말씀으로 우리를 강하게 세우사 주님을 섬기는 일에 부족함이 없게 하옵소서. 저희를 사망에서 건지신 예수님의 이름으로 간절히 기도하옵나이다. 아멘.

절기와 기념일에 맞춘 종합 대표기도문 35

송구영신예배 대표기도문

하나님의 뜻과 경륜에 따라 복된 새해를 맞이하게 하신 하나님! 저물어가는 한 해를 바라보며 주님이 인도하시고 복을 주신 것을 셀 때마다 감사하게 하신 주님의 이름을 찬양합니다. 이제 곧 새해 첫 아침 해를 바라보며 소망과 비전을 갖게 하실 주님의 이름에 찬송드립니다.

우리를 결코 떠나지도 버리지도 않으시는 사랑의 하나님! 지난 한 해를 돌아보면 주님의 제자의 삶을 살겠다고 고백했지만, 삶의 현장에서는 그리스도의 주인되심을 잊어버리고, 우리의 뜻과 의를 위하여 살아갔던 모습을 돌아봅니다. 이제 새해에는 오직 주님만을 위해서 살아가며, 주님의 뜻이 우리의 삶을 인도하도록 우리 자신을 내어드리게 하옵소서.

새해에는 우리의 삶이 온전히 주님께 드려지게 하옵시고, 무엇보다도 우리의 신앙과 인격이 성장하는 한 해가 되게 하옵소서. 말씀을 들을 때마다 그 말씀이 좌우에 날이 선 검과 같이 우리의 삶을 변화시키게 하시고, 기도할 때마다 성령의 도우심과 인도하심을 받아 주님의 음성을 듣고 그 음성에 의지하여 매일을 살아가게 하옵소서.

새해에는 우리의 삶이 그리스도의 향기요, 그리스도의 편지가 되게 하여 주옵소서. 우리의 삶이 세상을 비추는 빛이 되게 하여 주셔서, 많은 이들이 하늘에 계신 하나님 아버지께 영광 돌리게 하여 주옵시고, 우리의 삶으로 말미암아 복음이 널리 전파되게 하여 주옵소서.

하나님 아버지! 이 시간 우리 내면에 뿌리박혀 있는 구습을 벗어버리게 하시고 옛 사람에서 새 사람으로 바꾸어 주옵소서. 저희 심령 속에 성령님께서 오셔서 우리의 속사람이 변화 받게 하시며, 하나님의 선하신 뜻에 따라 의와 진리로 옷 입게 하옵소서.
새해를 주님의 계획 속에서 하루하루 살게 인도하옵시고, 직장을 지켜 주시며, 엎드려 간구하는 기도제목들이 응답 받게 하옵소서.

이 시간 단 위에 세우신 목사님을 성령의 두루마기로 감싸 주셔서, 하나님의 말씀으로 목마른 양떼들이 목을 축이는 데 부족함이 없게 하시고 영육 간의 귀한 양식이 되며 생명수가 되어 거친 세상에 승리하게 하옵소서. 나의 죄를 보혈로 씻으신 우리 구주 예수 그리스도의 이름으로 간절히 기도하옵나이다. 아멘.

절기와 기념일에 맞춘 종합 대표기도문 36

송구영신예배 대표기도문

저희를 지켜 주시고 보호하여 주신 하나님!
지난 일년의 삶을 하나님의 은혜 가운데 살게 하시고, 오늘 송구영신 예배로 주님의 전에 나오게 하시니 감사합니다.
이 예배를 주님께서 주관하셔서 거룩한 예배, 은혜로운 예배, 복이 임하는 예배가 되게 하여 주시고, 이 예배를 통해서 주님께 영광 돌리게 하옵소서. 예배드리는 우리 모든 성도들이 하나님께 온전히 자신을 드리는 거룩한 산 제사를 드리게 하여 주옵소서.

주여! 해마다 새해가 돌아올 때마다 예외 없이 각오와 결심과 포부가 있어 벅찼으나 그 각오와 결심, 그리고 그 부푼 꿈들이 수포로 돌아갔나이다. 주님의 뜻대로 살면서 이루고자 노력한 것들이 열매가 없이 주님 앞에 부끄러운 모습으로 섰사오니 긍휼하심으로 붙들어 주옵소서.
오늘은 한 해가 저물어가는 마지막 날입니다. 이 시간 우리들이 주님 앞에 무릎 꿇고 회개하오니 저희들의 죄를 십자가의 보혈로 속량하시고 크신 권능으로 새롭게 하여 주옵소서.
다가오는 새해에는 이 성전에 모인 성도들이 거짓이 없는 진실한 종들이 다 되게 하여 주옵시고, 주님의 도우심을 체험하는 일 년이 되도록 인도하여 주옵소서.

어두움의 일을 벗고 말씀의 옷을 입게 하시고 저희들이 죽도록 충성하게 하시며 생명의 면류관을 바라보며 일하게 하여 주옵소서. 주님을 앙망함으로 독수리 날 듯이 새 힘을 얻어 승리하게 하여 주옵소서.

하나님 아버지! 우리의 마음을 주관하여 주옵시고, 주님의 사랑과 진리 안에서 살아가게 하옵시며, 믿음의 길에 들어서서 살도록 주님께서 지켜 주옵소서. 바람 불고 물결 몰아치는 세상 속에서 진리를 발견하고 진리 안에서 확신과 자유를 얻게 하옵소서. 지난 한 해에는 부족하고 여린 믿음으로 살았을지라도 이제 새해에는 좀 더 소망을 가지고 굳센 믿음으로 살아가게 하옵소서. 교회의 모든 성도들의 가정마다 불꽃 같은 눈동자로 지켜 주옵시고, 임마누엘의 평강이 성도들의 가정에 넘치게 하옵소서.

이 시간 단 위에 세우신 목사님을 성령의 기름 부으심으로 능력의 말씀을 선포하게 하시며, 모든 성도들이 은혜와 감동으로 충만케 하시고, 주님을 더 깊이 알게 하시고, 이 말씀으로 세상을 이기는 삶이 되게 하옵소서. 우리에게 영생의 소망을 주신 예수님의 이름으로 간절히 기도하옵나이다. 아멘.